AF565025

Thorsten Polleit

Der Weg zur Wahrheit

Eine Kritik der ökonomischen Vernunft

FBV

Bibliografische Information der Deutschen Nationalbibliothek:
Die Deutsche Nationalbibliothek verzeichnet diese Publikation in der Deutschen Nationalbibliografie. Detaillierte bibliografische Daten sind im Internet über http://dnb.d-nb.de abrufbar.

Für Fragen und Anregungen:
info@finanzbuchverlag.de

Originalausgabe, 1. Auflage 2022

ein Imprint der Münchner Verlagsgruppe GmbH
Türkenstraße 89
D-80799 München
Tel.: 089 651285-0
Fax: 089 652096

Redaktion: Anja Georgia Graw
Korrektorat: Dr. Manuela Kahle
Umschlaggestaltung: Pamela Machleidt, München
Umschlagabbildung: Archivart / Alamy Stock Photo
Satz: ZeroSoft, Timisoara
Druck: GGP Media GmbH, Pößneck
Printed in Germany

ISBN Print 978-3-95972-539-2
ISBN E-Book (PDF) 978-3-98609-023-4
ISBN E-Book (EPUB, Mobi) 978-3-98609-024-1

Weitere Informationen zum Verlag finden Sie unter
www.finanzbuchverlag.de
Beachten Sie auch unsere weiteren Verlage unter www.m-vg.de

»Die beste und sicherste Tarnung ist immer noch die blanke und nackte Wahrheit. Komischerweise. Die glaubt niemand.«

Max Frisch

»[...] die Bedingungen der Möglichkeit der Erfahrung überhaupt sind zugleich Bedingungen der Möglichkeit der Gegenstände der Erfahrung, und haben darum objektive Gültigkeit in einem synthetischen Urteile a priori.«

Immanuel Kant

»Nicht aus der Erfahrung stammt, was wir über die Grundkategorien des Handelns wissen, über Handeln, Wirtschaften, Vorziehen, über die Beziehung von Mittel und Zweck, und über alles andere, das mit diesem zusammen das System menschlichen Handelns ausmacht. Das alles erkennen wir wie die logischen und mathematischen Wahrheiten aus uns heraus, a priori und ohne Bezug auf irgendwelche Erfahrung. Und nie könnte Erfahrung jemand, der dies nicht aus sich heraus begreift, zur Erkenntnis dieser Dinge bringen.«

Ludwig von Mises

»Die Wahrheit ändert sich nicht wegen der hohen Würde dessen, zu dem sie gesprochen wird; wer die Wahrheit sagt, kann nicht besiegt werden.«

Thomas von Aquin

»Die bloße Wahrheit ist ein simpel Ding, die jeder leicht begreifen kann; allein sie scheint Euch zu gering, und sie befriedigt nicht den Wundermann.«

Johann Wolfgang von Goethe

Inhalt

Allen Leserinnen und Lesern gewidmet, die ein friedvolles und produktives Zusammenleben der Menschen auf diesem Globus anstreben.

Einleitung

»Die Menschen verdrießt's, dass das Wahre so einfach ist.«
Johann Wolfgang von Goethe

Das Wort »Wahrheit« hat bei den meisten Menschen einen guten Klang, seit jeher. Es ist positiv belegt: Man spricht beispielsweise von »wahren Freunden«, »wahren Gefühlen«, »wahrer Liebe«, schätzt »Wahrhaftigkeit«, das Streben nach und den Anspruch auf Wahrheit. So gesehen ist es nicht an den Haaren herbeigezogen, wenn man die Auffassung vertritt, dass die meisten Menschen eine innere Haltung auszeichnet, die die Wahrheit sucht: Wahrheit in dem Sinne, dass man die Dinge so erkennt und benennt, wie sie wirklich und tatsächlich sind – und sei es nur, weil Wahrheit hilfreich ist, um sich in der Welt, die der Mensch antrifft, besser zurechtzufinden, um seine Ziele erreichen zu können.

Die Erfahrung zeigt allerdings, dass unterschiedliche Personen recht unterschiedliche Vorstellungen darüber haben können, was Wahrheit (und was Nicht-Wahrheit, also Falschheit) ist. Einige Menschen stufen eine bestimmte Aussage, einen bestimmten Sachverhalt, als Wahrheit, andere hingegen als Falschheit ein. Damit das Wort Wahrheit sinnvoll verwendet werden kann, bedarf es folglich einer Definition der Wahrheit oder einer Verständigung über bestimmte Eigenschaften, konkrete Kriterien, die erfüllt sein müssen, damit etwas (eine Aussage über einen Sachverhalt) als wahr oder falsch bezeichnet werden kann. Was man braucht, ist eine *Wahrheitstheorie*: ein System von Aussagen, das darüber informiert, ob etwas wahr oder falsch ist.

Verlässlich einschätzen zu können, was wahr und was falsch ist, ist in der wissenschaftshörigen, digitalisiert-vernetzten globalisierten Neuzeit-Demokratie zu einer ganz besonders kritischen Größe geworden. Um diese Schlussfolgerung zu verstehen, muss man sich vor Augen führen, dass sich die moderne Demokratie durch eine Eigenart auszeichnet, die häufig leider übersehen wird, und die sich vom

Aufklärungsideal, wie es der Königsberger Philosoph Immanuel Kant (1724–1804) formuliert hat, entfernt hat: Die Menschen streben nicht nach *Freiheit von Herrschaft*, sondern nach *Beteiligung an Herrschaft*.[1] Und die Herrschaftsfunktion soll der Staat innehaben. Sie soll von ihm ausgehen, so ist die heute vorherrschende (Konsens-)Meinung: Der Staat sei notwendig und unverzichtbar, gut und richtig, um das Leben in der Gemeinschaft möglich und lebenswert zu machen.

Die *modernen Demokratien* zeichnen sich durch einen *Wettbewerb um die Herrschaftsmacht* aus: Diejenigen, die die staatliche Herrschaft ausüben wollen, müssen genügend Wählerstimmen hinter sich versammeln. Dazu machen die Politiker, die auf der Regierungsbank sitzen wollen, Wählern schöne Versprechungen, damit diese sie wählen. Die Wähler geben ihre Stimme der Partei, den Politikern, von denen sie meinen, sie werden ihnen den vergleichsweise größten Nutzen stiften (selbst wenn das zu Lasten Dritter geht). Die Personen, die die Herrschaft über andere ausüben wollen (ob aus guten oder schlechten Motiven), erkennen, dass der Weg zur Macht möglich wird, wenn es ihnen gelingt, der Öffentlichkeit ihre Ziele, ihr Programm als gut und richtig, als *wahr* zu verkaufen; und vor allem wenn die Menschen bereit sind, *freiwillig* Folge zu leisten, sich unterwerfen und die Ideen, die ihnen angepriesen werden, als *gut und richtig* ansehen.

Daher ist es nicht verwunderlich, dass gerade die Sozial- und Wirtschaftswissenschaften Begehrlichkeiten wecken bei denen, die Herrschaftsmacht und Privilegien erlangen und ausüben wollen – also beispielsweise Politiker, Bürokraten und Sonderinteressengruppen (wie zum Beispiel hochstehende Repräsentanten von »Big Business«, »Big Pharma«, »Big Banking« und »Big Tech«), die alle den Staat für ihre Zwecke einzuspannen suchen. Ihnen hilft eine wissenschaftlich fundierte (Schein-)Legitimierung, um ihre Politik, ihre Partikularinteressen, wirksam durchsetzen zu können; und am allerbesten läuft es natürlich für sie, wenn die Programme und Vorhaben, die sie in ihrem Bestreben nach Macht anpreisen, von ihren Mitmenschen als *wahr* und damit als zustimmungswürdig angesehen werden.

Die Volkswirtschaftslehre ist ein durchaus »scharfes Schwert«. Mit ihr lassen sich ideologische Programme anpreisen oder entzaubern. Sie erfasst das »große Ganze«, das »Abstrakte«, das über die unmittelbare Erfahrung des Einzelnen hinausreicht. Sie stellt wissenschaftliche Erkenntnisse (Wahrheiten) bereit, die der Einzelne, gerade weil sie über seine eigenen Erfahrungen hinausgehen, häufig nur schwer oder gar nicht beurteilen kann. Ein Unternehmer kann zwar sagen, was es für ihn bedeutet, wenn die Geldmenge auf seinem Konto ansteigt: Er wird seine Bankschulden tilgen oder er wird damit eine neue Maschine kaufen. Was ein Ansteigen der Geldmengen aber in der Volkswirtschaft insgesamt anrichtet, kann er aus seiner eigenen Geschäftstätigkeit heraus nicht übersehen. Will er Letzterem auf den Grund gehen, wird er (soweit er überhaupt Interesse daran hat) in volkswirtschaftlichen Theorien eine Antwort suchen müssen.

Es stellt sich folglich die Frage: *Welche volkswirtschaftlichen Theorien sind richtig, welche falsch? Und wie lässt sich der Wahrheitsgehalt von ökonomischen Theorien feststellen, um Anwendungsfehler und (Macht-) Missbrauch mit ihnen zu verhindern?* Während man in der Naturwissenschaft (Physik, Chemie, Biologie, Geowissenschaft etc.) relativ einfach zwischen wahren und falschen Aussagen (Theorien) entscheiden kann – indem man Experimente durchführt und deren Ergebnisse auswertet –, ist ein solches Vorgehen in den Wirtschaftswissenschaften nicht möglich.[2] Hier hat man es mit handelnden Menschen zu tun, die Ziele haben, die Mittel einsetzen, sie zu erreichen, und deren Vorlieben sich nahezu fortwährend verändern. Der Wahrheitsgehalt von ökonomischen Theorien lässt sich daher durch Beobachtungen, durch Erfahrungen, nicht abschließend feststellen und somit weder begründen noch verwerfen.

Dieses Buch will aufzeigen, dass die Volkswirtschaftslehre keine Erfahrungswissenschaft ist wie die Naturwissenschaft, sondern dass sie sich widerspruchsfrei (nur) als eine *apriorische Handlungswissenschaft* konzeptualisieren (das heißt verständlich machen) lässt. Das Wort *a priori* bedeutet, dass eine Aussage *evident* ist, dass ihr Wahrheitsgehalt sich allein durch widerspruchsfreies Denken einsehen lässt, dass man sie nicht verneinen kann, ohne dabei ihre Gültigkeit vorauszusetzen; und dass sie gleichzeitig auch erfahrungsunabhängig ist. Das wiederum bedeutet, dass es im Bereich des menschlichen Handelns *Wahrheiten*, wahre Gesetzmäßigkeiten gibt, an die sich der handelnde Mensch anzupassen hat, will er erfolgreich sein und seine Ziele erreichen.

Diese Sichtweise steht der heute »vorherrschenden Meinung«, dem Konsens im ökonomischen Wissenschaftsbetrieb, diametral und sogar unversöhnlich gegenüber.

Denn die moderne Wirtschaftswissenschaft sieht sich nicht als »reine theoretische Wissenschaft«, sondern vor allem als Erfahrungswissenschaft. Das aber – so wird im Folgenden argumentiert – ist erkenntnistheoretisch gesehen falsch. Es handelt sich sogar um einen folgenschweren intellektuellen Fehler: Wenn die Volkswirtschaftslehre als Erfahrungswissenschaft verstanden und als solche praktiziert wird, dann ist nicht gewährleistet, dass sie zu wahren Aussagen gelangen wird beziehungsweise kann. Zudem – und das ist nicht minder problematisch – läuft sie Gefahr, von Sonderinteressengruppen vereinnahmt und instrumentalisiert zu werden, ihre wissenschaftliche Unvoreingenommenheit und Unabhängigkeit zu kompromittieren beziehungsweise einzubüßen – auf Kosten der Wahrheitsfindung.

Eine Wirtschaftswissenschaft, die sich als Erfahrungswissenschaft versteht, wird absehbar früher oder später vor den politischen Karren gespannt. Vor allem von freiheitsfeindlichen Ideologien. Sie haben in Zeiten der »Wissenschaftshörigkeit« ein besonders großes Interesse an ihr: Schließlich kann der, der über eine wissenschaftliche (Schein-) Legitimierung verfügt, die meist leichtgläubige Öffentlichkeit besonders gut für sich einnehmen. Eine Volkswirtschaftslehre, die ihre Erkenntnisse durch Erfahrungen, also durch »Testen«, durch Versuch und Irrtum zu gewinnen sucht, ist aus machtpolitischen Erwägungen attraktiv: Denn sie verneint, dass es im Bereich des menschlichen Handelns *keine* in Stein gemeißelten Wahrheiten gibt.

Eine Volkswirtschaftslehre, die besagt, dass man der Wahrheit nur durch Ausprobieren, durch »Testen«, durch Versuch und Irrtum auf die Spur kommen kann, öffnet dem Einzug politischer Ideologien Tür und Tor. Klingen ihre ökonomischen Theorien nur verheißungsvoll genug – wie zum Beispiel: »Die Ausweitung der Geldmenge schafft mehr Wachstum und Beschäftigung« oder »Einkommenssteuern machen die Volkswirtschaft gerechter« oder »ein niedriger Zins befördert die allgemeine Wohlfahrt« –, wird der Drang geradezu unwiderstehlich, sie auch in der Praxis auszuprobieren, sie testen zu müssen. Wer sich dagegen sperrt, muss als unwissenschaftlich, als »Gegner einer besseren Welt« erscheinen.

Die Frage nach der Wahrheit ist ein vermintes Feld. Über sie wurde schon viel Tinte vergossen. Doch offensichtlich noch nicht genug in der Volkswirtschaftslehre. In den letzten Jahrzehnten hat hier (wie auch in anderen Sozialwissenschaftsgebieten) die *Hermeneutik* Einzug gehalten. Das Wort Hermeneutik ist abgeleitet vom griechischen Wort *hermeneuein,* das für Verstehen, Auslegen und Erklären steht. Ursprünglich war Hermeneutik auf die Auslegung der Bibel und die Texte der klassischen Antike beschränkt. Mittlerweile hat sie jedoch die Literatur-, Politik- sowie die Sozial- und Wirtschaftswissenschaften erreicht – und mit ihr der *Relativismus, Nihilismus* und *Solipsismus.*[3] Der Hermeneutiker vertritt die Auffassung, dass es keine objektive Wahrheit gibt, und dass der Mensch sie auch gar nicht erkennen könnte, sollte es sie geben. Jede Person ist begrenzt durch ihre eigenen subjektiven Gefühle und Einsichten, sie vollzieht stets subjektive Deutungen des Erfahrbaren, und daher kann es keine objektive Methode zur Entdeckung der Wahrheit geben; man endet beim Diktum »Alles ist möglich« (englisch: »Anything goes«), wie es der Philosoph Paul K. Feyerabend (1924–1994) formulierte.

Die Überlegungen, die in diesem Buch ausgebreitet werden, stellen sich der methodischen Ausrichtung, die heute in der Volkswirtschaftslehre vertreten wird – und das ist neben der Hermeneutik der Positivismus, Empirismus und Falsifikationismus –, nicht nur in den Weg, sondern sie erheben auch den Anspruch, das methodische Vorgehen der »Mainstream«-Volkswirtschaftslehre als falsch zurückweisen zu können. In den folgenden Kapiteln des Buches wird mit *handlungslogischen*

Mitteln zu begründen versucht, dass es im Bereich des menschlichen Handelns unzweifelhaft wahre Aussagen beziehungsweise Theorien, unumstößliche Gesetzmäßigkeiten gibt; dass sich der Wahrheitswert von ökonomischen Theorien durch (handlungs-)logisches Denken erschließt; und dass man dazu keine Tests, keine sozialen Experimente, durchführen muss. Die Erkenntnisse, die sich auf dieser erkenntnistheoretischen Position erschließen, entzaubern vieles von dem, was heute gemeinhin als gut und richtig oder als schlecht, falsch, unsinnig, sogar als irreführend, verlogen und zerstörerisch angesehen wird.

Wer handlungslogisch denkt, der wird beispielsweise einsehen, dass es nur eine dauerhaft durchführbare Wirtschafts- und Gesellschaftsordnung für die Menschen gibt: und zwar das System der freien Märkte (man nennt es zuweilen auch »Kapitalismus«). Auch wird er nicht umhinkommen einzugestehen, dass der Sozialismus mit seinen hehren Zielen zum Scheitern verurteilt ist; dass kein »Dritter Weg«, sozusagen zwischen Kapitalismus und Sozialismus hindurch, möglich ist. Oder: Das Eigentum, das jede Person an sich (»Selbsteigentum«) hat und an den Gütern, die sie auf nicht-aggressivem Wege erworben hat, lässt sich ihr nicht widerspruchsfrei absprechen; wer es dennoch tut, setzt das Eigentum bereits als gültig voraus und macht damit also eine falsche, eine unwahre Aussage. Oder: Der Staat, wie wir ihn heute kennen (als territorialen Zwangsmonopolisten mit der Letztentscheidungsmacht über alle Konflikte auf seinem Gebiet), entpuppt sich als eine *handlungslogische Absurdität*: als *eigentumszerstörender Eigentumsschützer* und *rechtsbrechender Rechtsschützer*.

Der *Fortschrittsoptimismus*, den viele Menschen heutzutage mit dem Staat (wie wir ihn heute kennen) und seinen Tätigkeiten verknüpfen – dass also wirtschaftlicher, sozialer und kultureller Fortschritt den Staat erfordere –, ist so gesehen verhängnisvoll. Das gilt vor allem auch für die Idee, dass es gut und richtig sei, wenn grundsätzlich alle an der Regierung der Staatsgeschäfte teilnehmen, wie es die moderne Demokratie vorsieht. Denn die Aussicht, dass alles, was die Mehrheit wünscht, auch in die Tat umgesetzt wird, ist alles andere als beruhigend. Schließlich ist der Mensch fehlbar. Er kann sich irren, und manchmal irrt er auch absichtlich; und es gibt auch keine Gründe zu glauben, dass er immer edel handelt und handeln will. Auch Mehrheiten können falsche Entscheidungen treffen, in die Irre geführt werden, falsche Vorstellungen entwickeln über die Zweckmäßigkeit der Mittel, um bestimmte Ziele zu erreichen. Die Meinung der Mehrheit ist nicht davor gefeit, menschliche Katastrophen auszulösen.

Je größer und mächtiger der Staat wird – und in Demokratien ist quasi vorprogrammiert, dass der Staat immer größer und mächtiger wird –, desto stärker geht es der Wahrheit an den Kragen. Denn der Wissenschaftsbetrieb gerät zusehends in die Fänge des Staates. Der Staat weiß, dass er seine Existenz und Macht(-ausweitung) besonders wirksam rechtfertigen kann, wenn er sich einer wissenschaftlichen Stützung sicher sein kann. Gerade in einem *Zeitalter der Wissenschaftsgläubigkeit* steht und fällt die staatliche Herrschaft – die letztlich nichts anderes ist als die Herrschaft der wenigen über die vielen – mit dem Urteil der Wissenschaften. In den letzten Jahrzehnten wurde vor allem auch die Wirtschaftswissenschaft zusehends vom Staat vereinnahmt. Ihm zuliebe hat sie ein in weiten Teilen absurdes Theoriegebäude zusammengezimmert, das besagt, dass der Staat (wie wir ihn heute kennen) unverzichtbar ist, weil es ohne ihn keine freie Marktwirtschaft geben kann; weil ohne ihn Wirtschafts- und Finanzkrisen unausweichlich sind; die Umwelt zerstört wird; Viruserkrankungen und Klimawandel das Überleben der Menschheit unmöglich machen. Doch sind diese Glaubenssätze *wahr*? Haben sie eine wissenschaftlich begründete Basis?

Das sind unbestreitbar wichtige und zeitrelevante Fragen. Heutzutage werden viele wirtschafts- und gesellschaftspolitische Streitigkeiten als wissenschaftliche Erkenntnis-, als Wahrheitskonflikte *hochstilisiert*. So wird vornehmlich darüber gestritten, welche wissenschaftlichen Erkenntnisse die überlegenen sind. Wer am nächsten an der wissenschaftlichen Konsensmeinung liegt, hat die größten Aussichten auf den Sieg. Das wäre unproblematisch, könnte der Konsens die Richtigkeit der Erkenntnis verbriefen. Aber das kann er aus logischen Gründen nicht: Nur weil die Mehrheit etwas für wahr und richtig hält, ist nicht gesichert, dass es wahr und richtig ist. Der eigentliche »intellektuelle Kampfplatz« ist die Art und Weise, wie Erkenntnisse gewonnen und auf ihre Richtigkeit geprüft werden – und das hängt von der *wissenschaftlichen Methode* ab.

Um den Weg zur Wahrheit zu beschreiten, will dieses Buch zu einer Neuauflage des in der Ökonomik bekannten »Methodenstreits« ermutigen. Zugegebenermaßen kein leichtes Unterfangen, wie schon Carl Menger (1840–1921) wusste:

> »Nun weiss ich sehr wohl, dass die Beseitigung wissenschaftlicher Irrthümer, welche sich in den Geistern der Gelehrtenwelt festgesetzt haben, selbst wenn sie offen liegenden Thatsachen widersprechen, zu den mühevollsten Aufgaben wissenschaftlicher Kritik gehört, zumal wenn die zur Herrschaft gelangten Irrthümer durch die Interessen einflussreicher Bevölkerungsgruppen gestützt werden.«[4]

Vier miteinander verbundene Ziele will dieses Buch erreichen. *Erstens*: Es soll aufzeigen, dass die Art und Weise der Erkenntnisgewinnung (gemeint ist die *wissenschaftliche Methode*) in der Wirtschaftswissenschaft, in der Ökonomik, sich *kategorial* unterscheiden muss von derjenigen, die in der Naturwissenschaft angewandt wird. Die Wissenschaft vom menschlichen Handeln ist nämlich keine Erfahrungswissenschaft wie die Naturwissenschaft, sondern eine *apriorische Handlungswissenschaft*. Sehr zugespitzt formuliert: Die erkenntnistheoretische Grundlage der Volkswirtschaftslehre wird in diesem Buch im Sinne eines *axiomatischen Fundamentalismus*[5] rationalisiert.

Zweitens: Vor diesem Hintergrund soll erklärt werden, dass es objektive, für den Menschenverstand unumstößliche und zeitlose Wahrheiten in der Sozial- und Wirtschaftswissenschaft gibt; dass für den Menschverstand im Bereich des menschlichen Handelns Regel- beziehungsweise *Gesetzmäßigkeiten* erkennbar sind, an denen sich die Handelnden zu orientieren haben, wollen sie ihre Ziele in der Welt, die sie vorfinden, erreichen. Die heute populäre Idee, »alles ist möglich« im

Bereich des menschlichen Handelns, wird als irrtümlich, als falsch zurückgewiesen.

Drittens: Es soll verständlich gemacht werden, dass der Staat (wie wir ihn heute kennen) alles andere als natürlich, gut und richtig und unverzichtbar ist, wie er den Menschen (in Kindergarten, Schule und Universität) vermittelt und angepriesen wird. Vielmehr wird derjenige, der die Logik des menschlichen Handelns verstanden und verinnerlicht hat, erkennen, dass der Staat (wie wir ihn heute kennen) nicht das ist, was er vorgibt zu sein, sondern dass er eine Absurdität, ein Wolf im Schafspelz ist, der die Konflikte, die es in der menschlichen Gemeinschaft gibt, nicht löst, sondern verschärft und zudem für Konflikte sorgt, die es ohne ihn gar nicht gäbe.

Viertens: Es soll vermittelt werden, dass die Grundlagen eines friedvollen und produktiven Gemeinwesens, national wie international, keines Staates (wie wir ihn heute kennen) bedürfen, sondern dass beispielsweise Geld, Kredit, Zins, Recht und Sicherheit, Gesundheits- und Altersvorsorge sowie Umweltschutz im System der freien Märkte bereitgestellt werden können – unter Bedingungen, die die individuelle Freiheit aller bewahren, die es den Menschen erlauben, ihr Leben selbstbestimmt und selbstverantwortlich zu führen, die ihre Existenz auf dieser Welt ermöglicht und die den Bedürfnissen ihrer nachkommenden Generationen Rechnung tragen.

Dieses Buch soll eine möglichst breite Leserschaft erreichen und ansprechen. Schüler und Studenten der Sozial-, Wirtschafts- und Politikwissenschaften: Sie werden in den folgenden Kapiteln bekanntgemacht mit (handlungs-)logisch begründeten Argumenten und ihrer Tragweite. Professionelle (Hauptstrom-)Ökonomen und Politikwissenschaftler: Ihr methodisches Vorgehen bei der Erkenntnisgewinnung wird herausfordert, zum kritischen Überdenken etablierter Positionen wird ermuntert. Alle, die im Staat (wie wir ihn heute kennen) den Lösungs- und Heilsbringer erblicken: Sie haben sich mit dem Argument auseinanderzusetzen, dass die individuelle Freiheit des Menschen nicht mit dem Staat (wie wir ihn heute kennen) wird bestehen können, dass er vielmehr die freie Wirtschaft und Gesellschaft zerstört. Ihnen allen macht die Volkswirtschaftslehre, wenn sie als apriorische Handlungswissenschaft akzeptiert wird, ein sprichwörtlich befreiendes Wissensangebot: Dass nämlich das *Ideal der Aufklärung* – die *vernünftige Autonomie*, wie Immanuel Kant es formuliert hat – im Einklang mit der Idee der *Privatrechtsgesellschaft* steht: Der Ordnung des Zusammenlebens, in der es kein Nebeneinander und Übereinander von öffentlichem und privatem Recht gibt, sondern in der alle in gleicher Weise dem gleichen Privatrecht unterstehen.

Das Buch ist wie folgt aufgebaut: Kapitel 1 stellt grundlegende Gedanken über Wahrheit und Erkenntnis vor. Es zeigt, dass objektive Wahrheit möglich ist, dass es keine guten Gründe gibt, in die finstere Welt des Relativismus und Skeptizismus abzugleiten.

Dass es in der Wissenschaft allerdings nicht nur Fortschritt, sondern auch Rückschritt gibt – vor allem in der Sozial- und Wirtschaftswissenschaft – erklärt Kapitel 2. Es ermutigt zu einer kritischen Haltung gegenüber der These, dass der Wissenschaftsbetrieb zur Wahrheit drängt.

Ein kurzer Exkurs erfolgt in Kapitel 3: Auf einige wenige grundlegende Hinweise zu logischen Aussagen und Aussagenverknüpfungen wird hingewiesen. Das soll aufzeigen, daran erinnern, dass es zeitlose Regeln für das richtige Denken gibt.

Über Glauben und Erkennen, wie der bedeutendste Theologe des Hochmittelalters, Thomas von Aquin, diese Begriffe verstanden hat, geht es in Kapitel 4. Es geht um Thomas' Versuch, die Eigenständigkeiten von Glauben und Erkennen mit Vernunftgründen zu verbinden.

Das leitet über zu Kapitel 5, in dem die Erkenntnistheorie von Kant, die er in seiner *Kritik der reinen Vernunft*, ausgebreitet hat, verständlich und nutzbar für die nachstehenden kritischen Überlegungen gemacht wird.

Kapitel 6 eröffnet die Diskussion über die richtige Methode der Erkenntnisgewinnung in der Ökonomik, und zwar indem ein Blick auf das Vorgehen der »Älteren Historischen Schule« geworfen wird.

Daran schließt sich Kapitel 7 an, in dem das Vorgehen der »Jüngeren Historischen Schule« betrachtet wird. Zusammen mit Kapitel 6 soll damit das Verständnis für die intellektuellen Schwierigkeiten geschärft werden, wahre Erkenntnisse in der Ökonomik zu erlangen.

Kapitel 8 behandelt den »Methodenstreit«: den Streit um die richtige Methode zur Erkenntnisgewinnung in der Wirtschaftswissenschaft, der in den frühen 1880er Jahren einmal geführt wurde; und dass seine Neuauflage Not tut.

Die kritische Auseinandersetzung mit den einflussreichen Wissenschaftsdoktrinen »Positivismus« und »Empirismus« erfolgt in Kapital 9: Hier wird gezeigt, dass sie unter logischen Inkonsistenzen leiden – und daher mit allergrößter Vorsicht zu genießen sind.

Kapitel 10 nimmt den »Kritischen Rationalismus«, wie er von Karl R. Popper formuliert wurde, unter die Lupe. Es zeigt sich, dass Poppers »Falsifikationismus« für die Sozial- und Wirtschaftswissenschaft nicht zu gebrauchen ist.

In Kapitel 11 wird die »Logik des menschlichen Handelns« vorgestellt und als eine geeignete Methode zur Gewinnung von Erkenntnis in der Sozial- und Wirtschaftswissenschaft rationalisiert.

Und dass die wissenschaftliche Methode der Erkenntnisgewinnung in der Wirtschaftswissenschaft eine andere sein muss als in der Naturwissenschaft, dass es einen »methodologischen Dualismus« braucht, wird in Kapitel 12 erklärt.

Die erkenntnistheoretische Stellung, die die »Logik des menschlichen Handelns« einnimmt, wird in Kapitel 13 diskutiert. Dazu kommen unterschiedliche Einschätzungen von unterschiedlichen Denkern zu Wort.

In Kapitel 14 wird die Logik des menschlichen Handelns einem Realitätscheck ausgesetzt. Es wird versucht aufzuzeigen, dass sie nicht nur wahre Erkenntnis über das menschliche Handeln bereitstellt, sondern dass es auch Entsprechung hat mit der Lebenswirklichkeit.

Weiterführende Einsichten in die Logik des menschlichen Handelns breitet Kapitel 15 aus. Hier geht es um die Kritik an der Mathematisierung der modernen Volkswirtschaftslehre (15.1); die unüberbrückbare Unterschiedlichkeit zwischen Geschichte und der *a priori* Theorie (15.2); die engen Grenzen für Prognosen im Bereich des menschlichen Handelns (15.3); die apriorische Ethik des Eigentums (15.4); und das a priori »Gesetz des abnehmenden Grenznutzens«, das grundlegend für das menschliche Werten und Handeln ist (15.5).

Kapital 16 zeigt, wie sich handlungslogisch gewonnene Erkenntnisse praktisch-theoretisch anwenden lassen, und zwar in der Theorie der Geldentstehung (16.1); in der Theorie der Nichtneutralität des Geldes (16.2); in der reinen Zeitpräferenztheorie des Zinses (16.3); in der monetären Konjunkturtheorie (16.4); in der Entstehungstheorie des Staates (16.5); und wie »Verschwörungstheorie« einzuordnen ist (16.6). Den Abschluss bilden vier handlungslogisch inspirierte Aufsätze: »Anatomie der Freiheit« (16.7), »Absolute Eigentumsrechte als ökologischer Imperativ« (16.8); »Warum und wie der Sozialismus die Welt erobern will« (16.9); und schließlich eine Interpretation von J. R. R. Tolkiens Fantasy-Epos *Herr der Ringe*: »Ein Ring sie alle zu knechten: eine staatliche Weltwährung« (16.10).

Kapitel 17 deckt das problematische Spannungsverhältnis zwischen politischer Macht, den Intellektuellen und der Wahrheit ökonomischer Aussagen auf und kommt zum Schluss, dass es um die Überlebenschance der freien Gesellschaft schlecht bestellt ist, wenn die Volkswirtschaftslehre sich nicht kritisch mit der Handlungslogik, mit dem Wahrheitswert ihrer Aussagen auseinandersetzt und sie einer rigorosen Neubewertung unterzieht.

Ich wünsche mir, dass der, der dieses Buch gelesen hat, erkennt, dass die Suche nach dem Weg zur Wahrheit in der Volkswirtschaftslehre von großer Bedeutung, dass er unverzichtbar ist, damit die Menschheit den Schrecken eines neuerlichen Kollektivismus, Sozialismus und der mit ihnen unweigerlich verbundenen Tyrannei und ihrem Elend entkommen kann. Die gute Botschaft dieses Buches ist: Der Siegeszug ist nicht nur möglich, er liegt sogar in greifbarer Nähe. Im Grunde ist »nur« die Rückbesinnung auf *Altbekanntes* in der Erkenntnistheorie erforderlich.

Dieses Buch konnte nur entstehen, weil ich auf eine große Zahl kluger Schriften zurückgreifen konnte, mir viele kundige Gesprächs- und Diskussionspartner zur Verfügung standen, und mir genügend Ressourcen zur Verfügung standen, um mich den Themen, die in diesem Buch behandelt werden, widmen zu können. Ich habe vielen Menschen Dank zu sagen – für Unterstützung, Belehrung, Kritik und Ermutigung. Ihre Namen kann ich hier nicht abschließend aufführen. Danken will ich jedoch an dieser Stelle alphabetisch Professor Dr. David Dürr (Universität Zürich), Professor Dr. Michael Esfeld (Universität Luzern), Dr. David Gordon (Senior Fellow Ludwig von Mises Institut Deutschland), Professor Dr. Gerd Habermann (Friedrich August von Hayek Gesellschaft), Professor Dr. Hans-Hermann Hoppe (Property and Freedom Society), Jörg Guido Hülsmann (Universität Anger), Professor Dr. David Howden (Saint Louis University), Professor Dr. Martin Leschke (Universität Bayreuth), Ryan McMaken (Editor Ludwig von Mises Institute), Andreas Marquart (Vorstand des Ludwig von Mises Institut Deutschland), Professor Dr. Antony P. Mueller (Federal University UFS), Professor Dr. Rolf Puster (Universität Hamburg), Dr. Andreas Tiedtke (Vorstand des Ludwig von Mises Institut Deutschland), Isabella Steidl und Georg Hodolitsch (FinanzBuch Verlag) – und ganz besonders meiner Frau, Dr. Ruth Polleit Riechert, für Ihre herzliche Ermutigung, ihre nachsichtige Geduld, ihre unerschütterliche Liebe. Alle Fehler und Unzulänglichkeiten in diesem Buch gehen selbstverständlich voll und ganz und ohne Wenn und Aber zu meinen Lasten.

Thorsten Polleit
Königstein i. T, März 2022

Kapitel 1
Erkenntnis der Wahrheit

»Wer die Wahrheit nicht weiß, der ist bloß ein Dummkopf. Aber wer sie weiß und sie eine Lüge nennt, der ist ein Verbrecher.«
Bertold Brecht

1. Der Königsberger Philosoph der Aufklärung Immanuel Kant (1724–1804) unterscheidet in seiner *Kritik der reinen Vernunft* (1781) drei Arten des »Fürwahrhaltens«: Meinen, Glauben, Wissen.

In Kants Worten: »Das Fürwahrhalten ist eine Begebenheit in unserem Verstande, die auf objektiven Gründen beruhen mag, aber auch subjektive Ursachen im Gemüte dessen, der da urteilt, erfordert. ... Das Fürwahrhalten, oder die subjektive Gültigkeit des Urteils, in Beziehung auf die Überzeugung (welche zugleich objektiv gilt), hat folgende drei Stufen: Meinen, Glauben und Wissen. Meinen ist ein mit Bewußtsein sowohl subjektiv, als objektiv unzureichendes Fürwahrhalten. Ist das letztere nur subjektiv zureichend und wird zugleich für objektiv unzureichend gehalten, so heißt es Glauben. Endlich heißt das sowohl subjektiv als objektiv zureichende Fürwahrhalten das Wissen. Die subjektive Zulänglichkeit heißt Überzeugung (für mich selbst), die objektive Gewißheit (für jedermann).«[1]

Abb. 1. – Meinen, Glauben und Wissen nach Immanuel Kant

	Subjektives Fürwahrhalten	**Objektives Fürwahrhalten**
»Meinen«	unzureichend	unzureichend
»Glauben«	zureichend	unzureichend
»Wissen«	zureichend	zureichend

Quelle: Kritik der reinen Vernunft, II. Tranzendentale Methodenlehre, 2. Hauptstück, 3. Abschnitt.

Abb. 1 systematisiert, wie Kant Meinen, Glauben und Wissen unterscheidet. *Meinen* ist die schwächste Form des Fürwahrhaltens. Der, der meint, etwas ist wahr, ist sich selbst nicht sicher, ob es tatsächlich wahr ist, und er kann auch keine objektiven Gründe beibringen, warum es wahr sein sollte. *Glauben* bedeutet, dass jemand, der der Auffassung ist, dass eine Aussage wahr sei, zumindest persönlich davon überzeugt ist, wenngleich er auch keine objektiven Gründe anzuführen vermag, die unstrittig nachweisen können, dass das von ihm Geglaubte tatsächlich wahr ist. *Wissen* beansprucht derjenige, der sowohl etwas persönlich (subjektiv) als auch objektiv – das heißt wie alle anderen auch – für wahr hält.

Es bedarf keiner besonderen Erklärung, dass das »Wissen« von besonderer Bedeutung ist für die Menschen, gerade auch in der modernen Zeit. Schließlich liest man allenthalben, dass wir in einer »Wissensgesellschaft« leben; dass die Wissenschaft (also das »Schaffen von Wissen«) der Schlüssel zur Zukunft, die Grundlage von künftigem Wohlstand und Fortschritt der Menschheit ist. Was also ist Wissen? Üblicherweise wird unter Wissen der *Bestand* von Fakten, Theorien und Regelmäßigkeiten verstanden, dem größtmögliche Gewissheit beziehungsweise Wahrheit zugesprochen wird. Doch wann ist jemand berechtigt, – wie Kant es ausdrückte – subjektiv und objektiv etwas mit überzeugenden Gründen für wahr zu halten, also etwas als Wissen auszuweisen?

2. Wenn es darum geht, »Wissen« zu erlangen, geht es um *propositionale Wahrheit*, das heißt um den Inhalt von Aussagen (in Form von Sätzen, Vorstellungen oder auch Gedanken), die eine Sache, einen Sachverhalt, als so-und-so darstellen, und die die Sache oder den Sachverhalt dabei auch so kundtun, wie sie oder er wirklich ist. Wahr oder falsch kann nur eine Aussage mit propositionalem Gehalt sein. Diesen *kritischen Wahrheitsbegriff* hat schon Aristoteles formuliert: »Zu sagen, das Seiende sei nicht oder das Nicht-seiende sei, ist falsch; dagegen das Seiende als Seiendes und das Nicht-seiende als Nicht-seiendes anzusprechen, ist wahr. Daher wird, wer ›sein‹ und ›nicht sein‹ (von etwas) aussagt, (unvermeidlich) entweder wahres oder falsches sagen.«[2]

Der deutsche Philosoph Thomas Grundmann (*1960) listet fünf grundlegende Merkmale der Wahrheit auf: Wahrheit

a. ist eine absolute Eigenschaft;
b. ist extensional;
c. erfüllt das »Zitattilgungsschema«;
d. fällt nicht (notwendigerweise) mit Fürwahrhalten zusammen; und
e. ist nicht sprachrelativ.

Zu (a): Der Wahrheitswert einer Aussage, ihr propositionaler Gehalt, ändert sich nicht mit der Zeit oder dem Ort. Er gilt immer und überall. Wenn Person A eine Aussage *p* für wahr hält, und Person B sie für falsch hält, ist damit nicht die Wahrheit von *p* entschieden, sondern Person A und B äußern sich offensichtlich unterschiedlich, ob sie etwas für wahr und falsch halten. In einem solchen Fall kann nur eine der Personen richtig liegen, nur eine trifft die Wahrheit. Wahrheit ist eine absolute Eigenschaft (einer Aussage).

Zu (b): In der traditionellen Logik bezeichnet der Begriff »Extension« die Menge der Gegenstände, über die er sich erstreckt. Der Begriff »Intension« bezeichnet die Gesamtheit der Eigenschaften, die den Dingen, die er umfasst, gemeinsam sind. Der Wahrheitswert einer Aussage ändert sich nicht, wenn man in ihm Begriffe gleicher Extension durch andere ersetzt. So ist der Satz »Der Containerfrachter ist ein Schiff« zweifellos wahr. Ersetzt man in dem Satz »Containerfrachter« mit »Panzerkreuzer«, erhält man den ebenfalls wahren Satz »Der Panzerkreuzer ist ein Schiff«. Der Sinn des Satzes hat sich jedoch durch die Ersetzung der koextensionalen Begriffe geändert, schließlich ist er eine intensionale Eigenschaft. Man kann den Satz »Der Containerfrachter ist ein Schiff« für wahr halten und den Satz »Der Panzerkreuzer ist ein Schiff« für falsch halten (und umgekehrt), ohne dadurch einen Widerspruch zu verursachen.

Zu (c): Die Äquivalenz »*p* ist wahr genau dann, wenn *p*« ist, gilt für jeden Satz *p*. Sie wird als *Zitattilgungsschema* bezeichnet. Beim Zitattilgungsschema handelt es sich um eine logische Wenn-dann-Verknüpfung, die in beiden Richtungen gültig ist: »Wenn *p*, dann ist *p* wahr« und »Wenn *p* wahr ist, dann ist *p*«. Eine scheinbar triviale Einsicht. Aber welche Wahrheitstheorie würde dem Zitattilgungsschema ernstlich widersprechen können? Wahrheit erfüllt das Zitattilgungsschema; aber Wahrheit und Fürwahrhalten fallen nicht (notwendigerweise) zusammen.

Zu (d): Fürwahrhalten ist kein Garant, treffsicher zwischen Wahrheit und Falschheit entscheiden zu können. Die Kriterien, die über Wahrheit und Falschheit entscheiden, sind unabhängig vom Fürwahrhalten. Ohne Vorliegen dieser (Minimal-)Bedingung wären Meinungsunterschiede und Irrtümer über Wahrheit und Falschheit unentscheidbar, ohne sie gäbe es keinen Irrtum, es gäbe keine Wahrheit (im Sinne einer absoluten Eigenschaft [einer Aussage]).

Zu (e): Wahrheit bedeutet, dass die Bedeutung eines wahren Satzes sich unter denselben Bedingungen mittels eines anderen sprachlichen Ausdrucks (Paraphrase) formulieren lässt. Die Bedeutung des Satzes »Ökonomen stellen falsche Prognosen« lässt sich durch den Satz »Falsche Prognosen stellen Ökonomen« darstellen. Der erste Satz ist unter denselben Bedingungen wahr wie der erste. Der Satz einer Sprache lässt sich nur dann in einen Satz einer anderen Sprache übersetzen, wenn Wahrheit in allen Sprachen dasselbe bedeutet. Wahrheit ist nicht sprachrelativ.

3. Im Folgenden wird ein kurzer Überblick über die Wahrheitstheorien gegeben. Die Wahrheitstheorien lassen sich in *epistemische Wahrheitstheorien* und in *realistische Wahrheitstheorien* unterscheiden (Abb. 2). Die zentrale These der epistemischen Wahrheitstheorien ist, dass die *Natur der Wahrheit* (also das, was Wahrheit der Sache nach ist) und die *Kriterien der Wahrheit* (also das, was den Wahrheitsgehalt einer Aussage, eines Satzes feststellt) dasselbe sind. Wahrheit hängt demnach notwendigerweise mit den Kriterien, die darüber befinden, ob etwas wahr ist oder nicht, zusammen. Die epistemische Wahrheitstheorie hat demnach folgende Form: »*Die Proposition, dass p, ist dann und nur dann wahr, wenn das Kriterium der Wahrheit erfüllt ist.*«[3]

Abb. 2. – Systematisierung der Wahrheitstheorien

Wahrheitstheorien

Epistemische Wahrheitstheorien

Epistemischer Fundamentalismus
Epistemischer Kohärentismus
Skeptizismus

Realistische Wahrheitstheorien

Deflationismus
Primitivismus
Korrespondenztheorie

Quelle: eigene Darstellung; Detel (2020), S. 53; Grundmann (2019), S. 26.

Innerhalb der epistemischen Wahrheitstheorien lassen sich wiederum drei Positionen unterscheiden.[4] Erstens: Dem *epistemologischen Fundamentalismus* zufolge gibt es für (einige) Begründungen des Wissens keine weiteren (inneren) Gründe mehr. Der *axiomatische Fundamentalismus* vertritt dabei die Position, dass sich das Wissen deduktiv (das heißt in logisch gültiger Weise) aus fundamentalen Gründen und Begründungen herleiten lässt. Wissen ist bewiesenes Wissen. Eine abgeschwächte Form ist der *fallibilistische Fundamentalismus.* Von ihm spricht man, wenn das Wissen mit Blick auf die fundamentalen Gründe kritisch geprüft und entweder bestätigt oder verworfen wird.

Zweitens: Dem *epistemischen Kohärentismus* zufolge gibt es keine fundamentalen Begründungen für das menschliche Wissen. Vielmehr beruht es auf »guten Gründen«, die sich gegenseitig stützen und die untereinander konsistent (widerspruchsfrei, folgerichtig) sein müssen. Der Kohärenztheorie zufolge ist eine (sprachliche) Aussage dann wahr, wenn sie allen anderen als wahr akzeptierten Aussagen verträglich ist. Der Bereich der Sprache wird nicht verlassen, der Zusammenhang der Aussagen innerhalb der Sprache ist der Maßstab zur Bestimmung des Wahrheitsgehaltes einer Aussage. Aber hier ergeben sich Probleme. Beispielsweise lässt sich ein kohärentes System von Aussagen konstruieren (»Lügengeschichten«), das nichts mit der Wahrheit zu tun hat. Es lassen sich auch mehrere, jeweils in sich kohärente Systeme von Überzeugungen bilden, so dass sie sich gegenseitig logisch ausschließen. Und nicht zuletzt stellt sich hier das Problem: Wie will man erklären, was logisch kohärent ist, ohne dabei schon einen Begriff der Wahrheit verfügbar zu haben? Mit anderen Worten: Die Kohärenztheorie verfängt sich in einem *Zirkelschluss.*

Die *Konsenstheorie* lässt sich als ein Unterfall des Kohärentismus auffassen. Eine Aussage ist dann wahr, wenn sie (unter optimalen Bedingungen) für alle Mitglieder einer (Sprach-)Gemeinschaft aus rationalen Erwägungen heraus als wahr angesehen und akzeptiert wird. Doch was ist in diesem Zusammenhang rational? Und vor allem: Warum sollte Wahrheit beziehungsweise die Wahrheitsfindung eine soziale Angelegenheit sein? Es steht außer Frage, dass einzelne Personen sich irren können (»Irren ist menschlich«). Und folglich kann sich auch ein Kollektiv von Personen irren – und das bedeutet, dass sie kein Garant ist, dass wahre Aussagen als wahr und falsche Aussagen als falsch ausgewiesen werden.

Drittens: Der *Skeptizismus* verneint, dass man Wissensansprüche überzeugend begründen kann, und dass es folglich kein Wissen gibt. Er ist eine pessimistische, im Grunde eine »Anti-Wahrheitstheorie« (und das sei an dieser Stelle bereits angemerkt: auch eine widersprüchliche und damit falsche Wahrheitstheorie).

Ein Hinweis an dieser Stelle: Häufig wird davon ausgegangen, dass man sich der Wahrheit annähere, wenn die Wahrscheinlichkeit hoch ist, dass ein bestimmtes Ereignis eintritt. Man setzt hier die Wahrscheinlichkeit $w = 1$ mit Wahrheit, die Wahrscheinlichkeit $w = 0$ mit Falschheit gleich. Doch dieser Gedanke ist (logisch) falsch. Denken wir an das Beispiel der weißen Schwäne. Obwohl bislang nur weiße Schwäne beobachtet wurden (die Wahrscheinlichkeit, dass man weiße Schwäne beobachten konnte, war also $w = 1$), brauchte es nur eine einzige Beobachtung eines schwarzen Schwans, um die induktive Schlussfolgerung, dass es nur weiße Schwäne gebe, als falsch zu entlarven (so dass tatsächlich $w = 0$). Von einer hohen Wahrscheinlichkeit lässt sich nicht auf Wahrheit schließen.

Während epistemische Wahrheitstheorien die Auffassung vertreten, die Wahrheit ließe sich durch Rechtfertigungskriterien feststellen, wird genau das von den *realistischen Wahrheitstheorien* bestritten. Zu den realistischen Wahrheitstheorien sind zum Beispiel der *De-*

flationismus (auch *Wahrheitsdeflationismus*) beziehungsweise die ihm zugeordneten deflationären Wahrheitstheorien zu zählen. Sie besagen, dass die Wahrheit sich allein durch das Zitattilgungsschema definieren lässt. Und mehr ist auch nicht über die Wahrheit zu sagen als »Wenn *p* wahr ist, dann ist *p* wahr«.

Der *Primitivismus* speist sich aus den Arbeiten des Mathematikers und Logikers Alfred Tarski (1901–1983) und besagt, dass die Wahrheit in einer Sprache nicht mit den Mitteln der Sprache selbst definiert werden kann. Alle Versuche, den Begriff Wahrheit zu definieren, sind vielmehr vergeblich, weil unbeweisbar. Wenn man (sprachlich) festlegt, dass φ = ›Wahrsein‹, und wenn s = φ ist, ist dann »s = φ« wahr?

Die *Korrespondenztheorie* der Wahrheit besagt, dass eine Erkenntnis (die in einer Aussage formuliert wird) dann wahr ist, wenn das als zusammen bestehend ausgesagt wird, was zusammen besteht, und das als nicht zusammen bestehend, was nicht zusammen besteht.[5] Doch die Korrespondenztheorie der Wahrheit hat Grenzen. Das gilt ganz offensichtlich für Beobachtungsaussagen, das heißt für empirische Aussagen. Wie kann man Allgemeinaussagen wie »Alle Schwäne sind weiß« als wahr akzeptieren im Sinne der Korrespondenztheorie, solange es nicht möglich ist, alle Schwäne, die es auf der Welt gibt, gab und geben wird, auf ihre Farbe untersucht zu haben?

Die *Abbildtheorie* der Wahrheit, wie sie Ludwig Wittgenstein in seinem *Tractatus Logico-Philosophicus* formuliert hat – und die als eine verschärfte Version der Korrespondenztheorie interpretiert werden kann –, führt sogar in unüberwindbare Schwierigkeiten. Für mathematische und logische Aussagen wird die Korrespondenztheorie sinnlos – es sei denn, man meint, es gäbe ein Reich mathematischer Gegenstände, in dem derartige Aussagen eine tatsächliche Entsprechung finden. Gleiches gilt für kontrafaktische Sätze wie »Die Katze könnte auf dem Tisch sitzen« oder mit probabilistischen Sätzen wie »Sehr wahrscheinlich steigen die Kurse auf dem Aktienmarkt in der kommenden Woche«.

4. Der Begriff *Erkenntnis* verdient eine gesonderte Betrachtung – insbesondere vor dem Hintergrund der Begriffe *Wissen* und *Wahrheit*.

Nicht nur in der Wissenschaft, sondern vor allem auch im tagtäglichen Gebrauch wird das Wort Erkenntnis vielfach gebraucht. Weil es eine einheitliche Definition der Erkenntnis nicht gibt, ist es sinnvoll, hier einige ganz grundsätzliche Aspekte der Erkenntnis hervorzuheben.[6]

Erkenntnis lässt sich als eine Untergruppe von Aussagen verstehen. Aussagen erheben entweder einen Wahrheitsanspruch (»Es ist der Fall, dass heute Sonntag ist«) oder nicht und sind weder wahr noch falsch (wie zum Beispiel Aussagen in Romanen oder Dichtungen). Wahre Aussagen können als Erkenntnis aufgefasst werden. Allerdings gibt es triviale wahre Aussagen (»Alle Einwohner Hamburgs wohnen in Hamburg«).[7] Sie unter den Begriff Erkenntnis zu fassen, erscheint wenig sinnvoll. Vielmehr sollte der Begriff Erkenntnis auf wahre Aussagen bezogen sein, die auch praktisch oder theoretisch bedeutsam sind. In der Wissenschaft lässt sich diese Anforderung durchaus erfüllen: Eine wahre wissenschaftliche Aussage steht im logischen Zusammenhang mit anderen wissenschaftlichen Aussagen und erhält auf diese Weise eine objektive Bedeutsamkeit. Erkenntnis ist so gesehen ein engerer Begriff als Wahrheit.

Der Begriff Erkenntnis umfasst üblicherweise sowohl das Ergebnis des Erkennens (das Erkannte) als auch den Prozess des Erkennens (den Akt der Erkenntnisgewinnung). Jede Erkenntnis ist *subjektiv*. Der einzelne Mensch macht beziehungsweise gewinnt sie. Wenn ich aus dem Fenster blicke und den Postboten auf dem Fahrrad sehe, bin ich es, der diese Erfahrung macht; und ich bin es, der daraus eine wie auch immer geartete Erkenntnis gewinnt. Erkenntnis lässt sich grundsätzlich auf zwei Wegen gewinnen: Erfahrung und Einsicht beziehungsweise Denken.

Will ich das von mir Erfahrene, das Wahrgenommene, begreifen, muss ich es in Aussagen mit Hilfe von Begriffen sprachlich fassen: Wer eine Erfahrung macht, der bezieht seine wahrgenommenen Empfindungen auf ein Objekt, das er unter Begriffe subsumiert. Mit Blick auf das obige Beispiel hieße das beispielsweise: Der Postbote ist eine Person, und er bewegt sich auf einem Gerät fort, das man als Fahrrad bezeichnet, und er hat weitere Eigenschaften (zum Beispiel ist er hochgewachsen, hat blonde Haare etc.).

Doch noch mehr ist erforderlich, um eine Erfahrung zu machen. Das wahrgenommene Objekt *X* hat nicht nur bestimmte Eigenschaften (*E1*, *E2*, ..., *En*), es ist auch *zeitlich* und *räumlich* bestimmt. Jede Erfahrung wird zu einem bestimmten Zeitpunkt an einem bestimmten Ort gemacht. Zeit und Raum sind *Bedingungen für die Möglichkeit, Erfahrungen machen zu können*; wir kommen darauf in Kapitel 5 zu sprechen.

Damit aus einer subjektiven Erkenntnis eine objektive wird, müssen andere Menschen in der Lage sein, das zu erfahren, was ich erfahre; beziehungsweise sie müssen sich darüber verständigen (können), was sie erfahren, beziehungsweise was sie glauben zu erfahren. So gesehen bringt die Erkenntnis auch »das Verhältnis zwischen Objectivem und Subjectivem zur Klarheit.«[8]

Selbst wenn mehrere Personen die gleiche Erfahrung gemacht haben – wenn sie beispielsweise einen Postboten auf einem Fahrrad am 25. September 2020 um 15 Uhr durch die Wiesbadener Straße in Wuppertal haben fahren sehen –, heißt das noch nicht notwendigerweise, dass die von allen gemachte Erfahrung *wahr* ist. Schließlich ist es denkbar, dass sich alle Beobachtenden beispielsweise mit dem Datum oder der Zeit ihrer Beobachtung geirrt haben. Meine persönliche Erfahrung oder die Erfahrung meiner Mitmenschen ist folglich kein Garant für Wahrheit beziehungsweise Erkenntnis – selbst dann nicht, wenn alle die gleichen Erfahrungen gemacht haben. Der Wahrheitswert ist letztlich durch Rückgriff auf die Wahrheitstheorie zu beantworten.

5. Erkenntnistheoretisch gesehen stellt sich eine besondere Schwierigkeit: Um eine Erkenntnis machen zu können, muss man bereits über Erkenntnis verfügen. Zumindest muss man bereits erkannt haben, was Erkennen, was Erkenntnis bedeutet.[9] Eine Erkenntnis machen zu können, ist nicht voraussetzungslos. Wer sich um die Gewinnung von Erkenntnissen bemüht, der hat es folglich mit zwei Erkenntnisarten

zu tun: die Erkenntnis, die (neu) gewonnen wird, und die bereits vorausgesetzte Erkenntnis, mit dessen Hilfe die (neue) Erkenntnis gemacht wird. Anders gesagt: Die zu gewinnende Erkenntnis wird auf der Grundlage einer bereits vorhandenen beziehungsweise vorausgesetzten Erkenntnis erzielt. Die vorausgesetzte Erkenntnis ruht nun aber wiederum auf einer vorausgesetzten Erkenntnis. Erkenntnis *E* ruht auf Erkenntnis E_1, und E_1 ruht auf Erkenntnis *E2*, und *E2* ruht auf Erkenntnis *E3* und so weiter fort bis ins Unendliche. Die Erkenntnis der Erkenntnis führt also so gesehen zu einem unendlichen Regress, durch den die Letztbegründung der Erkenntnis auf der Strecke bleibt. Wie lässt sich diese Erkenntnislücke lösen?

Eine Möglichkeit besteht darin, den unendlichen Regress zu beenden, indem man eine Erkenntnis pragmatisch-dogmatisch einführt und sie als wahr erklärt, und sie zur Erklärung der auf ihr aufbauenden Erkenntnisse deklariert (»Petitio Prinicpi«). Dadurch aber hat man nicht das, was man als Erkenntnis ausweist, notwendig als wahre Erkenntnis erkannt und gut begründet, sondern willkürlich gesetzt. Oder aber es gelingt, die vorausgesetzte Erkenntnis zu erlangen, die sich selbst nicht weiter auf eine andere Erkenntnis zurückführen lässt, eine Erkenntnis also, die sich als das »ultimativ Gegebene« bezeichnen lässt, die keiner Letztbegründung mehr zugänglich ist; wir kommen später in Kapitel 5 auf diesen Gedanken zurück. Solange man die Erkenntnis nicht überzeugend begründet hat, auf der die weitere Erkenntnis aufbaut, ist aus wissenschaftlicher Sicht die Erkenntnis unzureichend.

6. Ein wichtiger Aspekt wurde bereits angesprochen: In der Wissenschaft werden die Gegenstände der Erkenntnisse in einer *Sprache* formuliert. Sprache ist unverzichtbar für das menschliche Denken. Denken bedient sich der Sprache. Ohne sie ist Denken nicht möglich. Und Sprache setzt eine *Kommunikationsgemeinschaft* voraus, also eine Gemeinschaft von Menschen, die miteinander Gedanken in einer allgemein verständlichen Sprache austauschen, die miteinander kommunizieren. (Eine Sprache, die nur ich verstehe, und die ich niemand anderem mitteilen kann [also eine »Privatsprache«], gibt es

nicht, so erklärte Ludwig J. J. Wittgenstein [1889–1951] mit seinem »Privatsprachargument«.) Die Bedeutung der Sprache für die Erkenntnis kann gar nicht groß genug eingeschätzt werden. John Stuart Mill (1806–1873) schrieb:

> »Die Sprache ist augenscheinlich eines der vornehmsten Hilfsmittel und Werkzeuge des Denkens, und jede Unvollkommenheit des Werkzeuges und der Art seines Gebrauches muß, wie Jedermann einsieht, diese Kunstübung noch mehr als jede andere hemmen und verwirren und jedes Vertrauen in die Güte des Ergebnisses zerstören. ... An das Studium wissenschaftlicher Methoden herantreten, bevor man mit der Bedeutung und dem richtigen Gebrauch der verschiedenen Arten von Worten vertraut ist, dies hieße nicht minder verkehrt handeln, als wollte Jemand astronomische Beobachtungen anstellen, ehe er das Fernrohr richtig gebrauchen gelernt hat«.[10]

Erst die gemeinsame Sprache macht es möglich, dass wissenschaftliche Erkenntnis intersubjektiv – das heißt von Person zu Person – eingesehen werden kann: Wir brauchen eine gemeinsame Sprache, damit ich deine Gedanken und du meine Gedanken verstehen kannst. Eine Form der gemeinsamen Sprache in der Wissenschaft ist die *Mathematik*.

Die Volkswirtschaftslehre ist – und das wird in den folgenden Kapiteln noch deutlich werden – in den letzten Jahrzehnten zusehends »mathematisiert« worden. Um kein Missverständnis aufkommen zu lassen: Es gibt Bereiche des Wirtschaftens, in denen die Anwendung der Mathematik durchaus sinnvoll, ja im Grunde unverzichtbar ist. Beispielsweise in der Buchführung oder in der Wirtschafts- beziehungsweise Investitionsrechnung. Hier wird mit Geldbeträgen gearbeitet. Beispiel: Wenn ich für 100 US$ eine Aktie gekauft habe, und ich sie in einem Jahr für 120 US$ verkaufen kann, so beträgt meine (erwartete) Rendite 20 Prozent [(120 / 100 – 1) x 100]. Doch die Mathematik lässt sich nicht einsetzen, um das menschliche Handeln zu erfassen – wie in Kapitel 15.1 noch deutlich wird und an dieser Stelle nur aphoristisch problematisiert werden soll.[11]

Das menschliche Handeln lässt sich nicht mathematisieren, durch Mathematik, durch Gleichungen abbilden, wie es heute gang und gäbe ist.[12] In der Mechanik wird mit Gleichungen operiert, man kann auf empirischem Weg *Konstanten* mit ziemlicher Genauigkeit aufspüren und sinnvoll verwenden. So lassen sich mit ihnen aus gegebenen Daten unbekannte Größen mit für die Technologie hinreichender Genauigkeit errechnen. Völlig anders stehen die Dinge auf dem Gebiet menschlichen Handelns. Hier gibt es keine derartigen Konstanten (das wird nachfolgend noch deutlich gemacht). Die Gleichungen der mathematischen Nationalökonomie sind daher praktisch nutzlos. Sie beschreiben zudem lediglich einen erdachten, fiktiven Zustand, der von dem tatsächlichen Zustand nicht nur verschieden ist, sondern auch niemals verwirklicht werden kann. Sie sagen auch nichts aus über die Handlungen der Marktakteure, die unter der unrealisierbaren Voraussetzung, dass keine weiteren Datenänderungen eintreten, zu diesem Gleichgewichtszustand führen müssten. »Carl Menger hat einmal erklärt, daß es kein besseres Mittel gebe, eine verfehlte Denkrichtung ad absurdum zu führen, als sie sich voll ausleben zu lassen. Die mathematische Schule der Nationalökonomie ist auf diesem Wege.«[13]

Kapitel 2
Wissensfortschritt, Wissensrückschritt

»Es besteht kein Grund, die Existenz von Phänomenen, die wir nur durch Introspektion kennen, zu leugnen.«
Stanislav Andreski

Wissenschaft soll *Wissen schaffen*. Das Substantiv *Wissen* steht – ganz allgemein gesprochen – für wahre Erkenntnis, mit der wir Menschen uns in unserer Lebenswirklichkeit (besser) zurechtfinden wollen. Das Verb *schaffen* ist weitumspannend zu interpretieren: als *schöpfen*, *freilegen* oder auch *wiederentdecken*. Denn nicht nur schöpfen und freilegen, sondern vor allem auch das Wiederentdecken von verschüttetem und vergessenem Wissen kann nicht selten zur Mehrung des gegenwärtig verfügbaren Wissensbestandes beitragen. Schließlich kann auch bewährtes, erprobtes Wissen zuweilen verloren gehen, kann von Unwissen verdrängt werden!

Um sich in der *Welt* besser zurechtzufinden, um sie für die Erreichung der eigenen Zwecke besser einsetzen zu können, strebt der Mensch nach Wissens*zuwachs*: nach der *Vermehrung* des bereits bestehenden Wissensbestandes. Das einmal gewonnene Wissen soll nicht aufbewahrt, erhalten und gelehrt, sondern der verfügbare Wissensbestand soll vor allem auch vermehrt werden. Der Mensch strebt nach Wissens*fortschritt*: Er will genauer, will mehr wissen. Dabei lassen sich drei Arten des Wissenschaftsfortschritts unterscheiden: (1) kumulativer Wissenschaftsfortschritt, (2) substitutiver Wissenschaftsfortschritt und (3) zirkulärer Wissenschaftsfortschritt.

Zu (1): Kumulativer Wissensfortschritt – Der kumulative Wissenschaftsfortschritt besagt, dass der gerade hier und jetzt bestehende Wissensbestand *X* im Zeitablauf durch neues Wissen, durch zusätzliche Erkenntnisse *Y*, erweitert wird, so dass der Wissensbestand von ursprünglich *X* auf nunmehr *X* + *Y* ansteigt. Ein Beispiel dafür wäre, dass das Wissen zur Erzeugung von Feuer (durch Funkenschlagen auf Zunder) angereichert wird durch das Erfinden des Rades.

Zu (2): Substitutiver Wissensfortschritt – Der substitutive Wissensfortschritt bedeutet, dass ein bisheriges Wissen sich als falsch erweist (sich als *Un*wissen entpuppt) und durch neues, besseres Wissen ersetzt wird. Ein Beispiel dafür ist die *Kopernikanische Revolution*. Im 16. Jahrhundert glaubte man, die Sonne drehe sich um die Erde (*geozentrisches Weltbild*). Doch dann zeigte Nikolaus Kopernikus (1473–1543) auf, dass es sich genau umgekehrt verhält: dass sich die Erde um die Sonne dreht (*heliozentrisches Weltbild*). Im Zuge des substitutiven Wissenschaftsfortschritts wird falsches Wissen durch neues (richtiges) Wissen ersetzt.

Zu (3): Zirkulärer Wissensfortschritt – Der zirkuläre Wissensfortschritt meint, dass Wissen, das bereits einmal gewonnen wurde, im Zeitablauf verloren gegangen ist, und dass es nachfolgend *wieder*entdeckt wird. Mit anderen Worten: Man hatte ursprünglich den Wissensbestand *X* + *Y*. Dann aber war man irgendwann der Meinung, dass *Y* zum Beispiel »überholt« oder falsch sei, und es ist in Vergessenheit geraten. Irgendwann hat man dann jedoch den Wahrheitsgehalt von *Y* wiederentdeckt und rehabilitiert. Der Wissensbestand, der zuvor verringert wurde, wird auf diese Weise wieder auf sein ursprüngliches Niveau gebracht.

Der *zirkuläre Wissensfortschritt* bedeutet, dass auch *Wissenschaftsrückschritt* denkbar und möglich ist. Es drängt sich hier die Frage auf: Wie aber kann es sein, dass ein einmal gewonnenes Wissen im Zeitablauf verloren geht? Genauer: Wie kann so etwas in der Sozial- und Wirtschaftswissenschaft (mit den Naturwissenschaften wollen wir uns hier und im Folgenden nicht beschäftigen) geschehen? Dass auf diese Frage sich eine ganze Reihe von Antworten geben lässt, erschließt sich, wenn man sich die Eigenart(-igkeit) der Sozial- und Wirtschaftswissenschaft vor Augen führt – und im Vorgriff auf Kapitel 17 der Arbeit sollen im Zuge eines kurzen Exkurses überblicksartig einige Erklärungen vorgestellt werden.

Exkurs: Probleme des Wissensfortschritts in den Sozial- und Wirtschaftswissenschaften

In den Sozial- und Wirtschaftswissenschaften geht es um den handelnden Menschen beziehungsweise um das Zusammenleben von mitunter vielen individuell handelnden Menschen in der Gemeinschaft. Der handelnde Mensch ist das Erkenntnisobjekt, und er hat denknotwendigerweise Ziele und Präferenzen, und er wählt zwischen verschiedenen Handlungsalternativen. Seine Ziele, Präferenzen und Handlungsalternativen können sich im Zeitablauf ändern, und Gleiches gilt auch für die Bedingungen, unter denen er handelt beziehungsweise zu handeln hat.

In der Physik – die Königin der Naturwissenschaft – werden grundlegende Naturerscheinungen untersucht. Man beschäftigt sich hier zum Beispiel mit Atomen, Steinen und Planeten. Letztere haben keine Ziele, Präferenzen, und sie wählen auch nicht zwischen Handlungsalternativen. Sie reagieren auf Stimuli in einer – wie sich häufig dem Beobachter zeigt – immer gleichen Art und Weise, also naturgesetzlich. (Heutzutage spricht man allerdings meist nicht mehr von Gesetzmäßigkeiten, sondern von Hypothesen oder Modellen.)

In den Sozial- und Wirtschaftswissenschaften ist der Stimulus-Reaktion-Zusammenhang grundlegend anders. Im Bereich des menschlichen Handelns gibt es keine konstanten Verhaltensparameter in dem Sinne, dass »Wenn A, dann B« beziehungsweise »Wenn A um x Prozent fällt, steigt B um y Prozent«. Menschen reagieren vielmehr auf einen gegebenen Impuls unterschiedlich. Der Grund ist, dass Menschen lernfähige Wesen sind – und das ist eine Einsicht, die sich (handlungs-)logisch begründen lässt.

Das ist eine wichtige, weitreichende Einsicht. In der Naturwissenschaft lassen sich mittels Experimenten gleichartige (homogene) Beobachtungen gewinnen, die als Grundlage für Vergleiche, für empirische Testverfahren Verwendung finden können. In den Sozial- und Wirtschaftswissenschaften ist das aber nicht möglich. Hier gibt es keine homogenen Beobachtungssätze. Jede menschliche Handlung ist vielmehr einzigartig, ist nicht miteinander vergleichbar, ist nicht reproduzierbar.

Vor dem Hintergrund der grundsätzlichen Unterschiedlichkeit zwischen den Erkenntnisobjekten in der Naturwissenschaft und der

Sozial- und Wirtschaftswissenschaft forderte Ludwig von Mises einen *methodologischen Dualismus*: Die wissenschaftliche Methode in den Sozial- und Wirtschaftswissenschaften muss eine andere sein als in der Naturwissenschaft. Doch seine Forderung hat sich nicht durchgesetzt. Vielmehr folgt die Sozial- und Wirtschaftswissenschaft den Vorgaben der naturwissenschaftlichen Methode. Das hat weitereichende Konsequenzen.

(1) Die naturwissenschaftliche Methode ist im Kern von der Idee beseelt: »Alles ist möglich«, es gibt keine in Stein gemeißelten Wahrheiten. Ob etwas so ist oder so, ob etwas wahr ist oder nicht, muss anhand von Beobachtungen herausgefunden, getestet werden. Darin kommt ein (unreflektierter) Skeptizismus und Relativismus zum Ausdruck. In den Naturwissenschaften erweist sich das in der Regel jedoch als wenig problematisch. Das liegt daran, dass falsche naturwissenschaftliche Theorien sich prinzipiell recht einfach einsehen und entsprechend korrigieren lassen.

Zudem werden in der Naturwissenschaft erprobte, bewährte Theorien üblicherweise nicht ohne weiteres angezweifelt, diffamiert oder gar über Bord geworfen. Denn wenn eine Theorie sich in der Praxis bewährt hat, dann hält man üblicherweise an ihr fest, zieht sie nur dann aus dem Verkehr, wenn es eine nachweislich bessere Theorie gibt, deren Befolgen das erstrebte Ziel besser, schneller oder einfacher erreichen lässt. Für dieses Vorgehen gibt es handfeste Anreize.

Menschen, die naturwissenschaftliche Theorien befolgen und sie anwenden, stehen für den Erfolg oder Nichterfolg, den sie dabei erzielen, meist persönlich gerade. Beispielsweise wird ein Brückenbauer, der bisher stets die Gesetze der Statik erfolgreich bei seinen Konstruktionen angewandt hat, nicht so ohne weiteres den Verheißungen, die ein wunderbares »neues Gesetz der Statik« in Aussicht stellt, folgen und seine bewährten Theorien so mir nichts, dir nichts über Bord werfen zugunsten dieser neuen Theorie.

(2) Ganz anders stehen die Dinge bei sozial- und wirtschaftswissenschaftlichen Theorien. Das soll im Folgenden anhand von neun Anmerkungen kurz erläutert werden:

(i) In der Naturwissenschaft können sich *fehlerhafte Theorien* nur schwer dauerhaft festsetzen. Zwar kann es Scharlatane geben, die falsche Theorien verbreiten. Aber in der Naturwissenschaft gibt es einen vergleichsweise rigorosen Korrekturmechanismus. Status und Bezahlung von beispielsweise Physikern, Chemikern und Biologen hängen prinzipiell an deren fachspezifischen Kenntnissen, und die werden in der Praxis fortwährend überprüft beziehungsweise kontrolliert. Täuschung und Bluff sind hier zwar dadurch nicht verunmöglicht, aber sie werden doch in ganz erheblichem Maße eingeschränkt beziehungsweise stark entmutigt.

(ii) Die Richtigkeit, der Wahrheitsgehalt von sozial- und wirtschaftswissenschaftlichen Theorien lässt sich *nicht* durch Experimentieren abschließend beurteilen. Warum? Nun, im Bereich des menschlichen Handelns wirken viele und komplexe Faktoren gleichzeitig, und das erschwert beziehungsweise verunmöglicht es, dass durch Beobachtungen, durch Experimente die Richtigkeit von Theorien zweifelsfrei erwiesen werden kann. Daher ist auch in der Sozial- und Wirtschaftswissenschaft die Möglichkeit, dass fehlerhafte und falsche Theorien überleben und sich durchsetzen, weitaus größer als in der Naturwissenschaft.

(iii) Während in der Naturwissenschaft die Erfahrung über Richtigkeit oder Falschheit von Theorien befindet, ist es in der Sozial- und Wirtschaftswissenschaft vor allem die »Peer Group«, die den Daumen senkt oder hebt mit Blick auf die zu überprüfende Theorie. Eine solche *selbstreferenzielle Beurteilung* für den Wahrheitsgehalt von Theorien birgt natürlich ganz besondere Probleme. Man denke nur einmal an den plausiblen Fall, dass die Mehrheit der Ökonomen eine falsche Methode zur Erkenntnisgewinnung akzeptiert hat. Kritiker der allgemein akzeptierten Methode (die »Außenseiter«) haben es schwer, sich gegen die Peer-Group – auch und gerade wenn diese falsch liegt – durchzusetzen.

(iv) In den Naturwissenschaften bekommen diejenigen, die Theorien formulieren, empfehlen und anwenden, den Erfolg oder Misserfolg ihres Handelns persönlich zu spüren. Nicht so in den Sozial- und Wirtschaftswissenschaften. Wenn hier der erhoffte Erfolg einer Politik, die einer Theorie folgt, ausbleibt (wenn zum Beispiel die Ausweitung der Geldmenge keine Erhöhung der Produktion und Beschäftigung gebracht hat), dann lässt sich behaupten: Die Theorie stimme sehr wohl, man sei nur nicht »beherzt« genug vorgegangen! Beim nächsten Versuch müsse man nur die Geldmenge stärker erhöhen, und dann werde sich der gewünschte Erfolg einstellen!

Weil diejenigen, die sozial- und wirtschaftswissenschaftliche Theorien ausarbeiten und ihre Anwendung empfehlen – sie haben meist Posten an staatlich finanzierten Universitäten inne –, die Kosten des Misserfolges nicht zu tragen haben, gibt es besondere Anreize, alles, was eben publikumswirksam ist oder von Sonderinteressengruppen dienlich ist oder bei den Mächtigen Gefallen findet, zu behaupten. Weil ja prinzipiell alles möglich ist, muss kein Wissenschaftler fürchten, im Vorhinein als Spinner, als Scharlatan abgetan zu werden.

(v) Für Sozial- und Wirtschaftswissenschaftler gibt es einen starken Anreiz, an falschen Theorien festzuhalten: Die Kosten der falschen Theorie sind nämlich nicht von ihren Befürwortern zu tragen, sondern werden im Wesentlichen sozialisiert. Wenn beispielsweise die Theorie, dass ein künstliches Absenken der Marktzinsen durch die Zentralbank nicht, wie versprochen, Wachstum und Beschäftigung belebt, sondern Fehlentwicklungen und Spekulationsblasen hervorbringt, werden die Befürworter der falschen Theorie nicht sogleich klein beigeben.

Sie haben schließlich nicht die Kosten der verfehlten Theorie zu tragen: Während die Arbeitnehmer von Firmen in der Wirtschaftskrise ihre Arbeitsplätze und Einkommen verlieren, erhalten die vom Staat angestellten Professoren und ihre Assistenten weiterhin ihre Einkünfte. Sie müssen auch nicht befürchten, vor Gericht gezerrt zu werden, falsche Theorien verbreitet zu haben, und für die verursachten Schäden aufzukommen. Dadurch wird natürlich die Hemmschwelle für die Theoretiker und Theoriebefürworter heraufgesetzt, umsichtig bei der Theorieformulierung zu sein und Fehler möglichst schnell einzugestehen und zu korrigieren.

(vi) Soziologen und Wirtschaftswissenschaftler unterliegen in besonderem Maße dem Anreiz, den vorhandenen Wissensbestand in Frage zu stellen, mit »neuen« Lehren gezielt das Gegenteil der herrschenden Auffassungen zu behaupten.[1] Das liegt daran, dass die Sozial- und Wirtschaftswissenschaft als *Erfahrungswissenschaft* betrieben wird. Ein solches Forschungsprogramm kann – wie bereits erwähnt – niemals Gewissheiten hervorbringen: Beobachtungen zeigen lediglich, dass sich etwas so oder so zugetragen hat, aber nicht, dass es notwendigerweise so sein musste.

(Über die erkenntnistheoretischen Grundlagen dieser Methode wird noch genauer zu sprechen sein.)

Auf diese Weise lässt sich ein quasi grenzenloses Betätigungsfeld (schein-)legitimieren: Alle bisherigen Theorien müssen fortwährend auf den Prüfstand gestellt werden. Schließlich könne man nicht sicher sein, dass das, was heute gilt, auch noch morgen verlässlich sein wird. Folglich braucht der Forschungs- und Lehrbetrieb immer mehr Geld: um Lehrstühle, Professuren, Assistenten und Forschungsprogramme zu finanzieren. Ein höchst wirksames Argument – schließlich meint die Öffentlichkeit, Steuergeld sei gut investiert in Forschung und Lehre.

(vii) In den Sozial- und Wirtschaftswissenschaften hat sich ein wissenschaftlich-methodisches Vorgehen durchsetzt, das auf der (stillschweigenden) Annahme aufbaut, es gäbe keine allgemeingültigen, zeitlosen Wahrheiten, dass es gewissermaßen ausgeschlossen sei, Wahrheit ohne »Ausprobieren« abschließend feststellen zu können. Hinter dieser unscheinbaren Grundposition verbergen sich jedoch *Relativismus* und *Skeptizismus*, die dem Einfluss politischer Ideologien in den Sozial- und Wirtschaftswissenschaften Tür und Tor öffnen, und die in letzter Konsequenz die Wissenschaftler nur allzu leicht ihrer Unvoreingenommenheit und vor allem auch ihrer Unabhängigkeit berauben können.

(viii) Sozial- und Wirtschaftswissenschaftler, die ihre Wissenschaft als *Erfahrungswissenschaft* einstufen und betreiben, sind für politische Ideologen ganz besonders interessant: Politische Parteien und Unternehmensinteressenverbänden statten sie besonders gern mit Geld und Auftragsarbeiten aus; sie fördern und verbreiten ihnen genehme Theorien nur allzu willig. Klingen Theorien gut und verheißungsvoll wie zum Beispiel: »Eine Einkommensteuer schädigt Produktion und Arbeitsplätze nicht, sondern stärkt den Wohlstand« oder: »Staatliche Bankenregulierung ist unverzichtbar für einen funktionierenden Kapitalmarkt«, steigt auch die Akzeptanz in der Öffentlichkeit, dass diese Theorien in der Praxis ausprobiert und umgesetzt werden.

Die Volkswirtschaft wird zu einem großangelegten Experimentierfeld erklärt, eine Gelegenheit, die vor allem von kollektivistischen-sozialistischen bis hin zu offenen totalitären Ideologen ergriffen wird und Politiken scheinlegitimiert und befördert, die der staatlichen Machtausweitung auf Kosten der individuellen Freiheit dienen. Vor allem wenn der Staat (wie wir ihn heute kennen) die Hoheit über die Bildung, über die Hochschulen, über die Universitäten beansprucht, gerät die Sozial- und Wirtschaftswissenschaft nur allzu leicht auf die schiefe Bahn: Der Staat hat ein besonderes Interesse daran, sich mit einem *wissenschaftlichen Gütesiegel* zu schmücken. Denn kann er sich und seine Tätigkeiten *wissenschaftlich begründen*, dann kann er auch Kritik und Widerstand besonders wirksam in die Schranken weisen beziehungsweise ersticken.

(ix) Wenn also die Sozial- und Wirtschaftswissenschaften als Erfahrungswissenschaften konzeptualisiert und betrieben werden, dann ist einsichtig, dass sich *Wissensrückschritte* einstellen können. Besonders wahrscheinlich ist das, wenn Wissenschaftler in Lohn und Brot stehen beim Staat beziehungsweise den Gruppen, die den Staat für ihre Zwecke einzuspannen wissen. Unter diesen Bedingungen ist die wissenschaftliche Unabhängigkeit von Forschung und Lehre nicht mehr garantiert, vielmehr ist es absehbar, dass die Sozial- und Wirtschaftswissenschaften für das Erreichen ideologischer Ziele und politischer Zwecke eingespannt werden.

Diese wenigen Gedanken mögen bereits genügen, um die Leserinnen und Leser darauf hinzuweisen, welche politischen Begehrlichkeiten die Sozial- und Wirtschaftswissenschaften wecken (können), so dass Regierungen und Sonderinteressengruppen einen großen Anreiz haben, sie für ihre Zwecke zu vereinnahmen. Damit wird vor allem die Auseinandersetzung mit der Erkenntnisgewinnung in den Sozial- und Wirtschaftswissenschaften zu einer ganz entscheidenden kritischen Größe: Sie ist keine akademische Fingerübung, sondern sie entscheidet letztlich sogar maßgeblich darüber mit, ob individuelle Freiheit Bestand in der Gesellschaft haben kann oder nicht. Das herauszuarbeiten und verständlich zu machen, ist das Ziel dieses Buches.

Kapitel 3
Exkurs: Logik

»Most of our daily activities are carried on without reflection, and it seldom occurs to us to question that which generally passes as true.«
Morris R. Cohen, Ernest Nagel

Die *Logik* ist die Lehre von den Formen und Methoden des richtigen Denkens.[1] Sie kann nicht aufzeigen, *was* man denken muss, sondern nur *wie* man denken muss, um zu richtigen Ergebnissen zu gelangen. Ihr geht es um denknotwendige Schlüsse, um die zwingenden Folgerungen des Denkens. Umgangssprachlich wird häufig gesagt, dass eine Aussage (oder ein Satz oder Argument) »logisch« ist, wenn sie überzeugend, unmittelbar einleuchtend und offensichtlich richtig klingt. Logik ist jedoch keine bloße Intuition. Sie ist die Wissenschaft der Denkgesetze – die die Uniformität der Art des Denkens bezeichnen, die alle Personen auszeichnet, soweit sie keine Selbstwidersprüche begehen oder in Missdeutungen verfallen; auf die Diskussion über das *Fremdverstehen* wird an dieser Stelle verzichtet.[2]

Dass im Folgenden der Logik gesonderte Aufmerksamkeit geschenkt wird, hat zwei Gründe. (1) Die Logik ist in der traditionellen volkswirtschaftlichen Ausbildung in der Regel kein integraler Bestandteil (mehr).[3] (2) Sowohl die Kritik als auch die (Re-)Konstruktion der nationalökonomischen Methode zur Erkenntnisgewinnung erfolgt mittels der *verbalen Logik*.[4] Beide Gründe lassen es angemessen erscheinen, einige grundlegende Regeln der Logik, soweit sie für den weiteren Verlauf des Buches von Relevanz sind, kurz aufzuzeigen; vor allem auch, um zu erklären, dass die *verbale Logik* nicht hinter der (logischen) Mathematik zurücksteht – denn, und das wird noch zu zeigen sein, die Lehre des menschlichen Handelns lässt sich mit verbaler Logik, nicht aber mit der Mathematik konzeptualisieren.

Grundlegendes

Der griechische Philosoph Aristoteles (383/84–322 v. Chr.) hat die *Logik als Wissenschaft* erschaffen. Nach ihm bedient sich das menschliche Denken, das mit Verstand geschieht, der *Sprache*. Sprache und Denken sind untrennbar miteinander verbunden. Verstandesmäßiges Denken und Sprechen baut auf *Begriffen* auf. Wie lassen sich für das wissenschaftliche Denken brauchbare Begriffe aufspüren? Aristoteles' Antwort: durch *Definitionen*. Definitionen haben stets zwei Teile: ein verbindendes und ein trennendes Merkmal. Die Definition muss einen zu definierenden Gegenstand (zum Beispiel: Tier) in eine Klasse (Gattungsbegriff) einordnen, wobei deren allgemeine Kennzeichnung mit denen des zu definierenden Gegenstandes übereinstimmen. Beispiel: Ein Tier ist ein Lebewesen. Lebewesen ist hier der verbindende Gattungsbegriff. Die Definition muss zudem angeben, wie sie sich von den anderen Gegenständen, die dem Gattungsbegriff angehören, unterscheidet. Beispiel: Ein Tier ist ein rein instinktgetriebenes Lebewesen. Das Attribut »rein instinktgetrieben« kennzeichnet hier das trennende Merkmal.

Das verstandesmäßige Denken vollzieht sich in *Begriffen*. Begriffe können von unterschiedlicher Allgemeinheit sein. Begriffe von höherer Allgemeinheit (»Gattungsbegriff«) können durch die Hinzunahme weiterer »spezifischer Unterschiede« zu immer engeren Begriffen verfeinert werden (»Artbegriffen«): Lebewesen – Fisch – Süßwasserfisch – Hecht. Aristoteles betonte die Wichtigkeit, dass sich das Absteigen vom Allgemeinen zum Besonderen (sowie auch das Aufsteigen vom Besonderen zum Allgemeinen) in einer stufenlosen, lückenlosen Reihenfolge vollziehen kann.

Aristoteles formulierte zudem *Kategorien*, also Grundbegriffe des Denkens (beziehungsweise *apriorische Denkformen*, wie Immanuel Kant sie nachfolgend bezeichnete). Dazu prüfte er Begriffe, ob sie sich noch aus übergeordneten Gattungsbegriffen ableiten lassen. Ursprünglich fand er zehn Kategorien, von denen er annahm, dass sie die Grundbegriffe aller anderen Begriffe seien (dies waren Substanz, Quantität, Qualität, Relation, Ort, Zeitpunkt, Lage, Haben, Wirken, Leiden) – ein

Vorgehen, das Anlass (bis heute) zur Diskussion gibt. Immanuel Kant erstellte ebenfalls eine »Kategorientafel«, die ebenfalls, sicherlich auch aufgrund ihres Allgemeingültigkeitsanspruches, nicht kritiklos geblieben ist.

Begriffe werden zu *Sätzen* oder *Urteilen* (wie sie in der Logik bezeichnet werden) zusammengefügt. Dabei spricht man von *Subjekt* als denjenigen Begriff, über den etwas ausgesagt wird. Als *Prädikat* wird diejenige Aussage bezeichnet, die über das Subjekt gemacht wird.

Urteile werden wiederum durch Schlüsse oder *Schlussfolgerungen* zu Argumenten verbunden. Durch einen Schluss geht aus Voraussetzungen etwas Neues hervor: Ein neues Urteil wird aus anderen Urteilen hervorgebracht. Es besteht stets aus den Voraussetzungen (Prämissen) und der daraus gezogenen Schlussfolgerung (Konklusion). Das zentrale Element bei Aristoteles' Lehre vom Schluss ist der *Syllogismus*, auf den nachfolgend noch näher eingegangen wird.

Schlussfolgerungen wollen bewiesen werden. Der *Beweis* ist die zwingende Herleitung eines Satzes aus anderen Sätzen. Der Satz, der einen anderen Satz beweisen soll, muss natürlich gesichert sein, er muss wahr sein. Er muss entweder aus einem *übergeordneten Satz* folgen, der gesichert ist. Oder aber er folgt direkt aus einem Satz, der wahr ist, der nicht weiter bewiesen werden kann. Die menschliche Vernunft verfügt über das Vermögen, eine Letztbegründung zu geben, um wahre Aussagen zu erkennen: Wahr in dem Sinne, dass man die Aussage nicht verneinen kann, ohne dadurch in einen intellektuellen Widerspruch zu geraten. Dies führt zu den *Gesetzmäßigkeiten des menschlichen Denkens.*

Gesetzmäßigkeiten des Denkens

Aristoteles zufolge lässt sich eine Aussage begründen, indem man sie aus einer anderen Aussage ableitet. Aber wie begründet sich Letztere? Sie muss sich wiederum aus einer Aussage ableiten. Und so weiter. Doch endlos lässt sich diese Beweisführung nicht durchführen, wenn sie nicht zu einer letztlich wahren Aussage führt; ansonsten führt sie nur in einen endlosen (*infiniten*) Regress. Aristoteles räumt ausdrücklich die Möglichkeit ein, dass sich Sätze (»unvermittelte Grundsätze«) finden lassen, die sich nicht weiter begründen lassen:

> »Ich behaupte dagegen, dass jede Wissenschaft zwar auf Beweisen beruhen muss, aber dass das Wissen der unvermittelten Grundsätze nicht beweisbar ist.«[5]

Für Aristoteles ist das erste oder höchste Prinzip dasjenige, dessen Bedeutungs- und Geltungsbereich keine Grenzen gesetzt sind. Solche Prinzipien beanspruchen absolute Gültigkeit. Das Prinzip, das allen Zweifeln und Fragen standhält, ist der *Satz vom Widerspruch*. Es lautet:

Dasselbe kann demselben unter demselben Gesichtspunkt nicht zugleich zukommen und nicht zukommen. Es ist unmöglich, dass sich widersprechende Aussagen zugleich wahr sind. Es ist unmöglich, zugleich mit Wahrheit zu behaupten und zu verneinen. Dies ist das stärkste aller Prinzipien.

Für Aristoteles steht das *Prinzip des Widerspruchs* ganz am Anfang:

Deshalb führen alle Beweisenden ihre Beweise auf dieses Prinzip zurück als auf den letzten Glauben; denn es ist der Natur nach der Ausgangspunkt auch für die anderen Axiome.

Dem Satz des Widerspruchs hat Aristoteles den *Satz des ausgeschlossenen Dritten* an die Seite gestellt:

Es ist notwendig, dass ein Teil des Widerspruchs wahr sei; weiter: wenn es notwendig ist, alles entweder zu behaupten oder zu verneinen, können nicht beide zugleich falsch sein.

In der formalen Logik finden sich zwei weitere Prinzipien. Zum einen der *Satz der Identität*. Er lautet wie folgt: Wenn etwas *A* ist, ist es *A* (und *nicht* nicht-*A*).

Zum anderen der *Satz vom unzureichenden Grunde*: Jede wahre Aussage wird durch eine andere Aussage begründet, deren Wahrheit bewiesen ist. Ein Verstoß gegen den Satz vom unzureichenden Grunde führt zum *Zirkelschluss*, also zu einem *Beweisfehler*: Man setzt bereits als gültig voraus, was man zu beweisen sucht.

Aussagen, Argumente und Argumentform

In der Logik geht es um eine besondere Art von *Aussagen*: und zwar um Aussagen, die entweder wahr oder falsch sind. Es gibt Aussagen, die entweder wahr oder falsch sind, es gibt aber auch Aussagen, die *weder* wahr noch falsch sind. Zu Letzteren gehören beispielsweise die Folgenden: »Ich hoffe, dass es morgen regnet« (ein Wunsch) oder »Hier sind gute Tischmanieren gefragt« (ein Befehl). Zu Ersteren gehören Aussagen, die behaupten, dass etwas der Fall ist. Beispiel: »Heute regnet es in Berlin« oder »Die Europäische Zentralbank hat am 18. September 2019 den Zins gesenkt« – beides sind (Wahrheits-)Behauptungen. In der Logik (in der Aussagen- und Prädikaten-Logik) geht es *allein* um Aussagen, die wahr oder falsch sein können; alle anderen Aussagen werden nicht betrachtet.

Ein *Argument* steht für, einfach gesprochen, eine Abfolge von Aussagen. Genauer: Es enthält *Prämissen* und eine *Konklusion*, wobei die Prämissen die Konklusion begründen. Dann haben wir es mit einer *Argumentform* zu tun. Beispiel:

Hunde sind Säugetiere.
Terrier sind Hunde.
Terrier sind Säugetiere.

Die Prämissen sind »Hunde sind Säugetiere« und »Terrier sind Hunde«, die Konklusion lautet »Terrier sind Säugetiere«.

Dieses Argument lässt sich auch formalisieren, es lässt sich in eine *Argumentform* überführen, und zwar indem für die Prämissen und die Konklusion Buchstaben (oder wahlweise auch Symbole) benutzt werden. Sagen wir, der Buchstabe *G* steht für »Hunde«, der Buchstabe *H* steht für »Säugetiere«, und der Buchstabe *F* steht für »Terrier«, so erhalten wir:

G sind *H*.

F sind *G*.
F sind *H*.

Das heißt, Hunde (*G*) sind Säugetiere (*H*), und Terrier (*F*) sind Hunde (sind also *G*), also sind Terrier Säugetiere (*H*).

Es lässt sich leicht einsehen, dass die Gültigkeit dieses Arguments zunächst einmal allein von seiner Form, nicht aber von seinem Inhalt abhängt. Dazu ein (inhaltlich absurdes) Beispiel. *G* steht für »Kühe«, *H* für »Schnee« und *F* für »Hurtz«. Wir können folglich schreiben:

Kühe sind Schnee.
Hurtz sind Kühe.
Hurtz sind Schnee.

Es ist offensichtlich, dass man sinnvolle, die Wirklichkeit abbildende Aussagen benötiget, um von der (logisch richtigen) Aussagenform Sinnvolles – also Lebenswirklichkeitsrelevantes – ableiten zu können.

»Deduktive« und »induktive« Argumente

Ein Argument steht für eine Abfolge, für eine Gruppe von Aussagen, die miteinander in Beziehung stehen. Zwei grundlegende Argumente lassen sich unterscheiden: induktive und deduktive. Induktive und deduktive Argumente haben jeweils eigene charakteristische Merkmale. Das sollen die folgenden Beispiele zeigen.

(a) Deduktives Argument
Alle Schwäne sind weiß.
Dieses Tier ist ein Schwan.
∴ Dieses Tier ist weiß.

(b) Induktives Argument
Alle Schwäne, die bisher beobachtet wurden, sind weiß.
∴ Alle Schwäne sind weiß.

(a) kann nur dann falsch sein (die Konklusion), wenn eine oder beide Prämissen falsch sind. Wenn beide Prämissen wahr sind, muss die Konklusion ebenfalls wahr sein. Bei (b) ist es hingegen möglich, dass die Prämisse wahr, dass aber die Konklusion falsch ist. Das wäre dann der Fall, wenn künftig ein Schwan beobachtet wird, der nicht weiß ist. Die Konklusion in (b) ist also keine notwendige Folge der Prämissen.

In (a) drückt die Konklusion das aus, was bereits in den Prämissen zum Ausdruck kommt. In (b) geht die Konklusion über das hinaus, was in den Prämissen enthalten ist. Daher ist es möglich, dass die Konklusion in (b) falsch ist, selbst wenn die Prämissen wahr sind. Das wäre etwa dann der Fall, wenn künftig Schwäne zu beobachten wären, die nicht weiß sind (und bislang wurden laut diesem Argument ja nur weiße Schwäne beobachtet).

Das deduktive Argument macht den Gehalt, der in den Prämissen zum Ausdruck kommt, explizit. Das induktive Argument geht (gerechtfertigt oder nicht) über den Gehalt der Prämissen hinaus. Es »erweitert« den Gehalt der Prämissen auf Kosten der Notwendigkeit, die zwischen Konklusion und Prämissen besteht. Das deduktive Argument ist beschränkt auf das Herstellen der notwendigen Beziehung zwischen Prämissen und Konklusion. Für deduktive Argumente gibt es keinen Grad der Gültigkeit, es gibt lediglich ein Entweder-oder. Bei induktiven Argumenten gibt es hingegen *Grade der Wahrscheinlichkeit*, mit denen der Gehalt der Prämissen in der Konklusion zum Ausdruck kommt. Das führt uns zum Induktionsproblem.

Das Induktionsproblem

Bis zum Jahre 1700 dachte man in Europa, dass alle Schwäne weiß seien. Diese Auffassung schien durch viele Beobachtungen bestätigt zu sein: Die Tiere mit langem Hals, die der Gattung der Entenvögel zugerechnet werden, zeigten sich stets mit weißem Federkleid. Doch dann wurden in Australien schwarze Schwäne entdeckt (sogenannte Trauerschwäne oder Schwarzschwäne) – und der All-Satz »Alle Schwäne sind weiß« war Makulatur. Dieses Beispiel soll aufzeigen: Aus Einzelbeobachtungen lassen sich keine Gesetzmäßigkeiten ableiten. Die Begründung dafür ist eine logische.

Sollte das Induktionsprinzip (die Möglichkeit, aus Beobachtungen Gesetzmäßigkeiten abzuleiten) Gültigkeit haben, wären Fälle, wie der soeben geschilderte, ausgeschlossen – doch es hat ihn gegeben, und es lassen sich zudem viele weitere Beispiele anführen, dass für wahr gehaltene Aussagen durch (neue) Erfahrungen widerlegt wurden. Man kann das Induktionsprinzip zudem nicht durch Erfahrungen bestätigen nach dem Motto: »Ich habe das Induktionsprinzip immer erfolgreich angewendet.« Dieses Argument führt zu einem *Zirkelschluss*: Das Induktionsprinzip wird als wahr behauptet, nur weil man es bisher erfolgreich angewendet hat.

Kurzum: Gemachte Erfahrungen rechtfertigen nicht den Schluss, dass das Erfahrene so sein musste, und dass das Erfahrene auch künftig Bestand haben wird. Um es erkenntnistheoretisch zu formulieren: Induktive Argumente legen Konklusionen vor, deren Gehalt über den Gehalt ihrer Prämissen (weit) hinausgehen.

Bedingte Aussagen und Argumente

An dieser Stelle sei auch das konditionale Argument erwähnt. Es hat die Form:

Wenn p, dann q.
p.
$\therefore q$.

Dabei ist p das *Antecedens*, q ist das *Konsequens*.

Die zwei gültigen Argumentformen sind (a) Bejahung des Antecedens und (b) Verneinung des Konsequens.

Beispiel für (a): Nehmen wir das Argument »Wenn es regnet, wird die Erde nass. Es regnet. Die Erde wird nass.« Die erste Prämisse ist »Wenn es regnet, wird die Erde nass«. Dabei ist »Wenn es regnet« das Antecedens, »die Erde wird nass« ist das Konsequens. Die zweite Prämisse des Arguments lautet »Es regnet«. Bei der Regel der Bejahung des Antecedens behauptet die zweite Prämisse das Antecedens der ersten Prämisse. Die Konklusion ist folglich das Konsequens der ersten Prämisse.

Beispiel für (b): Das Argument lautet »Wenn es Sturm gibt, fällt die Temperatur. Die Temperatur fällt nicht. Es gibt keinen Sturm.« Die erste Prämisse ist »Wenn es Sturm gibt, fällt die Temperatur«, wobei »Wenn es Sturm gibt« das Antecendens und »Die Temperatur fällt« das Konsequens ist. Die zweite Prämisse lautet »Die Temperatur fällt nicht«. Bei der Regel der Verneinung des Konsequens verneint die zweite Prämisse das Konsequens der ersten Prämisse (und folglich wird das Antecedens der ersten Prämisse verneint).

Es gibt zwei ungültige Argumentformen (»Fehlschlüsse«), und das sind (c) Bejahung des Konsequens und (d) Verneinung des Antecedens.

Beispiel		**Argumentform**
(a)	Wenn es regnet, wird die Erde nass.	Wenn *p*, dann *q*.
	Es regnet.	*p*.
	Die Erde wird nass.	∴ *q*
(b)	Wenn es Sturm gibt, fällt die Temperatur.	Wenn *p*, dann *q*.
	Die Temperatur fällt nicht.	Nicht-*q*.
	Es gibt keinen Sturm.	∴ Nicht-*p*.
(c)	Wenn es schneit, ist es kalt.	Wenn *p*, dann *q*.
	Es ist kalt.	*q*.
	Es schneit.	∴ *p*.
(d)	Wenn ich in Hamburg bin, bin ich in Deutschland.	Wenn *p*, dann *q*.
	Ich bin nicht in Hamburg.	Nicht-*p*.
	Ich bin nicht in Deutschland.	∴ Nicht-*q*.

Beispiel für (c): Das Argument lautet »Wenn es schneit, ist es kalt. Es ist kalt. Es schneit.« Die zweite Prämisse (»Es ist kalt«) behauptet das Konsequens der ersten Prämisse (das lautet »Es ist kalt«), und die Schlussfolgerung ist das Antecedens der ersten Prämisse. Dass die Regel der Bejahung des Konsequens eine ungültige Regel ist, lässt sich einfach einsehen: Wenn es kalt ist, bedeutet das nicht notwendigerweise, dass es schneit. Zum anderen gilt formal: Bei einem gültigen deduktiven Argument ist die Konklusion wahr, wenn die Prämissen wahr sind. Es wäre ein logischer Fehler, wollte man die Wahrheit der Prämissen aus der Wahrheit der Konklusion folgern. Der Grund: Einem gültigen Argument können falsche Prämissen zugrunde liegen, und deshalb ist es nicht möglich, auf eine falsche Konklusion zu schließen.

Beispiel für (d): Das Argument ist hier »Wenn ich in Hamburg bin, bin ich in Deutschland. Ich bin nicht in Hamburg. Ich bin nicht in Deutschland.« Vor dem Hintergrund des Gesagten wird deutlich: Nur weil ich nicht in Hamburg bin (das besagt die zweite Prämisse des Arguments), lässt sich nicht schlussfolgern, dass ich nicht in Deutschland bin – man ist also nicht berechtigt, das Antecedens der ersten Prämisse zu verneinen und auch das Konsequens der ersten Prämisse zu verneinen. Man ist nicht in Hamburg, aber dafür in einer anderen Stadt in Deutschland, und folglich ist man in Deutschland.

Die Regel der Reductio ad absurdum

Eine gültige Argumentform ist die Regel der *Reductio ad absurdum*. Sie wird sehr häufig gebraucht, um eine ›gegnerische‹ Behauptung zu widerlegen. Sie ist recht einfach zu verstehen. Wenn wir beweisen wollen, dass eine Aussage *p* wahr ist, behaupten wir, dass *p* falsch ist, dass also nicht-*p* gültig ist. Mit der Annahme, dass *p* falsch ist, dass also nicht-*p* gilt, wird eine Aussage abgeleitet, die bekanntermaßen falsch ist. Da eine Konklusion dann falsch ist, wenn die Voraussetzung falsch ist, muss hier gelten, dass nicht-*p* falsch ist. Dazu ein einfaches Beispiel.

Wir behaupten:	*p*.
Die Voraussetzung dafür ist:	nicht-*p*.
Daraus ist zu folgern:	(a) entweder gilt *p*, dann aber ist nicht-*p* *falsch*; das läuft auf eine *falsche Aussage* hinaus; oder (b) *p* gilt nicht, so dass nicht-*p* *wahr* ist; das aber wäre ein *Selbstwiderspruch*.

Reductio ad absurdum in der Mathematik

Die Regel der *Reductio ad absurdum* wird häufig in der Mathematik angewandt. Dem griechischen Mathematiker Pythagoras (6. Jahrhundert v. Chr.) wird die Behauptung zugeschrieben, dass es keine rationale Zahl gibt (also eine Zahl, die als Verhältnis zweier ganzer Zahlen dargestellt werden kann), deren Quadrat gleich 2 ist. Um das zu beweisen, lässt sich die Regel der *Reductio ad absurdum* anwenden. Nehmen wir zwei rationale Zahlen a und b. Soll ihr Verhältnis zueinander im Quadrat 2 ergeben, so müsste gelten:

$$2 = (a / b)^2.$$

Dieser Ausdruck lässt sich auch schreiben als:

$$2 = a^2 / b^2 \text{ oder als } 2 \cdot b^2 = a^2.$$

a^2 soll eine gerade Zahl sein. Denn wenn b eine gerade Zahl ist, dann ist $2 \cdot b^2$ ebenfalls eine gerade Zahl; und wenn b eine ungerade Zahl ist, dann ist $2 \cdot b^2$ ebenfalls eine gerade Zahl. Da a gerade sein soll, kann man a gleichsetzen mit $2 \cdot c$, so dass

$$a^2 = 4 \cdot c^2.$$

Das heißt also:

$$2 \cdot b^2 = a^2 = (2 \cdot c)^2 = 4 \cdot c^2 \text{ beziehungsweise } b^2 = 2 \cdot c^2.$$

Damit wird deutlich, dass a und b gerade Zahlen sind. Folglich kann es keine gerade Zahl geben, deren Quadrat gleich 2 ist.

Kontradiktorische und konträre Aussagen

Es gibt Aussagen, bei denen die eine wahr ist, wenn die andere falsch ist. Nur eine der Aussagen ist wahr, die andere ist falsch; man muss dabei nicht wissen, welche der beiden Aussagen wahr und welche falsch ist. Man nennt Aussagen, die eine solche Beziehung zueinander haben, *kontradiktorisch*. Beispiele dafür sind:

- Alle Hunde sind Säugetiere. Einige Hunde sind keine Säugetiere.
- Kein Ökonom ist ein Logiker. Einige Ökonomen sind Logiker.
- Es schneit hier und jetzt. Es schneit hier und jetzt nicht.

Kurzgefasst: zu jeder Aussage *p* ist die Aussage nicht-*p* kontradiktorisch.

Von kontradiktorischen Aussagen sind *konträre* Aussagen zu unterscheiden. Sie zeichnen sich dadurch aus, dass es, erstens, unmöglich ist, dass beide Aussagen wahr sind; und zweitens, dass es möglich ist, dass beide Aussagen falsch sind.

- Es ist dunkel hier. Es ist hell hier.

Es ist unmöglich, dass es zugleich hier dunkel und hell ist, aber möglich ist, dass hier ein Zwielicht herrscht. Beide Aussagen können also falsch sein, in jedem Falle können nicht beide Aussagen wahr sein.

»Das Argument aus Autorität«

Sehr häufig ist das folgende Argument zu hören:

a. Der Zentralbankrat sagt, die Inflation ist zu niedrig. Folglich ist die Inflation zu niedrig.

Formal lässt sich das Argument schreiben als:

b. *x* sagt, dass *p*.
   ∴*p*.

Logisch-formal ist dieses Argument natürlich ungültig: Nur weil jemand sagt, dass dies oder das ist, heißt das noch nicht, dass dies oder das tatsächlich ist. Es handelt sich um das »Argument aus der Autorität«. Manchmal gibt es berechtigte Gründe, einem solchen Argument Glauben zu schenken, manchmal allerdings auch nicht.

Wenn beispielsweise *x* ein anerkannter Arzt ist, und er eine bestimmte Diagnose (*p*) stellt, kann es ratsam sein, sich auf sein Urteil zu verlassen – weil er sich als erfahrener Arzt bewiesen hat, weil er eine Autorität in seinem Fachgebiet ist. Die korrekte Argumentform wäre demnach:

c. *x* ist in Frage von *p* eine ausgewiesene Autorität.
   x behauptet, dass *p*.
   ∴*p*.

Es fällt nicht schwer, Beispiele zu formulieren, die zeigen, dass das Argument der Autorität nicht logisch-deduktiv gültig ist. Denn nur weil der Arzt in der Vergangenheit mit seiner Diagnose richtig gelegen hat, muss seine aktuelle Beurteilung nicht notwendigerweise richtig sein. Oder: Die Autorität ist gar keine Autorität. Ihre Beurteilungen wurden in der Vergangenheit als richtig ausgewiesen, obwohl sie falsch waren. Oder: Die Autorität hat ihre Sache in der Vergangenheit zwar sehr wohl unter Beweis gestellt. Im aktuellen Fall jedoch missbraucht sie wissentlich ihre Autorität, damit Menschen ihr Folge leisten, und sie damit ihre Ziele erreicht (wie beispielsweise ein bestimmtes Medikament zu verkaufen). Das »Argument der Autorität« kann also zwar formal korrekt, aber in der praktischen Anwendung fehlerhaft sein.

»Das Argument gegen den Mann«

Während im »Argument aus Autorität« die Aussage einer Person als Beweis für ihren Wahrheitsgehalt angesehen wird, verhält es sich genau umgekehrt im »Argument gegen den Mann«. Hier wird behauptet, dass die Behauptung, die eine Person macht, deshalb falsch ist, weil sie von der Person – die als Anti-Autorität eingestuft wird – gemacht wird. Formal lässt sich das Argument wie folgt schreiben:

a. x ist in der Sache p eine Anti-Autorität.
   x behauptet p.
   $\therefore$ Nicht-p.

Die Formulierung (a) ist im Kern induktiv: Ob jemand eine Anti-Autorität ist oder nicht, lässt sich nur durch (fehlerfreie) Erfahrung feststellen. Und ob dieses Schema überhaupt nützlich sein kann oder nicht, hängt davon ab, ob sich verlässlich beurteilen lässt, welche Person sich als verlässliche Autorität und welche als Nicht-Autorität feststellen lässt. Wie lässt sich eine Nicht-Autorität beispielsweise im Wissenschaftsbetrieb identifizieren? Man könnte zum Beispiel auf die Idee kommen, dass die Mehrheitsmeinung die richtige, die Autorität ist, und dass folglich »Außenseiterpositionen« ein Beleg für Anti-Autorität ist. Doch das ist wenig überzeugend. Schließlich kann sich die Mehrheitsmeinung der Autoritäten als falsch erweisen. Kurzum: Das »Argument gegen den Mann« kann nicht überzeugen, es unterliegt dem Induktionsproblem.

Weiterführende Aspekte

(1) Korrelativ. – Begriffe werden gebildet als relative oder absolute (beziehungsweise nicht-relative) Begriffe. Relativ bezeichnet das, was mit dem Begriff bezeichnet wird, in Verbindung mit etwas anderem. Ein relativer Begriff kann nicht gedacht werden ohne Bezug auf einen

anderen Begriff, das heißt ein anderes Objekt oder als Teil eines größeren Ganzen. Der Begriff Vater kann nicht gedacht werden ohne Bezug auf Kind; König kann nicht gedacht werden ohne Bezug auf Volk, und Schäfer nicht ohne Herde. Kind, Volk und Herde sind *Korrelative*, die notwendigerweise mitgedacht werden mit den jeweiligen Begriffen Vater, König und Schäfer. Es gilt der Grundsatz: Keine Sache oder Klasse von Dingen kann nur gedacht werden, indem man sie separiert von anderen Sachen oder Klassen von Dingen. So gesehen sind alle Begriffe relativ.

(2) Komplement. – Das Komplement (oder auch: Komplementärmenge) bezeichnet die Ergänzung (Ergänzungsmenge). Zum Beispiel umfasse die Grundmenge alle Menschen, *M*. Diese Grundmenge *M* lässt sich nun unterscheiden in die Zahl der Menschen, die Auto fahren, *S*, und in die Zahl der Menschen, die nicht Auto fahren, *S'*. Folglich ist *S'* das Komplement zu *S*. Drei unterschiedliche Situation können sich ergeben: (1) *S* ist Teil von *M*, so dass *S'* der ergänzende Teil ist; *S* und *S'* bilden also zusammen *M*. (2) Wenn $S = M$, dann ist $S' = \emptyset$. (3) Wenn $S = \emptyset$, dann ist $S' = M$.

(3) Performativer Widerspruch. – Der pragmatische oder *performative Widerspruch* ist ein logischer Widerspruch, der sich zeigt zwischen dem, was eine Person explizit sagt (ein Beispiel lautet: »Es gibt keine Wahrheit«), und dem, was sie tatsächlich tut, wenn sie die Aussage macht (in diesem Beispiel: eine Aussage machen und Wahrheit für sie beanspruchen). Die Aussage »Es gibt keine Wahrheit« erweist sich als selbstwidersprüchlich. Das lässt sich wie folgt verdeutlichen: Die Aussage »Ich beanspruche, dass die Aussage ›Es gibt keine Wahrheit‹ wahr ist«, ist ein Selbstwiderspruch. Er ergibt sich daraus, dass die getroffene Handlung (die Aussage ›Es gibt keine Wahrheit‹) dem impliziten beziehungsweise mitgedachten Aussageinhalt (dass die Aussage ›Es gibt keine Wahrheit‹ wahr ist) widerspricht; daher auch die Bezeichnung performativer Widerspruch.

Kapitel 4

Glauben und Erkennen: Thomas von Aquin

»Das ewige Licht der göttlichen Ideen bewegt unseren Intellekt und lässt ein Licht auf unseren Geist einfließen, so dass dieser durch dieses einfließende Licht und in diesem einfließenden Licht formaliter die Wahrheit erkennt.«
Martin Grabmann

Thomas von Aquin (1224/5–1274) gilt als der bedeutendste Denker und Theoretiker des Mittelalters, und seine theologischen Einsichten sind bis auf den heutigen Tag wegweisend für die gesamte katholische Kirche. Thomas entstammt einer Adelsfamilie in der Gegend von Neapel, tritt in den Predigerorden ein, lernt bei dem Universalgelehrten Albertus Magnus (ca. 1200–1280), wird dessen Lieblingsschüler, hält ab 1252 Vorlesungen an der Universität in Paris, später auch in Rom, Bologna und Neapel. Hinterlassen hat er ein überaus umfangreiches Werk, darunter den *Sentenzenkommentar* (vier Bücher), die *Quaestiones Disputatae* (Ausarbeitungen theologischer und philosophischer Fragen), zwei *Summen* (*Summa contra Gentiles* und *Summa theologica*) sowie *Kommentare* zur Bibel und *Opusula* (kleine Werke und Gelegenheitsschriften).

Das theologische Diskussionsklima, das Thomas von Aquin in Paris vorfindet, ist hitzig. Zwei Lager stehen sich gegenüber. Auf der einen Seite findet sich die franziskanische Denkrichtung, die vor allem vom italienischen Mönch Bonaventura (eigentlich Giovanni [di] Fidanza, 1221–1274) vertreten wird. Sie beruft sich auf den Heiligen Augustinus (auch Augustinus von Hippo, 354–430) und will die Bedeutung der Vernunft gegenüber der Gnade Gottes eingeschränkt wissen. Auf der anderen Seite befindet sich die an Averroes (auch bekannt als Abū l-Walīd Muhammad ibn Ahmad Ibn Ruschd, 1126–1198), einem andalusischen Philosophen, muslimischem Gelehrten, Juristen, Arzt und arabischsprachigen Schriftsteller, angelehnte Position. Sie beruft sich auf die Arbeiten des griechischen Philosophen Aristoteles (384–322 v. Chr.) und wird insbesondere von Siger von Brabant (1240–1284), Philosophielehrer an der Pariser Artistenfakultät, in einer radikal-aristotelischen Auslegung vertreten.

Was Thomas von Aquin vorfindet, ist eine Spaltung, wie sie auf den ersten Blick nicht größer ausfallen kann – eine scheinbar unüberbrückbare Trennung zwischen Glauben und Vernunft. Thomas macht sich jedoch daran – und das wird sein großer, gar nicht zu überschätzender intellektueller Verdienst sein –, zwischen diesen beiden einander befeindenden Sichtweisen zu vermitteln und eine Synthese herzustellen. Ihm gelingt es, Glauben und Vernunft miteinander zu versöhnen. Aber nicht etwa dadurch, dass er ihre Unterschiedlichkeiten verschweigt oder kleinredet, sondern indem er beiden jeweils ihre volle Eigenständigkeit zubilligt, sie rationalisiert und gleichzeitig ihre Vereinbarkeit herausarbeitet. Thomas von Aquin macht sich also zur Aufgabe, Glauben und Vernunft nicht als Gegenpole zu verstehen, sondern beiden ihre Existenzberechtigung, ihre Eigenständigkeit zu geben, ohne ihnen dadurch »Gewalt« anzutun. Die Herausforderung, mit der sich Thomas von Aquin konfrontiert sieht, formuliert der christliche Philosoph Josef Pieper (1904–1997) folgendermaßen:

> »Die durch das Zeitalter selbst gestellte Aufgabe war also diese: die beiden von der wechselseitigen Abtrennung bedrohten Bereiche legitim miteinander zu verbinden – legitim, das heißt, auf solche Weise, daß erstens die Unterschiedenheit und auch die Unrückführbarkeit, die relative Autonomie, das Eigenrecht der Bereiche gesehen und anerkannt blieb und daß zweitens ihre Einheit zutage trat, ihre Vereinbarkeit und die Notwendigkeit ihrer Verknüpfung, nicht von einem der beiden Glieder her, weder einfachhin aus dem Glauben noch einfachhin aus der Vernunft, sondern im Rückgang auf eine tiefere Wurzel. Mit einem anderen Wort, für die Generation um die Mitte des dreizehnten Jahrhunderts war es unmöglich geworden, die

> bisherigen Versuche, das Prinzip *fidem rationemque coniunge* zu verwirklichen, einfachhin gelten zu lassen. Das wirkliche Problem hatte sich in seiner vollen Schärfe gestellt; es war unvermeidlich geworden, es wahrhaft ›auszutragen‹. Dies ist genau die Aufgabe, die Thomas zu bewältigen unternimmt.«[1]

Thomas von Aquin widmete sich mithin den Kernfragen: Glaube, Vernunft, Wahrheit, Erkenntnis und Wissenschaft. Sie haben an Aktualität nichts verloren, sondern sind in der wissenschaftlich-technischen Moderne sogar wieder besonders wichtig geworden. Die Mehrheit der Menschen in den heutigen Informationsgesellschaften ist nämlich – und das lässt sich wohl so pauschal formulieren – davon überzeugt, dass wir nur durch die Wissenschaften die Wirklichkeit immer besser erkennen, verstehen und auch gestalten können; mythische, religiöse und metaphysisch-philosophische Weltzugänge und Ideen werden (zusehends vehement) abgelehnt.[2] Die Auffassung, die Wirklichkeit lasse sich zutreffend und abschließend (allein) durch die Erfahrungswissenschaften erfassen und erklären, lässt sich als (radikaler) *Naturalismus* bezeichnen. Der Naturalismus erklärt Thomas von Aquins Werk für mehr oder weniger überholt. Doch ist das gerechtfertigt? Betrachten wir dazu etwas genauer Thomas von Aquins Gedanken zu Glauben und Vernunft, Wahrheit und Erkenntnis.

Thomas von Aquin verortet den Glauben in der *Theologie*, die Vernunft in der *Philosophie* – er versucht damit das Selbstverständnis von Glauben und Vernunft in ihrer Eigenständigkeit zu begründen, ohne dadurch die Theologie gegen die Philosophie auszuspielen. Die Philosophie erzielt ihre Erkenntnis aus dem Bereich, der für den Menschen mit seiner *natürlichen Vernunft* (*lumen naturale*) erkennbar ist. Es geht also um die durch diese natürliche Vernunft abgeleitete Erkenntnis. Im Gegensatz dazu bezieht die Theologie ihr Wissen aus der göttlichen Offenbarung. Ihre Erkenntnis steht nicht etwa gegen die Vernunft und die Dinge, die der Mensch mit seiner natürlichen Vernunft einsehen kann, sondern sie stammt von außerhalb des Bereiches, der durch die natürliche Vernunft abgedeckt wird (*lumen supranaturale*).

In »Von der Wahrheit« (*De veritate*, Quaestio I) buchstabiert Thomas von Aquin seinen Wahrheitsbegriff aus. Er bezieht sich dabei ausdrücklich auf »den Philosophen«, gemeint ist Aristoteles, und schreibt, ihn zitierend: »Wir definieren, was Wahres ist, ›indem wir sagen: was ist, ist, oder was nicht ist, ist nicht‹.«[3] Er unterscheidet weiterhin zwei Arten der Wahrheit: die Wahrheit der göttlichen Offenbarung und die Wahrheit der menschlichen Vernunft. Das Maß aller Dinge ist die Wahrheit der *göttlichen Offenbarung*. Sie ist durch nichts eingeschränkt. Alle existierenden Dinge sind Gottes Schöpfung und damit wahr, und wahr ist, was existiert. Um das zu verstehen, muss zunächst die Wahrheit der menschlichen Vernunft, die *natürliche Vernunft* des Menschen, die gemäß Thomas nicht selbst für die Wahrheit der Dinge verantwortlich ist, sondern nur durch die göttliche Offenbarung wirkt, näher erklärt werden.

Mit der natürlichen Vernunft, mit der der Mensch von der Schöpfung ausgestattet ist, kann er die in der natürlichen Welt wahrnehmbaren Dingen aus eigener Fähigkeit und Kraft erkennen und verstehen (*lumen intelligibile*). Mit ihr hat der Mensch folglich einen autonomen Erkenntniszugang zur natürlichen Welt, der aber auf die natürliche Wahrnehmung begrenzt ist. Diese *thomistische Position* wird auch als »objektiver Idealismus« bezeichnet, und steht im Gegensatz zum »subjektiven Idealismus«, wie er häufig mit Immanuel Kant (1724–1804) in Verbindung gebracht wird. Die Voraussetzung, dass die natürliche Vernunft den Menschen befähigt, die Wahrheit der Dinge in der Welt zu erkennen, findet sich in der Idee der (aristotelischen) Angleichung einer Sache mit dem, was der menschliche Intellekt sich von den Dingen vorstellt: »Jedes Erkennen aber vollzieht sich durch eine Verähnlichung (*per assimilationem*) des Erkennenden mit der erkannten Sache .... Das erste Verhältnis des Seienden zum erkennenden Geist besteht also darin, daß das Seiende dem erkennenden Geist entspricht. Dies Entsprechen aber wird als Übereinstimmung der Sache und der Erkenntnis (*adaequatio rei et intellectus*) bezeichnet.«[4]

Das natürliche Licht im menschlichen Geist erlaubt, dass der Mensch die Wahrheit der Dinge erkennt, wobei es dazu keines weiteren Lichtes bedarf, wie Thomas von Aquin zu beweisen sucht: »Der menschliche Geist ist von Gott her mit dem natürlichen Licht erleuchtet, gemäß dem Psalm [4,7]: *Eingeprägt ist uns das Licht deines Antlitzes, Herr.* Wenn also dieses Licht, weil es geschaffen ist, nicht ausreicht, um die Wahrheit zu erblicken, sondern neue Erleuchtung verlangt, wird mit der gleichen Begründung auch das hinzugeführte Licht nicht ausreichen, sondern wird weiteren Lichtes bedürfen, und so ins Unendliche. Das lässt sich niemals abschließen, und so wäre es unmöglich, irgendeine Wahrheit zu erkennen. Folglich muss man im ersten Licht stehen, damit der Geist mit dem natürlichen Licht, ohne irgendein dazugefügtes [Licht], die Wahrheit erblicken kann.«[5]

Auf die Dinge des Glaubens erstreckt sich die natürliche Vernunft nicht. Für ihre Erkenntnis bedarf der Mensch vielmehr neuen göttlichen Lichtes in Form von Gottes Offenbarung. Das zusätzliche Licht Gottes eröffnet dem Menschen einen Erkenntnisbereich, der der natürlichen Vernunft verschlossen ist, nicht etwa weil seine intellektuellen Fähigkeiten unzureichend wären (und neuer Erleuchtung bedürften), sondern weil dieser Bereich jenseits der sinnlichen Erkenntnis liegt, er also für den Mensch nicht sinnlich erfahrbar ist. Einen solchen Bereich zu denken, ist nach Thomas von Aquin aber deshalb legitim, weil sich mit natürlicher Vernunft erkennen lässt, dass ich im Raum der endlichen Dinge keine Ursache ohne Grund, das heißt *selbstursächlich*, denken lässt.

Jedes natürliche Ding hat eine Ursache, etwas, was es bewegt. Es ist nicht möglich zu denken, dass im Bereich der natürlichen Dinge etwas Bewegendes selbst unbewegt ist. Das unbewegte Bewegende muss außerhalb des Erkenntnisbereiches der natürlichen Vernunft stammen – und die erste wirkende Ursache, dieses Etwas nennen wir Gott; und dies ist der erste von fünf Gottesbeweisen nach Thomas von Aquin. In seinen Worten in *Summa theologica*: »Es ist gewiß und durch die Sinneswahrnehmung verbürgt, daß manches in dieser Welt bewegt wird. Alles aber, was bewegt wird, wird durch ein anderes bewegt [...]. Es ist also unmöglich, daß etwas dasselbe und in derselben Beziehung Bewegendes und Bewegtes ist oder sich selbst bewegt [...] Man muß also notwendig bei einem ersten Bewegenden ankommen, das von keinem anderen bewegt wird, und darunter wird von jedermann Gott verstanden.«

Das erste Licht, das Thomas von Aquin zufolge in den menschlichen Geist geflossen ist und ihn erhellt, ist das *natürliche Licht,* es bildet die Verstandeskraft. Thomas von Aquin argumentiert jedoch, dass das natürliche Licht nicht das ist, was der menschliche Geist zuerst erkennt. Ihm geht vielmehr eine Erkenntnis voraus – und zwar die Erkenntnis, dass der menschliche Geist verstehen kann: »Dieses Licht ist aber nicht das vom [menschlichen, *A. d. V.*] Geist zuerst Erkannte: weder durch das Denken, durch das man von ihm weiß, was es ist, da es vieler Nachforschung bedarf zu erkennen, was der Verstand ist, noch durch das Denken, durch das wir erkennen, ob er ist, weil wir nicht erfassen, dass wir Verstand besitzen, es sei denn, insofern wir erfassen, dass wir verstehen … . Aber niemand versteht, dass er versteht, es sei denn, insofern er irgendetwas Verstehbares versteht. Daraus ist offenkundig, dass die Erkenntnis eines Verstehbaren der Erkenntnis vorangeht, durch die jemand erkennt, dass er Verstand besitzt, und so kann der Einfluss des natürlichen Verstandeslichtes nicht das von uns zuerst Erkannte sein, und noch viel weniger irgendein anderer Einfluss von Licht.«[6]

Thomas von Aquin vertrat also die schon von Aristoteles vertretene *Korrespondenztheorie* der Wahrheit, und damit hat er Denkern wie Baruch de Spinoza (1632–1677), John Locke (1632–1704) und Ludwig Wittgenstein (1889–1951) bedeutsame Impulse gegeben. Mit neuzeitlichen Denkern wie Alfred Tarski (1901–1983), Bertrand Russell (1872–1970) und Karl R. Popper (1902–1994) hat sich dann im 20. Jahrhundert die Position durchgesetzt, dass die Wahrheit weniger eine Eigenschaft von Dingen beziehungsweise ihrer Beziehung zum menschlichen Geist ist, sondern dass sie durch eine Eigenschaft von Sätzen beziehungsweise Aussagen zum Ausdruck kommt. Thomas von Aquins Auffassung, dass das menschliche Erkennen, die vom Menschen erkennbare Wahrheit, nicht etwa voraussetzungslos, sondern dass sie vielmehr (göttlich) bedingt ist, ist nicht nur erkenntnistheoretisch nach wie vor bedeutsam, sie stellt auch eine gute Überleitung dar zum Königsberger Philosophen der Aufklärung Immanuel Kant und seiner Antwort auf die Frage »*Was können wir wissen?*« sowie seine Erklärung des menschlichen Erkenntnisprozesses.

Kapitel 5

Kritik der reinen Vernunft: Immanuel Kant

»Man versuche es daher einmal, ob wir nicht in den Aufgaben der Metaphysik damit besser fortkommen, dass wir annehmen, die Gegenstände müssen sich nach unserem Erkenntnis richten, welches so schon besser mit der verlangten Möglichkeit einer Erkenntnis derselben a priori zusammenstimmt, die über Gegenstände, ehe sie uns gegeben werden, etwas festsetzen soll.«

Immanuel Kant

Der Königsberger Philosoph Immanuel Kant (1724–1804) wird zu den großen Denkern des Abendlandes gezählt. Zu Recht. Vermutlich hat kein anderer die Philosophie der Neuzeit geprägt wie Kant. Ideengeschichtlich ist Kant der Epoche der europäischen Aufklärung zuzurechnen. Aufklärung versteht Kant wie folgt:

> »Aufklärung ist der Ausgang des Menschen aus seiner selbstverschuldeten Unmündigkeit. Unmündigkeit ist das Unvermögen, sich seines eigenen Verstandes ohne Leitung eines anderen zu bedienen. Selbstverschuldet ist diese Unmündigkeit, wenn die Ursache derselben nicht am Mangel des Verstandes, sondern der Entschließung und des Mutes liegt, sich seiner ohne Leitung eines anderen zu bedienen. Sapere aude! Habe Mut, dich deines eigenen Verstandes ohne Leitung eines anderen zu bedienen! ist also der Wahlspruch der Aufklärung.«[1]

Kant spricht sich in diesen Sätzen für das *Ideal der vernünftigen Autonomie* aus. Holm Tetens führt dazu aus: »Eine Person ist nach Kant dann *autonom*, wenn sie nach selbst gewählten und selbst gesetzten Regeln und Gesetzen lebt und handelt, und sie ist dann *vernünftig*, wenn sie nach guten Gründen für ihre Überzeugungen und Wünsche sucht und sich nur die wirklich gut begründeten Überzeugungen und Wünsche zu eigen macht. Eine Person verwirklicht das Ideal vernünftiger Autonomie in dem Maße, wie sie nach solchen Überzeugungen und Wünschen lebt und handelt, von denen sie sich selber durch eigenes Nachdenken überzeugt hat, dass sie hinreichend gut begründet sind.«[2]

Kant zufolge kann der Mensch sich allerdings nur dann als autonome, vernünftige Person begreifen, wenn er vier metaphysische Annahmen aufrecht hält:[3] (1) Der Mensch hat einen freien Willen; (2) Gott ist die letzte Ursache des gesamten Universums; (3) der Mensch hat eine unsterbliche Seele; und (4) die Welt ist sinnvoll eingerichtet und auf den Menschen zugeschnitten. Ohne diese vier metaphysischen Annahmen lässt sich, so Kant, Moralität und Glück des Menschen nicht zureichend denken. Doch kann die Metaphysik Wissenschaftlichkeit beanspruchen? Kant stellt fest, dass es mit dem wissenschaftlichen Gehalt der Metaphysik nicht gut bestellt ist:

Zu Kants Zeit macht die Wissenschaft Fortschritte, etwa in Mathematik und Physik. Nicht aber in der Metaphysik. Insbesondere die Physik (als Erfahrungswissenschaft) setzt Maßstäbe. In der Physik werden Theorien aufgestellt und ihr Wahrheitsgehalt wird durch Experimente überprüft. Da kann die Metaphysik nicht mithalten. Denn schließlich geht es bei ihr um Fragen, die sich der Beobachtung und dem Experiment entziehen, die niemals Gegenstand der Beobachtung und des Experiments sein können – man denke hier an die Fragen »Ist Gott die letzte Ursache des gesamten Universums?« oder »Hat der Mensch eine unsterbliche Seele?« Kant macht sich auf, die Wissenschaftlichkeit der Metaphysik zu untersuchen.

Er unterscheidet Arten von wissenschaftlichen Aussagen (oder Urteilen): Aussagen *a posteriori* und Aussagen *a priori*. *Aposteriorische* Aussagen sind solche, deren Wahrheitsgehalt durch Wahrnehmung bewahrheitet oder widerlegt werden können. Sie stellen erfahrungsabhängige Erkenntnis bereit. Der Wahrheitsgehalt von *apriorischen* Aussagen lässt sich hingegen durch Wahrnehmungen weder als wahr noch als falsch einsehen. Es handelt sich bei ihnen um erfahrungsunabhängige Erkenntnis. Während sich a posteriori einfach als »im Nachhinein« erschließt, verdient a priori einer zusätzlichen Erklärung. Man kann a priori »im Vorhinein« auffassen. Doch nicht die zeitliche Dimension ist hier gemeint. Gemeint ist die Rolle, die der Wahrnehmung bei der Beurteilung des Wahrheitsgehaltes einer Aussage zukommt. A-priori-Aussagen lassen sich unabhängig von Erfahrung begründen oder widerlegen.

Mit den folgenden Worten formuliert Kant eine Eigenart metaphysischer Aussagen, die wahre Aussagen a priori sein müssen:

> »Daß alle unsere Erkenntnis mit der Erfahrung anfange, daran ist gar kein Zweifel; denn wodurch sollte das Erkenntnisvermögen sonst zur Ausübung erweckt werden, geschähe es nicht durch Gegenstände, die unsere Sinne rühren und teils von selbst Vorstellungen bewirken, teils unsere Verstandestätigkeit in Bewegung bringen, diese zu vergleichen, sie zu verknüpfen oder zu trennen, und so den rohen Stoff sinnlicher Eindrücke zu einer Erkenntnis der Gegenstände zu verarbeiten, die Erfahrung heißt? *Der Zeit nach* geht also keine Erkenntnis in uns vor der Erfahrung vorher, und mit dieser fängt alle an.
>
> Wenn aber gleich alle unsere Erkenntnis *mit* der Erfahrung anhebt, so entspringt sie darum doch nicht eben alle *aus* der Erfahrung. Denn es könnte wohl sein, daß selbst unsere Erfahrungserkenntnis ein Zusammengesetztes aus dem sei, was wir durch Eindrücke empfangen, und dem, was unser eigenes Erkenntnisvermögen (durch sinnliche Eindrücke bloß veranlaßt) aus sich selbst hergibt, welchen Zusatz wir von jenem Grundstoffe nicht eher unterscheiden, als bis lange Übung uns darauf aufmerksam und zur Absonderung desselben geschickt gemacht hat.«[4]

Doch damit sind metaphysische Aussagen noch nicht hinreichend beschrieben. Kant führt ein weiteres Begriffspaar ein: Er unterscheidet zwischen analytischen Aussagen und synthetischen Aussagen. Analytische Aussagen sind solche, die als wahr oder falsch eingesehen werden können allein aufgrund der Bedeutung der Worte, die in ihnen vorkommen. Eine analytische Aussage »zerlegt« folglich eine Aussage in ihre definitorischen Bestandteile. Ein Beispiel für eine analytische Aussage lautet: »Körper sind ausgedehnt«. Das, was »Körper« ausmacht, ist, dass sie »ausgedehnt« sind. Alle Aussagen, die keine analytischen Aussagen sind, also Aussagen, die sich nicht aus der Bedeutung der darin vorkommenden Begriffe, als wahr oder falsch eingesehen werden können, sind synthetische Aussagen. Erfahrungsabhängige Aussagen sind folglich synthetische Aussagen. Ein Beispiel lautet: »Wasser beginnt bei 100 Grad Celsius zu kochen.«

Metaphysische Aussagen wie »Gott ist die letzte Ursache des gesamten Universums« oder »Die menschliche Seele ist unsterblich« sind synthetisch. Das führt Kant nun zu dem Schluss, dass metaphysische Aussagen synthetische Aussagen a priori sein müssen. Wenn man also erkunden möchte, ob die Metaphysik als Wissenschaft möglich ist, so muss man fragen: »Wie sind synthetische Urteile a priori möglich?«[5] Kants *doppelte disjunktive* Einteilung von Aussagen führt zu der nachstehenden Tabelle.

	Analytisch	**Synthetisch**
A priori	(1)	(3)
A posteriori	(2)	(4)

Analytische Urteile sind von ihrem Begriff her a priori, so dass Möglichkeit (1) unproblematisch ist. Möglichkeit (2) entfällt dadurch: Weil analytische Urteile von ihrem Begriff her a priori sind, kann es analytische Urteile a posteriori nicht geben. Möglichkeit (4) ist der »Normalfall«: Synthetische Urteile sind a posteriori, aus der Erfahrung stammend. Möglichkeit (3) verdient besondere Aufmerksamkeit: denn synthetische Urteile a priori sind begrifflich möglich.

Wie aber lässt sich die Frage beantworten, ob synthetische Aussagen a priori möglich sind – und damit die Metaphysik als Wissenschaft möglich ist? In *Kritik der reinen Vernunft* verdeutlicht Kant am Beispiel der experimentellen Physik, dass der Mensch Erfahrung macht, indem er Naturexperimente unter Bedingungen durchführt, beziehungsweise indem er die Erkenntnisobjekte Bedingungen unterwirft. Diese Einsicht ist von großer Tragweite und führt ihn zur »kopernikanischen Wende der Denkart«: Der Mensch, so Kant, macht Erfahrung, indem er den Gegenständen der Erfahrung Eigenschaften auferlegt, die diesen Gegenständen nur zukommen, weil der erfahrende Mensch sie zu Gegenständen seiner Erfahrung macht. Anders gesprochen: Wir schreiben den Gegenständen der Erfahrung Eigenschaften vor, die den Gegenständen der Erfahrung nicht eigen sind, sondern die aus der Beschaffenheit unseres Erkenntnisvermögens stammen. In Kants Worten:

> »Als Galilei seine Kugeln die schiefe Fläche mit einer von ihm selbst gewählten Schwere herabrollen, oder Torricelli die Luft ein Gewicht, was er sich zum voraus dem einer ihm bekannten Wassersäule gleich gedacht hatte, tragen ließ, oder in noch späterer Zeit Stahl Metalle in Kalk und diesen wiederum in Metall verwandelte, indem er ihnen etwas entzog und wiedergab;[6] so ging allen Naturforschern ein Licht auf. Sie begriffen, daß die Vernunft nur das einsieht, was sie selbst nach ihrem Entwurfe hervorbringt, daß sie mit Prinzipien ihrer Urteile nach beständigen Gesetzen vorangehen und die Natur nötigen müsse auf ihre Fragen zu antworten, nicht aber sich von ihr allein gleichsam am Leitbande gängeln lassen müsse; denn sonst hängen zufällige, nach keinem vorher entworfenen Plane gemachte Beobachtungen gar nicht in einem notwendigen Gesetze zusammen, welches doch die Vernunft sucht und bedarf. Die Vernunft muß mit ihren Prinzipien, nach denen allein übereinkommende Erscheinungen für Gesetze gelten können, in einer Hand, und mit dem Experiment, das sie nach jenen ausdachte, in der anderen, an die Natur gehen, zwar um von ihr belehrt zu werden, aber nicht in der Qualität eines Schülers, der sich alles vorsagen läßt, was der Lehrer will, sondern eines bestallten Richters, der die Zeugen nötigt, auf die Fragen zu antworten, die er ihnen vorlegt. Und so hat sogar Physik die so vorteilhafte Revolution ihrer Denkart lediglich

dem Einfalle zu verdanken, demjenigen, was die Vernunft selbst in die Natur hineinlegt, gemäß, dasjenige in ihr zu suchen (nicht ihr anzudichten), was sie von dieser lernen muß, und wovon sie für sich selbst nichts wissen würde. Hierdurch ist die Naturwissenschaft allererst in den sicheren Gang einer Wissenschaft gebracht worden, da sie so viel Jahrhunderte durch nichts weiter als ein bloßes Herumtappen gewesen war.«[7]

»Bisher nahm man an, alle unsere Erkenntnis müsse sich nach den Gegenständen richten, aber alle Versuche über sie a priori etwas durch Begriffe auszumachen, wodurch unsere Erkenntnis erweitert würde, gingen unter dieser Voraussetzung zunichte. Man versuche es daher einmal, ob wir nicht in den Aufgaben der Metaphysik damit besser fortkommen, daß wir annehmen, die Gegenstände müssen sich nach unserer Erkenntnis richten, welches so schon besser mit der verlangten Möglichkeit einer Erkenntnis derselben a priori zusammenstimmt, die über Gegenstände, ehe sie uns gegeben werden, etwas festsetzen soll. Es ist hiermit ebenso, als mit den ersten Gedanken des Kopernikus bewandt, der, nachdem es mit der Erklärung der Himmelsbewegungen nicht gut fort wollte, wenn er annahm, das ganze Sternenheer drehe sich um den Zuschauer, versuchte, ob es nicht besser gelingen möchte, wenn er den Zuschauer sich drehen, und dagegen die Sterne in Ruhe ließ. In der Metaphysik kann man nun, was die Anschauung der Gegenstände betrifft, es auf ähnliche Weise versuchen. Wenn die Anschauung sich nach der Beschaffenheit der Gegenstände richten müßte, so sehe ich nicht ein, wie man a priori von ihr etwas wissen könne; richtet sich aber der Gegenstand (als Objekt der Sinne) nach der Beschaffenheit unseres Anschauungsvermögens, so kann ich mir diese Möglichkeit ganz wohl vorstellen. Weil ich aber bei diesen Anschauungen, wenn sie Erkenntnisse werden sollen, nicht stehen bleiben kann, sondern sie als Vorstellungen auf irgend etwas als Gegenstand beziehen und diesen durch jene bestimmen muß, so kann ich entweder annehmen, die Begriffe, wodurch ich diese Bestimmung zustande bringe, richten sich auch nach dem Gegenstande, und dann bin ich wiederum in derselben Verlegenheit, wegen der Art, wie ich a priori hiervon etwas

> wissen könne; oder ich nehme an, die Gegenstände oder, welches einerlei ist, die Erfahrung, in welcher sie allein (als gegebene Gegenstände) erkannt werden, richte sich nach diesen Begriffen, so sehe ich sofort eine leichtere Auskunft, weil Erfahrung selbst eine Erkenntnisart ist, die Verstand erfordert, dessen Regel ich in mir, noch ehe mir Gegenstände gegeben werden, mithin a priori voraussetzen muß, welche in Begriffen a priori ausgedrückt wird, nach denen sich also alle Gegenstände der Erfahrung notwendig richten und mit ihnen übereinstimmen müssen. Was Gegenstände betrifft, sofern sie bloß durch Vernunft und zwar notwendig gedacht, die aber (so wenigstens, wie die Vernunft sie denkt) gar nicht in der Erfahrung gegeben werden können, so werden die Versuche sie zu denken (denn denken müssen sie sich doch lassen), hernach einen herrlichen Probierstein desjenigen abgeben, was wir als die veränderte Methode der Denkungsart annehmen, daß wir nämlich von den Dingen nur das a priori erkennen, was wir selbst in sie legen.«[8]

Die Untersuchungen über die Möglichkeit von synthetischen Urteilen a priori nennt Kant *transzendental*: »Ich nenne alle Erkenntnis transzendental, die sich nicht so wohl mit Gegenständen, sondern mit unserer Erkenntnisart von Gegenständen, so fern diese a priori möglich sein soll, überhaupt beschäftigt.«[9] Wie voranstehend bereits gesagt, gelangt Kant mit der *kopernikanischen Wende der Denkart* zum Schluss, dass der Mensch nur das erfahren kann, was den Bedingungen genügt, unter denen der Mensch Erfahrungen machen kann: Die Gegenstände der Erfahrung müssen den transzendentalen Bedingungen menschlicher Erfahrung genügen. Kant formuliert das wie folgt:

> »[...] die Bedingungen der Möglichkeit der Erfahrung überhaupt sind zugleich Bedingungen der Möglichkeit der Gegenstände der Erfahrung, und haben darum objektive Gültigkeit in einem synthetischen Urteile a priori.«[10] (B 197)

Tetens interpretiert das in dieser Weise: »Es gibt notwendige Bedingungen der Erfahrung, die dadurch zustande kommen, dass wir unser

Erkenntnisvermögen ausüben. Alle Gegenstände der Erfahrung müssen diesen Bedingungen genügen. Daher sind die Aussagen, die behaupten, dass die Erfahrungsgegenstände diesen Bedingungen unterworfen sind, synthetische Aussagen a priori.«[11]

Vor diesem Hintergrund soll nun der bereits aufgeführte Begriff a priori näher betrachtet werden. Zu a priori Aussagen sagt Kant:

> »Es kommt hier auf ein Merkmal an, woran wir sicher ein reines Erkenntnis [Kant meint hier nicht-empirische Erkenntnis, *A. d. V.*] vom empirischen unterscheiden können. Erfahrung lehrt uns zwar, daß etwas so oder so beschaffen sei, aber nicht, dass es nicht anders sein könne. Findet sich also erstlich ein Satz, der zugleich mit seiner Notwendigkeit gedacht wird, so ist er ein Urteil a priori, ist er überdem auch von keinem abgeleitet, als der selbst wiederum als ein notwendiger Satz gültig ist, so ist er schlechterdings a priori. Zweitens: Erfahrung gibt niemals ihren Urteilen wahre oder strenge, sondern nur angenommene und komparative Allgemeinheit (durch Induktion), so daß es eigentlich heißen muß: soviel wir bisher wahrgenommen haben, findet sich von dieser oder jener Regel keine Ausnahme. Wird also ein Urteil in strenger Allgemeinheit gedacht, d. i. so, daß gar keine Ausnahme als möglich verstattet wird, so ist es nicht von der Erfahrung abgeleitet, sondern schlechterdings a priori gültig.«[12]

Für Kant sind apriorische Aussagen folglich nicht-empirische Aussagen, die zwei Eigenschaften aufweisen: Sie sind notwendigerweise wahr, sie sind allgemeingültig, lassen also keine Ausnahme zu. Empirische Aussagen sind nicht notwendigerweise wahr. Beispiel: »Alle Schwäne sind weiß«. So dachte man, wie bereits einige Seiten zuvor ausgeführt, in Europa bis ins 17. Jahrhundert, bevor Australien entdeckt wurde. Denn alle bis dahin beobachteten Schwäne waren weiß. Doch in Australien gab es schwarze Schwäne – und der Allsatz »Alle Schwäne sind weiß« erwies sich als falsch. Wenn also eine Aussage notwendig wahr ist, dann kann sie nicht empirisch sein, sie muss apriorisch sein. Und wenn eine Aussage nicht notwendigerweise wahr ist, kann sie nicht apriorisch sein, sondern sie muss empirisch sein. Anders gesprochen: Eine Aussage ist notwendigerweise wahr, wenn sie durch Erfahrung nicht bestätigt oder verneint werden kann.

Für Kant sind die Aussagen über die transzendentalen Bedingungen der Möglichkeit von Erfahrung apriorisch und damit nicht-empirisch. Tetens formuliert das wie folgt: »Der Grundsatz der Tranzendentalphilosophie lautet: Bedingungen der Möglichkeit objektivierbarer Erfahrung, die auf unser Erkenntnisvermögen und seine Ausübung zurückgehen, sind Bedingungen der erfahrenen Gegenstände selber und werden von diesen Gegenständen in synthetischen Urteilen a priori behauptet.«[13] Wenn zum Beispiel *B* eine transzendentale Bedingung ist, dann ist die Aussage »Auf alle Gegenstände objektiver Erfahrung trifft die Bedingung *B* zu« ein synthetisches Urteil a priori.[14] Und die Bedingung der Möglichkeit der Erfahrung ist eine *notwendige*, denn ohne sie lässt sich keine Erfahrung von den Gegenständen machen. Daraus folgert Kant:

»1. Was mit den formalen Bedingungen der Erfahrung (der Anschauung und den Begriffen nach) übereinkommt, ist *möglich*.
2. Was mit den materialen Bedingungen der Erfahrung (der Empfindung) zusammenhängt, ist *wirklich*.
3. Dessen Zusammenhang mit dem Wirklichen nach allgemeinen Bedingungen der Erfahrung bestimmt ist, ist (existiert) *notwendig*.« (B256/266)

Exkurs: apriorische Diskursethik

Es wurde voranstehend bereits erklärt, dass eine apriorische Aussage zwei Merkmale besitzt: Sie ist (denk-)notwendigerweise wahr, und sie gilt mit strenger Allgemeingültigkeit (ist hier und heute und auch morgen und übermorgen überall gültig). Das Apriorische spielt eine zentrale Rolle in der *Diskursethik*, die die deutschen Philosophen Karl-Otto Apel (1922–2017) und Jürgen Habermas (*1929) gegen Ende der 60er Jahre des vergangenen Jahrhunderts entworfen und in den letzten Jahrzehnten entwickelt haben.[15]

Die Diskursethik bezeichnet Theorien, die die Richtigkeit ethischer Aussagen mit Hilfe vernünftiger Argumente im Zuge eines Diskurses zu gewinnen suchen. Ihr geht es nicht nur darum, das richtige Handeln im Diskurs (lateinisch *discursus*, »Umherlaufen«, »erörternder Vortrag« oder »hin und her gehendes Gespräch«) zu ermitteln, sondern auch aufzuzeigen, woran das Handeln in jeder Situation auszurichten ist und, so Apel, dafür eine *Letztbegründung* zu liefern. Die Grundfigur des Denkens in der Diskursethik ist selbstreflexiv: Um die selbst gestellten Fragen zu beantworten, nimmt die Diskursethik Rückgriff auf die Diskurspraxis. Apelt und Habermas machen den *Diskurs* – das Austauschen von Argumenten, kurz: das Argumentieren – zum Gegenstand ihrer Überlegungen.

Im Zentrum steht dabei die Frage, was wir (immer schon) voraussetzen, wenn wir argumentieren. Während also bei Kant gewissermaßen das »einsame Denken« des Einzelnen im Mittelpunkt steht (im Sinne einer kantischen *Prinzipienethik*, um ethische Fragestellungen zu ergründen), ist es bei Apel und Habermas der Diskurs als gemeinschaftliches Unterfangen. Wenn sich nun allseits anerkannte Bedingungen für das zwanglose Argumentieren aufspüren lassen, ist eine Letztbegründung des diskursethischen Moralprinzips durch Reflexion auf die Diskurspraxis selbst möglich. Eine solche Letztbegründung ist dann möglich, denn diese Bedingung des Argumentierens muss ja in Anspruch genommen (beziehungsweise vorausgesetzt und damit als gültig angenommen werden) von demjenigen, der sie bestreitet.

Gibt es solche »unbestreitbaren« Bedingungen für den vernünftigen Diskurs, das Argumentieren? Argumentieren heißt, eine Aussage mit Gültigkeitsanspruch zu machen. Wer ein Argument macht, wer an einem Diskurs teilnimmt, hat (immer schon), ob nun bewusst oder unbewusst, die Regeln des Argumentierens anerkannt. Die Aussage, dass man Argumentieren kann, lässt sich argumentativ nicht außer Kraft setzen, sie ist nicht bestreitbar: Man kann nicht argumentieren, dass man nicht argumentieren kann. Apel spricht daher auch vom *a priori des Argumentierens*. Unter Rückgriff auf die Sprechakttheorie von John L. Austin[16] und

John R. Searle haben Apel und Habermas vier universale (transzendentale) Geltungsansprüche formuliert, die jeder Argumentation zugrunde liegen (sollen): *Verständlichkeit, Wahrheit, Richtigkeit* und *Wahrhaftigkeit.* Demnach muss eine Aussage verständlich sein. Sie muss wahr sein, so dass prinzipiell ein jeder seine Zustimmung zu ihr geben kann. Eine Aussage muss dem Anspruch genügen, sich auf für alle verbindliche Normen zu beziehen (zum Beispiel, dass ein Versprechen eine Verpflichtung beinhaltet). Und schließlich muss eine Aussage das wahrhaftig wiedergeben, was gesagt wird.

Wenn diese Ansprüche auch in der Argumentationspraxis vermutlich nicht immer erfüllt sind, so werden sie beim Argumentieren doch universell unterstellt, müssen von denjenigen, die argumentieren, unterstellt werden. In jedem Diskus wird also eine »ideale Sprechsituation« unterstellt. Diesem »Anforderungsprofil« für den ethischen Diskurs liegt eine zwangslose Übereinstimmung, der Konsens der Beteiligten, zugrunde. Wenn die Argumentation nicht diesen Ansprüchen genügt, tritt falsche oder mangelhafte Argumentation zutage. Die Verpflichtungen, die aus der Erfüllung der Voraussetzungen erwachsen, die für jeden Diskurs gelten müssen, sind in zweifacher Hinsicht moralischer Natur. Sie verpflichten die am Diskurs Teilnehmenden auf die Vernünftigkeit, die sich aus dem Blickwinkel einer aufrichtigen Argumentation nicht bestreiten lässt. Und sie stellen ein Kriterium bereit, um moralische Normen abzuleiten und zu beurteilen: Normen sind moralisch verpflichtend, die im Diskurs durch Konsens, als zwangslose Zustimmung derjenigen zustande gekommen sind, legitimiert worden sind.

Abschließend noch einige Worte zum *Letztbegründungsstreit.* In der Philosophie und Wissenschaftstheorie hat die Diskussion um die Rückführung von Geltungs- und Wahrheitsansprüchen auf eine letzte sichere Grundlage – die Letztbegründung – eine lange Tradition. Sie findet sich bereits bei Platon und Aristoteles. Die Suche nach einer Letztbegründung spiegelt das Bestreben wider, eine gesicherte Ausgangsposition aufzuspüren, auf der die Wissensmehrung aufsetzen kann, so dass sie der Möglichkeit einer späteren Revision, einer Falsifikation, nicht mehr ausgesetzt ist. In der Philosophie hat es eine Reihe von Versuchen gegeben, eine (logische) Letztbegründung vorzubringen. (1) Der *infinite Regress*: Hier wird versucht, die Begründung einer Aussage durch eine andere Aussage zu geben; und diese begründende Aussage, wenn sie nicht die Letztbegründung liefern kann, wiederum durch eine Aussage zu begründen. Das Ergebnis ist eine unendliche Reihe von Begründungsverweisen, die letztlich doch nicht zur erhofften Letztbegründung führen. (2) Der *logische Zirkel*: Die Begründung einer Aussage greift auf das zurück, was zu begründen ist. Ein Beispiel dafür lautet: »Es ist dunkel, weil es dunkel ist.« (3) Der *Dogmatismus*: Die Begründung einer Aussage wird durch eine unbegründete Aussage akzeptiert. Ein Beispiel: »Es ist dunkel, weil der Herrgott will, dass es dunkel ist.«

Alle drei genannten Versuche, eine Letztbegründung zu liefern, können nicht überzeugen. Deutet das etwa an, dass es keine Letztbegründung gibt? Diejenigen, die die Möglichkeit einer Letztbegründung verneinen (das sind die Vertreter des *Fallibilismus*, sie sind zu den *kritischen Rationalisten* zu zählen[17]), geraten jedoch in ein ernstes logisches Problem: Denn ihre Aussage »Es gibt keine Letztbegründung« ist ein *performativer Widerspruch*: Die Aussage »Es gibt keine Letztbegründung« verneint mit einem Wahrheitsanspruch, dass es einen letztgültigen Wahrheitsanspruch gibt. Im Letztbegründungsstreit stehen den *Verneinern der Letztbegründung* die Transzendentalpragmatiker gegenüber. Karl-Otto Apel und Wolfgang Kuhlmann (* 1939) argumentieren, dass das von Hans Albert (1921–2021) aufgestellte Fallibilismus-Prinzip widersprüchlich ist: »Ist das ›Fallibilismus‹-Prinzip selbst fallibel, dann ist es insofern gerade nicht fallibel und umgekehrt.«[18] Kuhlmann fügte als Kritik hinzu, dass das Fallibilismus-Prinzip gehaltlos sei, dass es »nichts als wahr behaupte, auch nicht, daß irgend etwas unsicher ist« und dass es sich immunisiere, weil es seine eigene Falschheit mit behaupte und auch durch den Aufweis einer sicheren Überzeugung nicht falsifiziert werden könne.

Der performative Widerspruch wird durch ein sogenanntes *Retorsionsargument* (wie es in der *Transzendentalpragmatik* von Karl-Otto Apel Anwendung findet) offengelegt: Die Argumentation des Sprechers wird verwendet, um die Aussage, die der Sprecher gemacht hat, zu widerlegen. Nehmen wir die Aussage »Es gibt keine Wahrheit«. Diese lässt sich, wie bereits gezeigt, retorsiv widerlegen: Die Aussage »Es gibt keine Wahrheit« erhebt einen Anspruch auf Wahrheit (nämlich die, dass es keine Wahrheit gibt). Aus dem performativen Widerspruch der Aussage »Es gibt keine Wahrheit« lässt sich jedoch kein Anspruch ableiten, dass es Wahrheit gibt, sondern es lässt sich nur ableiten, dass es sinnvollerweise nicht verneint werden kann, dass es Wahrheit gibt. Betrachten wir vor diesem Hintergrund den Satz »Der Mensch handelt«. Er lässt sich – wie bereits gezeigt – nicht widerlegen, ohne einen logischen, einen *performativen Widerspruch* zu verursachen. Es kann nicht widerspruchsfrei argumentiert werden, dass der Mensch nicht handelt. Die Entgegnung »Der Mensch handelt nicht« resultiert in einem performativen Widerspruch. Der Satz »Der Mensch handelt« lässt sich also durch die *performative Nicht-Widersprüchlichkeit* als wahr einstufen. Der Satz »Der Mensch handelt« kann zwar durch das Retorsionsargument nicht widerlegt werden, die Aussage ist also in dem Sinne wahr, dass sie sich nicht sinnvoll verneinen lässt. Um wahr zu sein in dem Sinne, dass sich der Satz »Der Mensch handelt« auf die reale Welt (Wirklichkeit) bezieht, reicht es jedoch nicht aus, auf seine performative Nicht-Widersprüchlichkeit zu verweisen. Vielmehr muss dazu die Verbindung zwischen dem Apriori des menschlichen Handelns und der Realität aufgezeigt werden; siehe dazu Kapitel 11.

Kapitel 6
Ältere Historische Schule

»Der Irrtum ist viel leichter zu erkennen, als die Wahrheit zu finden; jener liegt auf der Oberfläche, damit lässt sich wohl fertig werden; diese ruht in der Tiefe, danach zu forschen ist nicht jedermanns Sache.«
Johann Wolfgang von Goethe

In diesem Kapitel wird die Entwicklungsgeschichte der deutschen *Historischen Schule* – in aller Kürze – nachgezeichnet. Die Grundzüge dieser Denktradition werden betrachtet mit besonderem Blick auf sowohl die Ziele als auch auf angewandte beziehungsweise empfohlene Methoden. Dazu werden, wo es angemessen erscheint, Auszüge aus den Werken der Hauptvertreter der Älteren und Jüngeren Historischen Schule zitiert, um die Denkschule besser verstehen und vor allem den wissenschaftstheoretischen Gegenentwurf zur Historischen Schule, der nachfolgend im *Methodenstreit* zum Ausdruck kommt, einordnen und verstehen zu können.

Ältere Historische Schule

Die Ältere Historische Schule ist vor allem mit drei Namen verbunden: Georg Friedrich Wilhelm Roscher (1817–1894), Bruno Hildebrand (1812–1878) und Karl Knies (1821–1898).[1] Im Folgenden soll kurz und knapp auf ihre wichtigen Werke verwiesen und dabei das von ihnen jeweils verfolgte Wissenschaftsprogramm vorgestellt werden.

Roscher veröffentlichte 1843 *Grundriß zu Vorlesungen über die Staatswirtschaft nach geschichtlicher Methode*, 1854 *Grundlagen der Nationalökonomie. Ein Hand- und Lesebuch für Geschäftsmänner und Studierende.* Sein wissenschaftliches Bestreben war es, durch Erfassen und Beschreiben von Fakten im geschichtlichen Ablauf volkswirtschaftliche Vorgänge zu ergründen, zu erklären, also Entwicklungsgesetze zu formulieren. Roschers Historische Methode folgte dem Leitbild des *Historismus der Rechtswissenschaft*, wie er von Friedrich Carl von Savigny (1779–1861) vertreten wurde;[2] Savigny war der Ansicht, dass die Rechtswissenschaft im Grunde nichts anderes sei als Rechtsgeschichte.

Für Roscher war die »Historisch-physiologische Methode«[3] der Weg, um wirtschaftliche Zusammenhänge erfassen und erforschen zu können. Mit ihrer Hilfe sollte das Ableiten der Theorie, die Erklärung der Fakten, möglich gemacht werden:

> »Unser Ziel ist die Darstellung dessen, was die Völker in wirtschaftlicher Hinsicht gedacht, gewollt und empfunden, was sie erstrebt und erreicht, warum sie es erstrebt und warum sie es erreicht haben. Eine solche Darstellung ist nur möglich in engstem Bunde mit den anderen Wissenschaften vom Volksleben, insbesondere der Rechts-, Staats- und Kulturgeschichte.«[4]

Die Herkunft des Wissens, das zur Ableitung der Entwicklungsgesetze zu beschaffen sei, so Roscher, entstammt dem Geschichtlichen und erfordert die »Historische Methode«:

> »Untersuchung des politischen Triebes der Menschen, der nur aus einer Vergleichung aller bekannten Völker erforscht werden kann. Das Gleichartige in den verschiedenen Volksentwicklungen als Entwicklungsgesetz zusammengestellt. Arbeit des Historikers und des Naturforschers einander ähnlich. Diese historische Methode hat jedenfalls, sofern sie nicht geradezu auf Irrwegen geht, objective Wahrheit. Sie ist für den Praktiker am lehrreichsten: zwar weniger durch unmittelbare Vorschriften, als durch Bildung des politischen Sinnes überhaupt. Ihr höchstes Ziel besteht darin, die politischen Resultate der Menschheit in wissenschaftlicher Verarbeitung fortzupflanzen.«[5]

Roscher suchte die Abgrenzung von der englisch-liberalen Wirtschaftstheorie der Klassiker. Bereits die romantische Schule – die ihre Blütezeit etwa von 1800 bis 1850 hatte – und Friedrich List (1789–1846) hatten darauf hingewiesen, dass die institutionellen Verhältnisse in England gänzlich andere seien als in Deutschland, so dass die klassische Wirtschaftstheorie keine Allgemeingültigkeit ihrer abstrakten Theorien beanspruchen könne.

Zwischen Anspruch an die nationalökonomische Wissenschaft und Wirklichkeit zeigte sich bei Roscher jedoch eine erhebliche Diskrepanz. Was Roscher in seinem *Grundriß* bot, lehnte sich eng an die theoretischen Lehrer seiner Vorgänger und die Standards seiner Fachkollegen in Deutschland, Frankreich und England; dies wird beim Lesen der Kapitel über Preise, Angebot und Nachfrage, die Theorie der Grundrente und anderes deutlich. Es ist sicherlich nicht übertrieben zu sagen, dass sich Roschers Ausführungen teilweise lesen, als wären sie Adam Smiths *The Wealth of Nations* entnommen.

Roschers Schriftwerk ist allerdings nur eine Sammlung von wirtschaftshistorischen Ereignissen geblieben. Das Ableiten von Entwicklungsgesetzen, von Theorien über volkswirtschaftliche Zusammenhänge, ist ihm mit seiner *Historischen Methode* nicht gelungen. So merkt etwa Edgar Salin (1892–1974) das Folgende an: Roscher »hatte Verständnis für alles und jedes und sammelte in der Botanisierungstrommel seiner Bücher jeden Vorgang und jede Theorie; aber da er keinen eigenen theoretischen Standpunkt besaß, da jede wirkliche Stellungnahme seiner versöhnlichen Natur fern lag, und da seine ›physiologische Methode‹ in der Geschichte nur das nicht vorhandene ›Naturgesetz‹ oder ›Entwicklungsgesetz‹ suchte, so war er zwar der gefeierte Lehrer für zwei stoffhungrige Generationen von Praktikern; aber wenn er selbst als den Sinn seines geschichtlichen Verfahren aussprach, er wolle für Staatswirtschaft etwas Ähnliches erreichen, was die SAVIGNY-EICHHORNsche Methode für die Jurisprudenz erreicht hat‹, so täuschte er sich über sein Verfahren, seine Leistung und seinen Erfolg.«[6]

Roscher war der Auffassung, dass eine volkswirtschaftliche Tatsache das Zusammenspiel von Induktion und Deduktion erfordert; dass sie also nur »dann für wissenschaftlich erklärt [werden kann], wenn ihre inductive und deductive Erklärung zusammentreffen.«[7]

Die Auffassung, dass ein volkswirtschaftliches Phänomen nur so wissenschaftlich erklärt werden könne, offenbart zum einen Roschers Abneigung, einen festen methodischen Standpunkt einzunehmen. Zum anderen zeigt sie die logische Inkonsistenz der Älteren Historischen Schule mit Blick auf die zugrunde liegende Methodologie: Induktion und Deduktion in der Nationalökonomie lassen sich nicht widerspruchsfrei miteinander verbinden; diese Einschätzung wird nachfolgend noch eingehend diskutiert werden.

Bruno Hildebrand vertrat in *Die Nationalökonomie der Gegenwart und Zukunft* (1848) die Auffassung, dass die Wissenschaft der Nationalökonomie es nicht mit unveränderlichen *Naturgesetzen* zu tun habe, sondern dass es vielmehr darum zu gehen habe, den Entwicklungsgang der Volkswirtschaft und seine Beweggründe zu erkennen:

> »Die Wissenschaft der Nationalökonomie hat es … nicht wie die Physiologie des tierischen Organismus oder andere Zweige der Naturwissenschaft mit Naturgesetzen zu tun, sie hat nicht in der Mannigfaltigkeit der ökonomischen Erscheinungen nach unwandelbaren, überall gleichbleibenden Gesetzen zu forschen, sondern sie hat in dem Wechsel der nationalökonomischen Erfahrungen den Fortschritt, in dem wirtschaftlichen Leben der Menschheit die Vervollkommnung der menschlichen Gattung nachzuweisen. Ihre Aufgabe ist es, den nationalökonomischen Entwicklungsgang sowohl der einzelnen Völker als auch der gesamten Menschheit von Stufe zu Stufe zu erforschen und auf diesem Wege die Fundamente und den Bau der gegenwärtigen wirtschaftlichen Kultur sowie die Aufgaben zu erkennen, deren Lösung der Arbeit der lebenden Generation vorbehalten ist … Sie erkennt an, daß jede Zeit ihre neuen Richtungen und neuen Bedürfnisse gebärt, daß jeder erklommene Höhepunkt neue Blicke auf ungeahnte Gebiete und neue Zielpunkte eröffnet, denen Volk und Staatsregierung gemeinsam entgegenzubringen

haben, und daß alle ökonomischen Zustände einer Zeit und eines Volkes den Maßstab ihres eigenen Wertes oder Unwertes in sich selbst tragen.[8]

Für Hildebrand ist allein die Geschichtswissenschaft die Quelle für nationalökonomische Erkenntnisse:

Es »ergibt sich für den Nationalökonomen der Gegenwart als zweite Aufgabe die Notwendigkeit volkswirtschaftlicher Geschichtsforschung ... «.[9]

Hildebrand artikulierte deutliche Kritik gegenüber der Lehre der Klassiker in der Tradition von Adam Smith, die ökonomische Gesetze zu identifizieren suchen, und die dabei das handelnde Individuum in den Mittelpunkt rücken:

»Die nationalökonomische Wissenschaft galt der ganzen Smithschen Schule als eine Naturlehre des Verkehrs, in der das Individuum als eine rein egoistische Kraft angenommen wurde, die wie jede Naturkraft immer in derselben Richtung tätig ist und unter gleichen Umständen stets dieselben Wirkungen hervorbringt. Man nannte deshalb auch in Deutschland wie in England ihre Gesetze und Regeln ökonomische Naturgesetze und schrieb ihnen wie anderen Naturgesetzen eine ewige Dauer zu.«[10]

Nicht nur die Suche nach ökonomischen Gesetzmäßigkeiten wird kritisiert, Hildebrand kritisiert auch die deduktive Methode der Erkenntnis- und Theoriebildung:

»Trotz der geschilderten Verdienste und wahrhaft weltgeschichtlichen Stellung hat Adam Smith und seine ganze Schule mit seinen Vorgängern, den Merkantilisten und Physiokraten, gemein, daß er eine nationalökonomische Theorie aufzubauen suchte, deren Gesetze für alle Zeiten und Völker absolute Gültigkeit haben sollten.

Gerade so wie Rousseau und Kant eine staatsrechtliche und politische Schule hervorriefen, welche einen absoluten Staat ohne Rücksicht auf die von der Natur gegebenen Unterschiede der Menschheit, auf die verschiedenen Entwicklungsstufen und Völkeranlagen zu konstruieren suchten, ebenso haben Adam Smith bis auf Rousseau und Quincey herab aus den speziellen Tatsachen einzelner Völker und Entwicklungsmomenten allgemein gültige Sätze zu ziehen und so eine Art Welt- und Menschheitsökonomie zu schaffen gesucht, welche ganz dem damaligen Zeitalter rationalistischer Verstandesaufklärung entsprach.

Sie gehen von der Ansicht aus, daß alle Gesetze der Volkswirtschaft, weil sie in dem Verhältnis des Menschen zu den Sachgütern gegründet seien, über Zeit und Raum erhaben, bei allem Wechsel der Erscheinungen fest bleiben, und vergessen dabei gänzlich, daß der Mensch als soziales Wesen stets ein Kind der Zivilisation und ein Produkt der Geschichte ist, und daß seine Bedürfnisse, seine Bildung, seine Beziehungen zu den Sachgütern wie zu den Menschen niemals dieselben bleiben, sondern sowohl geographisch verschieden sind, als auch historisch sich immer verändern und mit der gesamten Kultur des Menschengeschlechts fortschreiten.

Allerdings unterscheidet sich diese staatswirtschaftliche Schule wesentlich dadurch von Rousseau und Kant, daß sie nicht von philosophischen Prinzipien ausging, wie die Physiokraten, und aus dem Allgemeinen das Besondere ableitete. Vielmehr baute sie ihr System auf eine Summe gesammelter Beobachtungen und Tatsachen des praktischen Lebens. Aber diese Verschiedenheit war bloß Folge ihrer Wissenschaft, in der eine rein philosophische Konstruktion fast unmöglich ist, und in der Art, wie sie ihre Aufgabe löste, in den Zwecken und Resultaten, die sie erstrebte, fiel sie in denselben Fehler eines abstrakten Kosmopolitismus wie die genannte Schule der Politik. Das Smithsche System gab sich für eine allgemeine Lehre der menschlichen Wirtschaft aus und war nur ein Ausdruck der eben zur Herrschaft gelangten Geldwirtschaft.«[11]

In *Die politische Oekonomie vom Standpunkt der geschichtlichen Methode* (1853) verdeutlicht Karl Knies die theoriebestimmende Rolle des geschichtlichen Geschehens. Er schreibt, dass die:

> »geschichtliche Entwicklung der politischen Oekonomie ... zugleich als Formel für einen theoretischen Satz dient.«[12]

Knies spricht sich wie schon Roscher und Hildebrand vor ihm gegen den »Absolutismus der Theorie« aus, dass es also so etwas wie eine Theorie mit universellem Geltungsanspruch nicht gibt:

> »Im Gegensatz zu dem Absolutismus der Theorie beruht die historische Auffassung der politischen Oekonomie auf dem Grundsatze, dass wie die wirthschaftlichen Lebenszustände, so auch die Theorie der politischen Oekonomie, in welcher Form und Gestalt, mit welchen Argumenten und Resultaten wir sie auch finden, ein Ergebnis der geschichtlichen Entwicklung ist; ... daß sich auch die ›allgemeinen Gesetze‹ in dem allgemeinen Theile der Nationalökonomie nicht anders denn als eine geschichtliche Explication und fortschreitende Manifestation der Wahrheit darstellen, auf jeder Stufe nur als die Verallgemeinerung der bis zu einem bestimmten Punkte der Entwicklung erkannten Wahrheiten dastehen und weder Summe noch der Formulierung nach für absolut abgeschlossen erklärt werden können und dass der Absolutismus der Theorie, wo er sich auf einer Stufe der geschichtlichen Entwicklung Geltung verschafft hat, selbst nur als ein Kind dieser Zeit dasteht und eine bestimmte Stufe in der geschichtlichen Entwicklung der politischen Oekonomie bezeichnet.«[13]

Die Vertreter der Älteren Historischen Schule wollten mittels der Historischen Methode, der Beschreibung von Fakten im geschichtlichen Ablauf, nationalökonomische Erkenntnisse gewinnen. Nationalökonomische Theorien sollten so abgeleitet werden, wobei jedoch unterstellt wurde, dass nationalökonomische Theorien keine Gesetzmäßigkeit beanspruchen können, dass sie also nicht stets und überall Gültigkeit haben. Die Vertreter der Älteren Historischen Schule sind jedoch nicht über ihre Programmerklärung hinausgekommen. Ihre Werke sind Bekundungen, einen eigenen, einen deutschen Weg in der Nationalökonomie zu beschreiten, losgelöst von den Arbeiten der *Klassischen Ökonomik*, abgeschnitten von externer konstruktiver, korrigierender Kritik.

Kapitel 7
Jüngere Historische Schule

»Schmoller war überhaupt mehr Geschichtsschreiber als Ökonom.«
Ludwig Joseph Brentano

Gustav von Schmoller (1838–1917) ist der Begründer und die zentrale Figur der Jüngeren Historischen Schule. Sein Wissenschaftsprogramm in der Nationalökonomie war es, dass die deutsche Nationalökonomie für mehr als 30 Jahre aus dem theoretischen Denken herausgerissen hat. Seine übermächtige Stellung im deutschen Wissenschaftsbetrieb, vor allem sein Einfluss bei der Besetzung von Universitätslehrstühlen, führte gewissermaßen zu einem *Wissenschaftsdiktat* der Jüngeren Historischen Schule in Deutschland.

Was unterscheidet die *Jüngere Historische Schule* von der Älteren Historischen Schule? Die Antwort lautet: Die Vertreter der Jüngeren Historischen Schule gaben sich weitaus maßvoller als ihre Vorgänger, wenn es galt, das angestrebte Wissenschaftsziel – das Aufdecken der nationalökonomischen Entwicklungsgesetzte – zu erreichen:

> »Der Unterschied der jüngeren historischen Schule ... ist der, daß sie weniger rasch generalisieren will, daß sie ein viel stärkeres Bedürfnis empfindet, von der poly-historischen Datensammlung zur Specialuntersuchung der einzelnen Epochen, Völker und Wirtschaftszustände überzugehen.«[1]

Als Anhänger der Historischen Methode sah natürlich auch Schmoller im ausgedehnten Aktenstudium, in der Sammlung, Klassifizierung und Aufbereitung von Beobachtungen durch den Forschenden, die Quelle für nationalökonomische Erkenntnis:

> »Die Wissenschaft der Nationalökonomie will von der Volkswirtschaft ein vollständiges Bild, einen Grundriß der volkswirtschaftlichen Erscheinungen nach Raum und Zeit, nach Maß und historischer Folge entwerfen; sie thut das, indem sie die Wahrnehmungen dem vergleichenden und unterscheidenden Denken unterwirft, das Wahrgenommene auf seine Gewißheit prüft, das richtig Beobachtete in ein System von Begriffen nach Gleichartigkeit und Verschiedenheit einordnet und endlich das so Geordnete in der Form typischer Regelmäßigkeiten und eines durchgängigen Kausalzusammenhanges zu begreifen sucht. Die Hauptaufgaben strenger Wissenschaft sind so 1. richtig beobachten, 2. gut definieren und klassifizieren, 3. typische Formen finden und kausal erklären. Je nach dem fortschreitenden Stande der Wissenschaft tritt dann bald das eine, bald das andere mehr in den Vordergrund. Bald ist das Zurückgreifen auf die Erfahrung, bald die rationale Bemeisterung der Erfahrungen durch Begriffe, Reihenbildung, Kausalerklärung und Hypothesen das wichtigere Geschäft.«[2]

Schmoller sah die Notwendigkeit für das Erstellen umfangreicher Datensammlungen, vor allem auch auf mikroökonomischer Ebene, um darauf aufbauend makroökonomische Erkenntnisse abzuleiten. Die Jüngere Historische Schule, so Schmoller, »verlangt zunächst wirtschaftsgeschichtliche Monographien, Verknüpfungen jeder modernen Specialuntersuchung mit ihren historischen Wurzeln; sie will lieber zunächst den Werdegang der einzelnen Wirtschaftsinstitutionen als den der ganzen Volkswirtschaft und der universellen Weltwirtschaft erklären. Sie knüpft an die strenge Methode rechtsgeschichtlicher Forschung an, sucht aber ebenso durch Reisen und eigenes Befragen das Bücherwissen zu ergänzen, die philosophische und psychologische Forschung heranzuziehen.«[3]

Aufschlussreich ist Schmollers Position zur Verwendung der induktiven und deduktiven Methode. Schmoller räumt zwar sowohl der induktiven als auch der deduktiven Methode eine Rolle in der Nationalökonomie ein:

»Diejenigen, welche in der neueren deutschen Nationalökonomie als Vertreter induktiver Forschung gelten, bekämpfen nicht die Deduktion überhaupt, sondern nur die aus oberflächlichen, unzureichenden Prämissen, welche sie glauben auf Grund besserer Beobachtung durch genauere Obersätze ersetzen zu können.«[4]

Allerdings scheint Schmollers Sympathie doch der Induktion zu gelten, der er eine höhere wissenschaftliche Leistungsfähigkeit zuzuschreiben scheint: »[W]er in erster Linie auf dem Boden der Erfahrung steht, der traut deduktiven Schlüssen nie so ohne weiteres; er hat mindestens das Bedürfnis, sie stets wieder durch die Erfahrung zu verifizieren, durch neue Induktionen die Probe auf Exempel zu machen.«[5]

Ihm scheint die Induktion das verlässliche(re) Verfahren zu sein, um die Theoriebildung zu verfeinern. In der Vorrede des zweiten Teils seines Buches schreibt Schmoller, dass es sein Ziel sei, »die Theorie immer weiter durch exakte Thatsachenforschung aller Art zu untermauern.«[6]

Dahinter verbirgt sich jedoch nicht notwendigerweise ein Widerspruch: Für Schmoller sind Theorien nicht unumstößlich, nicht zeitinvariant, sie sind vielmehr von flüchtigem Wert, werden durch geschichtliche Ereignisse geschaffen und verändert:

»Ein letztes einheitliches Gesetz volkswirtschaftlicher Kräftebethätigung giebt es nicht und kann es nicht geben; das Gesamtergebnis volkswirtschaftlicher Ursachen einer Zeit und eines Volkes ist stets ein individuelles Bild, das wir aus Volkscharakter und Geschichte heraus unter Zuhülfenahme allgemeiner volkswirtschaftlicher, socialer und politischer Wahrheiten begreiflich machen, aber entfernt nicht restlos auf seine Ursachen zurückführen können.«[7]

Im Vorgriff auf die Behandlung des Methodenstreits im folgenden Kapitel kann bereits an dieser Stelle eine zentrale Kritik, die an die Ältere und Jüngere Historische Schule zu richten ist, angeführt werden. Sie bezieht sich auf die Auffassung, Beobachtungen, in diesem

Fall geschichtliche Ereignisse, ließen sich theorielos machen – nach dem Motto »Let the data speak for themselves.« Doch anders als von den Vertretern der historischen Schule bekundet, bedarf es einer (wirtschaftswissenschaftlichen) Theorie, um historische Daten überhaupt erst begreifen, erfassen und deuten zu können. Es gibt schlichtweg kein theorieloses Erfassen der Wirklichkeit. So muss man zum Beispiel eine Theorie zugrunde legen, um Phänomene wie zum Beispiel Geld, Zins, Volkseinkommen, Arbeitsteilung und Freihandel erfassen zu können. Ohne das Vorliegen einer Theorie wäre der Mensch gar nicht in der Lage, seine Lebenswirklichkeit zu erkennen. So gesehen war das Bestreben der Jüngeren Historischen Schule, sich *moderat zu geben*, indem sie zunächst Fakten beschreiben und sammeln wollte, *kein Fortschritt* gegenüber der Älteren Historischen Schule: Man gab sich nach wie vor theorielos, verwendete jedoch (irgendwelche, aber nicht offengelegte) Theorien, ohne sich darüber im Klaren zu sein, dass man Theorien verwendete.

Weiterhin ist an dieser Stelle anzumerken, dass Schmoller und seine Anhänger nicht nur an Erkenntnisgewinnung interessiert waren, um sie gestalterisch einzusetzen (was natürlich durchaus legitim ist). Sie waren bestrebt, ihre Erkenntnisse politisch zu nutzen, und zwar sie im Zuge von *Sozialreformen* ein- und umzusetzen. Das trug ihnen (ganz zu Recht) den spöttischen Namen *Kathedersozialisten* ein (gegen den sie sich nicht wehrten). Schmoller stand dem Sozialismus wie auch einem *laissez faire* gleichermaßen zwar ablehnend gegenüber, sah jedoch in einem ordnenden und sozialpolitisch tätigen Staat den richtigen Weg, um die *soziale Frage* in den Griff zu bekommen. Schmollers Zielsetzung, nationalökonomische Erkenntnisse wirtschafts- und sozialpolitisch nutzbar zu machen und einzusetzen, mag erklären, warum diese Denkschule sich (bewusst oder unbewusst) einem Skeptizismus hingab, der darauf hinauslief, ökonomische Gesetzmäßigkeiten anzuerkennen beziehungsweise ihre Möglichkeit zu verneinen; auch das ist ein Grund, sich inhaltlich mit dem wissenschaftlichen Gehalt der historischen Schule auseinanderzusetzen – wobei sich der *Methodenstreit* als besonders erhellend erweist.

Kapitel 8
Methodenstreit

»Der Schmollersche Irrtum aber ist für ihn selbst folgenschwer geworden, dadurch, daß er sein eigenes Werk zur Unfruchtbarkeit verdammt hat.«

Edgar Salin

Scharfe Kritik am Schmollerschen Historismus kam von Carl Menger (1840–1921). Sie entfaltete sich im sogenannten *Methodenstreit.* Ausgelöst wurde er durch Mengers Arbeit *Untersuchungen über die Methode der Socialwissenschaften und der Politischen Oekonomie insbesondere,* erschienen im Jahr 1883. Der Methodenstreit – die Auseinandersetzung zwischen Schmoller und Menger – wird als Methodenstreit bezeichnet. Er war gewissermaßen gleichzeitig auch das Ereignis, das die Österreichische Schule der Nationalökonomie als eigenständige Denktradition begründete. Mengers Kritik setzte an den Zielen und der Methode der Historischen Schule an, die er als *verloren gegangen* beziehungsweise als *irrtümlich* brandmarkt:

> »Wenn auf einem Wissensgebiete aus irgend welchen Gründen die richtige Empfindung für die aus der Natur der Sache sich ergebenden Ziele der Forschung verloren gegangen ist, wenn nebensächlichen Aufgaben der Wissenschaft eine übertriebene oder gar die entscheidende Bedeutung beigelegt wird, wenn von mächtigen Schulen getragene irrthümliche methodische Grundsätze zur vorherrschenden Geltung gelangen und die Einseitigkeit über alle Bestrebungen auf dem Wissensgebiete zu Gerichte sitzt, wenn, mit einem Worte, der Fortschritt der Wissenschaft in der Herrschaft irrthümlicher methodischer Grundsätze sein Hemmnis findet: dann allerdings ist die Klarstellung der methodischen Probleme die Bedingung jedes weiteren Fortschrittes und damit der Zeitpunkt gekommen, wo selbst jene in den Streit über die Methoden einzutreten verpflichtet sind, welche ihre Kraft sonst lieber an die Lösung der eigentlichen Aufgaben ihrer Wissenschaft zu setzen geneigt sind.«[1]

Was aber waren Mengers Kritikpunkte genau? Die theoretische Volkswirtschaftslehre hat zur Aufgabe, so Menger, *ökonomische Gesetzmäßigkeiten* – deren Existenz ja von der Historischen Schule entschieden bestritten wird – zu erarbeiten. Die Wirtschaftsgeschichte kann dazu keinen Beitrag leisten. Sie befasst sich mit konkreten Ereignissen, aus deren Ansammlung sich (logischerweise) keine Allgemeingültigkeiten ableiten lassen.[2] Menger fordert daher, dass theoretische Volkswirtschaftslehre scharf zu trennen sei von der historischen Wissenschaft, etwas, das der historischen Schule abgeht: Sie verneint nicht nur, dass es ökonomische Gesetzmäßigkeit gibt, sie vertritt auch die Auffassung, die Theorie lasse sich (wenn überhaupt) aus Geschichtsdeutung ableiten:

> »Der Gegensatz zwischen den historischen und theoretischen Wissenschaften tritt ... zu Tage, wenn wir uns denselben auf einem bestimmten Gebiete der Erscheinungen zum Bewusstsein bringen. Wählen wir zu diesem Zwecke die Erscheinungen der Volkswirtschaft, so stellt sich uns als die Aufgabe der theoretischen Forschung die Feststellung der Erscheinungsformen und der Gesetze, der Typen und typischen Relationen der volkswirtschaftlichen Phänomene dar. Wir arbeiten an dem Ausbaue der theoretischen Nationalökonomie, indem wir die im Wechsel der volkswirtschaftlichen Phänomene sich wiederholenden Erscheinungsformen, beispielsweise das generelle Wesen des Tausches, des Preises, der Bodenrente, des Angebotes, der Nachfrage, beziehungsweise die typischen Relationen zwischen den obigen Erscheinungen, z. B. die Wirkung der Steigerung oder des Sinkens von Angebot und Nachfrage auf die Preise, die Wirkung der Bevölkerungsvermehrung auf die Bodenrente u. s. f. festzustellen suchen. Die historischen Wissenschaften von der Volkswirtschaft dagegen lehren uns das Wesen und die Entwickelung individuell bestimmter volkswirtschaftlicher Phänomene, also z. B. den Zustand oder die Entwickelung der Wirtschaft eines bestimmten Volkes, oder einer bestimmten Völkergruppe, den Zustand oder die Entwickelung einer bestimmten wirtschaftlichen Institution, die Entwickelung der Preise, der Bodenrente in einem bestimmten Wirtschaftsgebiete u. s. f.

> Die theoretischen und die historischen Wissenschaften von der Volkswirtschaft weisen demnach in der That eine fundamentale Verschiedenheit auf und nur die völlige Verkennung der wahren Natur dieser Wissenschaften vermöchte dieselben miteinander zu verwechseln oder der Meinung Raum zu geben, dass dieselben sich gegenseitig zu ersetzen vermögen. Es ist vielmehr klar, dass, gleichwie die theoretische Volkswirtschaftslehre für unser Erkenntnisstreben niemals die Geschichte oder die Statistik der Volkswirtschaft zu vertreten vermag, so umgekehrt auch selbst die umfassendsten Studien auf dem Gebiete der beiden letztgenannten Wissenschaften nicht an die Stelle der theoretischen Volkswirtschaftslehre gesetzt zu werden vermöchten, ohne eine Lücke in dem Systeme der Wirtschaftswissenschaften zurück zu lassen.«[3]

Menger macht unmissverständlich klar, dass sich aus »volkswirtschaftlichen Erscheinungen«, also Erfahrungswissen (das Menger als »empirisch-realistisch« bezeichnet und in »Realtypen« und »empirische Gesetze«) einteilt, keine Gesetzmäßigkeiten ableiten lassen. Menger geht dabei so weit, diese Kritik nicht nur an die Sozial-, sondern auch an die Naturwissenschaften zu richten:

> »Die wissenschaftlichen Erkenntnisse, zu welchen die ... empirisch-realistische Richtung der theoretischen Forschung zu führen vermag, können schon in Rücksicht auf die methodischen Voraussetzungen dieser letzteren nur doppelter Art sein:
>
> (a) R e a l t y p e n, Grundformen der realen Erscheinungen, innerhalb deren typischem Bilde indess ein mehr oder minder weiter Spielraum für Besonderheiten (auch für die Entwicklung der Phänomene!) gegeben ist, und
>
> b) e m p i r i s c h e Gesetze, theoretische Erkenntnisse, welche uns die factischen (indess keineswegs verbürgt ausnahmslosen) Regelmässigkeiten der Aufeinanderfolge und in der Coexistenz der realen Phänomene zum Bewusstsein bringen.

Ziehen wir aus dem Gesagten die Nutzanwendung für die theoretische Forschung auf dem Gebiete der volkswirthschaftlichen Erscheinungen, so gelangen wir zu dem Ergebnisse, dass, wofern diese letzteren in ihrer ›vollen empirischen Wirklichkeit‹ in Betracht gezogen werden, lediglich ›Realtypen‹ und ›empirische Gesetze‹ derselben erreichbar sind, von strengen Gesetzen (von sog. ›Naturgesetzen‹) derselben insbesondere aber unter obigen Voraussetzung füglich nicht die Rede sein kann.

Was aber nicht minder hervorgehoben zu werden verdient, ist der Umstand, dass unter der nämlichen Voraussetzung das Gleiche auch von den Ergebnissen der theoretischen Forschung auf allen übrigen Gebieten der Erscheinungswelt gilt. Auch die Naturerscheinungen bieten uns nämlich in ihrer »empirischen Wirklichkeit« weder strenge Typen noch auch streng typische Relationen dar. Das reale Gold, der reale Sauerstoff und Wasserstoff, das reale Wasser- von den complicierten Phänomenen der anorganischen oder gar organischen Welt ganz zu schweigen – sind in ihrer vollen empirischen Wirklichkeit weder streng typischer Natur noch auch vermögen bei der obigen Betrachtungsweise in Rücksicht auf dieselben exacte Gesetzte beobachtet zu werden.

Nicht nur auf dem Gebiete der ethischen Volkswirthschaft, sondern auch auf jenem der Naturerscheinungen vermag die realistische Richtung der theoretischen Forschung nur zu ›Realtypen‹ und ›empirischen Gesetzen‹ zu führen, und besteht in der obigen Rücksicht jedenfalls kein essentieller, sondern höchstens ein gradueller Unterschied zwischen den ethischen und den Naturwissenschaften; die realistische Richtung der theoretischen Forschung schliesst vielmehr die Möglichkeit, zu strengen (exacten) theoretischen Erkenntnissen zu gelangen, auf allen Gebieten der Erscheinungswelt in principieller Weise aus.

Gäbe es nun nur die eine, die eben gekennzeichnete Richtung der theoretischen Forschung, oder wäre dieselbe, wie die Volkswirthe der ›historischen Richtung‹ in der That zu glauben scheinen, die einzig berechtigte, so wäre damit die Möglichkeit beziehungsweise die Berechtigung jeder auf exacte Theorien der Erscheinungen hinzielenden Forschung von vornherein ausgeschlossen. Nicht nur auf dem

> Gebiete der ethischen Erscheinungen überhaupt und der Volkswirthschaft insbesondere, sondern auch auf allen anderen Gebieten der Erscheinungswelt wäre dem obigen Streben von vorn herein jeder Erfolg abgesprochen.«[4]

Menger schließt seiner Kritik eine Empfehlung für die Ausrichtung der theoretischen Volkswirtschaftslehre an. Er erklärt es zum Ziel, exakte (ökonomische) Gesetzmäßigkeiten zu ergründen, Aussagen, die immer und überall Gültigkeit beanspruchen können, erzielt auf erkenntnistheoretisch abgesicherten Wegen.

Das »Ziel, welches die Forschung gleicher Weise auf allen Gebieten der Erscheinungswelt verfolgt, ist die Feststellung von strengen Gesetzen der Erscheinungen, von Regelmässigkeiten in der Aufeinanderfolge der Phänomene, welche sich uns nicht nur als ausnahmslos darstellen, sondern mit Rücksicht auf die Erkenntnisswege, auf welchen wir zu denselben gelangen, geradezu die Bürgschaft der Ausnahmslosigkeit in sich tragen, von Gesetzen der Erscheinungen, welche gemeiniglich ›Naturgesetze‹ genannt werden, viel richtiger indess mit dem Ausdrucke: ›exacte Gesetze‹ bezeichnet werden müssen.«[5]

Menger benennt die *Denkgesetze* als diejenige Instanz, an denen der Erkenntniswert zu bewerten sei:

> »Die einzige Erkenntnisregel für die Erforschung theoretischer Wahrheiten, welche nicht nur, soweit dies überhaupt erreichbar ist, durch die Erfahrung, sondern geradezu durch unsere Denkgesetze in unzweifelhafter Weise beglaubigt wird und für die exacte Richtung der theoretischen Forschung demnach die fundamentalste Bedeutung aufweist, ist der Satz, dass, was immer auch nur in Einem Falle beobachtet wurde, unter genau den nämlichen thatsächlichen Bedingungen stets wider zur Erscheinung gelangen müsse, oder, was dem Wesen nach das Nämliche ist, dass auf streng typische Erscheinungen bestimmter Art unter den nämlichen Umständen stets, und zwar in Rücksicht auf unsere Denkgesetze geradezu nothwendig, streng typische Erscheinungen eben so bestimmter anderer Art folgen müssen. .... Diese Regel gilt

> nicht nur vom Wesen, sondern auch vom Masse der Erscheinungen, und die Erfahrung bietet uns von derselben nicht nur keine Ausnahme dar, eine solche erscheint dem kritischen Verstande vielmehr geradezu undenkbar.«[6]

Damit wird deutlich, dass »exakte Gesetze«, wie sie Menger vorschweben, nicht durch Erfahrung gewonnen werden können. Welche Rolle weist Menger dann aber der empirischen Volkswirtschaft zu? Die Antwort lautet: Die eines »Ideenlieferanten«, nicht mehr und nicht weniger. Es gelte, so Menger, die beobachtbaren wirtschaftlichen Erscheinungen durch die theoretische Volkswirtschaftslehre zu erklären:

> »Die realen Erscheinungen der Volkswirtschaft bieten uns thatsächlich Typen und typische Relationen dar, reale Regelmässigkeiten in der Wiederkehr bestimmter Erscheinungsformen, reale Regelmässigkeiten in der Coexistenz und Aufeinanderfolge, welche zwar keineswegs von ausnahmsloser Strenge sind, welche festzustellen jedoch unter allen Umständen die Aufgabe der theoretischen Nationalökonomie und speciell der realistischen Richtung derselben ist.«[7]

Mengers Kritik läuft darauf hinaus, die historische Schule vom Thron zu stürzen. Menschlich nur allzu verständlich, dass Schmoller sich verteidigt. Er gibt seine Antwort auf Mengers Kritik in *Schriften von* C. Menger *und* W. Dilthey *zur Methodologie der Staats- und Sozialwissenschaften* (1883). Es folgt ein Briefwechsel zwischen Menger und Schmoller. Auf Schmollers Rezension antwortet Menger mit *Die Irrthümer des Historismus in der deutschen Nationalökonomie* (1884). In 16 Briefen »an einen Freund« wird darin Schmollers Argumenten widersprochen. Schmoller antwortet kurz, indem er seinen Brief an Menger im Jahrbuch veröffentlicht.[8] Damit endet gewissermaßen der Zweikampf zwischen Menger und Schmoller.

Die Historische Schule verfiel nachfolgend in die Bedeutungslosigkeit, vor allem auch befördert durch den Tod von Schmoller im Jahr 1917. Rückblickend war der Methodenstreit für viele Volkswirtschaftler wenig produktive Auseinandersetzung. Beispielhaft genannt befindet etwa Erich Schneider: »Es war aus unserer heutigen Sicht ein völlig überflüssiger Verschleiß von wertvollen Kräften in einer nutzlosen Sache.«[9] Schneider ist der Auffassung, dass »weder die Theorie allein noch die Wirtschaftsgeschichte allein ausreichen, um ein wirtschaftliches Phänomen zu verstehen.«[10] Doch eine solche kompromissvolle Haltung – die vermutlich immer noch weithin teilt wird – geht am Kern der erkenntnislogischen Mengerschen Kritik vorbei.

Es geht beim Methodenstreit im Kern nicht um einen *Ausschließlichkeitsanspruch*, dass die Volkswirtschaftslehre entweder nur eine theoretische oder nur eine empirische Ausrichtung haben darf. Mengers Auffassung war vielmehr die, dass die theoretische Volkswirtschaftslehre *keine* Erfahrungswissenschaft, sondern eine sich aus den Denkgesetzen ableitende Wissenschaft ist. Wenn es das Ziel der Volkswirtschaftslehre ist, ökonomische Gesetzmäßigkeiten abzuleiten, so können Erfahrungen dazu keinen Beitrag leisten, das war Mengers Auffassung. Aus Erfahrungen lassen sich schlichtweg keine allgemeingültigen Aussagen ableiten. Diese Auffassung soll im Folgenden eingehender untersucht werden.

Kapitel 9
Positivismus und Empirismus

»Wer einmal die Einsicht gewonnen hat, daß der Sinn jeder Aussage nur durch das Gegebene bestimmt werden kann, begreift gar nicht mehr die Möglichkeit einer anderen Meinung.«

Moritz Schlick

Die *moderne Volkswirtschaftslehre* wird, in Anlehnung an die Naturwissenschaft, heutzutage grosso modo als *Erfahrungswissenschaft* betrieben. Die Ökonomen stellen zunächst Theorien auf. Beispiele sind: »Das Ausweiten der Geldmenge führt zu steigenden Preisen«, oder: »Das Erheben von Steuern verbessert das Gemeinwohl«, oder: »Die Exporte profitieren von einem abwertenden Wechselkurs.« Im Vorgriff auf die nachfolgenden Erörterungen sei hier bereit angemerkt, dass wenn die Volkswirtschaftslehre als Erfahrungswissenschaft begriffen wird, das Aufstellen einer Theorie keinen prinzipiellen Vorgaben folgen muss. Die Theorie »Ein Nullzins Zins lässt die Wirtschaft wachsen« ist prinzipiell genauso vertretbar (und plausibel) wie die Theorie: »Ein Nullzins lässt die Wirtschaft schrumpfen«.

Nachdem eine Theorie formuliert wurde, wird sie in *Hypothesen* (also »Wenn-dann-Aussagen«) umgeformt. Beispiele dafür sind: »Wenn die Geldmenge ausgeweitet wird, dann steigen die Preise«, oder: »Wenn der Wechselkurs sich abwertet, dann steigen die Exporte«. Die Hypothesen werden sodann anhand der Erfahrung »getestet«. Der Ökonom sammelt dazu in der Regel Datenpunkte (stellt Zeitreihen zusammen) über zum Beispiel die Geldmenge und die Preise in den Vereinigten Staaten von Amerika für die Periode von 1980 bis 2022. Mittels statistischer Verfahren wird sodann überprüft, ob sich die Hypothese bewahrheitet, ob also das Wachstum der Geldmenge mit einer Erhöhung der Preise einhergegangen ist oder nicht.

Diese wissenschaftliche Vorgehensweise – Theorien aufzustellen, in Hypothesen zu formulieren (»Wenn-dann«-Aussagen) und diese dann mittels Daten zu testen – zielt darauf ab, den *Wahrheitsgehalt* volkswirtschaftlicher Theorien hinsichtlich ihrer Richtigkeit (Validität) zu überprüfen. Die Wahl der Erkenntnisquelle und die Wahl der Erkenntnisüberprüfung, die einer solchen wissenschaftlichen Vorgehensweise zugrunde liegen, folgen der Diktion des *Positivismus-Empirismus.*[1] Dieses wissenschaftliche Forschungsprogramm, seine Grundaussagen und deren erkenntnistheoretische Qualität sollen nun näher erläutert werden.

Positivismus

Der *Positivismus* ist eine wissenschaftstheoretische Grundhaltung, die mit der Überzeugung einhergeht, dass das wissenschaftliche Denken und Forschen sich am »positiv« Gegebenen ausrichtet, also an dem, was wahrnehmbar und eindeutig mittels sinnlicher Erfahrung erfassbar ist. Die (Erkenntnis-)Wissenschaft soll sich auf »positive« Befunde stützen beziehungsweise beschränken. Der Positivismus lehnt alles als unwissenschaftlich ab, was nicht beobachtbar, was prinzipiell (natur-)wissenschaftlichen Experimenten nicht zugänglich ist (gemäß dem Motto »Fakten statt Spekulation«). Das schließt ein, dass der Positivismus die Metaphysik (das Übersinnliche) als unwissenschaftlich ablehnt. Der Positivismus richtet sich gegen die Auffassung, dass es Erkenntnisse gibt im Sinne von Gesetzmäßigkeiten, die über das Wahrnehmbare hinausgehen beziehungsweise die der wissenschaftlichen Erkenntnis zugänglich wären. Dazu gehören zum Beispiel der Materialismus und der Idealismus, die beide den Anspruch erheben, über die Natur des Wirklichen allgemeingültige Aussagen bereitstellen zu können.

Der Begriff Positivismus wurde von Auguste Comte (1798–1857) geprägt. Comte orientierte sich mit seinen Arbeiten am Utopisten-Sozialisten Graf Claude Henri St. Simon (1760–1825). Letzterer war ein Kritiker der industriellen Gesellschaft und des Privateigentums – und damit ein Vorläufer sozialistischer-kommunistischer Ideen. Für ihn war das, was später unter dem Begriff Positivismus zum Ausdruck kam, das Bestreben, die Gesellschaft nach wissenschaftlichen Erkenntnissen zu (re-)konstruieren. Er veröffentlichte 1822 einen »Plan der notwendigen wissenschaftlichen Arbeit, um die Gesellschaft zu reorganisieren«. Der Ursprung des Positivismus ist indes bei David Hume (1711–1776) zu finden. Hume lehrte, dass dem erkennenden Menschen nichts gegeben sei, als aus Sinneseindrücken (*impressions*) zu schöpfen und daraus Vorstellungen (*ideas*) über die Realität zu formen, wobei Letztere aus Ersteren resultieren.

Neo-Positivismus

Ende des 19. Jahrhunderts, in einer Zeit von Umwälzungen in Mathematik[2] und Physik[3] und intensiver Auseinandersetzungen mit erkenntnistheoretischen Fragestellungen, regte sich zusehends Zweifel an der absoluten Geltung naturwissenschaftlicher Erkenntnis und der von ihr formulierten »Gesetze«. Im österreichischen Wien entstand eine neue philosophische Strömung: der *Neopositivismus* oder auch *Logischer Positivismus*. Von 1922 bis 1936 trafen sich in Wien im Rahmen des »Wiener Kreises« unter der Leitung von Moritz Schlick (1882–1936) Wissenschaftler wie Rudolf Carnap (1891–1970), Otto Neurath (1882–1945), Herbert Feigl, Philipp Frank, Victor Kraft, Friedrich Waismann und Hans Hahn, gelegentlich hinzu kamen Hans Reichenbach (1891–1953), Kurt Gödel, Carl Gustav Hempel (1905–1997), Alfred Tarski (1901–1983), Willard Van Orman Quine (1908–2000) und Alfred Jules Ayer (1910–1989).

Was waren die Grundpositionen der Neo-Positivisten? Sie waren durch den klassischen Positivismus stark beeinflusst, versuchten aber, die ihm anhaftenden Probleme zu lösen und über ihn hinauszugehen. Ausgangspunkt war der Befund eines ungenügenden Erkenntnisfortschrittes in der Philosophie (also anders als zum Beispiel in den Naturwissenschaften). Daraus wurde ein neues Aufgabenziel der Philosophie abgeleitet: Sie solle nicht etwa eigene Aussagen über die reale Welt vorbringen, sondern ihre Aufgabe sollte es vielmehr sein, »den Sinn von Behauptungen und Fragen zu suchen«. Die Philosophie sollte eine logische Analyse der wissenschaftlichen Sätze und Begriffe sein. Mittels philosophischer Überlegungen sollte die Wissenschaft von »Scheinproblemen«, von »metaphysischen Zutaten« befreit werden.

Eine zentrale Stellung im Neopositivismus nimmt daher die Formulierung wissenschaftlicher Aussagen ein. Neopositivisten fordern, dass eine Aussage nur dann wissenschaftlich sinnvoll ist, wenn sie *verifiziert* werden kann, wenn es also möglich ist, eine Aussage anhand von Erfahrung als wahr oder als falsch auszuweisen (»empirisches Sinnkriterium«). Für die wissenschaftliche Sinnhaftigkeit einer Aussage ist die Methode der *Verifikation* ausschlaggebend. Angewendet auf erkenntnistheoretische Fragestellungen, lassen sich nun drei Aussagen unterscheiden: (1) *Empirisch verifizierbare Aussagen* sagen etwas über die reale Welt aus, und sie lassen sich anhand von Erfahrung überprüfen beziehungsweise falsifizieren (»Wasser gefriert bei null Grad Celsius«). (2) *Analytische Aussagen* – und hierzu zählen Aussagen a priori – sind nicht verifizierbar und damit wissenschaftlich nicht sinnvoll (»Alle Junggesellen sind unverheiratet«). Aus (1) und (2) folgt (3), dass normative oder ethische Aussagen, weil sie weder empirisch noch analytisch sind, weder wahr noch falsch sind. *Emotive Aussagen*[4] sind, so der Positivismus, wissenschaftlich so bedeutungslos wie metaphysische Aussagen.

Wissenschaftlich sinnvoll sind für Neopositivisten allein Aussagen vom Typ (1): Sie sagen etwas, was als wahr oder falsch bezeichnet werden kann, und sind daher sinnvoll. Der Neopositivismus spricht damit Aussagen vom Typ (2) jegliche wissenschaftliche Sinnhaftigkeit ab: Aussagen, die (in der Terminologie von Kant) der reinen Logik angehören und die deshalb a priori Gültigkeit besitzen. Aus Sicht des Neopositivismus sind daher auch *synthetische Aussagen a priori* – die die Bedingungen der Möglichkeit objektiver Erkenntnis bezeichnen – als unwissenschaftlich abzulehnen. Aus neo-positivistischer Sicht stellen sie nicht mehr als beliebige verbale Konventionen dar. Der Neopositivismus verneint den Rationalismus sowohl für die Natur- als auch

Sozialwissenschaften. Der Neopositivismus fordert zudem eine einheitliche Anwendung seiner Postulate in allen Wissenschaftsbereichen (»Einheit der Wissenschaft«), ob nun in den Natur- oder Sozialwissenschaften: Sie alle sollen der neo-positivistischen Diktion folgen.

Der Wiener Kreis zerstreute sich, nachdem der Anschluss Österreichs an das nationalsozialistische Deutsche Reich 1938 seine Arbeit unmöglich machte. Nach der Emigration seiner bedeutenden Vertreter wurde der Neopositivismus vor allem in England und den Vereinigten Staaten von Amerika fortgeführt. Die heute weit verbreitete Form des (modernen) Positivismus (in der Wissenschaftspraxis) hat vor allem durch das Werk des Philosophen Karl R. Popper (1902–1994) – vor allem seine *Logik der Forschung* (1934) – eine entscheidende Prägung beziehungsweise Wandlung erfahren. Popper stand dem Wiener Kreis zwar nahe, gehörte ihm aber nicht an. Die wissenschaftstheoretische Verankerung von Poppers »kritischem Rationalismus« lässt sich unmittelbar auf den (Neo-)Positivismus zurückführen – wie im Folgenden noch zu zeigen sein wird.[5]

Friedmans Einfluss

Dass der Positivismus Eingang in die Wirtschaftswissenschaft gefunden hat, ist (und es wird hier vermutlich kaum Widerspruch geben) vor allem dem amerikanischen Ökonom Milton Friedman (1912–2006) zuzuschreiben. 1953 veröffentlichte er seinen Aufsatz *The Methodology of Positive Economics*.[6] Es ist der wohl bedeutendste Aufsatz zur Methodologie der Wirtschaftswissenschaft – und die Auffassungen, die Friedman darin vertritt, sind prägend für den Wirtschaftswissenschaftsbetrieb geworden. Die erste Frage, die sich hier aufdrängt, lautet: Was bezeichnet Friedman als *Positive Economics*? Seine Antwort:

> »The ultimate goal of a positive science is the development of a ›theory‹ or, ›hypothesis‹ that yields valid and meaningful (i.e., not truistic) predictions about phenomena not yet observed.«

Friedman geht es vor allem um die Bestimmung der Methodologie der Ökonomik: *Wie soll in der Wirtschaftswissenschaft vorgegangen werden, um Erkenntnisse zu erzielen?* Zentral ist für ihn und seine Anhänger, dass eine Theorie gute Prognosen liefert. Die Erklärungs- beziehungsweise Prognosekraft wird folglich zum Gütesiegel für eine Theorie erkoren. Darauf aufbauend hat sich Friedmans methodologischer Ansatz (weiter-)entwickelt.

Drei Elemente von Friedmans wissenschaftstheoretischem Ansatz sollen hervorgehoben werden. Erstens: Friedman geht es vor allem und in erster Linie um den praktischen Wert der Theorien. Sie sollen helfen, Probleme zu lösen, die sich dem Menschen in der Daseinsbewältigung stellen. Insofern ist Friedmans positive Ökonomik *pragmatisch* ausgerichtet. Damit verbunden erklärt sich auch Friedmans Forderung nach einer guten Prognosekraft der Theorie.

Zweitens: Wie einleitend bereits angemerkt, befindet nach Friedman die *Prognosekraft einer Theorie* über ihre Güte. Um zu beurteilen, ob eine Theorie gut ist oder nicht (und damit schlecht ist), muss die Prognose, die mit ihr gemacht wurde, dem tatsächlichen Ergebnis (Erfahrung) gegenübergestellt werden:

> »[T]he only relevant test of the validity of a hypothesis is comparison of its predictions with experience.«[7]

Drittens: Friedman spricht sich für einen Anti-Realismus aus, beziehungsweise er betont, dass die Annahmen, die einer Theorie zugrunde liegen, keinesfalls realistisch sein müssen, sondern dass eine Theorie umso bedeutender sein kann, je unrealistischer die Annahmen sind:

> »In so far as a theory can be said to have ›assumptions‹ at all, and in so far as their ›realism‹ can be judged independently of the validity of predictions, the relation between the significance of a theory and the ›realism‹ of its ›assumptions‹ is almost the opposite of that suggested by the view under criticism. Truly important and significant hypotheses will be found to have ›assumptions‹ that are wildly inaccurate descriptive

representations of reality, and, in general, the more significant a theory, the more unrealistic the assumptions (in this sense).«[8]

Mit seinem wissenschaftstheoretischen Beitrag hat Friedman maßgeblich dazu beigetragen, die Methodologie der Naturwissenschaften auf die Wirtschaftswissenschaft zu übertragen. Ökonomisches Wissen lasse sich, so Friedman, ganz in Anlehnung an die naturwissenschaftliche Vorgehensweise durch Theoriebildung und -testen aus der Erfahrung gewinnen. Die von ihm empfohlene und von der Wirtschaftswissenschaft heute allgemein akzeptierte Methodologie steht damit fest verankert im Positivismus-Empirismus.

Empirismus

Empirismus bedeutet so viel wie »Philosophie aus der Erfahrung«, oder »Erkenntnisgewinnung aus der Erfahrung«. Francis Bacon (1561–1626) ist der frühe Vertreter des Empirismus, John Locke (1632–1704) sein Begründer, David Hume (1711–1776) sein vielleicht skeptischster Vertreter. In der Erkenntniswissenschaft vertritt der Empirismus die Auffassung, dass (1) alles Wissen über die Realität aus Sinneseindrücken stammt (Beobachtung, Wägung, Messung etc.), (2) dass alles Wissen nur hypothetisch wahr ist und (3) dass der Wahrheitsgehalt von Theorien durch Beobachtungen überprüft werden muss. Um Erkenntnisse zu gewinnen, sind Hypothesen aufzustellen (sogenannte »Wenn-dann«-Sätze), die anhand von Erfahrungswerten getestet werden. Eine Hypothese kann zum Beispiel lauten: Wenn die Geldmenge ansteigt, steigen die Preise; oder: Wenn die Staatsverschuldung ausgeweitet wird, dann steigt das Wirtschaftswachstum; oder: Wenn die Steuern steigen, dann erhöht sich der Volkswohlstand.

Der Empirismus ist typischerweise in den Naturwissenschaften (besonders in der *Vorzeige*-Naturwissenschaft Physik) vorzufinden. Hier geht es in der Regel um das Ergründen von Beziehungen zwischen Ursache und Wirkung. Dazu werden zunächst Hypothesen aufgestellt

– vom Typ »Wenn-dann« oder vom Typ »Je-desto« –, die nachfolgend durch Erfahrung überprüft werden. Dazu werden in der Regel Experimente durchgeführt. Durch sie werden (beziehungsweise sollen) gleichartige, wiederholbare Situationen geschaffen, in denen überprüft werden kann, ob und, wenn ja, wie eine Ursache in einer regelmäßigen Weise Einfluss auf das Erkenntnisobjekt nimmt oder nicht. Die Erfahrung (durch zum Beispiel Messen oder Beobachten), die im Zuge der Experimentenabfolge gemacht wird, dient den Empirikern zur Beurteilung der Gültigkeit beziehungsweise Nicht-Gültigkeit ihrer zu testenden Hypothese.

Kritik am Empirismus

Der *Empirismus* leidet unter einer Reihe von Defiziten. Um das zu zeigen, bietet es sich an, sich zunächst die Kernaussagen des Empirismus noch einmal vor Augen zu führen. Sie lauten: Alles Wissen stammt aus der Erfahrung, und ist nur hypothetisch wahr. Zudem sagt der Empirismus, dass die Empirie nicht nur Quelle der Erkenntnis ist, sondern dass sie auch die Instanz ist, anhand derer der Geltungsanspruch der Theorie zu überprüfen ist. Die Aussagen des Empirismus sind jedoch problematisch, sie entpuppen sich bei genauer Überlegung als widersprüchlich.

Mit der Aussage »Alles Wissen stammt aus der Erfahrung« verbindet sich ein Wahrheitsanspruch. Der aber steht ganz offensichtlich im Widerspruch zur Aussage des Empirismus, dass alle Aussagen nur hypothetisch, niemals aber nicht-hypothetisch wahr seien. Die gleiche Kritik kann auch an der Aussage der zweiten (Kern-)Aussage des Empirismus geübt werden, die da lautet: »Die Empirie ist nicht nur Quelle der Erkenntnis, sie ist auch die Instanz, anhand derer der Wahrheitsanspruch der Theorie zu überprüfen ist«. Auch hier ist nicht schwierig einzusehen, dass mit dieser Aussage nicht-hypothetisches Wissen behauptet wird, das es aber dem Empirismus zufolge gar nicht gibt und geben kann.

Wenn nun der Empirismus aufgefordert wird, seine Aussagen zu begründen, muss er konsequenterweise auf Erfahrungswerte, auf Beobachtungen verweisen. Dabei stellen sich ebenfalls erkenntnistheoretische Probleme. Nehmen wir an, die Aussage »Alles Wissen stammt aus der Erfahrung« könnte empirisch getestet werden, und dass das Testergebnis die Aussage »Alles Wissen stammt aus der Erfahrung« bestätigt. Wäre damit dem Wahrheitsanspruch des Empirismus Genüge getan? Die Antwort lautet nein.

Nehmen wir den Fall an, in dem die Hypothese gestützt wird. Wäre damit die Aussage des Empirismus bewiesen? Die Antwort ist nein! Alles, was damit bestenfalls ausgesagt wird, ist, dass die Beobachtungen die Hypothese »Alles Wissen stammt aus der Erfahrung« durch Beobachtungen nicht widerlegt haben. Daraus lässt sich aber nicht ableiten, dass künftige Beobachtungen dem bisher gemachten Befund widersprechen werden, dass also neue Beobachtungen, die man in der Zukunft machen wird, die Aussage »Alles Wissen stammt aus der Erfahrung« nicht doch widerlegen werden.

Und auch in dem Fall, in dem Beobachtungen der Aussage »Alles Wissen stammt aus der Erfahrung« bislang widersprochen haben, lässt sich nicht schlussfolgern, dass man künftig nicht doch vielleicht Beobachtungen machen wird, die die Aussage »Alles Wissen stammt aus der Erfahrung« bestätigen werden. Man erkennt: In beiden Fällen lässt sich der Wahrheitsgehalt der Aussage nicht abschließend beurteilen. Dahinter verbirgt sich das bekannte »Induktionsproblem«. Es besagt, dass sich aus Erfahrungen keine Gesetzmäßigkeiten ableiten lassen. Kurzum: Der Empirismus postuliert etwas, das er aus sich heraus gar nicht begründen kann, beziehungsweise das im Widerspruch zu seinen eigenen Postulaten steht.

Eine weitere logische Inkonsistenz des Empirismus: Ökonomen, die den Empirismus in der Volkswirtschaftslehre einsetzen, gehen stillschweigend davon aus, dass ökonomische Phänomene – wie dies in den Naturwissenschaften üblicherweise der Fall ist – beobachtbar und messbar sind. Wie aber kann man diese Aussage begründen? Der Empirismus selbst kann das nicht leisten. Schließlich sind ihm zufolge alle Aussagen nur hypothetisch wahr, nicht aber nicht-hypothetisch wahr. Folglich kann man auch nicht mit Gewissheit behaupten, dass ökonomische Phänomene beobachtbar und messbar sind. Diese Aussage kann durch den Empirismus auch nicht begründet werden, wie voranstehend deutlich geworden sein sollte.

Ein weiteres Problem: Beobachten, Wägen und Messen setzt voraus, dass der Beobachtende, Wägende und Messende bereits weiß, was Beobachten, Wägen und Messen ist. Aus diesem Grunde muss der Beobachtende, der Wägende und der Messende über Wissen verfügen, das der empirischen Erkenntnis (zeitlich) vorangeht. Mit anderen Worten: Er muss über Wissen verfügen, das aus dem Empirismus selbst heraus nicht erklärt werden kann. Er muss über Wissen verfügen, das ganz offensichtlich nicht durch Erfahrung gewonnen werden kann (sondern ihr vorausgegangen ist). Um Erfahrungswissen schaffen zu können, bedarf es eines Wissens, das nicht aus der Erfahrung stammt.

Kritik am (Neo-)Positivismus

Wie vorangehend angeführt, sind dem Positivismus zufolge Aussagen entweder als empirisch, analytisch oder normativ (ethisch) zu klassifizieren. Wie aber legitimiert sich diese (als erschöpfend gemeinte) Klassifikation?

Die Aussage, dass Aussagen entweder empirisch, analytisch oder emotiv sind, muss folglich entweder eine empirische, analytische oder emotive Aussage sein. Ist die Aussage empirisch, so kann sie (aus rein logischen Gründen) keine abschließende Gültigkeit beanspruchen. Schließlich können empirische Erkenntnisse, die aus der Vergangenheit gewonnen wurden, künftig widerlegt werden, sich als falsch erweisen. Es lässt sich daher auch nicht widerspruchsfrei argumentieren, dass sich künftig einmal empirische Aussagen, die nicht falsifizierbar sind, auffinden lassen; und gleichsam auch nicht, dass sich auf diesem Wege normative-ethische Aussagen finden lassen, die nicht emotiv sind. Eine solche Aussage wäre eine nicht-hypothetisch analytische Aussage und widerspräche damit dem Positivismus – nach dem es ein a priori Wissen über die reale Welt nicht gibt und auch nicht geben kann (weil alles Wissen schließlich von der Erfahrung(süberprüfung) abhängt).

Wie, so ist zudem zu fragen, ist zu rechtfertigen, dass Aussagen, damit sie wissenschaftlich sinnvoll sind, verifizierbar sein müssen? Wiederum kann – angesichts der Aussagenklassifizierung des Positivismus – eine solche Aussage nur eine empirische, analytische oder normative Aussage sein. Ist sie empirisch, so kann sie keine Allgemeingültigkeit beanspruchen. Qualifiziert sie sich als analytisch, so wäre sie nichts weiter als eine sprachliche Konvention. Und in dem Falle, in dem die Aussage des Positivismus, sinnvolle Aussagen müssen verifizierbar sein, normativ-ethisch (emotiv) ist (also weder empirisch noch analytisch), so wäre das lediglich eine Gefühls- beziehungsweise Sprachäußerung.

Wie begründet der Positivismus seinen Anspruch auf eine vereinheitlichte Wissenschaft (»Einheitswissenschaft« oder »unified science«) – dass Natur- und Sozialwissenschaft einer einheitlichen Methodologie bedürfen? Zur Beantwortung dieser Frage lässt sich wiederum die vorangehende Argumentation anwenden: Die Aussage, die Wissenschaft bedürfe einer einheitlichen Methodologie – und zwar die der experimentellen Vorgehensweise in den Naturwissenschaften –, muss entweder empirisch, analytisch oder emotiv sein. Ob nun aber die Aussage empirisch, analytisch oder emotiv ist: In keinem Fall lässt sich dadurch das positivistische Postulat, die Wissenschaft braucht eine vereinheitlichte Methodologie, logisch widerspruchsfrei begründen.

Die vorangehenden Überlegungen haben gezeigt, dass der (Neo-) Positivismus etwas postuliert, was er aus sich heraus nicht überzeugend begründen kann. Vielmehr erweist er sich als logisch widersprüchliche, inkonsistente wissenschaftstheoretische Doktrin.

Ein logischer Einwurf: Atheismus und Agnostizismus

Um ein gelungenes Leben zu führen, so argumentierte Immanuel Kant, muss der Mensch an vier metaphysischen Annahmen festhalten: Gott ist der letzte Grund für das Universum, die menschliche Seele ist unsterblich, der Mensch hat einen freien Willen und die Welt ist für ihn zweckmäßig eingerichtet. Das moderne Wissenschaftsverständnis steht jedoch jedweder Metaphysik entgegen: Was sich nicht messen lässt, was sich der menschlichen Erfahrung entzieht – und das ist es ja, was die Metaphysik ausmacht –, kann mit wissenschaftlichen Mitteln nicht erkundet werden und kann daher auch nicht darauf hoffen, als gültig, als wahr anerkannt zu werden.

Diese dogmatische Grundhaltung der modernen Wissenschaft – sie folgt der Vorgabe des sogenannten *Naturalismus* – hat weitreichende Folgen. Sie betrifft insbesondere auch die Glaubensfrage der Menschen, ihre Lebensführung, und sie befördert dabei zwei skeptische Grundhaltungen: den *Atheismus* und den *Agnostizismus*.

Der Atheismus besagt, dass es Gott nicht gibt. Im Verbund mit dem Naturalismus vertritt er die Position: Die Existenz Gottes lässt sich nicht mit wissenschaftlichen Mitteln beweisen, und folglich gibt es keinen Gott. Diese Sichtweise lässt sich jedoch auf diese Weise nicht begründen. Niemand ist in der Lage, jemals alle Indizien einzuholen, die beweisen könnten, dass es Gott nicht gibt; niemand kann alle Beweise kennen, kann sie daher auch nicht abschließend aus- und bewerten. Der Atheismus (in Verbindung mit dem Naturalismus) behauptet also etwas, was er (aus sich heraus) nicht beweisen kann. Der Atheismus behauptet, mehr zu wissen, als er tatsächlich wissen kann.

Der Agnostizismus besagt: Wir wissen nicht, ob es Gott gibt oder nicht. Daher sollte man (ab-)warten, bis die Wissenschaft (die dem Naturalismus folgt) eindeutige Beweise vorlegt, ob Gott existiert oder nicht. Und bis der wissenschaftliche Beweis erbracht ist, gibt es zwei Optionen. Die erste Option: Man führt sein Leben, als ob es Gott nicht gäbe. Die zweite Option: Man führt sein Leben, als ob es Gott gäbe. Die erste Option entspricht dem Postulat des Atheismus. Der aber – wie bereits ausgeführt – gibt vor, etwas zu wissen, was der Mensch mit wissenschaftlichen Mitteln nicht wissen und niemals mit Gewissheit wissen kann: dass es Gott nicht gibt. Die zweite Option ist, ein Leben zu führen, das davon ausgeht, dass es Gott gibt.

Das Konstanz-Prinzip

Der Empirismus trägt noch eine weitere, überaus weitreichende Inkonsistenz in sich: und das ist die Annahme über die Gültigkeit des *Konstanz-Prinzips*. Was damit gemeint ist, soll nun erklärt werden: Man nehme an, dass in einem bestimmten Zeitabschnitt t_1 bis t_2 ein Ansteigen der Geldmenge mit einem Ansteigen der Preise einhergegangen ist. Der gleiche Zusammenhang zwischen Geldmenge und Preisen ließ sich auch im Zeitabschnitt t_3 bis t_4 beobachten. Welche Annahme aber muss vorliegen, damit die beiden Ereignisse, die in einer zeitlichen Abfolge stehen, miteinander in eine sachlogische Verbindung gebracht werden können? Die Antwort lautet: Es muss eine *konstante, das heißt zeitinvariante Ursache-Wirkungsbeziehung* angenommen beziehungsweise vorausgesetzt werden.

Ohne eine solche Konstanz gäbe es nur zwei isolierte, nicht miteinander sachlogisch verbundene Beobachtungen: Es gäbe einen Anstieg der Preise und der Geldmenge in Zeitabschnitt t_3 bis t_4, und es gäbe einen Anstieg der Preise und der Geldmenge in Zeitabschnitt t_1 bis t_2. Mehr ließe sich nicht dazu sagen. Alles, was sich sagen ließe, wäre, dass es sich um zwei isolierte Erfahrungstatbestände handelt. Der Empirismus-Falsifikationismus nimmt nun aber an, dass man positive beziehungsweise negative Erfahrungen machen kann; das ist eine seiner zentralen Annahmen. Ob es jedoch *positive Erfahrung* (also Bestätigung des Ergebnisses, das in Zeitabschnitt t_1 bis t_2 gemacht wurde) oder ob es *negative Erfahrung* gibt (also Nicht-Bestätigung des Ergebnisses, das in Zeitabschnitt t_1 bis t_2 gemacht wurde), hängt von der Gültigkeit des Konstanz-Prinzips ab.

Um eine sachlogische Verbindung herstellen zu können zwischen der Beobachtung in t_1 bis t_2 mit der Beobachtung in t_3 bis t_4, muss man die Geltung des Konstanz-Prinzips als Voraussetzung annehmen: die Annahme, dass die beobachtbaren Ereignisse eine Ursache-Wirkungsbeziehung aufweisen, die konstant, die zeitinvariant ist. Dann, und nur dann, wenn das Konstanz-Prinzip gilt, lässt sich der Anspruch aufrechterhalten, dass sich zwei Erfahrungen wechselseitig bestätigen oder widersprechen können; dass also die Reproduktion von Ursache-Wirkungszusammenhängen im Zeitablauf miteinander in Beziehung gesetzt werden können; dass es positive beziehungsweise negative Erfahrungen geben kann. Wie aber lässt sich die Annahme des Konstanz-Prinzips rechtfertigen?

Das Konstanz-Prinzip ist nicht auf Erfahrung gegründet, es kann auch nicht aus ihr abgeleitet werden. Dies entspricht der Kritik, die bereits gegenüber dem Empirismus-Falsifikationismus vorgebracht wurde. Eine direkte sachlogische Verbindung zwischen zwei Ereignissen lässt sich nicht beobachten. Und selbst dann, wenn man annimmt, dass sich eine solche Verbindung beobachten lässt, so ließe sich daraus nicht schlussfolgern, dass den Ereignissen eine zeitinvariante Ursache-Wirkungsbeziehung zugrunde liegt. Schließlich ist es möglich, dass bei künftigen Beobachtungen eine zeitinvariante Beziehung in Erscheinung tritt und sich die (vorläufige, als wahr angenommene) Erkenntnis als falsch herausstellt. Mit anderen Worten: Die Gültigkeit des Konstanz-Prinzips, die vorausgesetzt werden muss, um eine sachlogische Verbindung zwischen Beobachtungen herstellen zu können, kann durch Beobachtungen weder bestätigt noch widerlegt werden.

Nun ist aber das Konstanz-Prinzip die logisch notwendige Vorbedingung, damit (positive oder negative) Erfahrungen miteinander in Beziehung gesetzt werden können; ansonsten müsste man davon ausgehen, dass man es mit nicht miteinander in Verbindung stehenden Beobachtungen zu tun hat. Die Gültigkeit des Konstanz-Prinzips ist folglich Voraussetzung dafür, dass eine Erfahrung durch eine andere Erfahrung bestätigt werden kann oder ihr widerspricht – und genau das sieht das Forschungsprogramm des Positivismus-Empirismus vor. Er setzt damit stillschweigend (implizit) voraus, dass es nicht-hypothetisches wahres Wissen gibt – und zwar die Gültigkeit des Konstanz-Prinzips –, das er aus sich selbst heraus nicht begründen kann. Noch einmal zeigt sich die logische Inkonsistenz und Widersprüchlichkeit des Positivismus-Empirismus als Wissenschaftsphilosophie: Er setzt – um dem Nachfolgenden vorzugreifen – die Gültigkeit des Konstanz-Prinzip voraus, und das Konstanz-Prinzip ist a priori (also etwas, dessen Existenz die Positivisten-Empiristen-Falsifikationisten verneinen).

Das Konstanz-Prinzip und das Lernen

Zwei zentrale Fragen gilt es nun zu klären: (1) Welchen erkenntnislogischen Status hat das Konstanz-Prinzip? (2) Kann das Konstanz-Prinzip Geltung im Bereich des menschlichen Erkennens und Handelns haben?[9] Um diese beiden, miteinander verbundenen Fragen zu beantworten, sei zunächst einmal angenommen, dass das Konstanz-Prinzip Gültigkeit hat. Das bedeutet, dass es eine zeitinvariante Ursache-Wirkungsbeziehung zwischen Handlungsergebnissen und den die Handlungen bewirkenden Größen gibt, und dass diese konstante Ursache-Wirkungsbeziehung heute und auch künftig in gleicher Weise gilt. Die logische Konsequenz dieser Annahme wäre – und das mag an dieser Stelle erstaunen –, dass der Mensch nicht lernen kann. Ein Ergebnis, gegen das sich vermutlich intuitiver Widerspruch regt, das sich aber logisch begründen lässt.

Wenn der Mensch nicht lernen kann, würde er stets auf eine Ursache hin in immer gleicher Weise handeln, in einer Weise, die sich aus seinem unveränderlichen, nicht durch Lernen veränderbaren Wissensstand erklärt. (Es ist schließlich sein Wissens[-zustand], der sein Handeln bestimmt.) Er wäre quasi ein Roboter, ein Automat, der mechanisch auf eine Ursache hin reagiert. Ist sein Wissensstand unveränderlich (die Annahme ist ja hier, dass man nicht lernen kann), so bedeutet das, dass im gegenwärtig verfügbaren Wissensstand des Menschen bereits alles künftige Wissen enthalten ist. Der Handelnde wüsste heute bereits, wie er auf eine bestimmte Ursache morgen in immer gleicher Weise (und mit immer gleichen Mitteln) reagieren würde. Wie ist nun der Aussagegehalt des Satzes ›Der Mensch kann nicht lernen‹ erkenntnislogisch zu beurteilen?

Der Satz »Der Mensch kann nicht lernen« kann durch Erfahrung weder bestätigt noch widerlegt werden. Ließe sich anhand von Beobachtungen zeigen, dass Menschen nicht lernen können, so könnte daraus kein Allgemeingültigkeitsanspruch abgeleitet werden. Schließlich mag es künftig Beobachtungen geben, die zeigen, dass der Mensch doch lernen kann. Gleichsam kann der Satz ›Der Mensch kann nicht lernen‹ nicht durch Erfahrung widerlegt werden. Denn gelänge es, durch Beobachtungen zu zeigen, dass der Mensch lernen (also *nicht* nicht lernen kann), ließe sich daraus ebenfalls keine allgemeingültige Aussage ableiten. Schließlich wäre es ja denkbar, dass künftige Beobachtungen zeigen, dass Menschen nicht lernen können.

Dem Satz »Der Mensch kann nicht lernen« kann man logisch nicht widersprechen, ohne in einen *performativen Widerspruch* zu geraten. Wenn man argumentiert, dass der Mensch nicht lernen kann, so setzt man voraus, dass er lernen kann. Die Erklärung für diese Schlussfolgerung ist wie folgt: Das Vorbringen des Arguments »Der Mensch kann nicht lernen« bedeutet, dass man (implizit oder explizit) die Lernfähigkeit annimmt (nämlich dass der Angesprochene lernen kann, dass er *nicht* nicht lernen kann); ansonsten würde das Argument ja nicht vorgebracht. Warum sollte jemand das Argument »Der Mensch kann nicht lernen« bemühen, wenn er davon ausgeht, dass sein Gegenüber nicht daraus lernen könnte? Es lässt sich demnach nicht logisch widerspruchsfrei argumentieren, dass der Mensch nicht lernen kann.

Unterstellt man, dass der Mensch lernen kann – was zweifellos geschieht, wenn Menschen miteinander sprechen und argumentieren –, so ist es logisch widersprüchlich, wenn man annimmt, dass die Handelnden ihr künftiges Wissen (oder das ihrer Argumentationspartner) schon heute kennen. Aber genau das wird unterstellt, wenn man annimmt, dass das Konstanz-Prinzip im Objektbereich des menschlichen Handelns Gültigkeit hat! Das Konstanz-Prinzip besagt hier nämlich, dass es konstante (und damit prognostizierbare) Beziehungen zwischen dem menschlichen Handeln und den sie beeinflussenden Faktoren (Wissenszuständen) gibt. Wenn man jedoch davon ausgeht, dass der Mensch lernen kann – und diese Aussage lässt sich logisch nicht widerspruchsfrei verneinen –, so ist es logisch widersprüchlich, die Gültigkeit des Konstanz-Prinzips im Objektbereich des menschlichen Handelns zu behaupten. Die miteinander Sprechenden und Argumentierenden können voneinander lernen – denn man kann nicht verneinen, dass der Mensch lernen kann. Und wenn Lernen möglich ist, lässt sich das zukünftige Wissen der Handelnden nicht schon heute wissen. Hoppe formuliert diese Einsicht wie folgt: »[E]ine Gesellschaft lernfähiger Subjekte kann – selbst wenn man unterstellt, diese hätten ihre Gehirne zusammengeschaltet und wüssten, jeder für sich, zu jedem gegebenen Zeitpunkt, was alle anderen wissen – aus prinzipiellen Gründen nicht ihre eigenen zukünftigen Wissenszustände und das ihnen entsprechende gesellschaftliche Zusammenspiel von Handlungen voraussagen.«[10]

Die Konsequenz daraus ist die Folgende: *Das Konstanz-Prinzip kann aus logischen Gründen keine Geltung beanspruchen im Feld des menschlichen Handelns.* Es wäre logisch widersprüchlich, wenn man behauptet, dass künftiges menschliches Wissen und die darauf aufbauenden Handlungen durch vorhergehende (Wissens-)Zustände prognostiziert werden können – denn dann könnte der Mensch nicht lernen. Aber es ist ein a priori, dass der Mensch lernen kann. Diese Einsicht ist ein weiterer Grund zu sagen, dass sich der Positivismus-Empirismus auf das Feld des menschlichen Handelns nicht übertragen beziehungsweise anwenden lässt: *Das Konstanz-Prinzip gilt nicht im Bereich lernender Subjekte.* Da der Positivismus-Empirismus aber die Geltung des Konstanz-Prinzips voraussetzt, lässt er sich nicht widerspruchsfrei als Erkenntnisprogramm in den Sozialwissenschaften anwenden.

Abschließende Kritik – am Historismus

Der *Historismus* – wie er von der (Älteren wie Jüngeren) Historischen Schule der Nationalökonomie vertreten wurde – ist, wie bereits deutlich wurde, eine deutsche geschichtswissenschaftliche Strömung des

19. und 20. Jahrhunderts, die die Entwicklung des Menschen und seines Gemeinwesens als geschichtlichen Prozess auffasst. Vom Historismus ist der *Historizismus* zu unterscheiden, ein Begriff, den Popper geprägt hat. Der Historizismus vertritt die Auffassung, dass es eine *Notwendigkeit von Gesetzen des geschichtlichen Ablaufs* gibt (die es dann, wenn sie einmal aufgespürt sind, zum Beispiel erlauben, auf wissenschaftlicher Basis Voraussagen über die weitere Entwicklung des Gemeinwesens zu machen). Die nachstehende Kritik richtet sich allein an die Grundannahmen des Historismus.

Der Historismus versucht, geschichtliche und ökonomische Ereignisse zu verstehen, und zwar als Abfolge von subjektiv, vom Betrachter zu deutende geschichtliche und wirtschaftliche Geschehnisse. Die Erkenntnisquelle des Historisten sind Archive, Akten, Schriftstücke, Zahlensammlungen und Zahlenauswertungen. Bei der Auswertung und Interpretation geschichtlicher Ereignisse lautet die Grundposition des Historismus: Es gibt keine ursächlichen, konstanten und zeit-invarianten Ursache-Wirkungs-Beziehungen bei den zu verstehenden (nicht beobachtbaren) Geschehnissen. Es obliegt vielmehr dem Betrachter, die geschichtlichen Geschehnisse aus seiner Sicht zu erfassen und (subjektiv) zu deuten – um daraus Erkenntnisse zu gewinnen. Im Folgenden soll begründet werden, warum der Historismus schwere wissenschaftstheoretische Defizite aufweist, die erkennen lassen, dass er keine ernst zu nehmende epistemologische Grundlage bietet.

Die Aussage, dass es grundsätzlich keine konstanten, zeitinvarianten Ursache-Wirkungs-Beziehungen gibt (ob nun in der Naturwissenschaft oder der Nationalökonomie), impliziert die generelle Verneinung der Gültigkeit des Konstanz-Prinzips. Das aber bedeutet für die Erfahrungswissenschaft (die Geschichte), dass sich lediglich isolierte Ereignisse erfassen lassen, Ereignisse, die sich als Wiederholungen oder Nicht-Wiederholungen, nicht aber als positive oder negative Erfahrungen einordnen lassen. Denn gilt das Konstanz-Prinzip nicht, so kann zwischen den Ereignissen (ihrer Wiederholung oder Nicht-Wiederholung) keinerlei sachlogische Verbindung bestehen. Ein Lernen aus Erfahrung ist nicht möglich ist. Dazu müsste es nämlich möglich sein, dass sich positive und negative Erfahrungen machen lassen – was aber laut Historismus nicht möglich ist, weil er die Gültigkeit des Konstanz-Prinzips verneint.

Grundlegender ist der Defekt des Historismus, der aus dem Verneinen des Konstanz-Prinzips selbst rührt. Das Konstanz-Prinzip ist, wie bereits aufgezeigt, denknotwendig für die Gegenstände der äußeren Erfahrung. Man kann nicht ohne logischen Widerspruch verneinen, dass der Mensch lernt. Die Aussage, ›Der Mensch lernt‹, gilt a priori. Dass man lernen kann, bedeutet, dass sich positive und negative Erfahrungen machen lassen, und dass Letzteres möglich ist, erklärt sich durch die Gültigkeit des Konstanz-Prinzips. Die Position des Historismus, das Konstanz-Prinzip zu verneinen, ist folglich ein Verstoß gegen die Fundamentallogik. Das Verneinen des Konstanz-Prinzips macht die empirische Arbeit unmöglich. Der Beliebigkeit der Interpretation von Ereignissen wird Tür und Tor geöffnet: Für die eine Beobachtung wird eine zeitvariante Ursache-Wirkungs-Beziehung, für die andere eine zeitinvariante Ursache-Wirkungs-Beziehung unterstellt.

Kapitel 10
Poppers Falsifikationismus

»Ein empirisch-wissenschaftliches System muss an der Erfahrung scheitern können.«
Karl R. Popper

Der Kritische Rationalismus wurde maßgeblich von Karl R. Popper (1902–1994) formuliert[1]. Der gebürtige Wiener, der sich angesichts der Wirkung seines Werkes zu den zentralen Gestalten der Philosophie des 20. Jahrhunderts zählen lässt, hat dabei (vor allem) die Erfordernisse in den Naturwissenschaften im Blick gehabt, nicht aber die Sozial- und Wirtschaftswissenschaften. Es ist sicherlich nicht übertrieben zu sagen, dass die meisten Sozial- und Wirtschaftswissenschaftler Poppers wissenschaftlicher Methode folgen – ob nun bewusst oder unbewusst, erklärtermaßen oder stillschweigend. Grund genug also, um sich mit Poppers Kritischem Rationalismus (der sich als Falsifikationismus bezeichnen lässt) auseinanderzusetzen. Dazu sollen zunächst seine Grundpositionen nachgezeichnet und anschließend kritisiert werden.

Grundpositionen

Im Folgenden sollen zwei zentrale Grundpositionen von Poppers Kritischem Rationalismus kurz aufgezeigt und erklärt werden – bevor sie einer kritischen Betrachtung unterworfen werden.

(1) Zurückweisung und Überwindung des Induktionsproblems. – Popper erkennt, dass eine Rechtfertigung des induktiven Verfahrens – entweder verstanden als wahrheitserweiternder Schluss oder als widerspruchfreies Prinzip – nicht zu rechtfertigen ist. Er bietet eine Alternative an: *In den Erfahrungswissenschaften sollte man nicht*

nach Wahrheitsbeweisen suchen, denn das sei vergebliche Liebesmüh. Vielmehr seien Naturgesetze ausschließlich als Hypothesen aufzufassen, an denen man festhalten kann, solange sie nicht falsifiziert sind. Poppers KRITISCHER RATIONALISMUS umgeht das Induktionsproblem, indem er sich der klassisch-logischen Schlussregel des *Modus tollens* bedient.[2]

Der Modus tollens hat die Form: ([A → B] · ~B) → ~A. Das heißt, aus der Wahrheit A → B (»Wenn A dann B«) und (»·«) aus der Wahrheit von ~B (»Nicht-B«) kann auf die Wahrheit von ~A (»Nicht A«) geschlossen werden. Setzt man diese Schlussregel zur Überprüfung einer Gesetzesaussage ein, gelangt man zur folgenden Einsicht: Aus dem Gesetz G wird unter den Randbedingungen A eine Folgerung F abgeleitet: G & A → F. Stellt sich bei der Überprüfung heraus, dass der tatsächlich beobachtete Sachverhalt (er wird auch als *Beobachtungs-* oder *Basissatz* bezeichnet) und der behauptete Sachverhalt F nicht identisch sind – dass also gilt ~F –, lässt sich durch Rückgriff auf den Modus tollens schließen, dass G falsch ist: ([G → F] · ~F) → ~G. Popper schreibt dazu: »Durch diese Schlussweise wird das ganze System (die Theorie einschließlich der Randbedingungen), das zur Deduktion des falsifizierten Satzes ... verwendet wurde, falsifiziert ... .«[3]

(2) EIN EMPIRISCH-WISSENSCHAFTLICHES SYSTEM MUSS AN DER ERFAHRUNG SCHEITERN KÖNNEN. – Popper setzt auf *Falsifizierbarkeit*. Damit ist gemeint, dass es die Möglichkeit geben muss, eine Hypothese durch ein empirisches Gegenbeispiel zu widerlegen; dies schließt ein, dass man sagen kann, wie ein empirisches Gegenbeispiel aussehen könnte.[4] Dieses Postulat hat eine Reihe von Konsequenzen. Drei davon seien im Folgenden kurz angesprochen:

(i) Die empirische Nachprüfbarkeit wird zum unverzichtbaren Bestandteil der Wissenschaftlichkeit erhoben: Theorien (beziehungsweise die von ihnen abgeleiteten Hypothesen) dürfen nicht immun sein gegenüber der empirischen Basis. Sie müssen anhand von Beobachtungen beziehungsweise Daten getestet werden können. Wenn das nicht der Fall ist, werden sie als unwissenschaftlich zurückgewiesen.

(ii) Der Forscher arbeitet nicht mit Gesetzen, sondern – ganz bescheiden – mit »bewährten Hypothesen«. Eine solche Differenzierung ist außerordentlich wichtig, so Popper. Schließlich hat sich in der Vergangenheit immer wieder gezeigt, dass so manches »Gesetz« zwar eine Zeit lang als unzweifelhaft gültig angesehen wurde, sich aber irgendwann doch als falsch herausgestellt hat.

(iii) Der Falsifikationismus trägt zum *Wissenschaftsfortschritt* bei, indem Hypothesen, die falsifiziert sind, durch bessere Hypothesen ersetzt werden – die wiederum nur solange nicht verworfen werden, wie sie nicht an der Erfahrung gescheitert sind. Auf diese Weise werden »schlechte Theorien« durch »bessere Theorien« ersetzt, und dem Forscher eröffnet sich die Möglichkeit, der Wahrheit näherzukommen, wenngleich auch er sie niemals erreichen wird.

Kritischer Rationalismus in der Kritik

Vor dem Hintergrund der Diskussion in den Kapiteln 2 bis 4 wird deutlich, dass Poppers KRITISCHER RATIONALISMUS überaus enge Berührungspunkte beziehungsweise große Überschneidungen mit dem Positivismus und Empirismus hat. Zwar löst er das Induktionsproblem und setzt sich so vom klassischen Empirismus ab, aber auch der KRITISCHE RATIONALISMUS vertritt die Position – wie der klassische Positivismus-Empirismus auch –, dass Wissen nur aus der Erfahrung (Wahrnehmung, Beobachtung) stammt, und dass die Erfahrung auch diejenige Instanz ist, an der der Wahrheitsgehalt von Theorien zu beurteilen ist. *Wie aber will der Kritische Rationalismus diese Positionen rechtfertigen?*

(1) Empirisch lässt sich diese Position nicht begründen. Die Empirie kann nicht – wie bereits aufgezeigt – als Beweisführung für die Aussage »Wissen kann nur aus der Erfahrung stammen, und die Erfahrung ist auch Überprüfungsinstanz für hypothetisches Wissen« akzeptiert werden. Der Wahrheitsgehalt dieser Aussage ließe sich so nicht abschließend feststellen. Aber man kann auch die Aussage »Wissen kann nur aus der Erfahrung stammen, und die Erfahrung ist Überprüfungsinstanz für hypothetisches Wissen« nicht als nicht-hypothetisches Wis-

sen hinstellen – denn der Kritische Rationalismus verneint schließlich die Existenz von nicht-hypothetischem Wissen.

Es lässt sich auch auf *logischem* Wege nicht nachweisen, dass Erkenntnis nur aus der Erfahrung stammen kann, und dass die Erfahrung die Instanz ist (und sein muss), an der der Wahrheitsgehalt der empirischen Erkenntnis zu überprüfen ist. Man erkennt bereits an dieser Stelle: Der Kritische Rationalismus kann aus sich heraus die Gültigkeit einer zentralen Aussage »Wissen kann nur aus der Erfahrung stammen, und die Erfahrung ist Überprüfungsinstanz für hypothetisches Wissen« nicht überzeugend darlegen.

(2) Der *Modus tollens* ist eine *logische Schlussfigur*, die im Kritischen Rationalismus als eine nicht-hypothetische wahre Erkenntnis vorgestellt wird. Wie aber lässt sich dieser Geltungsanspruch – den der Kritische Rationalismus als unbestreitbar wahr annimmt – begründen? Auf empirischem Wege lässt er sich nicht beibringen – denn Erfahrungen können eine Aussage nicht abschließend verifizieren, sie können sie bestenfalls bis auf weiteres *nicht* falsifizieren. Oder ist vielleicht die logische Schlussregel in Form des Modus tollens ein a priori, das zwar einer Wortdefinition entspringt, aber gleichzeitig sehr wohl Realitätswissen darstellt?[5] Wie immer auch die Antwort ausfällt: Der Kritische Rationalismus kann hier keine überzeugenden Antworten bereitstellen.

(3) Erfahrung ist stets theorieabhängig, sie kann nicht theorielos sein. Um aber Beobachtungen beziehungsweise Erfahrungen machen zu können, muss der Forscher auf eine Theorie zurückgreifen. Unterschiedliche Theorien können nun aber zu unterschiedlichen Beobachtungen führen. Welche Theorie ist die richtige? Wenn es, wie der Kritische Rationalismus behauptet, keine ein-für-alle-Mal bestätigte Theorie gibt, dann gibt es auch keine ein-für-alle-Mal verlässliche Beobachtung (die präformiert ist durch Theorie). Wird die Theorie, die den Beobachtungen zugrunde liegt, falsifiziert, so sind auch die mit ihrer Hilfe gewonnenen Beobachtungen hinfällig. Damit stellt sich ein schwerwiegendes Problem – das auch als »Basisproblem« bekannt ist.

Man nehme an, eine Theorie (Hypothese) wird mittels Beobachtungen getestet und falsifiziert. Es stellen sich dann die folgenden

Fragen: Ist die Theorie, aus der die Hypothese abgeleitet ist, falsch? Oder ist die Theorie falsch, aus denen die Beobachtungen abgeleitet wurden? Oder ist beides falsch: die Theorie, aus der die Hypothese abgeleitet wurde, und auch die Theorie, aus denen die Beobachtungen abgeleitet wurden? Wie kann und soll man dieses Problem lösen? Drei mögliche Verfahren gibt es: (i) Man setzt die Erfahrungssätze dogmatisch. Das aber steht im Widerspruch zum Kritischen Rationalismus; oder (ii) die Basisätze werden durch andere Aussagen begründet. Das aber führt in einen infiniten Regress; oder (iii) *Wahrheitserlebnisse* begründen Erfahrungssätze – doch das ist *Psychologismus,* den Popper ablehnt.

Popper empfiehlt, den Wahrheitsstatus von Erfahrungssätzen *per Konvention* festzulegen. Das sei akzeptabel, so meint er, weil ja eine solche Festlegung des Wahrheitsstatus von Erfahrungssätzen »... unter Beachtung von jeweils relevanten Argumenten und Gründen«[6] erfolge; und schließlich unterliegen Erfahrungsätze auch der Kritik: Sie werden überprüft und gegebenenfalls verworfen. Wenn man diesem Vorgehen aber zustimmt, dann folgt daraus unweigerlich: *Die endgültige Falsifikation von Theorien ist ausgeschlossen, ist unmöglich.* Vor diesem Hintergrund ist daher die Schlussfolgerung zu ziehen, dass sich Poppers Anspruch nicht rechtfertigen lässt, die Erfahrung – mit ihrer schwankenden Basis – könne die Instanz bilden, die über den Wahrheitsgehalt von Theorien entscheiden kann.[7]

In diesem Zusammenhang führe man sich noch einmal vor Augen, dass Poppers Kritischer Rationalismus die Erfahrung als die Prüfinstanz inthronisiert, die über Wahrheit oder Falschheit von Theorien zu befinden hat. Bei Popper übertrumpft die Erfahrung die Theorie: Die Erfahrung befindet über das Schicksal der Theorie, nicht aber umgekehrt. Wie lässt sich dieses »*Asymmetrieprinzip* der Entscheidung« rechtfertigen? Ist das Asymmetrieprinzip falsifizierbar, wie es der Kritische Rationalismus fordert? Die Antwort ist nein. Denn wie soll das geschehen? Das Asymmetrieprinzip ist weder empirisch begründbar (und weil es nicht falsifizierbar ist, ist es unwissenschaftlich), noch lässt es sich auf logischem Wege rechtfertigen.

(4) Popper hat mit der »certistischen-fundamentalen« Tendenz in der Erkenntnis- und Wissenschaftslehre radikal gebrochen.[8] Er vertritt die skeptizistische Position, »... *daß alle unsere Erkenntnis Menschenwerk, durch und durch menschlich-allzumenschlich ist, imprägniert mit unseren Wünschen, Hoffnungen und Ängsten, mit unseren Vorurteilen, Irrtümern und fixen Ideen, vor allem aber voll von menschlichen Fehlern aller Art, wodurch die Wahrheit* – entgegen der *Manifestationstheorie der Wahrheit* des klassischen Rationalismus ... und des klassischen Empirismus ... – zu einer höchst *verborgenen, nie mit Sicherheit erkennbaren Angelegenheit* wird ... .«[9] Doch wie begründet Popper diese skeptizistische Position? Stammt der von Popper vertretene Skeptizismus aus der Erfahrung? Wenn das der Fall ist, dann kann man daraus keinen Allgemeingültigkeitsanspruch ableiten. Schließlich kennt man ja nicht alle Erfahrungen, die man hätte machen können; und man kennt schon gar nicht alle künftig noch zu machenden Erfahrungen. Oder gilt Poppers Skeptizismus etwa a priori? Das würde jedoch dem Kritischen Rationalismus widersprechen, der ja besagt, dass es keine nicht-hypothetisch wahre Erkenntnis gibt. Man sieht folglich ein weiteres Mal: Der Kritische Rationalismus operiert (implizit) mit Aussagen beziehungsweise Annahmen, deren Wahrheitsgehalt er aus sich selbst heraus nicht widerspruchsfrei begründen kann.

(5) Wie verfährt man mit ökonomischen Theorien, die sich einer empirischen Falsifizierbarkeit entziehen? Ein Beispiel ist »Das Gesetz vom abnehmenden Grenznutzen«, eine »theoretische Entität«, die nicht direkt messbar ist, mit der aber zweifellos reale Erscheinungen (wie zum Beispiel durch das Ableiten der Nachfragegesetze von A. Marshall) erklärt und (qualitativ) prognostiziert werden können. Soll der Gesetzesaussage der kognitive Gehalt abgesprochen werden, nur weil sie sich nicht direkt beobachten lässt und sich nicht an der Erfahrung bewähren kann? Genau das wäre aber die Konsequenz des Kritischen Rationalismus: Wenn eine Hypothese beziehungsweise postulierte Gesetzmäßigkeit nicht falsifizierbar ist, scheidet sie als unwissenschaftlich aus. Man male sich nur einmal aus, wohin das führen würde!

Kapitel 11
Logik des menschlichen Handelns

»Seine Berufung hätte jeder Universität gutgetan. Und doch war das instinktive Gefühl der Ordinarien, dass er in diesen Kreis nicht ganz hineinpasse, nicht völlig falsch.«

Friedrich August von Hayek

Bis hierher stand die Beurteilung der erkenntnistheoretischen Ansätze in der Wirtschaftswissenschaft im Mittelpunkt der Überlegungen. Das Ergebnis der kritischen Analyse erwies sich bis hierher als *destruktiv*: Es zeigte sich, dass der Positivismus-Empirismus-Falsifikationismus logische Defizite aufweist. Daher wecken diese Theorien ernste Zweifel, ob sie die erkenntnistheoretische Basis einer Wissenschaft sein können – gerade auch mit Blick auf die Sozial- und Wirtschaftswissenschaft. Es ist daher an der Zeit und notwendig, einen konstruktiven Gegenvorschlag anzubieten. Diese Rolle soll im Folgenden dem wissenschaftstheoretischen Entwurf zukommen, den Ludwig von Mises (1881–1973) vorgelegt hat. Mises argumentiert, dass die Wirtschaftswissenschaft *keine Erfahrungswissenschaft* ist, sondern dass sie widerspruchsfrei nur als *apriorische Handlungswissenschaft* konzeptualisiert werden kann – Mises selbst spricht hier von der *Logik des menschlichen Handelns*, die er als *Praxeologie* bezeichnet. Seine Argumente sollen im Folgenden aufgeführt und diskutiert werden.

Der Mensch handelt

Der Mensch handelt. Dieser Satz klingt zunächst einmal recht trivial. Doch er ist alles andere als das. Aus erkenntnistheoretischer Sicht hat er es vielmehr in sich. Man kann dem Satz »Der Mensch handelt« nicht widersprechen, ohne in einen Widerspruch zu geraten. Wer sagt: »Der Mensch handelt nicht«, der handelt (indem er sagt: »Der Mensch handelt nicht«) und widerspricht damit seinen eigenen (nämlich seiner Aussage, dass der Mensch nicht handeln kann). Der Satz »Der Mensch handelt« lässt sich mit logischen Mitteln nicht bestreiten, es handelt sich um eine wahre Aussage. Sie gilt unabhängig von Ort und Zeit, ist ein A-priori.

Handeln bedeutet hier und im Folgenden ganz allgemein: das Ersetzen einer Situation durch eine andere, als besser erachtete Situation. So verstanden ist menschliches Handeln Tauschen: das Eintauschen eines Zustandes durch einen anderen, einen aus Sicht des Handelnden vorteilhafteren Zustand. Der isoliert Handelnde tauscht ebenso wie der in einer Verkehrswirtschaft Handelnde. Robinson Crusoe, der unfreiwillige Einsiedler, handelt (legt sich auf den Bauch), um die eine Situation durch eine andere Situation zu ersetzen, die ihm vorteilhafter erscheint (auf dem Rücken zu liegen). In der Verkehrsgesellschaft bedeutet Handeln meist interpersonelles Tauschen: Die Handelnden tauschen das Gut, das sie weniger wertschätzen, gegen ein Gut ein, welches sie höher wertschätzen.

Bedingungen des Handelns

Das menschliche Handeln ist an zwei grundsätzliche Bedingungen geknüpft. Die erste Bedingung ist das Vorliegen von *Unbefriedigtsein*. Würde der Handelnde kein Unbefriedigtsein empfinden, hätte er keinen Grund zu handeln, er würde nicht handeln. Das aber ist, wie bereits erläutert, nicht denkbar. Gehandelt wird, um ein Unbehagen, eine Unzufriedenheit abzustellen. Das Unbehagen, die *Unzufriedenheit* des Handelnden mit seiner gegebenen Situation ist es, die ihn zum Handeln treibt. Durch das Handeln will er seine Situation verbessern: Der Handelnde will eine gegebene Situation durch eine andere, als (im Zeitpunkt des Handelns) vorteilhafter erachtete Situation ersetzen.

Die erste Bedingung beinhaltet, dass der Handelnde von der Möglichkeit eines für ihn vorteilhafteren Zustandes weiß: Das Unbefriedigtsein schließt folglich das Wissen um einen als vorteilhafter angesehenen Zustand ein. Anders gesagt: Das Wissen um einen vorteilhafteren Zustand als den gegebenen – das besser Befriedigtsein – ist das logische Korrelat der Erkenntnis des Unbefriedigtsein. Die zweite Bedingung lautet demnach: Der Handelnde geht davon aus, dass sein Handeln tatsächlich in der Lage ist, seine aktuelle Lage zu verbessern. Wo diese Einschätzung fehlt, wird nicht, kann nicht gehandelt werden. Wie nachfolgend noch deutlich wird: Wäre der Handelnde nämlich der Auffassung, dass sein Handeln nicht zu einer Besserung seines Zustandes führt, würde er nicht handeln (können) – denn das menschliche Handeln ist *stets zielgerichtet.*

Deduktion

Von der *wahren Aussage,* dass der Mensch handelt, lässt sich im Zuge der Deduktion auf eine Reihe von *weiteren wahren Erkenntnissen* schließen. Sie lassen sich durch strenges, durch fehlerfreies logisches Denken zutage fördern. Das Ableitungsschema lautet dabei wie folgt: Ausgangspunkt ist *A,* der apodiktisch wahre *Satz »Der Mensch handelt«.* Wenn *A,* dann *B,* wenn *B,* dann *C,* wenn *C,* dann *D* und so weiter. Entsprechend der Logik sind *B, C* und *D* ebenfalls wahr, wenn *A* wahr ist. Es sei an dieser Stelle darauf hingewiesen, dass die Praxeologie keinen Absolutheitsanspruch erhebt, sondern den Wahrheitsanspruch an das menschliche Erkenntnisvermögen knüpft:

> »Der Apriorismus, wie ihn die Praxeologie versteht, hat nichts gemein mit den Lehren, die eine absolute Wahrheit annehmen, die gelten soll, auch wenn niemand (kein Mensch) sie erkannt hat, und die vom menschlichen Denken unabhängig sein soll. Der Begriff der Wahrheit ist sinnvoll nur im Hinblick auf das menschliche Denkvermögen.«[1]

Handeln ist zielbezogen

Durch sein Handeln will der Handelnde ein Ziel (oder Zweck) herbeiführen. Handeln bedeutet, einen vorgefundenen Zustand durch einen anderen, als vorteilhafter empfundenen Zustand zu ersetzen. Handeln ist somit stets zielbezogenes, bewusstes Handeln. Nicht immer gelingt es dem Handelnden, sein Ziel zu erreichen. Er mag durchaus die Erfahrung machen, dass die Handlungen, die er gewählt hat, um seine Ziele zu erreichen, nicht die richtigen waren, dass er sich vergeblich bemüht hat, seine Ziele zu erreichen. Das ändert aber nichts an der grundlegenden Einsicht, dass menschliches Handeln stets darauf gerichtet ist, Ziele zu erreichen (ob nun mit Erfolg oder Misserfolg). Es lässt sich nicht denken, dass das menschliche Handeln nicht zielbezogen ist. Würde zum Beispiel ein Handelnder sein Handeln so ausrichten, dass er seine Ziele nicht erreicht, so wäre natürlich auch das zielbezogenes Handeln (das Ziel wäre so zu handeln, dass das – eigentliche oder ursprüngliche – Ziel, das er sich gesetzt hat, nicht erreicht wird).

Handeln: bewusst und unbewusst

Handeln ist stets zielgerichtetes, bewusstes Verhalten, das danach trachtet, den einen Zustand durch einen als befriedigender erachteten anderen Zustand zu ersetzen. Das bewusste, zielgerichtete Handeln lässt sich eindeutig abgrenzen vom unbewussten, reflexiven Handeln. Und obwohl sich das bewusst-zielbezogene Handeln gedanklich klar und eindeutig vom unbewusst-reflexiven Handeln unterscheiden lässt, lässt sich eben diese Unterscheidung von einem Außenstehenden nicht zweifelsfrei beurteilen.

Es gibt reflexives Handeln, Reaktionen, die von den biologischen Anlagen des Handelnden vorgegeben sind und die der Handelnde als »Datum« hinzunehmen hat. In dem Maße jedoch, in dem er eine Reflexreaktion unterdrückt, handelt er zielbezogen. In gleicher Weise handelt der Mensch bewusst-zielbezogen, wenn er einen Reflex, den er eigentlich unterdrücken könnte, sich nicht zu unterdrücken entschließt.

Ich werfe dir plötzlich einen Ball mit hoher Geschwindigkeit auf Kopfhöhe zu. (Handballern ist diese Situation gut vertraut.) Deine natürlich-reflexive Reaktion darauf wäre vermutlich ein Augenzwinkern oder ein körperliches Zurückweichen. In dem Maße jedoch, indem du deinen Blick nicht abwendest, sondern ihn auf den heranschießenden Ball fixierst und auch die Position deines Körpers nicht veränderst, weitest du dein bewusst-zielgerichtetes Handeln aus gegenüber deinem reflektiven Handeln. Der Außenstehende, der dich beobachtet, weiß jedoch nicht, kann nicht wissen, welche deiner Reaktionen reflexiv und welche bewusst-zielbezogen sind.

Handeln ist vernünftig, ist rational

Handeln ist vernünftiges, ist rationales Handeln, unabhängig davon, ob der Mensch handelt (eine gegebene Situation durch eine als vorteilhafter angesehene Situation ersetzt), oder ob er sich (aus Sicht der Außenstehenden) dafür entscheidet, nicht zu handeln, indem er einen gegebenen Zustand nicht verändert, ihn duldet (was nichts anderes bedeutet, als dass er den gegebenen Zustand als mindestens ebenso vorteilhaft empfindet wie einen anderen erreichbaren Zustand).

Wenn die Logik des menschlichen Handelns besagt, dass der Mensch stets vernünftig handelt, so widerspricht das ganz offensichtlich der häufig zu hörenden Einschätzung, dass der Mensch (häufig) »irrational« handelt. Wenn zu Beispiel *A* sagt: »*B* handelt irrational«, so meint *A*, dass *B* (aus Sicht des Betrachters) in einer bestimmten Situation anders handeln sollte. Die Aussage, *B* handele irrational, ist eine *Zielkritik* beziehungsweise *Kritik an der Art und Weise, wie das Ziel erreicht wird*: Aus Sicht von *A* hätte *B* anders handeln sollen, als er gehandelt hat. *B* hätte entweder ein anderes Ziel anstreben sollen, oder er hätte besser anders gehandelt, um das Ziel zu erreichen.

Eine solche Beurteilung des Handelns zeigt, dass das Handeln der Vernunft unterworfen sein muss. Unterläge es nicht der Vernunft, so ließe es sich nicht der Kritik der Vernunft aussetzen. Würde das Handeln als vernunftlos, als naturgesetzlich angesehen, so würde man, wenn man es als irrational kritisiert, gleichzeitig annehmen müssen, dass es das Ergebnis eines vernunftbegabten Handelnden sei – und das wäre unsinnig. Handeln ist folglich immer rational, vernünftig.

Das Individuum, nicht das Kollektiv handelt

Die Logik des menschlichen Handelns setzt – in der Tradition des Subjektivismus – beim Individuum an: Nur der einzelne Mensch, das Individuum, handelt, nicht die Gruppe, das Kollektiv als solche. Eine Gruppe von Menschen besteht immer und notwendigerweise aus einzelnen Menschen, die handeln. Jedes Gruppenhandeln lässt sich auf das Handeln des Einzelnen zurückführen. Es ist immer und überall der einzelne Mensch, das Individuum, das handelt. Man spricht daher auch vom methodologischen Individualismus – ein Kernelement der Österreichischen Schule der Nationalökonomie. Sie hat in der Sozialwissenschaft eine lange Tradition.[2]

Handeln ist Werten und Wählen

Der Mensch handelt stets unter Knappheit. Das erklärt sich bereits aus der Mittel-Zweck-Beziehung (die eine Kategorie des menschlichen Handelns ist). Der handelnde Mensch, der zwischen dem Abstellen zweier Bedürfnisse zu wählen hat, von denen aufgrund von Knappheit der Mittel jedoch nur eines abgestellt werden kann, muss auswählen. Er muss *Werturteile* treffen: Wenn er sich für das eine entscheidet, muss er sich gegen das andere entscheiden. Werden knappe Ressourcen eingesetzt, um Ziel *A* zu erreichen, so stehen sie nicht mehr zur Verfügung, um andere Ziele *B*, *C* und *D* zu erreichen. Indem der Handelnde die

Handlung *A* wählt, bevorzugt er (zumindest zum Zeitpunkt des Handelns) die Alternative *A* gegenüber *B*, *C* oder *D*. Handeln ist »demonstrierte Präferenz«. Im Handeln kommt die Wertung zum Ausdruck.

Nutzen

Handeln als Vorziehung oder Zurückstellen zielt auf das Beseitigen oder Mildern von Unbefriedigtsein ab. Verfügt der Handelnde über ein Mittel, das es ihm erlaubt, sein Unbefriedigtsein zu beseitigen oder abzumildern, so verschafft ihm das Verbesserung oder: Nutzen (der auch als Befriedigung, Wohlbefinden, Erfüllung u. ä. bezeichnet werden kann). Der Nutzen ist stets subjektiv. Er liegt gewissermaßen allein im »Auge des Betrachters«.

Auf dem Gebiet des menschlichen Handelns gibt es keine Maßeinheit und kein Messen (wie zum Beispiel in der Physik). Werturteile kommen im Handeln zum Ausdruck. Nutzen ist ein ordinales, kein kardinales Konzept. Er lässt sich nur in Form von »größer oder kleiner« oder »mehr oder weniger« fassen, also als *Rangfolge*, als *Reihung*. Für den Handelnden gilt: Wie weit eine Befriedigung eine andere übertrifft, lässt sich nicht objektiv (mit einer Zahl etwa) angeben. Der Nutzen kann nicht gemessen werden. Ein Fragebogen etwa, der die Nutzenhöhe zum Beispiel von 1 bis 5 skaliert, lässt nicht zu, den Nutzen von zum Beispiel 2 als halb so groß einzustufen wie den Nutzen von 4. Für den Nutzen gibt es keine Äquidistanz, die sich messen ließe. Aufgrund der Subjektivität des Nutzens lässt sich der Nutzen zwischen zwei Handelnden zudem nicht vergleichen.

Mittel-Zweck-Beziehung

Zum Erreichen von Zielen, von Zwecken müssen *Mittel* eingesetzt werden. Wer sich Gehör verschaffen will, der muss sein Gehirn bemühen, seine Stimmbänder betätigen, seine Arme bewegen und/oder anderes mehr. Mittel gibt es nicht an sich, sondern Dinge werden zu Mitteln, wenn der handelnde Mensch denkt, wenn er meint zu erkennen, dass dieses oder jenes zur Erreichung des angestrebten Zieles eingesetzt werden solle. Das Mittel ist eine Kategorie des menschlichen Handelns.

Knappheit

Mittel sind *knapp*, und zwar denknotwendig. Würde man denken, dass die Mittel, die eingesetzt werden können, um die Ziele zu erreichen, im Überfluss vorhanden sind, so wären sie nicht knapp – und damit wäre auch das Unbefriedigtsein fortgedacht. Dann aber, wenn der Handelnde keine Unzufriedenheit mit der gegebenen Situation verspürt, wenn er das Unbefriedigtsein nicht hat, dann würde auch nicht gehandelt – das ist jedoch nicht denkbar: Man kann nicht widerspruchsfrei sagen, dass der Mensch nicht handelt. Der Begriff Mittel schließt folglich die Kategorie der Knappheit mit ein.

Kausalität

Handeln ist nur möglich, wenn es eine Ursache-Wirkungs-Beziehung (*Kausalität*) gibt. Menschliches Handeln setzt Kausalität voraus, und in dem Sinne ist Kausalität eine im Verstandesprinzip angelegte Kategorie des menschlichen Handelns. Gäbe es keine Kausalität, könnte der Mensch nicht handeln. Er wäre nicht in der Lage, Mittel einzusetzen, um sein Ziel zu erreichen. Ohne Kausalität kann er seine Ziele durch Handeln nicht erreichen. Er würde nicht handeln (können), und das ist nicht denkbar.

Bereits die Begriffe Mittel und Zweck – die Kategorien des menschlichen Handelns sind – implizieren Kausalität. Das Handeln ist bewusstes Verhalten, um den gewünschten Zustand, das Ziel, zu erreichen. Dafür müssen Mittel eingesetzt werden. Die Mittel-Zweck-Beziehung setzt also bereits die Ursache-Wirkungs-Beziehung, die Kausalität, voraus.

Unsicherheit

Der Satz »Der Mensch handelt« impliziert das Handeln unter Unsicherheit: Die Zukunft ist unsicher. Diese Einsicht ergibt sich daraus, dass die Verneinung der Aussage, dass die Zukunft unsicher ist, die Möglichkeit des menschlichen Handelns verneinen würde – und das wäre, wie bereits angeführt, nicht denkbar. Denn wäre die Zukunft für den Handelnden bekannt, würde er nicht handeln (können), weil sein Handeln seinen Zustand nicht (in gewünschter Weise) verändern könnte; das Handeln wäre unmöglich.

Die Unsicherheit der Zukunft resultiert dabei aus zwei Gründen. Zum einen sind die künftigen Natur- und Umfeldbedingungen aus heutiger Sicht nicht vollends bekannt. Alle künftigen Entwicklungen lassen sich nicht mit Sicherheit voraussagen. Zum anderen ändern sich menschliche Präferenzen fortwährend, Gleiches gilt für die Einschätzung der Mittel, die zur Erreichung der Ziele eingesetzt werden.

Aufgrund der allgegenwärtigen Unsicherheit über die Zukunft ist menschliches Handeln ein *Spekulieren* über künftige Entwicklungen. Diese Einsicht erklärt auch die allgegenwärtige Möglichkeit, dass menschliches Handeln zu Fehlern führt: Der unter Unsicherheit Handelnde erkennt, dass die Mittel, die er eingesetzt hat, um ein Ziel zu erreichen, unzureichend, ungeeignet waren; er war zum Zeitpunkt des Handelns nicht hinreichend über Zweckmäßigkeit der Mittel informiert, konnte es auch nicht sein.

Unsicherheit ist etwas anderes als Risiko. Wer einen Würfel würfelt, der handelt unter Risiko: Der Ergebnisraum ist vorgegeben (das Ergebnis des Würfelns kann nur eins, zwei, drei, vier, fünf oder sechs sein), und es lassen sich Eintrittswahrscheinlichkeiten der möglichen Ereignisse angeben. Wenn der Mensch unter Risiko handelt (also etwa dem Würfelspiel frönt), kann er eine rechnerische *Wahrscheinlichkeit* angeben, mit der ein bestimmtes Ergebnis eintritt. Beim Würfelspiel ist die Wahrscheinlichkeit, dass eine eins, zwei, drei, vier, fünf oder sechs gewürfelt wird, jeweils ein Sechstel.

Unsicherheit bedeutet, dass man die Ergebnisse des Handelns nicht (vollständig) kennt beziehungsweise kennen kann. Im Wirtschaftsleben handeln die Menschen in der Regel unter Unsicherheit (und nicht unter Risiko): Heute wissen wir nicht, welche Technologien, welche Kundenwünsche und welche pfiffigen Unternehmer es künftig geben wird. Handelt der Mensch unter Unsicherheit, was meistens der Fall ist, so lassen sich keine Wahrscheinlichkeiten für die möglichen Ergebnisse des Handelns errechnen. Folglich kann man auch keine Eintrittswahrscheinlichkeit der Ergebnisse angeben, die aus menschlichem Handel folgen.

Kosten, Ertrag, Gewinn, Verlust

Kosten, Ertrag, Gewinn und Verlust sind ebenfalls Kategorien des menschlichen Handelns, werden mitgedacht in der Logik des menschlichen Handelns.[3] Diese Begriffe sind im hier angesprochenen Zusammenhang nicht zu interpretieren als buchhalterische Größen, als Wertrechnung (ausgedrückt zum Beispiel in Geldbeträgen), sondern sie sind vielmehr als subjektive Nutzengrößen zu verstehen. Kosten sind schlichtweg das, was zur Erreichung eines Ziels aufgewendet werden muss – und das Handeln erfordert stets den Einsatz von Mitteln (ob nun Zeit oder Ressourcen in Form von Öl, Zement, Tinte etc.). Ertrag meint den Nutzen, der sich für den Handelnden durch das Erreichen des Ziels einstellt. Entsprechend ergibt sich für den Handelnden ein Gewinn (oder Verlust), wenn der Ertrag die Kosten (oder die Kosten den Ertrag) übersteigen. In Mises' Worten:

> »Gewinn und Vorteil sind psychische Zustande, die nicht gemessen und nicht gewogen werden können. Es gibt ein Mehr oder ein Weniger an Befriedigung und Behebung von Unbefriedigtsein, doch wie weit eine Befriedigung eine andere übertrifft, kann nur empfunden, nicht festgestellt und objektiv angegeben werden. Das Werturteil misst nicht, es skaliert; es drückt Rangordnung und Reihung, aber nicht Maß und

Gewicht aus. Nur die Ordnungszahlen, nicht auch die Kardinalzahlen stehen uns für den Ausdruck der Werturteile zur Verfügung.«[4]

Gesetz des abnehmenden Grenznutzens

Das *Gesetz des abnehmenden Grenznutzens,* das zur allgemein anerkannten Grundlage der Wert- und Preistheorie geworden ist, wurde nahezu zeitlich, jedoch unabhängig voneinander von Léon Walras (1834 – 1919), William Stanley Jevons (1835 – 1882) und Carl Menger (1840 – 1921) vorgelegt. Während jedoch Walras und Jevons das Gesetz des abnehmenden Grenznutzens als psychologisches Sättigungsgesetz verstanden, erkannte Menger, dass das Gesetz der Logik entstammt.

Mises zeigte in aller Klarheit, dass das Gesetz des abnehmenden Grenznutzens sich aus dem Axiom des menschlichen Handelns logisch-deduktiv ableiten lässt. Die Überlegung dabei ist wie folgt: Handeln erfolgt stets unter Knappheit. Das eine zu tun, bedeutet, das andere zu lassen. Handeln unter Knappheit bedeutet ein Abwägen. Knappe Mittel werden zunächst eingesetzt, um das drängendste Bedürfnis zu stillen, danach wird mit den verbliebenen Mitteln das weniger dringliche Bedürfnis befriedigt und so weiter. Der Nutzen der zusätzlich erhaltenen Gütereinheit (das ist der Grenznutzen) nimmt folglich mit steigender Güterausstattung ab. In Mises' Worten:

> »Wir bleiben im Rahmen unserer Lehre vom Handeln, wenn wir sagen: Ist ein Gut dergestalt teilbar, dass von jedem Teil die gleiche Nutzwirkung auszugehen vermag, dann nennen wir die Verwendung, die das Handeln setzt, wenn es über *n* Einheiten verfügt, die es aber nicht mehr setzen würde, wenn es *caeteris paribus* nur über *n*–1 Einheiten verfügen würde, die mindest wichtige Verwendung oder die Grenzverwendung und den Nutzen, der von ihr ausgeht, den Grenznutzen. Um zu dieser Einsicht zu gelangen, bedürfen wir keiner physiologischen oder psychologischen Erwägungen. Sie folgt notwendig aus unseren Annahmen: dass überhaupt gehandelt (gewählt) wird und dass in dem einen

Fall über *n* Einheiten, im zweiten Fall über *n*–1 Einheiten eines homogenen Vorrats zu verfügen ist. Lassen wir diese Voraussetzungen gelten, dann ist ein anderes Ergebnis undenkbar. Unser Satz ist formal und aprioristisch und von keiner Erfahrung abhängig.«[5]

Zeit

Die Zeit ist ebenfalls eine Kategorie des menschlichen Handelns. Handeln bedarf der Zeit, findet in zeitlicher Erstreckung statt. Zeit ist so gesehen ein Mittel zur Erreichung von Zielen. Würde man versuchen, ein Handeln zu denken, dass keiner Zeit bedarf, so käme man zum Schluss, dass die angestrebten Ziele sofort und unmittelbar erreicht wären. Das aber würde bedeuten, dass der Mensch nicht handeln kann, denn seine Ziele sind immer schon erreicht. In einem solchen Fall wäre auch der Grund für das Handeln nicht mehr gegeben. Das aber zu denken, steht im Widerspruch mit dem Satz »Der Mensch handelt« und ist daher falsch. Die Logik des menschlichen Handelns impliziert vielmehr die Zeit, die zeitliche Erstreckung des Handelns. Das Handeln bedeutet Veränderung, und Veränderung ist Aufeinanderfolge, sie trägt sich im Zeitablauf zu.

An dieser Stelle sei kurz eine Frage aufgeworfen: Was unterscheidet Logik und Mathematik von der Logik des menschlichen Handelns? Antwort: Logik und Mathematik stehen für ein »ideales Sein«, sie können zeitlos gedacht werden. Ein vollkommener Geist (wenn es ihn gäbe) könnte die funktionalen Beziehungen von Logik und Mathematik, die gleichzeitig und wechselseitig sind, in *einem einzigen Denkakt* erfassen. Hier geht es nämlich um Koexistenz – beispielsweise denkt man im Begriff des *rechtwinkligen Dreiecks* den Lehrsatz des Pythagoras schon mit. Alles in einem einigen Denkakt zu verfassen, ist hingegen dem Handelnden nicht möglich: »Dass wir das nicht vermögen, ist nur dem Umstand zuzuschreiben, dass unser Denken selbst ein Handeln ist, das nur in der Zeit ... fortzuschreiten vermag.«[6] In der Logik des menschlichen Handelns lässt sich, wie bereits gesagt, Zeitlosigkeit des

Handelns nicht widerspruchsfrei denken. »Durch die Bezugnahme auf das Aufeinanderfolgen scheidet sich die Praxeologie von der Logik. Man mag sie immerhin die Logik des Handelns nennen, man darf aber nicht vergessen, dass sie das Element der Zeitlichkeit kennt, das der Logik und Mathematik fremd ist.«[7]

Zeitpräferenz

Zeitpräferenz bedeutet, dass ein gegenwärtig verfügbares Gut höher wertgeschätzt wird als das gleiche Gut, das erst in der Zukunft verfügbar ist. Warum ist das so? Da Mittel zur Zielerreichung knapp sind, muss der Mensch wirtschaften – allein schon deswegen, weil Handeln Zeit erfordert. Weil knappe Zeit bewirtschaftet werden muss, wird der Handelnde seine Ziele lieber früher als später erreichen wollen: Das Erreichen der Ziele in der Gegenwart wird dem Erreichen der Ziele zu einem späteren Zeitpunkt (unter ansonsten gleichen Umständen) vorgezogen. Das Erfüllen eines Bedürfnisses, dass in der Gegenwart herrscht, wird höher wertgeschätzt als das Erfüllen des Bedürfnisses, dass erst in der Zukunft auftritt. Ein Apfel, über den man heute verfügt (und den man zur Stillung des Hungers verwenden kann), wird (unter ansonsten gleichen Umständen) höher wertgeschätzt als ein Apfel, der erst in 12 Monaten verfügbar ist.

Die Zeitpräferenz ist immer und überall notwendigerweise *positiv*, sie kann nicht aus dem menschlichen Handeln verschwinden. Wir werden es zwar nachfolgend in Kapital 16.3 noch eingehend erklären, aber an dieser Stelle sei bereits gesagt: Gäbe es keine Zeitpräferenz, wäre sie null, würde der Handelnde zwei Goldunzen in 100 Jahren höher wertschätzen als eine Goldunze heute. Er würde auch zwei Goldunzen in 10.000 Jahren einer Goldunze heute vorziehen. Anders gesagt: Der Handelnde würde seine Wertung nur noch abhängig machen von »lieber mehr als weniger«, das Kalkül »lieber früher als später« hätte keinerlei Bedeutung mehr für sein Werten und Handeln. Das wiederum liefe darauf hinaus, dass der Handelnde bei einer Zeitpräferenz von null nur noch spart und nicht mehr konsumiert. Ein geradezu groteskes Ergebnis, das auch handlungslogisch widersprüchlich und damit falsch ist.

Urzins

Zeitpräferenz und Zins sind unmittelbar verbunden.[8] Der Zins (beziehungsweise *Urzins*) ist dabei nicht etwa der »Preis des Geldes«. Er beschreibt vielmehr ein *Wertverhältnis*. Der Zins steht für den Wertabschlag, den ein erst künftig verfügbares Gut (Zukunftsgut) im Vergleich zu einem Gut, das in der Gegenwart verfügbar ist (Gegenwartsgut), erleidet. Um ein einfaches Beispiel zu geben: Der Preis eines US-Dollar, über den man erst in einem Jahr verfügen kann, betrage 0,90 US-Dollar. Der Zins, der darin zum Ausdruck kommt, ist folglich 10 Prozent (1 US-Dollar dividiert durch 0,90 US-Dollar).

Das gegenwärtig verfügbare Gut schätzt der Handelnde höher im Vergleich zu einer Situation, in der er das Gut (unter ansonsten gleichen Umständen) erst in der Zukunft verwenden kann. Denn nach dem Axiom des menschlichen Handelns wird das Mehr notwendigerweise höher wertgeschätzt als das Weniger, und das Früher höher als das Später. Ein höherer Gütervorrat erlaubt, mehr Bedürfnisse zu befriedigen, die aufgrund der allgegenwärtigen Knappheit nicht allesamt befriedigt werden können. Und weil Zeit ein Mittel (und damit ein knappes Gut) ist, um Ziele zu erreichen, wird notwendigerweise eine schnellere Erfüllung der Ziele vorgezogen gegenüber einer späteren Erfüllung der Ziele.

Der Urzins erklärt sich nicht etwa aus dem Zusammenspiel von Sparen und Investieren: Auch ohne einen Markt für Spar- und Investitionsmittel gäbe es den Urzins; und auch in einer Welt ohne Geld gäbe es ihn. Der Urzins erklärt sich aus der unbestreitbaren Erkenntnis, dass der Mensch handelt, und dass das menschliche Handeln die Zeitpräferenz impliziert. Ihr zufolge wertet der Handelnde eine frühere Erfüllung seines Bedürfnisses (unter sonst gleichen Umständen) höher als eine spätere Erfüllung seiner Bedürfnisse.

Der Urzins resultiert daraus, dass der Handelnde die künftige Bedürfniserfüllung anders bewertet als die gegenwärtige Bedürfniserfüllung; dass er das künftige verfügbare Gut oder Mittel anders bewertet als das gegenwärtig verfügbare Mittel.[9] In Verbindung mit dem Gesetz des abnehmenden Grenznutzens lässt sich die Höhe des Urzinses verstehen: Je mehr jemand aus seinem Einkommen spart, desto mehr Konsumverzicht muss er leisten. Die erste Geldeinheit, die er nicht konsumiert, sondern spart, kann nicht mehr eingesetzt werden, um das am *wenigsten dringliche* Bedürfnis zu befriedigen. Die zweite Geldeinheit, die gespart wird, bedeutet den Verzicht auf ein dringlicheres Bedürfnis. Folglich wird der Nutzenverzicht, der aus dem Entgang des zweiten Gutes resultiert, schmerzlicher ausfallen als der Nutzenverzicht, der aus dem Entgang des ersten Gutes folgt. Je mehr also gespart wird, desto höher fällt der Nutzenverzicht aus. Anders ausgedrückt: Der Wertabschlag, den ein Zukunftsgut gegenüber dem Gegenwartsgut hat, nimmt zu mit steigender Ersparnis. Eine steigende Ersparnis geht notwendigerweise mit einem steigenden Urzins einher. Der Urzins – der für die Wertrelation zwischen Gegenwarts- und Zukunftsgut steht – entspringt der Logik des menschlichen Handelns.

Weitere handlungslogische Einsichten

(1) Die Idee der perfekten oder: *radikalen* Unsicherheit ist ein logischer Widerspruch. – Ludwig M. Lachmann (1906–1990) hat verschiedentlich bekundet, dass die Zukunft unsicher sei.[10] Wenn man einen extremen Blickwinkel einnimmt: Was ist von der Idee einer perfekten, oder radikalen, Unsicherheit zu halten? Bei genauer Betrachtung erweist sie sich als logisch widersprüchlich.[11] Der Satz, dass die Zukunft unsicher ist, kann nicht bedeuten, dass alles Künftige unsicher ist, dass alles *perfekt*, oder: radikal, unsicher ist. Die Idee, dass alles Künftige unsicher sei, wäre vielmehr ein offener Widerspruch. Sie behauptet nämlich, dass alles Künftige unsicher ist, mit der Ausnahme der Aussage, dass

alles unsicher sei; eben diese Aussage sei inmitten aller Unsicherheit sicher. Wenn der Satz dahingehend interpretiert wird, dass alles Künftige unsicher sei, und dass selbst das unsicher sei, so hätte man es mit einer unsinnigen Aussage zu tun.

Zwischen den beiden extremen Ideen – der Vorstellung einer perfekten Sicherheit auf der einen Seite und einer perfekten Unsicherheit auf der anderen Seite – ist nur ein Mittelweg logisch konsistent vertretbar. Er lautet wie folgt: Es gibt Unsicherheit, das ist sicher. Und wenn es Unsicherheit gibt, muss es auch Sicherheit geben (als logisches Korrelat). Folglich muss es auch eine Scheidung zwischen Unsicherheit und Sicherheit geben. Nicht alles kann unsicher sein, und nicht alles kann sicher sein – und genauso wenig kann alles sicher oder unsicher sein (denn diese Aussagen liefen auf einen logischen Widerspruch hinaus und wären damit falsch).

(2) Die Idee eines (Markt-)Gleichgewichts ist logisch widersprüchlich. – Unter einem Gleichgewicht ist zu verstehen, dass die Handelnden einen Ruhezustand erreicht haben: eine Situation, in der sie ihre Bedürfnisse befriedigt haben – und damit nicht mehr handeln (können). Das aber ist, wie vorangehend deutlich wurde, nicht möglich mit Blick auf die Lehre des menschlichen Handelns. Das Gleichgewicht ist vielmehr nur ein *Gedankenbild*, das Ökonomen für ihre Überlegungen nutzen, das aber in der Realität niemals erreichbar ist, weil die Logik es nicht erlaubt, eine Situation zu denken, in der ein derartiges Gleichgewicht vorherrscht. Handeln impliziert vielmehr immerwährendes Ungleichgewicht. Es gibt lediglich ein Hinbewegen auf ein Gleichgewicht, das aber niemals erreicht werden kann.

Der markträumende Preis ist der Preis, bei dem alle, die zu diesem Preis gewillt sind zu kaufen und verkaufen wollen, zum Zuge kommen. Doch ein markträumender Preis, der das Angebot von und die Nachfrage nach Gütern zum Ausgleich bringt, steht nicht etwa für einen Gleichgewichtspreis (auch wenn das häufig so bezeichnet wird). Er signalisiert lediglich, dass zu einem bestimmten Zeitpunkt und einem bestimmten Preis (beispielsweise US$ 150 pro Aktie) eine bestimmte Anzahl von Aktien gekauft und verkauft wurde. Der Markt wurde geräumt, aber dieses Ergebnis stellt kein Gleichgewicht dar. Weder Käufer noch Verkäufer befanden sich zu irgendeinem Zeitpunkt (und sei er nur eine tausendstel Sekunde lang) im Gleichgewicht: Denn das würde bedeuten, dass sie alle ihre Bedürfnisse erfüllt hätten, dass sie nicht mehr handeln könnten (denn sie hätten keinerlei Grund mehr zu handeln). Doch solch eine Situation widerspräche dem Axiom des menschlichen Handelns – was aber mit (logischer) Vernunft nicht möglich wäre.

(3) Es gibt keine Indifferenz im Bereich des menschlichen Handelns. – Häufig wird der Fall der Unentschiedenheit (»Indifferenz«) vorgebracht. Damit meint man, dass ein Handelnder unentschieden ist mit Blick auf die Wahl der vorliegenden Handlungsalternativen. Zum Beispiel kann sich *A* nicht entscheiden, eine Flasche Cola Light oder Pepsi Light zu kaufen – und geht unverrichteter Dinge aus dem Laden. Doch wenn Herr *A* sich entscheidet, keine der beiden Flaschen zu kaufen und unverrichteter Dinge den Laden verlässt, weil er sich nicht entscheiden konnte, so ist (war) er nicht indifferent. Er hat es vielmehr vorgezogen, das Geld (das er für den Kauf der Flaschen hätte hinlegen müssen) zu behalten, anstatt es gegen Süßgetränke einzutauschen. Er ist also keinesfalls indifferent, sondern hat eine klare Wertskala, auf dem das Geld höher rangiert als die Süßgetränke. Menschliches Handeln kennt keine Indifferenz – solange der Mensch handelt, gibt es keine Indifferenz, kann es keine Indifferenz geben.[12]

(4) Handeln als das ultimativ Gegebene. – Es wäre absurd zu leugnen, dass menschliches Handeln zielbezogen ist. Wer das tut (wer also sagt »Der Mensch handelt nicht zielbezogen«), der handelt zielbezogen und widerspricht seiner Aussage, für die er Gültigkeit beansprucht. Wenn man verneinen wollte, dass der Mensch zielbezogen handelt, dass er Ziele verfolgt und dafür Mittel einsetzt, dann müsste man vorgeben, dass das menschliche Verhalten determiniert sei durch etwa physische, physikalische, biochemische Faktoren. Doch vor einer solchen Argumentation weichen üblicherweise selbst eingefleischte Positivisten zurück:

> »Es gibt gute Gründe für diese Zurückhaltung. So lange noch keine bestimmte Beziehung zwischen Ideen und physikalischen oder chemischen Geschehnissen entdeckt worden ist, die als regelmäßige Abfolge auftritt, bleibt die positivistische These eine erkenntnistheoretische Behauptung, die nicht von wissenschaftlich gebauten Experimenten abgeleitet ist, sondern aus einer metaphysischen Weltsicht. Die Positivisten erzählen uns, dass eines Tages eine neue wissenschaftliche Disziplin erwachsen würde, welche ihre Prophezeiungen erfüllen werde und in allen Einzelheiten den physikalischen und chemischen Prozess im menschlichen Körper, der bestimmte Ideen hervorbringt, beschreiben werde. Lasst uns heute nicht über solche Zukunftsthemen streiten. Aber es ist offenkundig, dass eine solche metaphysische Aussage in keiner Weise die Ergebnisse der diskursiven Beweisführung der Wissenschaft vom menschlichen Handeln entkräften kann.«[13]

Man ist geneigt, Mises darin zuzustimmen: Kein Wissenschaftler hat es bisher geschafft, menschliches Handeln mit externen Faktoren abschließend zu erklären oder zu prognostizieren. Vielmehr zeigt sich, dass Menschen auf die gleichen Impulse meist unterschiedlich reagieren; und dass auch derselbe Akteur zu unterschiedlichen Zeitpunkten auf gleiche Impulse unterschiedlich reagiert. Das heißt: Es gibt im Bereich des menschlichen Handelns keine Verhaltenskonstanz! Allerdings kann Mises' Beweisführung nicht vollauf überzeugen. Er sagt zwar, dass menschliches Handeln sich nicht erklären lässt in dem Sinne, dass der handelnde Mensch auf einen Impuls stets in der derselben Weise reagiert. Er lässt aber den Positivisten durchaus die Hoffnung, dass es künftig vielleicht doch noch gelingen wird, menschliches Handeln mit mathematischen Formeln zu beschreiben und steuerbar zu machen – und dass der große Traum der Kollektivisten-Sozialisten womöglich doch noch in Erfüllung gehen kann!

Dieser »trügerischen Hoffnung« wird erst viel später der Boden entzogen, und zwar von Hans-Hermann Hoppe im Jahr 1983. Hoppe erreicht das durch die Berücksichtigung des *Apriori der Lernfähigkeit*.

Der handelnde Mensch – der Präferenzen und Ziele hat und zwischen Handlungen wählt – ist lernfähig. Das heißt, die Wissenszustände, die seine Präferenz-, Ziel- und damit seine Handlungswahl bestimmen, verändern sich im Zeitablauf. Und die Lernfähigkeit des Menschen lässt sich nicht widerspruchsfrei verneinen. Wer argumentiert, der Mensch sei nicht lernfähig, der begeht einen *performativen Widerspruch*: Er unterstellt, dass seine Zuhörer beziehungsweise Gesprächspartner den Inhalt seines Gesagten noch nicht wissen, dass sie also lernfähig sind – sonst würde er es ja nicht sagen. Und wer sagt »Der Mensch kann lernen, dass er nicht lernen kann«, begeht einen *offenen Widerspruch*. Er setzt voraus, dass er irgendwann einmal gelernt hat, dass man nicht lernen kann – und attestiert damit ebenfalls Lernfähigkeit.

Wenn man die Lernfähigkeit aber nicht widerspruchsfrei verneinen kann, dann bedeutet das, dass man die zukünftigen Wissenszustände der Handelnden nicht schon heute kennen kann; und es ist das künftige Wissen der Handelnden, das ihr künftiges Handeln bestimmt. Daher ist es auch nicht möglich, das künftige Handeln (also wie man selbst und wie andere Personen handeln) schon heute zu prognostizieren. Anders gesagt: Die Unvorhersagbarkeit künftigen Wissens bedeutet gleichzeitig auch die Unvoraussagbarkeit künftigen Handelns. Die Vorstellung also, man könnte irgendwann in die Lage kommen, das menschliche Handeln im wissenschaftlichen Sinne vorhersehbar zu machen, ist daher illusorisch.

(5) Die Rolle der Ideen im Handeln. – Wenngleich auch das Handeln das ultimativ Gegebene ist, bei dem das ökonomische Denken seinen Ausgangspunkt nehmen kann, so stellt sich dennoch die Frage nach dem »Geist-Körper-Problem« – also der Frage, wie die Ideen (man kann hier auch von Vorstellungen oder Theorien sprechen), die menschliches Handeln hervorbringen, entstehen, woher sie stammen. Doch alles, was sich dazu sagen lässt, ist, dass man die Erzeugung von Ideen nicht erklären kann. Es gibt Menschen, die schaffen neue Ideen und verbreiten sie, andere nehmen sie auf und verwenden sie. Ludwig von Mises schreibt dazu:

»Ideen sind keine Phantome. Sie sind wirkliche Dinge. Obwohl unberührbar und immateriell, sind sie Faktoren, die Änderungen im Bereich berührbarer und materieller Dinge bewirken. Sie werden von irgendeinem unbekannten Prozess, der im Körper eines menschlichen Wesens abläuft, erzeugt und können nur durch die gleiche Art von Prozess, der im Körper des Schriftstellers oder eines anderen menschlichen Wesens abläuft, wahrgenommen werden. Sie können insoweit kreativ und originell genannt werden, als der Impuls, den sie aussenden, und die Veränderungen, die sie bewirken, von ihrem Auftreten abhängen. Wir können über das Leben einer Idee und die Auswirkungen ihrer Existenz ermitteln, was wir wollen. Über ihre Geburt wissen wir nur, dass sie durch ein Individuum erzeugt wurde. Ihre Geschichte können wir nicht weiter zurückverfolgen. Das Auftreten einer Idee ist eine Erneuerung, eine neue Tatsache, die der Welt hinzugefügt wird. Es ist *für den menschlichen Verstand* wegen der Lückenhaftigkeit unseres Wissens der Ursprung von etwas Neuem, das vorher nicht existierte.«[14]

(6) Die Methode des Verstehens. – Ludwig von Mises unterteilt die Wissenschaft vom menschlichen Handeln in zwei scharf voneinander zu trennende Teile: in die apriorische Handlungswissenschaft (die er als Praxeologie bezeichnet) und in die *verstehenden Wissenschaften* Psychologie und Geschichte.[15] Diese Zweiteilung erklärt sich wie folgt. In der Handlungslogik geht es allein um *Begreifen* – das heißt, den Sinn des menschlichen Handelns durch diskursives Denken zu erfassen: dass der Mensch handelt, um eine Verbesserung seiner Situation im Vergleich zum Status quo herbeizuführen; dass er Mittel einsetzt, um Ziele zu erreichen; und so fort. Die dabei erzielbaren Aussagen mit Blick auf die Eigenschaften des Handelns und die Ziele des Handelns beanspruchen apriorische Gültigkeit, ihre Geltung ist unabhängig von Ort und Zeit. Gegenüber den Aussagen der apriorischen Handlungslogik mit seinem Begreifen lassen sich nur zwei Haltungen einnehmen: Kann man keine logischen Fehler im Gedankengang feststellen, muss man sie als richtig anerkennen; oder man muss sie als falsch zurückweisen, wenn man feststellt, die Beweisführung ist logisch nicht schlüssig.[16]

Doch Begreifen reicht allein nicht aus, das menschliche Handeln zu erfassen, es bedarf dazu vielmehr auch des *Verstehens*. Damit ist gemeint das Erfassen des Sinns, den die Handelnden mit ihren konkreten Zielen verfolgen: »Das Begreifen ist auf die Erfassung des Sinns des Handelns als reines Zweckverfolgen und Ziele suchen ohne Rücksicht auf die Beschaffenheit der Zwecke und Ziele gerichtet. Das Verstehen ist auf die Erfassung des Sinns der konkreten Zielsetzungen und Zwischenzielsetzungen gerichtet. Das Verstehen meint, den Sinn, den die handelnden Menschen mit ihrem Handeln verbinden, zu erfassen.«[17] Welche konkreten Ziele die Handelnden verfolgen, folgt aus ihren Werturteilen: Für die eine Person ist Ziel *A* wichtiger als Ziel *B*, und das ist wichtiger als Ziel *C*; für eine andere Person hingegen ist Ziel *C* wichtiger als Ziel *B*, und das ist wiederum wichtiger als Ziel *A*. Werturteile lassen sich nicht beweisen, nicht in einer Weise gutheißen oder ablehnen, der sich jeder, der logisch denkt, anschließen müsste. Ziele und die ihnen unterliegenden Werturteile sind subjektiv. Die Ziele, die die Handelnden wählen, lassen sich daher auch nicht handlungslogisch begreifen, sie lassen sich nur verstehen. Man kann Ziele und Werturteile gut finden oder ablehnen, aber man kann sie nicht als wahr oder unwahr bezeichnen.

Das Verstehen bedeutet Nachempfinden, Nachfühlen der Wertungen und Ziele, die andere haben. Solcherart Empfindungen hängen vom Verstehenden, von dem zu verstehen versuchenden *Ich* ab. Mit diesen Überlegungen gelangt man geradewegs zur Idee der *Methode des Verstehens* im Bereich des menschlichen Handelns. Schon der Soziologe und Nationalökonom Max Weber (1864–1920) hob in »Wirtschaft und Gesellschaft« (1920) die Bedeutung des Verstehens hervor: »Soziologie (...) soll heißen: eine Wissenschaft, welche soziales Handeln deutend verstehen und dadurch in seinem Ablauf und seinen Wirkungen ursächlich erklären will.«[18] Ludwig von Mises umreißt die Elemente der Methode des Verstehens und ihr Vorgehen umfassend(er) wie folgt:

> »Die verstehenden Wissenschaften bedienen sich aller geistigen Hilfsmittel, die ihnen die apriorischen Wissenschaften Logik, Mathematik

> und Praxeologie und die empirischen Naturwissenschaften zur Verfügung stellen, und darüber hinaus ihrer spezifischen Methode: des Verstehens. Dabei muss darauf geachtet werden, dass das Verstehen nirgends in Widerspruch mit dem gerate, was durch apriorische Untersuchung und durch naturwissenschaftliche Erfahrung festgestellt wurde. Das Begreifen hat logisch unbedingt den Vorrang gegenüber dem Verstehen, und das naturwissenschaftliche Denken hat dem Verstehen gegenüber solange den Vorrang, als es nicht durch die Erfahrung erschüttert werden kann. Der logische Raum des Verstehens liegt allein dort, wohin praxeologisches Begreifen und naturwissenschaftliches Erklären nicht zu dringen vermögen.«[19]

Man erkennt: Die Methode des Verstehens, insofern sie auf das Verstehen zurückgreift, kann keine Erkenntnis hervorbringen, die so exakt und eindeutig wäre wie die Aussagen der Handlungslogik. Ein einfaches Beispiel soll das Gesagte illustrieren. Der Historiker will sich daranmachen, die Ursachen der US-amerikanischen »Großen Inflation« in den Jahren 1965 bis 1982 zu erklären.[20] Dazu wird er nicht auf das ökonomische Wissen, die Logik des menschlichen Handelns verzichten können. Wenn beispielsweise die Geldmenge in dieser Zeit stark ausgeweitet wurde, dann ist das für ihn eine mögliche Erklärung, warum die Güterpreisinflation angestiegen ist. Der Historiker wird zwar sagen können (durch Rückgriff auf das Verstehen), dass es (aus seiner Sicht) die Ölscheichs waren, die den Rohölpreis haben stark ansteigen lassen, und dass das die Güterpreisinflation verursacht hat. Er kann sich jedoch nicht über die handlungslogische Erkenntnis (das Begreifen) hinwegsetzen: die Erkenntnis, dass die Geldmengenausweitung die Güterpreise hat ansteigen lassen – und zwar im Vergleich zu einer Situation, in der die Geldmenge nicht erhöht worden wäre. Kurzum: Die Erklärungen, die der Historiker gibt, dürfen nicht im Konflikt mit den Aussagen der Handlungslogik stehen; sonst sind sie falsch.

Der volkswirtschaftliche Wissenskanon und die *a priori* Theorie

In der Volkswirtschaft hat sich, Stand heute, eine wissenschaftliche Methode durchgesetzt, die sich an den Postulaten des Kritischen Rationalismus, wie er ursprünglich von Karl R. Popper vorgestellt wurde, orientiert. Mit ihnen soll der Erkenntnisprozess rational betrieben, der Erkenntnisfortschritt bestmöglich befördert werden. Es wurde bereits deutlich gemacht, dass die Verwendung dieser wissenschaftlichen Methode, die die Volkswirtschaftslehre als Erfahrungswissenschaft ansieht, überaus weitreichende Folgen hat mit Blick auf das, was als wissenschaftlich qualifiziert anzusehen ist und was nicht (siehe Kapitel 16.4). Man greife dabei nur einmal eine Forderung des Kritischen Rationalismus heraus: Eine wissenschaftliche Aussage muss falsifizierbar sein, muss in der Realität, an der Erfahrung scheitern können.

Im heute weithin akzeptierten Theoriesystem der Volkswirtschaftslehre gibt es nun jedoch viele Theorien oder Annahmen, deren Wahrheitsgehalt sich nicht an der Wirklichkeit überprüfen lässt. Beispiele dafür sind Annahmen über die Struktur der Realität, die es so nicht gibt, oder die sich auch nicht direkt beobachten lassen. Man denke hier etwa an das Folgende: In David Ricardos Außenhandelstheorie sind die Produktionsfaktoren Arbeit und Kapital immobil; in der Theorie der vollständigen Konkurrenz werden homogene Güter angeboten und es herrscht vollständige Information; in der Marx'schen Theorie eignen sich allein die Kapitalisten den Mehrwert an; oder die Annahme, dass es so etwas wie einen Grenznutzen gibt (er bezeichnet den Nutzen, den der Handelnde erfährt, wenn er eine zusätzliche Einheit eines Gutes verwendet, beziehungsweise den Nutzenentgang, wenn der Handelnde auf den Einsatz einer Einheit seines Gutes verzichtet).

Legt man das Kriterium des Kritischen Rationalismus an – dass also eine Theorie beziehungsweise die in ihr enthaltenen Annahmen falsifizierbar sein, an der Realität scheitern können müssen –, so müsste man eigentlich viele ökonomische Theorien, die heutzutage als richtig angesehen und gelehrt werden, aus der wissenschaftlichen Diskussion verbannen! Warum aber geschieht das nicht? Nun könnte man entgegnen, es haben sich falsche Theorien eingeschlichen, sie sind nicht eliminiert worden, weil die Ökonomen sich nicht konsequent genug am Programm des Kritischen Realismus orientiert haben. Allerdings scheint es auch Hinweise dafür zu geben, dass die eine oder andere Theorie sich als durchaus nützlich erwiesen hat, um die Erfahrungswirklichkeit zu erklären und auch zum Erkenntnisfortschritt beizutragen – obwohl sie nicht falsifizierbar ist.

Wenn es »hart auf hart« kommt, scheinen die Ökonomen also der Idee, die Volkswirtschaftslehre sei eine Erfahrungswissenschaft, nicht immer mit aller Entschiedenheit und Konsequenz folgen zu wollen. Sie scheinen ganz offensichtlich in Poppers Falsifikationismus nicht das allein seligmachende Begründungsprogramm für ihre Disziplin zu erblicken. Es bedeutet einen gewaltigen Unterschied, ob nur ökonomische Theorien als wissenschaftlich anerkannt werden, die für sich und direkt durch Erfahrungstatbestände falsifiziert werden können, oder ob auch solche hinzuzurechnen sind, die nicht-beobachtbare Strukturen der Realität beschreiben, die einer direkten Überprüfung durch Erfahrung nicht zugänglich sind; und es macht zudem einen gewaltigen Unterschied, ob nur ökonomische Theorien als »bis auf weiteres« richtig angesehen werden, die alle bisherigen Falsifikationismusversuche überstanden haben, oder ob auch die hinzugezählt werden, die im Widerspruch zu den bisher gemachten Erfahrungstatbeständen stehen (weil man beispielsweise meint, sie werden sich künftig vielleicht doch durch Erfahrung nicht falsifizieren lassen).

Vor diesem Hintergrund wäre es konsequent, wenn auch *a priori* Theorien und die von ihnen abgeleiteten Theoreme im volkswissenschaftlichen Kanon *gleichberechtigt* vertreten wären. Einige von ihnen sind grundsätzlich der Überprüfung durch Erfahrung (die natürlich niemals die Richtigkeit oder Falschheit einer ökonomischen Theorie ermöglicht) zugänglich. Man denke hier beispielsweise an die monetäre Konjunkturtheorie der Österreichischen Schule (siehe hierzu Kapitel 16.4) oder die Theorie der Unmöglichkeit des Sozialismus. Andere hingegen sind nicht-beobachtbar: Hierzu zählt beispielsweise die Handlungstheorie selbst, etwa die Aussage, dass menschliches Handeln *stets zielbezogen* ist. Beobachten kann ein Außenstehender lediglich, dass einzelne Menschen dies und das tun, ihren Körper hier oder dorthin bewegen, und das zu bestimmten oder unbestimmten Tages- und Nachtzeiten. Dass es dabei stets um zielbezogenes menschliches Handeln geht, kann er nicht abschließend aus der Beobachtung (oder Befragung) wissen, aber er kann es zweifelsfrei aus der Logik des Handelns wissen.

So gesehen stellt sich die Frage: Warum sind die Logik des menschlichen Handelns beziehungsweise die Theorien, die sie hervorbringt, nur *stiefmütterlich* vertreten in der Volkswirtschaftslehre, wie sie in Schule, Hochschule und Universität gelehrt und verbreitet wird? Denn es steht außer Frage, dass die moderne Hauptstrom-Ökonomik die sich als Erfahrungswissenschaft gebärdet, dominiert, und dass die Auffassung, die Volkswirtschaftslehre sei eine apriorische Handlungswissenschaft, also *keine* Erfahrungswissenschaft, kaum mehr vertreten und vermittelt wird. Warum ist das so? Ein Versuch, eine Antwort auf diese Frage zu geben, erfolgt im letzten Kapitel, Kapitel 17, dieses Buches.

Kapitel 12

Methodologischer Dualismus

»Was ihr nicht rechnet, glaubt ihr, sei nicht wahr!«
Johann Wolfgang von Goethe

Ludwig von Mises sprach sich für einen *methodologischen Dualismus* aus – und wies damit die positivistische Forderung nach einer Einheit der wissenschaftlichen Methode – der »Einheitswissenschaft« – zurück. Die wissenschaftliche Methode, wie sie in den Naturwissenschaften anzuwenden sei, lasse sich, wie es die Positivisten fordern, nicht auf die Sozial- und Wirtschaftswissenschaft übertragen. Der Gegenstandsbereich der Nationalökonomie, die Lehre des menschlichen Handelns, erfordere vielmehr eine (grundlegend) andere wissenschaftliche Methode als die, die in den Natur- und Wirtschaftswissenschaften angewendet wird. In Mises' Worten:

> »Der methodologische Dualismus verzichtet auf irgendwelche Aussagen, die Wesenheiten oder metaphysische Konstrukte betreffen. Er berücksichtigt nur die Tatsache, dass wir nicht wissen, wie äußere Geschehnisse – physikalische, chemische und physiologische – menschliche Gedanken, Ideen und Werturteile beeinflussen. Diese Unwissenheit sondert den Bereich des Wissens in zwei getrennte Felder, den Bereich der äußeren Geschehnisse, gewöhnlich Natur genannt, und den Bereich menschlichen Denkens und Handelns.«[1]

Wie erklärt sich diese Position? Vier zentrale Überlegungen lassen sich zur Beantwortung dieser Frage an dieser Stelle anführen: (1) menschliches Handeln ist nicht reproduzierbar, (2) der Start- beziehungsweise Ansatzpunkt in der Volkswirtschaftslehre *muss* das menschliche Handeln sein; und – als zentrales Argument – (3) es gibt keine

Verhaltenskonstante im Bereich des menschlichen Handelns. Zudem wird (4) die »A-Kausalität« des menschlichen Handelns erklärt.

Zu (1): Menschliches Handeln ist nicht reproduzierbar wie Laborversuche in den Naturwissenschaften. Bei Letzteren ist es grundsätzlich möglich, Experimente durchzuführen. So lässt sich zum Beispiel im Labor die »Wenn-dann«-Hypothese testen: »Wie verändert sich das Volumen eines Körpers, wenn er erwärmt wird?« Ein solches Experiment ist unter gleichen (Umfeld-)Bedingungen beliebig oft durchführbar, die Testreihen des Versuchs sind (grundsätzlich problemlos) reproduzierbar. Im Zentrum des Interesses steht die Ursache-Wirkungs-Beziehung – in der Hoffnung, dass man im Zuge des voranschreitenden Erkenntnisfortschrittes der eigentlichen Ursache immer näherkommt (obwohl man die letzte Ursache vielleicht niemals erreichen kann).

Gänzlich anders stehen die Dinge im Objektbereich des menschlichen Handelns. Zum einen lassen sich hier keine Laborversuche in dem Sinne machen, wie sie in den Naturwissenschaften durchgeführt werden: Hier gibt es keine reproduzierbaren, homogenen Ereignisse, wie sie bei naturwissenschaftlichen Experimenten zur Verfügung stehen. Denn der Mensch handelt, und zwar unablässig. Er hat Ziele, er setzt Mittel ein, er wägt zwischen Alternativen ab, und all das ändert sich im Zeitablauf; ein nicht handelnder Mensch ist logisch nicht vorstellbar. Aus genau diesem Grund lassen sich Untersuchungen, wie sie zum Beispiel in der Physik (mittels reproduzierbarer Ereignisse) durchgeführt werden, nicht auf das menschliche Handeln übertragen: Es gibt hier schlichtweg keine reproduzierbaren, homogenen Beobachtungspunkte.

Zu (2): Das menschliche Handeln als Ausgangspunkt. Der Start- beziehungsweise Ausgangspunkt der Lehre vom menschlichen Handeln ist, dass der Mensch zielbezogen handelt. Ein Versuch, diese Erkenntnis zu verneinen, könnte nun darin bestehen zu behaupten, dass das menschliche Handeln nur *scheinbar zielbezogen* ist, dass es letztlich determiniert ist durch physiologische Faktoren, die wiederum naturwissenschaftlich (durch Physik und Chemie) erklärbar sind. Allerdings liefe dieses Argument auf nichts anderes hinaus als auf eine *metaphysische Erklärung*, vor der Positivisten bekanntlich zurückschrecken (müssen). Es wäre schließlich eine Erklärung, die etwas annimmt, was sich wissenschaftlich-empirisch nicht fundieren lässt: eine wissenschaftlich abgesicherte, gesetzesmäßige Beziehung zwischen dem menschlichen Handeln und physikalisch-chemischen Erklärungsfaktoren. Mises schlussfolgert:

> »Even the most fanatical champions of the »Unified Science« sect shrink from unambiguously espousing this blunt formulation of their fundamental thesis. There are good reasons for this reticence. So long as no definite relation is discovered between ideas and physical or chemical events of which they would occur as the regular sequel, the positivist thesis remains an epistemological postulate derived not from scientifically established experience but from a metaphysical world view.«[2]

Es ist die (bislang nicht aufgespürte) wissenschaftliche Beziehung zwischen dem menschlichen Handeln und physikalischen und chemischen Erklärungsfaktoren, die für die Wissenschaft vom menschlichen Handeln eine andere Methodologie erfordert, als sie in der Naturwissenschaft angewendet wird:

> »Methodological dualism refrains from any proposition concerning essences and metaphysical constructs. It merely takes into account the fact that we do not know how external events — physical, chemical, and physiological — affect human thoughts, ideas, and judgments of value. This ignorance splits the realm of knowledge into two separate fields, the realm of external events, commonly called nature, and the realm of human thought and action.«[3]

Was die Nationalökonomie – verstanden als Handlungswissenschaft – von der Naturwissenschaft zusätzlich unterscheidet, ist der wissenschaftliche Start- beziehungsweise Anfangspunkt, der Umgang mit der Frage nach dem *ultimativ Gegebenen*. In den Naturwissenschaften geht man (in der Regel) der Frage nach der letzten Ursache aus dem Wege – weil man (noch nicht) in der Lage ist, eine Letztbegründung aufzuspüren. In der Nationalökonomie stehen die Dinge hingegen anders. Hier lässt sich argumentieren, dass der Ausgangspunkt, das ultimativ Gegebene, das menschliche Handeln und dessen logische Implikationen sind:

> »For the natural sciences the limit of knowledge is the establishment of an ultimate given, that is, of a fact that cannot be traced back to another fact of which it would appear as the necessary consequence. For the sciences of human action the ultimate given is the judgments of value of the actors and the ideas that engender these judgments of value.«[4]

Zu (3): Es gibt keine Verhaltenskonstanz im Bereich des menschlichen Handelns. Diese Überlegungen führen nun zum Aspekt der Nicht-Konstanz im menschlichen Handeln. – Die Naturwissenschaften versuchen, im Zuge kausaler Erklärungsbeziehungen *konstante* Ursache-Wirkungs-Beziehungen zu identifizieren. Etwa dergestalt, dass, unter gegebenen Umfeldbedingungen, auf die Ursache *A* die Wirkung *B* folgt. Mises betonte, dass es derartige kausale Konstanten im menschlichen Handeln nicht gibt, nicht geben kann. Dazu führt Mises zwei Überlegungen an.

(i) Mises sah das *empirische* Identifikationsproblem. Menschliches Handeln ist einmalig und komplex. Handlungsereignisse sind nicht homogen (im Sinne von reproduzierbaren, vergleichbaren Beobachtungen). Sie lassen zudem auch nicht zu, die Wirkung einzelner Faktoren auf Handlungen zu isolieren. Erfahrung über menschliches Handeln (in Form von Konstanten, die aus Beobachtungen vergangener Ereignisse errechnet wurden) kann daher bestenfalls Anspruch erheben, für die Vergangenheit (für bestimmte Umstände, die geherrscht haben) Gültigkeit zu besitzen. Sie kann aber *sachlogisch* nicht beanspruchen, Gültigkeit für die Zukunft zu haben; das bekannte *Induktionsproblem* tritt hier in Erscheinung.

(ii) Die gewichtigere Überlegung an dieser Stelle ist, dass die Logik des menschlichen Handelns – die *a priori* Theorie – es nicht zulässt, quantitative Konstanten zwischen bestimmten Ursachen und dem menschlichen Handeln zu denken:

> »Wir wissen dagegen, dass äussere Tatbestände auf die einzelnen Menschen verschieden wirken, dass auch dieselben Menschen zu verschiedener Zeit verschieden reagieren, und dass es auch nicht gelingen kann, die Menschen in Klassen einzureihen, die gleichartig reagieren. Das sagt uns unsere apriorische Theorie.«[5]

Um diese Aussage näher zu erklären – dass es also keine Konstanten im menschlichen Handeln gibt und geben kann –, wurde das Thema nicht nur von Mises selbst eingehend behandelt, sondern auch von Hans-Hermann Hoppe. Letzterer kommt zudem zur Schlussfolgerung, dass es keine kausale Sozialforschung geben kann, vielmehr ist die Handlungswissenschaft als a-kausal zu verstehen. Das soll nun genauer erklärt werden.

Zu (4): A-Kausalität der Sozialwissenschaft. In *Kritik der kausalwissenschaftlichen Sozialforschung. Untersuchungen zur Grundlegung von Soziologie und Ökonomie* (1983) gelangt Hans-Hermann Hoppe zu dem Schluss, dass es eine kausalwissenschaftliche Sozial- und Wirtschaftswissenschaft aus *logischen Gründen* nicht geben *kann*. Diese Position ist ein Gegenentwurf zur allseits akzeptierten Auffassung, dass sich nationalökonomische Phänomene kausal erklären lassen – ein Grund, sich mit Hoppes Argumentation genauer auseinanderzusetzen.

Dass der Mensch lernen kann, ist eine Grundaussage des Falsifikationismus. Nach ihm wird Erkenntnis aufgrund von Versuch-und-Irrtum geschaffen beziehungsweise überprüft. Theorien (in Form von zum Beispiel »Wenn-dann«-Hypothesen) werden dabei mittels Basissätzen getestet. Aussagen, die der Überprüfung standhalten, gelten bis auf weiteres als nicht falsifiziert. Hingegen gelten Aussagen, die einer solchen Überprüfung nicht standhalten, als falsifiziert. Das menschliche Wissen wird folglich erlernt aus Falsifikation beziehungsweise Nicht-Falsifikation.

Um aber aus der Erfahrung lernen zu können, bedarf es *besonderer* Erfahrungen, genauer: Es müssen positive und negative Erfahrungen gemacht werden. Positive Erfahrungen bestätigen die zu überprüfende Theorie, negative Erfahrungen widersprechen ihr. Wie aber lassen sich positive und negative Erfahrungen machen, die erlauben, eine Aussage zu falsifizieren beziehungsweise nicht zu falsifizieren? Diese Frage ist alles andere als trivial. Denn zunächst einmal lässt sich nur eine *neutrale* Beobachtung von Ereignissen machen. Einer solchen Beobachtung kann eine Wiederholung oder auch eine Nicht-Wiederholung der Erstbeobachtung folgen. Das verbindet die Erstbeobachtung und ihre Wiederholung oder Nicht-Wiederholung jedoch noch nicht miteinander in irgendeiner sachlogischen Weise. Dazu ist vielmehr eine Voraussetzung notwendig: die Gültigkeit des *Konstanz-Prinzips.*[6]

Erst das Konstanz-Prinzip macht die beobachtete Wiederholung oder Nicht-Wiederholung eines Ereignisses erkenntnistheoretisch bedeutsam: Nur durch die Voraussetzung, dass eine *zeitinvariante Wirksamkeitsform von Ursachen* vorliegt, lassen sich Wiederholungen von Ereignissen als Bestätigungen (beziehungsweise als Nicht-Falsifikation) einer Aussage und Nicht-Wiederholungen als Falsifikation interpretieren. Das Konstanz-Prinzip ist die logische Regel, die dem bekannten Satz *gleiche Wirkung = gleiche Ursache* beziehungsweise *ungleiche Wirkung = ungleiche Ursache* zugrunde liegt. Als *Verstandesprinzip* – und das wurde bereits an anderer Stelle erläutert – lässt es sich weder aus der Erfahrung gewinnen, noch lässt es sich durch Erfahrung widerlegen. Das Konstanz-Prinzip ist *erfahrungsunabhängig,* es ist *a priori.*

Der Falsifikationismus impliziert die Gültigkeit des Satzes »Der Mensch kann lernen«. Dieser Satz lässt sich erkenntnislogisch nicht widerlegen. Seine Verneinung – dass also der Mensch nicht lernen kann – wäre ein *performativer Widerspruch*: Die Aussage »Der Mensch kann nicht lernen« würde den Inhalt des Gesagten verneinen (der da lautet, dass der Mensch lernen kann, nicht zu lernen). Auf dieser Einsicht aufbauend, argumentiert Hoppe, dass der menschliche Verstand gegenständlichem Geschehen Gesetzmäßigkeiten aufzwingt (aufzwingen muss): Nur so kann er aus Erfahrung lernen (er kann gewissermaßen nur so »aus Erfahrung schlau« werden); erst die Gültigkeit des Konstanz-Prinzips als Verstandesprinzip ermöglicht es, aus Beobachtungen positive oder negative Erfahrungen werden zu lassen. Diese Einsicht hat eine überaus bedeutsame erkenntnislogische Folge. Sie lautet: *Es kann keine konstanten Beziehungen (Gesetzmäßigkeiten) geben zwischen heutigen und künftigen Wissenszuständen, die das Handeln bestimmen.* Diese Aussage bedarf der Erklärung.

Gäbe es derartige Gesetzmäßigkeiten für das menschliche Verhalten, so hieße das, dass sich aus einem gegebenen Erfahrungs-Zustand ein künftiger Erfahrungs-Zustand ableiten ließe. Das aber würde bedeuten, dass der Mensch *nicht lernen* könne: Er könnte dem gegenständlichen Geschehen keine Konstanz (im Sinne einer konstanten Ursache für eine Wirkung) »aufzwingen«, denn das ist ja Voraussetzung dafür, dass aus Ereignissen überhaupt positive und negative Beobachtungen werden können und Lernen möglich wird. Die Aussage, dass der Mensch nicht lernen kann, steht folglich nicht nur im Widerspruch mit der Grundposition des Falisifikationismus. Sie ist auch logisch widersprüchlich. Hoppe schlussfolgert: »Entweder operiert der Verstand entsprechend konstanten Gesetzmäßigkeiten, dann kann er jedoch nicht aus Irrtümern lernen und einem gegenständlichen Geschehen Konstanz aufzwingen, oder der Verstand kann letzteres, dann unterliegt sein Arbeiten jedoch keinen für ihn selbst auffindbaren Gesetzen, sondern ist a-kausal.«[7]

Wenn es einen Gegenstandsbereich gibt, der durch Gesetzmäßigkeiten charakterisiert ist – und das ist der Gegenstandsbereich der äußeren Erfahrungen –, so muss es als *Komplement* auch einen Gegenstandsbereich geben, der durch A-Kausalität gekennzeichnet ist – und das ist der Gegenstandsbereich des menschlichen Handelns. Im Bereich des menschlichen Handelns lassen sich aus logischen Gründen keine konstanten, zeitinvarianten Ursachen aufspüren, die eine intentionale Handlung (beziehungsweise einen Wissenszustand, der zu einer Handlung führt) erklären. Wird Lernfähigkeit des Menschen konstituiert, so lässt sich das Handeln nicht mehr als verursacht in der Weise auffassen, wie sie in den Naturwissenschaften als verursacht konstituiert werden. In Hoppes Worten:

> »Sich als lernfähig zu denken, heißt, hinsichtlich des eigenen Erkennens und Handelns eine Kontingenz in der Wirksamkeit von Ursachen annehmen zu müssen: wer lernfähig ist, dessen Verhalten (Erkennen

und Handeln) kann (aus rein logischen Gründen) nicht als durch Konstanten bzw. durch einen Ursachenkomplex von konstanter (sei es statistischer, sei es deterministischer) Wirksamkeit bestimmt gelten. Konstanten hinsichtlich der Verursachung von Ereignissen kann es logischerweise nur da geben, wo man es mit einem Gegenstandsbereich nicht-lernender Objekte zu tun hat.«[8]

Um an dieser Stelle keine Missverständnisse aufkommen zu lassen: Es gibt zum einen die Fragestellung, ob sich Ursachen bestimmen lassen, die das menschliche Handeln erklären: Lassen sich äußere Ursachen finden (wie zum Beispiel Wetterlage, neue Theorien, Wissenszustände etc.), die mit einer *Gesetzesmäßigkeit* menschliche Handlungen bewirken? Hoppes Antwort ist: Nein, nach solch einer Kausalität wird man vergeblich suchen. Zum anderen gibt es die Fragestellung, ob es Gesetzmäßigkeiten gibt, die zwischen konkreten menschlichen Handlungen und den Ergebnissen, die daraus resultieren (zum Beispiel die Beziehung zwischen einem Geldmengenanstieg und der Kaufkraft des Geldes). Die Antwort lautet hier: Ja, in äußeren Gegenständen lassen sich derartige (qualitative, nicht aber quantitative) Gesetzmäßigkeiten aufspüren, und zwar durch das Anwenden von Denk- und Verstandesprinzipien; hier gibt es Kausalität.

Was sind die Folgerungen, die sich aus der Einordung der Nationalökonomie als a-kausale Wissenschaft ziehen lassen? Sie ist als *rekonstruierende Wissenschaft* einzustufen, die sich, wenn sie logisch widerspruchsfrei ausgeübt werden soll, in Analogie der Sprachwissenschaft ausrichtet.[9] Und sie muss feststellen, dass das künftige Handeln der Menschen nicht prognostizierbar ist im Sinne einer (durch Erfahrung gewonnenen) Kausalität. Sie legt jedoch Gesetzmäßigkeiten des menschlichen Handelns offen, die immer und überall Geltung beanspruchen können. Dadurch besteht eine bedingte Vorhersagemöglichkeit: Man kann zwar *nicht* mit wissenschaftlichem Anspruch vorhersagen, *wie* gehandelt wird. Es lässt sich jedoch im Vorfeld genau sagen, *was* die qualitativen Folgen sein werden, wenn eine bestimmte Handlung unter vorab bekannten Umfeldbedingungen getroffen wird.

Kapitel 13

Erkenntnistheoretische Stellung der Handlungslogik

»Die Trennung von Zweckrationalität und Sinn-rationalität begründe umgekehrt kein Banausen-Verbot.«
Peter Janich

Die *apriorische Handlungslogik*, wie sie von Ludwig von Mises aufgestellt und ausgearbeitet wurde, fand keinen Eingang in die wissenschaftliche Methode der Hauptstrom-Ökonomik, wie sie heutzutage praktiziert wird. Es ist vermutlich nicht übertrieben zu sagen, dass die apriorische Handlungslogik vielen Ökonomen gar nicht bekannt ist; und auch im philosophischen Betrieb scheint Mises' apriorische Handlungslogik nahezu unbekannt zu sein. Zudem ist zu beobachten, dass in den Kreisen der Ökonomen und Philosophen, die sich mit Mises' apriorischer Handlungslogik inhaltlich auseinandersetzen, beziehungsweise die ihr folgen und sie in ihren Analysen anwenden, mitunter erhebliche Unterschiede zutage treten, wenn es gilt, den erkenntnistheoretischen Status der Lehre von der Logik des menschlichen Handelns zu beurteilen.

Das mag auch daran liegen, dass Mises selbst in seinen Schriften recht zurückhaltend war bei der erkenntnistheoretischen Begründung seiner Handlungslogik. Im Folgenden sollen daher fünf Deutungsangebote der Lehre von der Logik des menschlichen Handelns, in dessen Zentrum der Satz »Der Mensch handelt« steht, vorgestellt werden. Neben (1) Mises' eigener Deutung zählen dazu (2) die Deutung als aristotelisch begründete Wissenschaft; (3) die Deutung von Murray N. Rothbard, der die Handlungslogik im Lichte der Erkenntnislehre von Thomas von Aquin einordnet; (4) die Deutung von Hans-Hermann Hoppe, der Mises' Handlungslogik mit der kantischen Erkenntnistheorie verortet; und (5) die »Hamburger Deutung« der Philosophen Rolf W. Puster (* 1957) und Michael Oliva Córdoba (* 1967). Wenngleich sich diese fünf erkenntnistheoretischen Begründungen mitunter auch stark voneinander unterscheiden, so haben sie doch eine Gemeinsamkeit: Sie alle unterstreichen die unumstößliche Wahrheit des Satzes »Der Mensch handelt«.

Zu (1): Mises eigene Deutung der Praxeologie

Mises selbst hat es in seinen Schriften vermieden, eine abschließende erkenntnistheoretische Begründung der Praxeologie vorzubringen. Er verwendet zwar die kantischen Begriffe a priori, a posteriori, analytisch und synthetisch, unterlässt es jedoch unübersehbar, die Praxeologie mit einem klaren Bekenntnis in Kants Tranzendentalphilosophie zu verorten. Ein Grund dafür könnte Mises' Bestreben sein, den Neopositivisten keine unnötige Angriffsfläche zu bieten. Ein weiterer Grund mag sein, dass Mises die erkenntnistheoretische Letztbegründung der Praxeologie (weitaus) weniger bedeutsam erachtete als diejenigen, die der Praxeologie zweifelnd oder ablehnend gegenüberstanden. Aufschlussreich ist dazu das folgende Zitat aus Mises' Spätwerk *The Ultimate Foundation of Economic Science* (1962):

> »Praxeology is a priori. All its theorems are products of deductive reasoning that starts from the category of action. The questions whether the judgments of praxeology are to be called analytic or synthetic and whether or not its procedure is to be qualified as »merely« tautological are of verbal interest only.«[1]

Textlich gesehen scheint Mises die Praxeologie, die apriorische Wissenschaft vom menschlichen Handeln, als reine Begriffswissenschaft anzusehen, die nichts anderes zutage fördert als *analytische Urteile a priori*.[2] Er betont, dass analytische Urteile zwar »nur« tautologisch sind, dass sie aber dennoch sehr wohl unsere Erkenntnis erweitern. Die Praxeologie ist entsprechend als Lehre aufzufassen, die die Entfaltung der wahren Erkenntnis ermöglicht, die im a priori gültigen Satz »Der Mensch handelt« enthalten ist. In *Nationalökonomie* (1940) erklärt Mises unter der Überschrift »Über den tautologischen Charakter der praxeologischen Deduktion«:

> »Apriorische Wissenschaft ist reine Begriffswissenschaft; sie kann nichts anderes zutage fördern als Tautologien und analytische Urteile. Alle ihre Sätze werden aus den Begriffen und den Begriffsbestimmungen auf rein logischem Wege abgeleitet; sie geben nichts, was nicht schon in den Voraussetzungen enthalten war.
>
> Wenn man aber nun meint, apriorische Wissenschaft sei daher nicht imstande unsere Erkenntnis zu fördern und die geistige Erfassung der Wirklichkeit zu ermöglichen, irrt man. Alle Sätze der Geometrie sind in den Axiomen enthalten. Im Begriff des rechtwinkligen Dreiecks ist auch der pythagoräische Lehrsatz bereits enthalten; er ist eine Tautologie, seine Ableitung führt zu einem analytischen Urteil. Nichtsdestoweniger wird man wohl kaum behaupten wollen, dass der Geometrie im allgemeinen und dem pythagoräischen Lehrsatz im besonderen kein Erkenntniswert innewohne. Auch die Erkenntnis aus Begriffen ist schöpferisch und erschliesst dem Geiste Neuland. Aus den Begriffen und Begriffsbestimmungen alles das herauszuholen, was in ihnen enthalten ist, und klar zu zeigen, was sie nicht enthalten, das ist das Feld der apriorischen Wissenschaft.«[3]

Es sei hier angemerkt, dass Kant ein Urteil als analytisch bezeichnet, wenn sein Prädikat bereits im Subjekt enthalten ist (wie beispielsweise im Satz »Junggesellen sind unverheiratet«). Für Kant sind analytische Urteile notwendigerweise wahr, und ihr Wahrheitswert wird nicht durch Erfahrung, sondern durch die Begriffe von Subjekt und Prädikat sowie der Anwendung des Satzes vom Widerspruch entschieden. Aus Sicht der (Neo-)Positivisten – in ihrer Ablehnung jedweder Metaphysik – sind analytische Urteile jedoch lediglich Wortkonventionen, sie geben keine Auskunft über die Realität und sind wissenschaftlich sinnlos; und a priori Aussagen sind »nur« analytisch.

Doch die Position der logischen Positivisten, dass a priori analytische Sätze keinen Erkenntniswert haben, und dass analytische Sätze nichts über die Realität aussagen, ist mehr als fragwürdig. Es scheint nämlich eine unzulässige Gleichsetzung von *Analytizität* und *Trivialität* vorzuliegen. Zwar gibt es durchaus analytische Sätze, die trivial sind wie der Satz »Junggesellen sind unverheiratet«. Aber das heißt nicht, dass alle analytischen Aussagen trivial sind wie zum Beispiel den (weniger trivialen) Satz »Körper sind ausgedehnt« oder den nicht-trivialen Satz »Der Mensch handelt«. Nicht-trivialen analytischen Sätzen kommt zweifellos ein Erkenntniswert zu.

Zu (2): Deutung der Praxeologie als aristotelisch gegründete Wissenschaft

Mises' Praxeologie geht von einer mit logischen Mitteln nicht zu widerlegenden, einer *apriorischen* Aussage aus, nämlich der Aussage, dass der Mensch handelt. Aus ihr breitet er auf deduktivem Weg eine Handlungswissenschaft aus. Dieses Vorgehen weist unübersehbare Parallelen zum aristotelischen Wissenschaftspostulat auf. Aristoteles betont nicht nur das individuelle menschliche Handeln in seiner *Nickomachischen Ethik*. In *Posteriori Analytics* spricht er sich auch dafür aus, dass eine Wissenschaft ihren Ausgangspunkt an einem *evidenten Axiom* nehmen muss und, darauf aufbauend, mittels logischer Deduktion das Wissen zu entfalten hat. Ein solches Vorgehen erfordert, dass man den Begründungsprozess letztlich auf eine evidente Aussage zurückführen kann; ansonsten wird die Begründung immer weitergereicht beziehungsweise aufgeschoben, ohne dass sie jemals erbracht wird (»infiniter Regress«).

Mises' Logik des menschlichen Handelns erfüllt jedoch die Anforderung, die Aristoteles an das wissenschaftliche Vorgehen stellt: Der Satz »Der Mensch handelt« ist evident, ein (möglicherweise drohender unendlicher) Begründungsregress wird vermieden.[4] Die evidente Aussage »Der Mensch handelt« ist im Grunde eine *Letztbegründung*. (Eine Begründung bezeichnet ein *logisches* Verhältnis zwischen dem, was zu begründen ist, und dem, mit dem es begründet werden soll.) Man kann die Logik selbst nicht logisch unabhängig fundieren. Wenn man die Logik überhaupt begründen kann, dann eben nur im Sinne einer logischen Begründung. Dieter Wandschneider (*1938) vertritt die Auffassung, »daß die Logik für ihre Rechtfertigung nur Logik voraussetzt und in eben diesem Sinn *voraussetzungslos* genannt werden muß«.[5]

Wenn in diesem Sinne die Logik (des menschlichen Handelns) eine Letztbegründung liefert (wie es das artistotelische Wissenschaftspostulat verlangt), so bleibt eines ungeklärt: Die Logik befasst sich mit der Korrektheit von Argumenten, der Beziehung zwischen Prämissen und Konklusion, nicht aber mit der Wahrheit von Prämissen. Selbst wenn also der Satz »Der Mensch handelt« als evident eingestuft wird (und als Ausgangspunkt für alle anderen Überlegungen dient), ist noch zu klären beziehungsweise zu begründen, wie und auf welche Weise der Satz »Der Mensch handelt« Gültigkeit für die *reale Lebenswelt* beanspruchen kann. Dass der Mensch handelt, ist zwar als wahr einzustufen in dem Sinne, dass es nicht widerspruchsfrei verneint werden kann. Es wäre jedoch noch seine »Entsprechung mit der Realität« zu klären.

Zu (3): Rothbards aristotelische, neo-thomistische Deutung

Murray N. Rothbard legt eine erkenntnistheoretische Deutung der Praxeologie vor, die sich auf den ersten Blick grundsätzlich von Mises' eigener unterscheidet. Während Mises sich mit seiner Deutung an Kant zumindest angelehnt hat, gibt sich Rothbard in dieser Frage als »Aristoteliker« und »Neo-Thomist« zu erkennen, und entsprechend ist er nicht der Meinung, das »Handlungsaxiom« entstamme der logischen Struktur des menschlichen Erkenntnisvermögens, sondern er sieht in ihm vielmehr ein »Gesetz der Realität«:

> »Turning from the deduction process to the axioms themselves, what is their epistemological status? Here the problems are obscured by a difference of opinion within the praxeological camp, particularly on the nature of the fundamental axiom of action. Ludwig von Mises, as an adherent of Kantian epistemology, asserted that the concept of action is a priori to

all experience, because it is, like the law of cause and effect, part of ›the essential and necessary character of the logical structure of the human mind‹. Without delving too deeply into the murky waters of epistemology, I would deny, as an Aristotelian and neo-Thomist, any such alleged ›laws of logical structure‹ that the human mind necessarily imposes on the chaotic structure of reality. Instead, I would call all such laws ›laws of reality‹, which the mind apprehends from investigating and collating the facts of the real world. My view is that the fundamental axiom and subsidiary axioms are derived from the experience of reality and are therefore in the broadest sense empirical. I would agree with the Aristotelian realist view that its doctrine is radically empirical, far more so than the post-Humean empiricism which is dominant in modern philosophy.«[6]

Rothbard stellt dabei klar, dass er zwar die Praxeologie als empirisch und nicht als apriorisch einstuft, dass jedoch seine Auffassung des Empirischen nicht kompatibel ist mit dem modernen Verständnis des Empirismus, und dass er daher bereit ist, die Praxeologie als apriorisch zu bezeichnen:

»Whether we consider the Action Axiom »a priori« or »empirical« depends on our ultimate philosophical position. Professor Mises, in the neo-Kantian tradition, considers this axiom a *law of thought* and therefore a categorical truth *a priori* to all experience. My own epistemological position rests on Aristotle and St. Thomas rather than Kant, and hence I would interpret the proposition differently. I would consider the axiom a *law of reality* rather than a law of thought, and hence »empirical« rather than »a priori.« But it should be obvious that this type of »empiricism« is so out of step with modern empiricism that I may just as well continue to call it *a priori* for present purposes. For (1) it is a law of reality that is not conceivably falsifiable, and yet is empirically meaningful and true; (2) it rests on universal *inner* experience, and not simply on external experience, that is, its evidence is *reflective* rather than physical; and (3) it is clearly *a priori* to complex historical events.«[7]

Zu (4): Hoppes kantische Deutung der Praxeologie

Hans-Hermann Hoppe (*1949) erblickt in Mises' Satz »Der Mensch handelt« mehr als nur ein analytisches Urteil a priori. Der Satz »Der Mensch handelt« erfüllt für ihn vielmehr die Anforderungen eines a priori synthetischen Urteils.[8] Kant selbst hatte zwei Anforderungen genannt, die eine Aussage erfüllen muss, damit sie a priori synthetisch ist. Zum einen kann ihr Wahrheitsgehalt nicht verneint werden, ohne dass das Verneinen der Aussage einen logischen Widerspruch verursacht. Zum anderen darf die Aussage nicht aus der Erfahrung (aus Beobachtungen, aus Sinneseindrücken) stammen, sondern sie muss durch *innere Reflexion* gewonnen worden sein. Beide Anforderungen erfüllt das Axiom des menschlichen Handelns, so Hoppe.

Man kann nicht widerspruchsfrei verneinen, dass der Mensch handelt. Eine solche Verneinung wäre ein logischer Widerspruch (ein *performativer Widerspruch*). Denn wer sagt »Der Mensch handelt *nicht*«, der handelt und widerspricht dem, was er sagt. Zudem kann man menschliches Handeln gar nicht beobachten, ohne zuvor überhaupt zu wissen, was menschliches Handeln eigentlich ist. Wüsste man nicht, was handeln ist, wie wollte man deuten und verstehen, wenn Menschen sich von hier nach da bewegen? Beispiel Hauptbahnhof: Wenn montagmorgens um 7 Uhr viele Menschen aus dem Zug steigen und mit raschem Schritt dem Ausgang zustreben, dann wird derjenige, der weiß, dass der Mensch handelt, erkennen, dass diese Menschen zielbezogen handeln; und dass in diesem Fall die meisten von ihnen (vermutlich) zur Arbeit gehen. Wer hingegen nicht weiß, was menschliches Handeln bedeutet, der wird nur sich hin und her bewegende Körper ausmachen; und dass diese Körper zielbezogen handeln, wird er nicht verstehen.

Zu (5): Die »Hamburger Deutung« der Praxeologie

Der Philosoph Rolf W. Puster vertritt mit seiner »Hamburger Deutung« die Auffassung, dass die Sätze der Handlungslogik (Praxeologie) sowohl Erkenntniswert haben als auch erfahrungsunabhängig als wahr eingesehen werden können.[9] Er bezeichnet Mises' Handlungslogik als a priori analytisch, spricht von *analytischer Praxeologie*: »Die Sätze der Praxeologie sind analytisch (wahr); Praxeologie ist, recht verstanden, analytische Praxeologie.«[10] Puster sieht sich eng an Mises' eigener Position. Er hebt hervor, dass Mises zwar den apriorischen Charakter praxeologischer Aussagen betont hat, dass er es aber im Grunde vermied, praxeologische Aussagen als synthetisch oder analytisch einzustufen.[11] Vielmehr habe sich Mises selbst zwischen zwei Interpretationen bewegt: einem analytisch-apriorischen Verständnis der Erfahrungsunabhängigkeit der Praxeologie auf der einen Seite und einem synthetisch-apriorischen Verständnis derselben auf der anderen Seite.

Puster meint, Mises sei mit einer an Kant angelehnten synthetischen-aprioristischen Auslegung praxeologischer Sätze aufgewartet, weil er keine Möglichkeit sah, ihnen im Zuge einer analytischen Interpretation einen Erkenntniswert zu sichern; und dass er ohne diese Besorgnis wohl nicht versucht worden wäre, kantisierend von Handlungs*kategorien* zu sprechen und zudem auch nach einer erkenntnistheoretischen Begründung für seine Praxeologie zu suchen.[12] Doch, so Puster, es gibt keinen Grund, analytischen Sätzen per se jeden Erkenntniswert absprechen zu wollen (wie es etwa die logischen Positivisten tun).[13] Analytische Sätze müssen nicht, sie können aber Erkenntniswert haben. Und bei den analytisch a priori Sätzen der Praxeologie ist das sehr wohl der Fall. Puster äußert die Vermutung, dass Vorbehalte, man könne analytische Sätze ungeprüft als kognitiv wertlos abtun, aus der Vermengung von Analytizität und Trivialität rührt. Es gibt triviale analytische Sätze (wie »Alle Junggesellen sind verheiratet«), aber auch nicht-triviale – wie der Satz »Der Mensch handelt«, der erfahrungsunabhängig ist und zweifelsohne Erkenntniswert besitzt.

Die nun zu klärenden beiden zentralen Fragen nach dem (1) erkenntnislogischen Status des Konstanz-Prinzips und (2) nach der Geltung dieses Konstanz-Prinzips im Bereich des menschlichen Erkennens und Handelns[14] haben wir bereits auf Seite 73 beantwortet. Unser Ergebnis lautete: *Das Konstanz-Prinzip gilt nicht im Bereich lernender Subjekte.* Da der Positivismus-Empirismus aber die Geltung des Konstanz-Prinzips voraussetzt, lässt er sich nicht widerspruchsfrei als Erkenntnisprogramm in den Sozialwissenschaften anwenden.

Kapitel 14

Realitätscheck für die Logik des Handelns

»Die Realität ist nur eine Illusion, wenn auch eine sehr hartnäckige.«
Albert Einstein

A priori Erkenntnis und Realitätsbezug

Eine zentrale Frage, die sich an dieser Stelle aufdrängt, lautet: Die *a priori* Theorie postuliert Zusammenhänge, die nicht aus der Erfahrung stammen beziehungsweise durch sie ihren Geltungsanspruch nicht ableiten können, die aber gleichzeitig sich auf die Erfahrungswelt beziehen und damit empirische Signifikanz haben sollen. Diese Fragestellung führt auf eine Diskussion zurück, die bereits Galileo Galilei (1564–1641) aufwarf, indem er sagte, das Buch der Natur sei in Zahlen geschrieben. Wie ist es möglich, dass die Mathematik, die erfahrungsunabhängig ist, sich auf die Gegenstände der Lebenswirklichkeit anwenden lässt? Die sich daran anschließende umfangreiche Auseinandersetzung ist weitreichend und soll hier nicht aufgearbeitet werden.[1] In aller Kürze sei dazu gesagt:

Für René Descartes (1596–1650) war die Natur (nur) deswegen mathematisierbar, weil sie räumlich ausgedehnt und damit geometrisch ist. Für Gottfried Wilhelm Leibniz (1646–1716) war die Natur gottgeschaffen, weil Gott die logisch geordnetste Welt wollte. In dieser Welt, so Leibniz, gibt es daher Naturgesetze, die sich auf die Mathematik zurückführen lassen: Leibniz sah die Mathematik auf die Logik zurückführbar.

Immanuel Kant argumentierte, dass der Mensch als Erkenntnissubjekt die Welt nur mathematisch strukturiert erkennen kann. Der

Grund: Nach Kant ist die Natur ein Phänomen, das durch die menschlichen Erkenntnisbedingungen konstituiert ist – und zwar durch die transzendentalen Bedingungen der Möglichkeit der objektiven Erkenntnis (der Gegenstände). Die Mathematisierbarkeit der Natur erklärt sich folglich durch die Denk- und Anschauungsformen des Erkenntnissubjektes.[2]

Dass der Mensch handelt, ist, so Ludwig von Mises, eine *a priori* Erkenntnis, sie ist erfahrungsunabhängig. Wüsste der Mensch nicht, was handeln ist, was es bedeutet, könnte er das menschliche Handeln gar nicht begreifen: Er würde nicht in der Lage sein zu sehen und zu erkennen, dass der Mensch handelt. Ohne die a priori Erkenntnis, dass der Mensch handelt, ließen sich allenfalls Bewegungen und Nicht-Bewegungen von Körpern registrieren, diese Beobachtungen könnten aber nicht sinnvoll als menschliches Handeln gedeutet werden (sondern eben nur als Bewegungen oder Nicht-Bewegungen von Körpern). Mises erläutert hierzu:

»Den Begriff des Handelns ... finden wir in uns selbst; das Wesen des Handelns erkennen wir als handelnde Menschen aus einem Wissen, das uns vor aller Erfahrung gegeben ist. Hätten wir dieses Wissen nicht schon in uns, könnten wir es durch keine Erklärung, Schulung, Belehrung und gewiss auch durch keine Beobachtung und Erfahrung gewinnen.«[3]

Mises erklärt sodann, dass analytische Sätze *a priori* nicht etwa erfahrungsabgekehrt sind, sondern dass sie vielmehr die Erfassung der Wirklichkeit ermöglichen. Der Grund ist, dass die Praxeologie als Verstandesprinzipien die Bedingungen der (Möglichkeit der objektiven) Erfahrung (ab)bildet:

»Die praxeologische Erfahrung setzt eben immer die apriorische Theorie der Praxeologie voraus und nicht umgekehrt.«[4] »Von den apriorischen Schwesterwissenschaften Logik und Mathematik scheidet die Praxeologie ..., dass sie im Gegensatz zu jenen sich auf Bedingungen des Handelns bezieht, die in der Wirklichkeit, mithin in der Erfahrung gegeben sind. Dadurch wird der apriorische Charakter der Praxeologie nicht berührt, da diese Bedingungen nur kategorial gesetzt werden, und ihre praxeologische Behandlung von dem Umstand, ob die Erfahrung sie als gegeben aufweist, unabhängig ist. ... Die praxeologischen Begriffe sind exakt und können mit voller Exaktheit auf die Wirklichkeit angewendet werden. Doch diese Wirklichkeit ist immer die Wirklichkeit des Handelns, nicht etwa die Wirklichkeit, wie sie sich der naturwissenschaftlichen Betrachtung der Aussenwelt darstellt.«[5]

In einem zentralen Kapitel in *Nationalökonomie* fasst Mises den Zusammenhang zwischen praxeologischer Theorie und Erfahrung wie folgt zusammen:

> »Das ›wirkliche Ding‹, mit dem die Praxeologie es zu tun hat, ist das menschliche Handeln, das eines Stammes ist mit der menschlichen Vernunft. Dass die Vernunft durch blosses Denken das Wesen des Handelns zu ergründen vermag, ist im Ursprung des Handelns aus der Vernunft gelegen. Die durch widerspruch- und fehlerfreies Denken gewonnenen Sätze der Praxeologie sind nicht nur vollkommen sicher und unbestreitbar wie die Sätze der Mathematik; sie beziehen sich mit aller ihrer Sicherheit und Unbestreitbarkeit auf das Handeln, wie es im Leben und in der Wirklichkeit geübt wird. Die Praxeologie vermittelt daher exaktes Wissen von wirklichen Dingen.
>
> Der Ausgangspunkt der Praxeologie ist nicht eine Konvention über Axiome und Methoden, sondern Besinnung auf das, was im Handeln selbst verwirklicht wird. Daher gibt es kein Handeln, in dem die praxeologischen Kategorien nicht voll und rein zum Ausdruck kommen würden. Es ist kein Handeln denkbar, in dem Mittel und Zweck oder Kosten und Ertrag nicht streng geschieden sind und nicht streng auseinandergehalten werden können. Es gibt nicht etwas, was mehr oder weniger genau der praxeologischen Kategorie des Tausches entsprechen würde; es gibt nur Tausch und Nichttausch, und von jedem Tausch gilt alles das in vollem Umfange und in voller Strenge, was vom Tausch allgemein ausgesagt wird. Es gibt keine Übergänge von Tausch zu Nichttausch oder von direktem Tausch zu indirektem Tausch. Keine Erfahrung kann je gemacht werden, die dem widersprechen könnte.

> Ein solcher Widerspruch wäre schon darum undenkbar, weil alle Erfahrung über menschliches Handeln an die praxeologischen Kategorien gebunden und nur durch ihre Anwendung möglich ist. Verfügten wir nicht über die Schemata, die uns das praxeologische Denken an die Hand gibt, dann würden wir nirgends Handeln, Tauschen u. dgl. m. zu erkennen vermögen. Wir würden Bewegungen wahrnehmen, doch nicht Kauf und Verkauf, Preise, Lohne und Zinssatze u. dgl. Erst durch die Verwendung des praxeologischen Schemas können wir von einem Kaufe erfahren, dann aber unabhängig davon, ob uns mit diesem Kauf Bewegungen von Menschen und von nichtmenschlichen Dingen der Aussenwelt wahrnehmbar werden oder nicht. Nie konnten wir ohne die praxeologische Einsicht etwas über Tauschmittel erfahren; in den Geldstücken sehen wir, wenn wir ohne diese Einsicht an sie herantreten, runde Metallplättchen besonderer Gestalt, sonst nichts. Erfahrung über Geld setzt die Kenntnis der praxeologischen Kategorie Tauschmittel voraus.«[6]

An dieser Stelle sei abschließend (was späterfolgend noch ausführlich diskutiert wird) das Gegenteil von *a priori* Erkenntnis erwähnt, und das ist die *Erkenntnis aus Erfahrung*, die Erkenntnis *a posteriori*. Geschichtliche Episoden zeigen uns (durch Berichte und Auslegungen von Gegebenheiten), was sich in der Vergangenheit abgespielt hat. Erkenntnis aus Erfahrung liefert jedoch niemals Erkenntnis, die von strenger Allgemeinheit ist. Geschichtliche Erkenntnisse besagen lediglich, dass sich etwas so oder so zugetragen hat. Sie besagen jedoch nicht, dass sich etwas zwingend so zutragen musste. Mit anderen Worten: Aus geschichtlicher Erfahrung lassen sich keine Gesetzmäßigkeiten ableiten. Anders die *a priori* Erkenntnis: Sie liefert Aussagen, die ausnahmslos Gültigkeit besitzen.

Eine wichtige Frage, die sich wie zuvor bereits aufgedrängt hat, und die nach wie vor einer Beantwortung harrt, lautet: Wie kann ein analytisches Urteil a priori erfahrungsunabhängig Erkenntnisse bereitstellen, die über die (tatsächliche) Lebenswirklichkeit (objektiv) informieren? Die Antwort lautet: Menschliches Handeln ist an *Körperlichkeit* gebunden, an die Existenz des menschlichen Körpers in *Raum* und *Zeit* (die Immanuel Kant als *reine Anschauungsformen* bezeichnet, und die die apriorischen Bedingungen der Existenz von Gegenständen für uns sind). Denn wer, wenn nicht unser menschlicher Körper, sollte der »Träger« unseres Handelns sein? Jeder, der handelt, weiß mit unerschütterlicher Gewissheit, dass sein Handeln Körperlichkeit erfordert: Wer etwas denkt, bedarf dazu seines Gehirns, wer etwas sagt, muss seine Stimmbänder in Schwingung bringen, wer etwas schreibt, muss einen Stift führen (oder in einen Sprachcomputer sprechen). Wer das bestreitet, wer sagt: »Das menschliche Handeln ist nicht an Körperlichkeit gebunden«, der muss dazu sein Gehirn, seine Stimmbänder, seine Fingerfertigkeit et cetera einsetzen, um diese Aussage überhaupt machen zu können. Und damit hat also das menschliche Handeln beziehungsweise hat das, was wir über das menschliche Handeln wissen, eine unmittelbare und unzertrennliche geistige Verbindung zur physischen Lebenswirklichkeit des Handelnden.

Kapitel 15
Weiterführende Einsichten

»Wären wir nicht selbst Denkende und Handelnde, könnte uns keinerlei Erfahrung sagen, was Denken und Handeln sei.«
Ludwig von Mises

In den voranstehenden Kapiteln wurde argumentiert, dass die Volkswirtschaftslehre sich widerspruchsfrei als apriorische Handlungswissenschaft, als Lehre von der Logik des menschlichen Handelns – Praxeologie – konzeptualisieren lässt. Diese Einsicht steht der heutigen Praxis in der Hauptstrom-Ökonomik unvereinbar gegenüber. Hoppe formuliert das wie folgt: »It is this assessment of economics as an a priori science, a science whose propositions can be given a rigorous logical justification, which distinguishes Austrians, or more precisely Misesians, from all other current economic schools.«[1]

Um die weitreichenden Implikationen, die die Einsicht, dass die Volkswirtschaftslehre eine apriorische Handlungswissenschaft ist, zu erkennen, sollen im Folgenden vier Aspekte näher betrachtet werden: Die Kritik der mathematischen Methode in der Volkswirtschaftslehre (15.1); der kategorische Unterschied zwischen Geschichte und *a priori* Theorie (15.2), die Möglichkeiten und Grenzen volkswirtschaftlicher Prognosen (15.3); und die a priori Ethik des Eigentums (15.4).

15.1 Kritik der mathematisierten Volkswirtschaftslehre

Die moderne Volkswirtschaft ist stark mathematisiert, in weiten Teilen ist sie im Grunde nur noch Mathematik. Das folgt aus der Idee, sie müsse der naturwissenschaftlichen Methode der Erkenntnisgewinnung und -prüfung folgen und folglich den Vorgaben des

Positivismus-Empirismus-Falsifikationismus gehorchen. Die Mathematisierung der Volkswirtschaftslehre ist jedoch alles andere als unproblematisch.[2] Warum, das soll nachstehend erläutert werden. – Durch die allseits akzeptierte Anwendung der Mathematik in der nationalökonomischen Analyse entsteht zunächst einmal der Eindruck, ein solcher »Mathematismus« sei gut begründet, beziehungsweise man könnte darauf verzichten, die Begründung für diese Annahme einzuholen. Doch auf eine Klärung dieser Vorgehensweise zu verzichten, wäre ein schwerwiegender Fehler.

Denn jedes wissenschaftliche Denken – selbst das naturwissenschaftliche Denken – hat bekanntlich *einen a-mathematischen Ausgangspunkt,* den der deutsche Philosoph Hugo Dingler (1881–1954) treffend als das »ansetzende Denken« bezeichnet hat. Das ansetzende Denken, das anfängliche Nachdenken über das Wesen des Gegenstandes beziehungsweise Erkenntnisobjektes einer Wissenschaft kann nicht bereits in Form von Formeln, Gleichungen und symbolischen Ausgangsausdrücken bestehen:

> »[I]ch kann mit Rechnen erst beginnen, wenn ich Formeln, Gleichungen, kurz symbolische Ausgangsausdrücke gegeben habe. Woher aber bekomme ich diese? Da sie nicht vom Himmel fallen oder an den Bäumen wachsen, kann ich sie nur von mir selbst haben. Ich gewinne sie durch ein Nachdenken, welches meine anschaulichen Vorstellungen über irgendein Naturgeschehen ... irgendwie in Formeln faßt. Diese letzte Art des Nachdenkens ist eben das ansetzende Denken.«[3]

Dinglers Gedanken halten eine Kritik für die Mathematisierung der Wissenschaft, einschließlich der Nationalökonomie, bereit:

> »Was also an diesem ›Mathematismus‹ das Charakteristische ist, das ist der Glaube, in der Methode der symbolischen Analysis eine letzte Geltungsbegründung vor sich zu haben.«

Doch die Mathematik kann nicht das ansetzende Denken sein oder es gar ersetzen. Dieser zentrale Gedanke findet sich auch in Mises' Kritik an der mathematischen Nationalökonomie wieder:

> »Was die erklärende oder logische Nationalökonomie in Worten sagt und was auch die mathematische Nationalökonomie in Worten sagen muß, ehe sie an den Ansatz der Gleichungen schreiten kann, wird in mathematischen Symbolen dargestellt.«[4]

Wer sogleich die Mathematik anwendet, ohne sich vorab mit dem ansetzenden Denken auseinanderzusetzen, übersieht entweder das zentrale erkenntnistheoretische Problem jeder Wissenschaft, oder aber er verfolgt andere Motive, etwa solche, mit denen erkenntnistheoretische Herausforderungen umgangen werden sollen:

> »Der Mathematiker sucht möglichst seinen Ansatz zu gewinnen. Wie das näher geschieht, ist ihm ganz gleichgültig, wenn er ihn nur gewinnt. Er eilt möglichst schnell über diese schwer zu fassenden, rechnerisch nicht angreifbaren Teile eines Gedankenganges hinweg, um in das Gebiet zu gelangen, wo er festen Boden unter den Füßen fühlt, wo er sich als Beherrscher sicherer Methoden, als Künstler in der Modellierung immer neuer abzuleitender Formen weiß, in das Gebiet der Rechnung.«[5]

Stellen wir also die Frage: *Lässt sich die Nationalökonomie mathematisieren?* Das ansetzende Denken offenbart, dass das Erkenntnisobjekt in der Naturwissenschaft ein gänzlich anderes ist als das in der Nationalökonomik. In der Naturwissenschaft sind die Erkenntnisobjekte Naturphänomene: Atome, Gesteine, Planeten et cetera. In der Nationalökonomie ist jedoch das Erkenntnisobjekt der handelnde Mensch. Und der hat – anders als Atome, Gesteine, Planeten et cetera – Ziele und Präferenzen, und er wägt zwischen Alternativen ab.

In den Naturwissenschaften ist das Anwenden der Mathematisierung in der Regel geeignet. Hier können im Zuge von Experimenten gleichartige Beobachtungswerte ermittelt werden, aus denen sich *konstante Ursache-Wirkungs-Beziehungen* zwischen der zu erklärenden Variable und den erklärenden Variablen aufspüren lassen.

Genau diese Art von Beobachtungswerten lassen sich im Bereich des menschlichen Handelns jedoch nicht gewinnen. Menschliches Handeln findet stets unter einer Vielzahl von Einflussfaktoren statt. Welche Bedeutung die Änderung eines Faktors bei Konstanz aller anderen Faktoren für das Untersuchungsergebnis hat, lässt sich – anders als in naturwissenschaftlichen Experimenten – nicht ermitteln. Das menschliche Handeln kennt keine (Verhaltens-)Konstanten, wie sie in der Naturwissenschaft beobachtbar und erfassbar sind. Der handelnde Mensch ist nämlich ein lernendes Wesen – und man kann die *Lernfähigkeit* des Menschen nicht widerspruchsfrei verneinen. Wer sagt: »Der Mensch kann nicht lernen«, der unterstellt, dass seine Zuhörer lernfähig sind, dass sie das, was er sagt, noch nicht wissen, es aber lernen können; sonst würde er es ja nicht sagen. Er begeht einen performativen Widerspruch. Und wer sagt: »Der Mensch kann lernen nicht zu lernen«, der begeht einen offenen Widerspruch.

Weil man die Lernfähigkeit des Menschen nicht widerspruchsfrei verneinen kann, kommt man unweigerlich zum Schluss, dass es keine homogenen, vergleichbaren Datenpunkte des menschlichen Verhaltens geben kann, wie sie sich im Bereich der Naturwissenschaft gewinnen lassen. Lernfähigkeit bedeutet, dass sich der Wissensbestand des handelnden Menschen im Zeitablauf verändert. Und wenn sich sein Wissensbestand ändert, lässt sich aus heutiger Sicht auch nicht prognostizieren, wie der handelnde Mensch sich künftig verhält – denn sein künftiges Handeln wird schließlich durch seinen künftigen Wissensstand (mit-)bestimmt.[6]

Die Wissenschaft vom menschlichen Handeln lässt sich daher auch nicht sinnvoll in Gleichungen mit konstanten Verhaltenskoeffizienten formalisieren. Man nehme etwa die *Quantitätstheorie*. Sie besagt, dass (ceteribus paribus) eine Erhöhung der Geldmenge zu einem proportionalen Anstieg der Güterpreise führt. Doch die Beziehung zwischen Geldmengenausweitung und Preiserhöhung ist nicht *notwendigerwei-*

se konstant; es gibt keinen *a priori* Grund, keine Rechtfertigung dafür. Vielmehr wird ein Ansteigen der Geldmengen die Handlungen unterschiedlicher Menschen in unterschiedlicher Weise beeinflussen.

Die historische Erfahrung, dass die Erhöhung der Geldmenge um, sagen wir, 50 Prozent, die Preise um, sagen wir, 20 Prozent erhöht hat, lässt keinerlei Schlüsse zu, dass diese Beziehung auch künftig gelten muss. Künftig mögen die Menschen ganz anders reagieren auf eine Geldmengenerhöhung, als sie es in der Vergangenheit getan haben. Die Volkswirtschaftslehre als theoretische Wissenschaft kann keine *quantitative Beziehung* zwischen Ursache und Wirkung ableiten. Sie kann lediglich *qualitative Beziehungen* aufzeigen.

Weiterhin ist zu beachten, dass das Denken in mathematischen Gleichungen und Gleichgewichtsmodellen – ein Verfahren, dass heute als *wissenschaftlich* angesehen wird – zu einer gedanklichen Abbildung eines Handlungszustandes führt, der gar nicht erreichbar ist, der nicht einmal schlüssig gedacht werden kann – und das ist der *Gleichgewichtszustand*: Weder der einzelne Akteur noch die gesamte Volkswirtschaft kann sich denklogisch in einem Gleichgewichtszustand befinden. Denn Gleichgewicht bedeutet Ruhezustand, eine Situation, in der alle Akteure ihre Ziele erreicht haben, in der sie kein Unwohlsein mehr verspüren, in der sie nicht mehr in der Lage sind zu handeln – also ihren Zustand durch einen anderen, als besser erachteten Zustand ersetzen können. Mit anderen Worten: Gleichgewicht bedeutet, dass der Mensch nicht mehr handeln kann – doch das ist, wie bereits mehrfach argumentiert wurde, denkunmöglich.

Kauft beispielsweise Herr *A* an der Börse eine Aktie für 100 Euro, so ist ihm ganz offensichtlich die Aktie mehr wert als 100 Euro. Beim Verkäufer der Aktie verhält es sich genau umgekehrt: Er wertet 100 Euro höher als die Aktie. Ein mathematischer Ökonom bildet die zugrunde liegende Transaktion ab, indem er eine Gleichung aufstellt, die den Aktienpreis *gleichsetzt* mit den 100 Euro, die für sie bezahlt wurden. Doch für keinen der am Tausch Beteiligten liegt eine derartige (Wert-)Gleichheit vor! Dass die Aktie für 100 Euro den Besitzer gewechselt hat, zeigt lediglich den *Preis* (also den *objektiven Tauschwert*) an, den die Aktie gegenüber dem Geld zu einem bestimmten Zeitpunkt hatte. Dieser Preis sagt aber nichts darüber aus, welche *Werte* die Marktakteure der Aktie und dem Geld zugewiesen haben.

Ein weiterer Kritikpunkt ist an dieser Stelle vorzubringen: Die *mathematische Volkswirtschaftslehre* kann die Triebkräfte nicht erklären, die das menschliche Handeln leiten, die ihn veranlassen, seinen Zielen zuzustreben. Denn der Mathematik ist die Logik des menschlichen Handelns fremd. Wie soll die Mathematik, ohne Bezug auf das ansetzende Denken, mit zum Beispiel Wertungen und Erwartungen umgehen, die zum Beispiel Unternehmer, die Gewinnchancen erkennen und nutzen, umtreiben? Die mathematisch-mechanische Analyse kann die eigentlich wichtigen, entscheidenden ökonomischen Erklärungsbeiträge nicht liefern.

Die Mathematisierung der Volkswirtschaftslehre kann die wissenschaftliche Erkenntnis des Handelns daher auch nicht erweitern. Vielmehr bedarf es zunächst der nationalökonomischen Einsichten, und danach muss man erkunden, ob diese Erkenntnisse sich überhaupt in mathematischer Sprache abfassen, in diese übertragen lassen. Bei Letzterem wird unmissverständlich deutlich, dass das nicht möglich ist.

Im Bereich des menschlichen Handelns gibt es – anders als in den Naturwissenschaften – keine Konstanten in dem Sinne, dass eine Größe Y in immer gleicher Weise auf die Veränderung einer Größe X reagiert (unter Konstanz aller anderen relevanten Größen). Die Gleichungen der mathematischen Nationalökonomie – die Zusammenhänge herstellen wollen zwischen zum Beispiel Geldmenge und Güterpreisen, Zinsen und Aktienmarktbewertungen, Staatsdefiziten und Wirtschaftswachstum – sind daher im Grunde praktisch nutzlos. Denn sie beschreiben lediglich einen erdachten, fiktiven Zustand, der von dem tastsächlichen Zustand nicht nur verschieden ist, sondern auch niemals verwirklicht werden kann. Sie sagen auch nichts aus über die Handlungen der Marktakteure, die unter der unrealisierbaren Voraussetzung, dass keine weiteren Datenänderungen eintreten, zu diesem Gleichgewichtszustand führen müssten. Ludwig von Mises schrieb dazu:

»Die Aufstellung dieser Gleichungen erweitert jedoch unsere Erkenntnis in keiner Weise. Was die erklärende oder logische Nationalökonomie in Worten sagt und was auch die mathematische Nationalökonomie in Worten sagen muß, ehe sie an den Ansatz der Gleichungen schreiten kann, wird in mathematischen Symbolen dargestellt.«[7]

Anders als die mathematisierte Nationalökonomik kann die apriorisch-handlungslogisch ausgerichtete Nationalökonomie aufzeigen, welche Kräfte die Marktwirtschaft – durch das Handeln der Individuen – zum gleichgewichtsnahen Zustand (ohne dass er jemals erreicht werden könnte) führt. Sie kann zum Eigentlichen vordringen, systematische Erkenntnisse über das menschliche Handeln gewinnen. Das ist ein Erkenntnisgewinn, der aus einer mathematisierten Nationalökonomie nicht und niemals gewonnen werden kann.

Weil seine Auffassung ganz offensichtlich im wissenschafts- und erkenntnistheoretischen Diskurs innerhalb der Nationalökonomie kein Gehör fand, ließ Mises sich zu der nachstehenden, für ihn ungewöhnlichen, defätistischen Aussage hinreißen:

»Carl Menger hat einmal erklärt, daß es kein besseres Mittel gebe, eine verfehlte Denkrichtung ad absurdum zu führen, als sie sich voll ausleben zu lassen. Die mathematische Schule der Nationalökonomie ist auf diesem Wege. Beträchtliche Geldmittel stehen ihr zu Gebote. Sie verfügt über eine große Anzahl von Zeitschriften in allen Kultursprachen, sie veranstaltet Kongresse und Konferenzen und wird an den meisten Hochschulen als die einzig wahre Methode der Nationalökonomie gelehrt. Sie erfreut sich auch besonderer Förderung von Seiten vieler Regierungen und der Unesco. Doch alles Lob, das die Vertreter der Schule einander wechselweise spenden, wird auf die Dauer die Tatsache nicht verhüllen können, daß diese Geschäftigkeit in eine Sackgasse führt. In dem Augenblick, in dem ein kritischer Kopf in einem Buch die Frage nach den Ergebnissen der mathematischen Methode aufwerfen wird, wird der Spuk gebannt sein.«[8]

Die Vertreter der mathematisierten Nationalökonomie befassen sich in der Regel nicht mit der *Begründungsfrage* ihrer Wissenschaft (und folglich steht aus ihrer Sicht der Anwendbarkeit der Mathematik in der Nationalökonomie nichts im Wege). Mises argumentiert, dass der Ausgangspunkt für das *ansetzende Denken* in der Nationalökonomie der handelnde Mensch, das handelnde Individuum sein muss: »Der Mensch handelt« ist eine *wahre* Aussage, von der die nationalökonomische Wissenschaft *widerspruchsfrei* ihren Ausgangspunkt nehmen kann – beziehungsweise die nationalökonomische Wissenschaft darf sich nicht in einen Widerspruch mit dieser a priori Erkenntnis begeben.

Im Bereich des menschlichen Handelns gibt es keine Konstanten in dem Sinne, dass beispielsweise eine Erhöhung der Gütermenge um *X* Prozent stets zu einer Senkung des Güterpreises um *Y* Prozent führt. In der Physik beispielsweise lassen sich konstante Beziehungen zwischen Phänomenen identifizieren. »Diese konstanten Beziehungen sind in der Nationalökonomie nicht aufzuweisen.«[9] Wollte man dem Wahrheitsgehalt dieser Überlegung widersprechen, so müsste man annehmen, dass das menschliche Handeln bestimmt wird durch äußere Faktoren (physikalischer, chemischer oder psychologischer Art). Doch für eine solche Überlegung, die menschliches Handeln im Sinne einer naturwissenschaftlichen Ursache-Wirkungs-Beziehung erklären will, lässt sich keine überzeugende Begründung finden:

Zum einen weiß man nicht, wie und warum bestimmte Bedingungen der äußeren Welt im handelnden Menschen Reaktionen auslösen. Verschiedene Menschen reagieren unterschiedlich auf die gleichen äußeren Reize, und der gleiche Mensch kann auf den gleichen äußeren Impuls zu verschiedenen Zeiten unterschiedlich reagieren. Zum anderen lässt sich eine notwendige, eine konstante Verbindung zwischen einem äußeren Reiz und dem, was er im handelnden Menschen erzeugt (welche Ideen er erzeugt, die ihn handeln lassen), nicht mit wissenschaftlichen Mitteln aufspüren. Diese Einsicht speist sich nicht etwa aus Erfahrung, sondern der Gedanke, es ließen sich im Bereich des menschlichen Handelns konstante Verhaltensmuster aufspüren (dass der Handelnde auf einen bestimmten äußeren Reiz *A* immer und überall die gleiche Reaktion *B* zeigt), erweist sich als *logisch widersprüchlich.*[10]

Würde ein bestimmter äußerer Reiz immer und überall eine bestimmte Idee und damit ein bestimmtes Handeln auslösen, so wäre man in der Lage, mit dem gegebenen Einflussfaktor (dem äußeren Reiz) künftiges Handeln genau zu prognostizieren. Das wiederum würde aber bedeuten, dass die Zukunft nicht mehr unsicher wäre, und das käme der Aussage gleich, der Mensch könne nicht mehr handeln: Wäre die Zukunft sicher, ließe sich der Gang der Dinge nicht mehr durch menschliches Handeln beeinflussen. Dass aber der Mensch nicht handelt, lässt sich nicht widerspruchsfrei denken. Vor dem Hintergrund dieser Überlegungen kommt man zum Ergebnis, dass das, was das menschliche Handeln ausmacht, aus logischen Gründen nicht in Formeln, Gleichungen und Funktionen abgebildet werden kann. Die Nationalökonomie ist daher, so Mises, nicht mathematisierbar.

15.2 Geschichte und *a priori* Theorie

Bereits Carl Menger hatte – als ein Kernelement des Methodenstreits – herausgestellt, dass sowohl die Geschichte als auch die Theorie ihre Berechtigung haben, dass sie aber zwei grundsätzlich verschiedene Wissenschaftsfelder sind:

> »Die theoretischen und die historischen Wissenschaften von der Volkswirthschaft weisen ... in der That eine fundamentale Verschiedenheit auf und nur die völlige Verkennung der wahren Natur dieser Wissenschaften vermöchte dieselben miteinander zu verwechseln oder der Meinung Raum zu geben, dass dieselben sich gegenseitig zu ersetzen vermögen.«[11]

Zwischen Geschichte und Theorie besteht ein logischer Gegensatz, und daher sind die historische Erfahrungswissenschaft und die a priori Theorie streng auseinanderzuhalten. Geschichte befasst sich mit vergangenen Ereignissen. Sie ist Aufzeichnen und Berichten von Begebenheiten, die in der Vergangenheit stattgefunden haben. Das Besondere und Individuelle ist Gegenstand der Geschichte. Wenn die Erfahrung zum Beispiel gezeigt hat, dass im letzten Jahr ein Produktionsausfall bei einer Ware um 50 Prozent zu einem Preisanstieg von 75 Prozent geführt hat, so lässt sich daraus nicht begründen, wie stark der Preisanstieg künftig ausfallen wird, sollte die Produktion wieder einmal um die Hälfte einbrechen.

Zum einen steht dem Schließen auf Allgemeingültigkeit das allbekannte Induktionsproblem entgegen: Aus (Einzel-)Beobachtungen lässt sich nicht logisch begründbar auf Allgemeingültigkeit schlussfolgern. Zum anderen gibt es mit Blick auf den Gegenstandsbereich des menschlichen Handelns einen weiteren Grund, warum aus geschichtlichen Erkenntnissen keine Allgemeingültigkeit begründet werden kann: Es wäre ein logischer Widerspruch, würde man argumentieren, Menschen reagierten auf die gleichen Ursachen gleich, das menschliche Handeln selbst sei also dem Konstanz-Prinzip unterworfen. Doch im Bereich des menschlichen Handelns gibt es keine Konstanten, es kann aus logischen Erwägungen keine solchen Konstanten geben, mit denen eine Extrapolation vergangener Erfahrung in die Zukunft gerechtfertigt werden könnte.

Mit geschichtlicher Erfahrung lässt sich eine Hypothese über das menschliche Handeln – etwa die, dass eine Erhöhung der Geldmenge die Kaufkraft des Geldes schmälert – nicht überprüfen. Durch Erfahrung lässt sich – und an dieser Stelle sei auf die vorangegangene Kritik des Empirismus verwiesen – der Wahrheitsgehalt dieser Hypothese nicht nur *nicht* abschließend beurteilen. Der Rückgriff auf geschichtliche Daten (die hier gewissermaßen das Pendant zu den Experiment-Daten in den Naturwissenschaften darstellen) bringt ein unüberwindbares Problem.

Geschichtliche Ereignisse des menschlichen Handelns sind stets das Zusammenspiel von einer Vielzahl von Faktoren. Sie lassen sich nur als komplexe Ereignisse erfahren, und es ist nicht möglich, die Wirkung einzelner Faktoren isoliert zu erkennen. Bei geschichtlichen Ereignissen handelt es sich nicht um homogene (reproduzierbare) Ereignisse, die miteinander vergleichbar wären. Vielmehr handelt es sich bei ihnen um jeweils einmalige Konstellationen. Geschichtliche Ereignisse stellen sich folglich nicht dar wie Tests in den Naturwissenschaften. Bei Letzteren lässt sich der Einfluss eines Faktors auf die abhängige Größe isoliert untersuchen, indem nur der interessierende Faktor verändert wird, während alle anderen Erklärungsfaktoren konstant gehalten werden. Das ist bei der Verwendung von Vergangenheitsdaten nicht möglich.

Nun mag man argumentieren, dass es ökonometrische Verfahren gibt, mit denen zum Beispiel das Problem der »Multikollinearität« angegangen wird oder mit denen »partielle Regressionskoeffizienten« ermittelt werden können.[12] Doch das kann nicht überzeugen. Denn alle derartigen Berechnungen fußen schließlich konzeptionell auf dem positivistisch-empiristisch-falsifikationistischen Programm – und unterliegen damit auch allen an diesem Programm bereits geäußerten (methodologischen) Kritikpunkten. So kann zum Beispiel ein partieller Regressionskoeffizient nicht abschließend angeben, wie groß der Einfluss von *X* auf *Y* unter Ausschluss des Einflusses von *Z* ist. Der so ermittelte Einfluss hätte lediglich vorläufige Aussagekraft, würde vorbehaltlich neuerlicher Testverfahren gelten – und könnte sich durch sie sprichwörtlich auch in Luft auflösen, sollten sich bei neuerlichen Tests entsprechende Ergebnisse zeigen.

Zwischen Geschichte und Theorie besteht eine unüberbrückbare Kluft, die auch die Unterschiedlichkeit der jeweils dem Untersuchungsobjekt angemessenen Methodologie erklärt. Geschichte kann, so Mises, nichts für die Erkenntnisse über das menschliche Handeln liefern, soweit es seine Grundsätzlichkeit, seine logische Struktur betrifft:

> »Die Erfahrung vom menschlichen Handeln ist — wie jede Erfahrung — Erfahrung eines Vergangenen, das sich damals und dort ereignet hat; sie ist immer Erfahrung von einem komplexen Tatbestand, in dem verschiedene Elemente zusammenwirken. Sie kann von dieser Verknüpfung mit einem komplexen Tatbestand, der einmal da gewesen ist und nie in derselben Gestaltung wiederkehrt, auch nicht in der

> Weise herausgelöst werden, in der der Versuch Naturgeschehen zu isolieren vermag. Alle Erfahrung vom menschlichen Handeln ist daher Geschichte; sie kann nie etwas beweisen oder widerlegen in dem Sinn, in dem es ein Experiment in den Naturwissenschaften vermag. Verification oder Falsification einer Aussage durch die Erfahrung ist den Wissenschaften vom menschlichen Handeln nicht gegeben.«[13]

Anders als Geschichte ist die Nationalökonomie *a priori* Theorie, die Erkenntnisse und Gesetzmäßigkeiten allein durch strenges Denken hervorbringt. Strenge Allgemeinheit von Aussagen kann nur die *a priori* Theorie liefern, nicht aber die geschichtliche Erfahrung:

> »Doch das Wissen vom Handeln, mit dem wir uns in der Praxeologie, der allgemeinen Lehre vom menschlichen Handeln, zu befassen haben, ist von strenger Allgemeinheit. Es enthält nur Sätze, die notwendig immer und ausnahmelos gelten, wofern die vorausgesetzten Bedingungen ihrer Geltung gegeben sind. Es ist ein Wissen wie das der Logik und der Mathematik.«[14]

Und weiter:

> »Wenn wir die Quelle der Lehre vom menschlichen Handeln als innere Erfahrung bezeichnen wollten, müssten wir sie doch auf der einen Seite scharf scheiden von der inneren Erfahrung, die nur zu Erfahrungssätzen ohne strenge Allgemeinheit führt, und auf der anderen Seite feststellen, dass die strenge Allgemeinheit ihrer Sätze sie mit Logik und Mathematik in eine Reihe bringt.«[15]
>
> »Der Lehrzweck, den diese Geschichte [gemeint ist die Ältere und Jüngere Historische Schule, *A. d. V.*] verfolgte und verfolgt, erheischt heute, daß bei aller Verneinung des Sinns eines leeren, relativistischen Empirismus doch einem jungen, aller Historie abholden Geschlecht nachdrücklich vor Augen geführt wird, daß wie gedankenlose Stoffhäufung, so auch stofflose Gedankenordnung zur Unfruchtbarkeit verurteilt ist.«[16]

15.3 Grenzen der Prognose

Viele meinen, die Volkswirtschaftslehre sei eine Wissenschaft, mit der sich die Zukunft (besser) vorhersagen lasse. Dieser Sichtweise ist jedoch mit großer Skepsis zu begegnen; sie ist bestenfalls mit einem Fragezeichen zu versehen, schlimmstenfalls als Irrtum zurückzuweisen.

Wenn die Volkswirtschaftslehre als eine *a priori* Theorie konzeptualisiert (und als solche akzeptiert) wird, dann lassen sich durchaus ökonomische Gesetzmäßigkeiten ableiten. Das heißt, man kann mit Gewissheit sagen, welche (qualitativen) Folgen eine Handlung hat. Dazu drei Beispiele:

1. Steigt die Nachfrage nach einem Gut, und trifft sie auf ein unverändertes Angebot, steigt der Preis des Gutes.
2. Nimmt die Geldmenge in der Volkswirtschaft zu, schwindet die Kaufkraft der Geldeinheit (im Vergleich zu einer Situation, in der die Geldmenge nicht verändert worden wäre).
3. Jeder Kauf und Verkauf, zu dem sich die Markakteure freiwillig entschließen, ist nutzenstiftend für die am Tausch Beteiligten (andernfalls würde die Transaktion nicht stattfinden).

Diese Aussagen lassen sich unzweifelhaft als wahr einsehen, wobei allerdings zu betonen ist, dass sie zum einen nur qualitativer, nicht aber quantitativer Art sein können; und dass sie zum anderen nur ceteris paribus, also unter sonst gleichen Bedingungen, gelten.

In der wirklichen Welt findet das Handeln der Menschen jedoch unter »besonderen Bedingungen« statt. Im *wirklichen Leben* greift man zu kurz, wenn man sich auf die »reine Theorie« verlässt. Denn hier kommen zusätzliche Faktoren ins Spiel, die auf den zu prognostizierenden Zustand einwirken.

Das heißt zwar nicht, dass die *a priori* Theorie dadurch widerlegt werden würde. Keinesfalls! Sie behält ihre Aussagekraft. Jedoch das Prognoseergebnis, das sie voraussagt, wird relativiert, die »besonderen Bedingungen« beeinflussen es, können das von der reinen Theorie prognostizierte Ergebnis verzerren oder gar ins Gegenteil verkehren.

Dazu ein Beispiel. Die Zentralbank erhöht die Geldmenge in einem gewaltigen Ausmaß. Die »reine Theorie« besagt, dass das die Kaufkraft des Geldes herabsetzt – dass durch diese Geldpolitik die Güterpreise in die Höhe getrieben werden. Doch der Staat friert die Preise ein, er erlässt Höchstpreise: Die Preise für, sagen wir, Nahrungsmittel, Energie, Mieten und Löhne dürfen nicht angehoben werden. Die Folge: Die Geldmengenausweitung geht nicht einher mit einem Kaufkraftverlust des Geldes.

Ist die *a priori* Theorie falsch? Nein, sie ist nicht falsch. Ohne das staatliche Einfrieren der Preise, das Diktieren von Höchstpreisen wären die Güterpreise gestiegen, und sie hätten die Kaufkraft des Geldes herabgesetzt. Hätte man allerdings die Prognose allein aufgrund der apriorischen Theorie gemacht, hätte man also den Einfluss der »besonderen Faktoren« nicht beachtet, wäre eine falsche Prognose erstellt worden.

Die »besonderen Faktoren«, unter denen das *künftige* Handeln der Menschen steht, lassen sich nicht von der *a priori* Theorie (mit wissenschaftlichen Mitteln) vorhersehen. Sie korrekt vorherzusehen, bedarf vielmehr »besonderer Fähigkeiten«. Dazu gehört beispielsweise die erfolgreiche Anwendung der *Thymologie*.

Der Begriff Thymologie steht für das Verfahren, das im Grunde jeder Mensch tagtäglich anwendet: Man gewinnt Erkenntnisse über das Verhalten seiner Mitmenschen, indem man aus Erfahrungen lernt, wie sie unter bestimmten Bedingungen reagieren. Die Thymologie liefert keine wissenschaftliche Erkenntnis, sondern lediglich erfahrungsbasierte Vermutungen über das künftige Handeln der Menschen (unter bestimmten Bedingungen). Ludwig von Mises schrieb dazu:

> »Was die Thymologie leistet, ist die Ausarbeitung eines Katalogs menschlicher Züge. Sie kann außerdem die Tatsache behaupten, dass gewisse Züge in der Vergangenheit regelmäßig in Verbindung mit gewissen anderen Zügen aufgetreten sind. Sie kann aber niemals in der Weise voraussagen, wie die Naturwissenschaften es können. Sie kann

nie im Voraus wissen, mit welchem Gewicht die verschiedenen Faktoren bei einem bestimmten Zukunftsereignis wirksam sein werden.«[17]

Es gibt Menschen, die die Thymologie besonders gut anwenden, und solche, die aus ihr nur geringen oder gar keinen Nutzen erzielen. Zu Ersteren zählen die »Unternehmer«. Sie sind es, die die Bedürfnisse der Menschen frühzeitig erkennen, und die wissen, mit welchem Angebot sie sich befriedigen lassen.

Die Unternehmer haben auch den Mut und den Drang zur Tat, die von ihnen (vermeintlich) erkannte Nachfrage zu bedienen. Sie kaufen Produktionsmittel ein (Rohstoffe, Vorerzeugnisse, Arbeit etc.) und erstellen aus ihnen marktfähige Güter. Auch sind es die Unternehmer, die besonders erfolgreich dabei sind, die künftigen »besonderen Bedingungen« korrekt abzuschätzen. Jede Gesellschaft kann sich so gesehen glücklich schätzen, wenn sie viele erfolgreiche Unternehmer hat und hervorbringt!

Abschließend ist hier festzustellen, dass eine wissenschaftliche Prognose des künftigen menschlichen Handelns nicht möglich ist – man kann nicht sagen, wie eine bestimmte Politikmaßnahme (zum Beispiel die Verdopplung der Geldmenge, eine Steuererhöhung etc.) das Wirtschaftswachstum und die Güterpreise *quantitativ* beeinflussen wird. Man kann nämlich nicht mit wissenschaftlichen Mitteln vorhersehen, *wie* sich die Menschen in der Zukunft verhalten. Der Grund ist die bereits diskutierte *Lernfähigkeit* des Menschen; sie ist apriorisch, lässt sich also widerspruchsfrei nicht verneinen.

15.4 A priori Ethik des Eigentums

Die *Ethik* ist ein Teilgebiet der Philosophie. Sie befasst sich mit dem richtigen Handeln des Menschen. Die Kernfrage der Ethik lautet: *Was ist sittliches, gerechtes Handeln?* Die Antwort lautet: Ethisch ist das Handeln dann, wenn es im Einklang mit Regeln steht, die für alle überall und gleichermaßen gelten.

Diese Anforderung kommt etwa in Kants *Kategorischem Imperativ* zum Ausdruck: »Handle nur nach derjenigen Maxime, durch die du zugleich wollen kannst, dass sie ein allgemeines Gesetz werde.« Zusätzlich zu dieser Allgemeingültigkeitsanforderung (»Universalitätsanforderung«) müssen ethische Regeln jedoch auch sicherstellen, *dass ihr Befolgen die menschliche Existenz bewahrt*. Denn wäre Letzteres nicht sichergestellt, gäbe es früher oder später keinen Bedarf mehr für eine Ethik.

Ethische Fragestellungen resultieren aus *Knappheit*. Diese Erkenntnis wird von vielen Philosophen häufig übersehen. Gäbe es keine Knappheit, gäbe es keinen Bedarf für eine Ethik. Die Begründung dieser Aussage ist leicht zu verstehen. Gäbe es keine Knappheit (was, wie bereits gezeigt wurde, nicht [denk]möglich ist), so gäbe es keine interpersonellen Konflikte.

Das, was der eine tut, könnte nämlich nicht zu Lasten des Handelnden oder anderer gehen. Ohne Knappheit würde der Apfel, der von Frau *A* verspeist wird, keinen Verzicht des Apfelkonsums für irgendjemand anderen bedeuten. Doch Knappheit ist – denknotwendig – allgegenwärtig: Der Mensch handelt unter Knappheit (und sei es nur, weil Handeln Zeit benötigt). Selbst im Garten Eden gibt es Knappheit, und zwar in zwei Formen: hinsichtlich des eigenen physischen Körpers und des Standorts, den der Körper einnimmt. Der Ort, in dem sich der eine Körper befindet, kann nicht gleichzeitig von einem anderen Körper eingenommen werden.

Selbst wenn es also lediglich zwei Menschen im Garten Eden gäbe, kann es auch hier zum interpersonellen Konflikt kommen: nämlich dann, wenn zum Beispiel beide zur gleichen Zeit den gleichen Standort einnehmen wollten. Um zwischenmenschliche Konflikte, die aus Knappheit herrühren, zu schlichten, bedarf es Regeln des Zusammenlebens.

Im Folgenden wird gezeigt, dass das Eigentum beziehungsweise der unbedingte Respekt des Eigentums eine ethische Regel für das menschliche Zusammenleben in der Gesellschaft darstellt. In seinem Buch *Liberalismus* aus dem Jahre 1927 hatte Ludwig von Mises das Eigentum bereits als zentrale Größe der freiheitlichen Gesellschaft – des Liberalismus – herausgestellt: »Das Programm des Liberalismus hätte also, in ein einziges Wort zusammengefaßt, zu lauten: Eigentum, das heißt: Sondereigentum an den Produktionsmitteln ... Alle anderen Forderungen des Liberalismus ergeben sich aus dieser Grundforderung.«[18]

Mises erkannte jedoch nicht nur die zentrale ökonomische Bedeutung des Eigentums für eine freiheitliche Gesellschaft. Er hatte auch eine ethische Legitimation des Eigentums im Auge: »Indem wir die gesellschaftliche Funktion und Notwendigkeit des Sondereigentums an den Produktionsmitteln und damit auch der Ungleichheit der Vermögens- und Einkommensverteilung behaupten und zu beweisen suchen, führen wir auch zugleich den Beweis für die sittliche Berechtigung des Sondereigentums und der auf ihm beruhenden kapitalistischen Gesellschaftsordnung.«[19]

In Anlehnung an die *naturrechtliche Sichtweise,* wie sie zum Beispiel von John Locke (1632–1704) formuliert wurde, ist unter Eigentum das Eigentum am eigenen Körper und das Eigentum, das mit eigener Hände Arbeit geschaffen wird, zu verstehen. Der Erwerb von Eigentum in *nicht aggressiver Weise* kann nur auf drei Wegen erfolgen: (1) Inlandnahme (»Homesteading«), (2) Produktion und (3) freiwilliges Tauschen. Eigentum ist keine willkürlich gesetzte Institution. Und das nicht etwa deswegen, weil wohl jeder Mensch den Unterschied zwischen Mein und Dein kennt. Nachfolgend sollen zwei Wege gezeigt werden, auf denen das Eigentum als ethisch akzeptabel begründet werden kann.

Naturrechtliche Legitimierung des Eigentums

Man stelle sich zwei Personen vor, *A* und *B*. Im ersten Falle gehört *A* dem *B*. Also ist *B* der Eigentümer des Körpers von *A* und aller Erträge, die *A* erwirtschaftet. Dies kann keine ethisch akzeptable Regel sein. Denn sie behandelt *A* anders als *B*: *A* ist Sklave, *B* ist Sklaveneigentümer. Im zweiten Fall gehören *A* und *B* sich gegenseitig, *A* gehört also *B* und *B* gehört *A*. Wäre das eine ethisch akzeptable Regel?

Nein, diese Regel gilt zwar gleichermaßen für beide. Aber unter dieser Regel würden *A* und *B* gar nicht überleben können. *A* müsste nämlich *B* um Erlaubnis fragen, um überhaupt etwas tun zu können. Und *B* müsste die Erlaubnis von *A* haben, um etwas zu tun. Um überhaupt die Erlaubnis für ihr Handeln einholen zu können, müssen *A* und *B* die Erlaubnis, handeln zu dürfen, bereits besitzen. Das gegenseitige Eigentum von *A* und *B* ist also eine unmögliche Regel, und damit weder ein Zusammenleben noch ein Überleben derjenigen, die unter dieser Regel stehen, möglich. Sie ist ethisch inakzeptabel.

Im dritten Fall gehören *A* und *B* sich selber. Diese Regel – und nur diese Regel – kann immer und überall gelten und stellt gleichzeitig das Überleben derjenigen, die ihr unterworfen sind, sicher. Sie ist eine ethisch akzeptable Regel. Mit anderen Worten: Das Handeln, das im Einklang mit dem Eigentum einer jeden Person an seinem Körper und den Gütern, die sie mit ihrer eigenen Hände Arbeit schafft, ist vereinbar mit ethisch akzeptablem Verhalten.

Legitimation des Eigentums als a priori

Hoppe gelang es nachfolgend, Rothbards Konzept einer rationalen Ethik auf ein handlungslogisches Fundament zu stellen.[20] Hoppes dreistufige Erklärung setzt beim »a priori des Argumentierens« an.

Erstens: Ethische Fragestellungen folgen unmittelbar aus der Kategorie der Knappheit. Gäbe es keine Knappheit – würde also die Verwendung eines Gutes nicht das eigene künftige Güterangebot einschränken oder die gegenwärtige und künftige Güterausstattung anderer einschränken –, gäbe es keine interpersonellen Konflikte und folglich auch keinen Bedarf für eine Ethik.

Zweitens: Zur Behandlung ethischer Fragen bedarf es des *Argumentierens*. Im Zuge des Argumentierens wird der Wahrheitsgehalt von Aussagen geklärt. Dieser Satz ist unzweifelhaft wahr: Man kann ihm nicht widersprechen, ohne damit seinen Wahrheitsgehalt zu bestätigen; man kann nun mal nicht argumentieren, dass man nicht argumentieren kann.

Drittens: Argumentieren setzt Eigentum am eigenen Körper und den Gütern, die mit der eigenen Hände Arbeit erwirtschaftet werden, voraus. Auch dieser Satz lässt sich nicht widerlegen. Schon der Versuch, ihm zu widersprechen, erfordert den Einsatz des Körpers (um damit zu argumentieren). Und das Selbsteigentum am eigenen Körper, verbunden mit der notwendigen rechtmäßigen Aneignung von Gütern zum Erhalt des Körpers, ist – wie bereits gezeigt – ein Apriori. Eine solche praxeologisch begründete rationale Ethik hat weitreichende Konsequenzen, so zum Bespiel für die ethische Beurteilung

Kapitel 16
Handlungslogische Anwendungsfälle

»Macht ist ein Vermögen, welches großen Hindernissen überlegen ist. Ebendieselbe heißt eine Gewalt, wenn sie auch dem Widerstande dessen, was selbst Macht besitzt, überlegen ist.«
Immanuel Kant

Schon Thomas von Aquin unterschied zwischen theoretischer Vernunft und praktischer Vernunft. In diesem Kapitel sollen die theoretische und praktische Vernunft, die sich aus der Logik des menschlichen Handelns erkennen und anwenden lassen, anhand von thematischen Beispielen zusammengebracht werden. Konkret gesprochen werden folgende Themen adressiert: die *Theorie der Geldentstehung* (16.1), die *Theorie der Nichtneutralität des Geldes* (16.2), die *Theorie des Urzinses* (16.3), die *reine Zeitpräferenztheorie des Zinses* (16.3), die *monetäre Konjunkturtheorie der Österreichischen Schule* (16.4), die *Theorie zur Entstehung und Expansion des Staates* (16.5) und *Handlungslogik und Verschwörungstheorie* (16.6). Daran schließen sich drei handlungslogisch verortete Aufsätze an: *Absolute Eigentumsrechte als ökologischer Imperativ* (16.7), *Warum und wie der Sozialismus die Welt erobern will* (16.8) und *»Ein Ring sie zu knechten« – eine staatliche Weltwährung* (16.8).

16.1 Theorie der Geldentstehung

Der deutsche Ökonom Georg Friedrich Knapp (1842–1926) vertritt in seinem Buch *Staatliche Theorie des Geldes* (1905) die Auffassung, das Geld sei etwas, das der Staat geschaffen habe, und dass somit die Entstehung des Geldes eine staatliche Ursache habe. »Das Geld ist ein Geschöpf der Rechtsordnung«[1], so Knapp, »eine Theorie des Geldes kann daher nur rechtsgeschichtlich sein«[2], so da er meint: »Die Rechtsordnung geht vom Staate aus, daher ist das Geld eine staatliche Einrichtung«.[3] Knapp prägte den Begriff *Chartalismus* (vom lateinischen *charta*, Urkunde) für seine Theorie der Geldentstehung. Sie hat sich als überaus einflussreich erwiesen. Beispielsweise verweist John Maynard Keynes (1883–1946) im Zusammenhang mit der Geldentstehung auf Knapps Chartalismus in seinem Buch *A Treatise On Money* (1930).[4]

Adam Smith (1723–1790) scheint ebenfalls eine chartalaristische Erklärung der Geldentstehung vorgelegt zu haben. In seinem Werk *An Inquiry Into the Nature and Causes of the Wealth of Nations* (1776) schreibt er: »A prince who should enact that a certain proportion of his taxes should be paid in a paper money of a certain kind might thereby give a certain value to this paper money.«[5] Demnach kann also der Herrscher dem (Papier-)Geld einen (Tausch-)Wert verleihen, indem er es zur Zahlung von Steuern verlangt. In gleicher Weise argumentiert Abba P. Lerner (1903–1982) in seinem Aufsatz *Money As A Creature Of The State* (1947): »The modern state can make anything it chooses generally acceptable as money and thus establish its value quite apart from any connection, even of the most formal kind, with gold or with backing of any kind.«[6]

Im Folgenden soll die Theorie der Geldentstehung kritisch betrachtet werden. Dazu wird zunächst die Geldentstehungstheorie von Carl Menger betrachtet (1.), gefolgt von Mises' Regressionstheorem, mit dem er Mengers Theorie eine handlungslogische Basis zu geben versucht (2). Vor diesem Hintergrund wird die theoretische Auffassung diskutiert, das Geld sei vom Staat geschaffen (3).

Zu (1) Carl Menger hat in seinem Buch *Grundsätze der Volkswirthschaftslehre* 1871 eine Theorie der Geldentstehung vorgelegt, sie findet sich im achten Kapitel des Buches. Menschen, wenn sie mit einer Mindestintelligenz ausgestattet sind, erkennen, so Menger, dass Arbeitsteilung vorteilhaft ist: Wenn jeder das macht, was er am besten kann, wenn sich alle spezialisieren, steigt die Ergiebigkeit der Arbeit. Die Spezialisierung der Arbeit erfordert das Tauschen der arbeitsteilig erzeugten Güter. Im einfachsten Falle geht das im Zuge des Naturaltausches: Gut wird gegen Gut getauscht. Doch der Naturaltausch ist beschwerlich.

Damit der Tausch funktioniert, muss jede Tauschpartei das Gut anbieten, das die andere Tauschpartei nachfragt und umgekehrt. (Es bedarf also der sogenannten »doppelten Koinzidenz«.) Viel leichter geht das Tauschen von der Hand, wenn man zum indirekten Tausch übergeht, also ein indirektes Tauschmittel verwendet. Man tauscht das Gut, das man bereit ist herzugeben, in das indirekte Tauschmittel ein, und nachfolgend tauscht man das indirekte Tauschmittel in das eigentlich gewünschte Gut ein.

Anfänglich gibt es vielleicht viele indirekte Tauschmittel. Nach und nach setzt sich aber das marktfähigste, das liquideste indirekte Tauschmittel durch – weil es im Interesse aller ist, es zu Tauschzwecken einzusetzen – und wird zum Geld. In der Vergangenheit waren es meist Edelmetalle, allen voran Gold und Silber, die die Menschen, wenn sie die Freiheit hatten, ihr Geld auszuwählen, als Zahlungsmittel durchsetzten. Menger lehrt folglich, dass das Geld spontan aus dem freien Markt entstanden ist, und zwar aus einem Sachgut, einer Ware – und dass es dazu keiner Obrigkeit bedurfte. Menger formulierte seine theoretischen Gedanken zur Geldentstehung wie folgt:

> »Das Geld ist keine staatliche Erfindung, nicht das Product eines legislativen Actes und die Sanction desselben Seitens der staatlichen Autorität ist demnach dem Begriffe des Geldes überhaupt fremd. Auch die Existenz bestimmter Waren als Geld hat sich naturgemäss aus den ökonomischen Verhältnissen herausgebildet, ohne dass die staatliche Einflussnahme hierbei erforderlich gewesen wäre.«[7]

Zu (2): Ludwig von Mises gibt Mengers Geldentstehungstheorie in *Theorie des Geldes und der Umlaufsmittel* (1912) eine handlungslogische Begründung. Anfangspunkt ist die folgende Überlegung: Menschen fragen Geld nach, weil sie wissen, dass es bereits Kaufkraft hat. Doch wie bestimmt sich die Kaufkraft des Geldes? Sie resultiert aus dem Zusammenspiel zwischen dem Angebot von und der Nachfrage nach Geld.

Doch folgt daraus nicht ein »Huhn-Ei-Problem« beziehungsweise das Problem des »Zirkelschlusses«, wie Karl Helfferich es bezeichnet?

Denn wir sagen, man fragt Geld nach, weil es Kaufkraft hat – Max Weber stellt fest: »Geld ... bedeutet ein Tauschgut, welches der Handelnde beim Tausch deshalb annimmt, weil er sein Handeln an der Erwartung orientiert, daß sehr zahlreiche, aber unbekannte und unbestimmt viele Andre es ihrerseits künftig in Tausch zu nehmen bereit sein werden.«[8] Ludwig von Mises löst diesen vermeintlichen »Zirkelschluss« auf. Er erklärt, dass wir Geld *heute* nachfragen, weil es *gestern* Kaufkraft gehabt hat: Wir haben erfahren, dass kurz zuvor mit Geld gekauft werden konnte. Und *gestern* haben wir Geld nachgefragt, weil das Geld *vorgestern* Kaufkraft hatte. Und so weiter. Doch führt diese Erklärung nicht zu einem ewigen Rückwärtsschreiten, zu einem »infiniten Regress«? Die Antwort ist nein. Denn wenn wir uns die Erklärung der Kaufkraft des Geldes rückwärtsdenkend erschließen, dann gelangen wir zu einem definitiven »Endpunkt«.

Dieser Endpunkt ist der Moment, in dem ein Gut erstmalig als Geld eingesetzt wurde. Es ist der Moment, in dem das Gut erstmalig für monetäre Zwecke diente. Zuvor wurde das Gut nur für nicht-monetäre Zwecke verwandt, und sein Marktwert erklärte sich allein aufgrund seiner nicht-monetären Dienste. Mit diesem sogenannten *Regressionstheorem* löst Mises den angeblichen »Zirkelschluss« auf, indem er uns erklärt, dass der Tauschwert des Geldes (sein objektiver Tauschwert) eine Zeitdimension hat. Mises informiert uns mit seinem Regressionstheorem auch darüber, dass Geld aus einem Gut entstanden sein *muss*, das, bevor es zu monetären Zwecken verwandt wurde, einen Marktwert gehabt haben *muss*, der nur auf seine nicht-monetären Dienste zurückzuführen ist – und stützt damit die Geldentstehungstheorie von Carl Menger.

Daraus folgt weiterhin, dass sich Geld nicht »von oben«, also »ex machina« einführen lässt. Es muss vielmehr aus dem freien Markt hervorgebracht werden. Damit ein Gut zu Geld werden kann, muss es bereits einen Marktwert haben, der sich allein aufgrund seiner nicht-monetären Dienste erklärt. Das ist übrigens auch der Grund, warum das heutige Fiatgeld, ein ungedecktes Geld, nicht natürlich ist: Es konnte nur in die Welt kommen, weil man irgendwann die Eintauschbarkeit von Banknoten und Bankguthaben in das Grundgeld (das Gold) beendet hat – und zwar durch einen betrügerischen Akt, eine Enteignung der Goldbesitzer.

Zu (3): Mit der Handlungslogik zeigt sich, dass das Geld – das allgemein akzeptierte Tauschmittel – spontan im freien Markt, aus dem Eigeninteresse der Akteure entstanden ist, und zwar aus einer Ware. Für die Entstehung des Geldes ist kein staatliches Dazutun, kein obrigkeitliches Eingreifen erforderlich. Wenn allen Individuen unmittelbar ersichtlich ist, dass das indirekte Tauschen vorteilhafter ist gegenüber dem direkten Tausch, dann bedarf es keines Verweises auf eine Obrigkeit, den Staat, um die Entstehung des Geldes und der Geldverwendung zu erklären.

Dennoch soll hier der Frage nachgegangen werden: Kann es nicht doch sein, dass es der Staat war, der den Menschen das Geld gebracht hat (so wie der aus der griechischen Mythologie entstammende Prometheus den Menschen das Feuer brachte)?[9]

Man könnte versucht sein, diese Frage mit dem Verweis auf historische Dokumente beantworten zu wollen. Doch leider gibt es keine geschichtlichen Belege, die überzeugend dokumentieren könnten, wo, wann und wie der erste Geldgebrauch vonstatten ging. Vor allem aber – und das ist das Entscheidende – lässt sich durch geschichtliche Verweise eine handlungslogische Theorie nicht widerlegen, die aufzeigt, dass von Menschen geschaffene Einrichtungen (Institutionen) einschließlich des Geldes und des Geldgebrauchs das unreflektierte, das unbeabsichtigte Ergebnis spezifischer individueller Handlungen der Mitglieder in der Gemeinschaft sind.[10]

Man nehme einmal an, kein Mensch hätte je die Vorteilhaftigkeit des Geldes und des indirekten Tausches erkannt. In diesem Fall wäre es nicht zur Entstehung des Geldes und des Geldgebrauchs gekommen. Die Menschen wären im Zustand einer primitiven Subsistenzwirtschaft verharrt, das Tauschen wäre auf direkte Tauschakte beschränkt geblieben. Doch das entspricht ganz offensichtlich nicht der tatsächlich beobachtbaren zivilisatorischen Entwicklung.

Wenn wir hingegen annehmen, es sei der Staat gewesen – also eine kleine Gruppe von Menschen oder vielleicht auch nur ein einzelner (der Feudalherr oder der König) –, der den Menschen das Geld und den Geldgebrauch »gebracht« hat –, dann stellt sich die Frage: Auf welche Weise konnte es dem Staat gelingen, die einzelnen Individuen zu veranlassen, den indirekten Tausch mit Geld durchzuführen – sich also eines Tauschverfahrens zu bedienen, das ihnen nicht vorteilhaft erscheint, das sie ohne Zwang nicht anwenden würden?

Eine mögliche Antwort wäre: Der Staat hat die Geldverwendung mit Zwang angeordnet, und die Menschen befolgten diesen Befehl. Dann aber stellt sich sogleich die Frage: Wie konnte es dazu kommen, dass die Geldverwendung beim Tauschen zum »Normalzustand« geworden ist – dass sich also ein Tauschverfahren etablieren konnte, das von den Individuen zunächst als lästig oder zumindest gleichgültig angesehen wurde? Man könnte hier versucht sein zu antworten, der Staat übt *dauerhaften* Zwang zur Geldverwendung aus.

Doch das widerspricht dem aktuellen Befund: Es lassen sich keine Belege für einen staatlichen Befehl anfügen, der die Menschen (unter Androhung von Strafe) zwingt, Geld als indirektes Tauschmittel zu verwenden. Die Menschen gebrauchen Geld vielmehr freiwillig, und das zeigt unmissverständlich, dass die *handlungslogischen Bedingungen* vorliegen, unter denen Geld als indirektes Tauschmittel verwendet wird.

Man kann die Auffassung vertreten, dass es der Staat beziehungsweise eine ihn repräsentierende kleine Gruppe von Personen war, die als Erste die Vorteilhaftigkeit des Geldes und des Geldgebrauches erkannt haben, die gewissermaßen als Erste von dieser Idee »erleuchtet« wurden und hernach ihre Mitmenschen davon in Kenntnis gesetzt haben (auch wenn diese These wenig wahrscheinlich zu sein scheint). Das ließe aber die Frage immer noch unbeantwortet: Wie konnte es geschehen, dass die Menschen Geld als indirektes Tauschmittel verwenden?

Entweder muss der Staat zum Geldgebrauch zwingen, wenn die Menschen die Vorteilhaftigkeit der Geldverwendung nicht erkannt haben. Oder aber, wenn die Menschen den Nutzen des indirekten Tausches erkannt haben, es liegen Bedingungen vor, unter denen die Menschen freiwillig Geld als indirektes Tauschmittel zu verwenden wünschen. Dann jedoch braucht es keinen obrigkeitlichen Zwang zur Geldverwendung. Bestenfalls ließe sich hier also der Staat als historischer »Initialzünder« für die Entstehung des Geldes und des Geldgebrauches einstufen (so unwahrscheinlich das aber auch geschichtlich gesehen ist).

Doch selbst eine solche Deutung lässt die handlungslogische Theorie unerschüttert, dass nur das Handeln der am Tauschverkehr teilnehmenden Menschen den indirekten Tausch und damit Geld und Geldgebrauch schaffen kann: Es sind stets die Handlungen der Individuen, durch die das Geld und die Geldverwendung geschaffen werden kann, ganz gleich, woher die Idee dazu stammt. Wenn also beispielsweise die geschichtliche Erfahrung lehrt, dass Geld und Geldgebrauch sich (irgendwann in grauer Vorzeit) eingestellt haben, dann besagt dies, dass damals die handlungslogischen Bedingungen für den indirekten Tausch und Geldgebrauch gegeben waren.

Menschliches Handeln findet stets unter diesen *zwei* notwendigen Bedingungen statt: Der Handelnde ist unzufrieden mit dem vorgefundenen Zustand, und er will mit seinem Handeln diesen Zustand durch einen vergleichsweise vorteilhafteren ersetzen. Zudem ist der Handelnde der Auffassung, dass er durch sein Handeln seine Unzufriedenheit (sein Unbefriedigtsein) verringern kann.

Der indirekte Tausch und der Geldgebrauch sind folglich Ausdruck des Unbefriedigtseins der Handelnden und ihrer damit verbundenen Meinung, auf diese Weise ihre Zufriedenheit verbessern zu können. Unter diesen beiden Bedingungen können das indirekte Tauschen und der Geldgebrauch entstehen. Einer Obrigkeit, eines Staates (wie wir ihn heute kennen), bedarf es dafür nicht.

Damit ist Knapps Geldentstehungstheorie der Boden entzogen.[11] Es ist alles andere als »natürlich«, wenn der Staat (wie wir ihn heute kennen) das Monopol der Geldproduktion innehat; schließlich kann er es nicht auf rechtmäßigem Wege erworben haben, sondern nur durch Zwang und Gewalt. Knapps Theorie ist noch aus einem weiteren Grund fragwürdig. In seinem Bestreben, den Staat als Urheber des Geldes zu identifizieren, stellt Knapp auf die Änderung des *bereits bestehenden* Zahlungsmittels ab. Damit bleiben jedoch er und alle, die ihm folgen, eine ganz entscheidende Erklärung schuldig. Zweifellos ist Geld in der Menschheitsgeschichte entstanden. Und es ist auch währungshistorisch betrachtet unbestritten, dass der Staat immer wieder das Geld maßgeblich beeinflusst hat. Wie aber war es überhaupt möglich, dass sich Geld – als allgemein akzeptiertes Tauschmittel – herausgebildet hat? Was waren die notwendigen Bedingungen dafür? Diese Fragen kann Knapps Theorie nicht beantworten.

Und dennoch hat sich seine Geldentstehungstheorie durchgesetzt, ist zum allseits anerkannten Lehrbuchwissen aufgestiegen. Das zeigt sich vor allem daran, dass in der Hauptstrom-Ökonomik das staatliche Währungsmonopol und mit ihm das ungedeckte Geld nahezu unangefochten geblieben ist. Vor dem Hintergrund der handlungslogischen Überlegungen kommt man jedoch zum Schluss, dass Knapps *Staatliche Theorie des Geldes* eine falsche Theorie ist, auch wenn sie einen noch so breiten Konsens und Rückhalt in der Ökonomenzunft errungen hat. Das Geld ist – so die handlungslogische Einsicht – im freien Markt entstanden, ein staatliches Geldmonopol ist unnatürlich, und es ist zudem – wie die monetäre Konjunkturtheorie der Österreichischen Schule der Nationalökonomie zeigt – mit schweren ökonomischen und ethischen Defekten behaftet.

16.2 Theorie der Nichtneutralität des Geldes

In der Geldtheorie gibt es die Idee, das Ausweiten der Geldmenge sei »neutral«. Gemeint ist damit, dass eine Erhöhung der Geldmenge »nur« die Güterpreise in die Höhe befördere, sonst allerdings keine weiteren Folgen auf Einkommen und Vermögen der Menschen habe. Diese Idee wird anhand der Quantitätsgleichung illustriert:

$$M \times V = Y \times P.$$

Dabei steht *M* für die Geldmenge, *V* für die Umlaufgeschwindigkeit (das ist die Häufigkeit, mit der eine Geldeinheit zum Beispiel in einem Monat für Käufe verwendet wird), *Y* steht für die Gütermenge und *P* für die Preise der Güter. Aus der Quantitätsgleichung wird die Quantitätstheorie, indem einige entscheidende Annahmen gemacht werden: Man geht davon aus, dass die Volkswirtschaft voll ausgelastet ist (Y also nicht mehr steigen kann) und dass die Umlaufgeschwindigkeit des Geldes konstant ist. Unter diesen Voraussetzungen, so die Quantitätstheoretiker, folgt auf einen Anstieg der Geldmenge notwendigerweise ein proportionaler Anstieg der Güterpreise.

Dass diese Auffassung aus handlungslogischer Sicht zu bestreiten ist, soll in zwei Argumentationsschritten verdeutlicht werden. (1) Eine Erhöhung der Geldmenge in den Händen der Marktakteure (ob sie nun bei allen oder nur bei einigen erfolgt, ist an dieser Stelle unerheblich) führt dazu, dass der Grenznutzen des nun erhöhten Geldbestandes sinkt – und der Grenznutzen der anderen Waren und Dienstleistungen entsprechend ansteigt (denn das Geld ist das Tauschgut). Das wiederum *muss* das Handeln der Akteure beeinflussen: Sie werden verstärkt Waren nachfragen und Geld dafür anbieten. (Will man das verneinen, müsste man eine Annahme einfügen, und zwar die einer plötzlichen Erhöhung der Geldnachfrage.) Die Folge ist, dass der objektive Tauschwert des Geldes sinkt, also die Preise steigen.[12]

(2) Man kann allerdings nicht sinnvollerweise argumentieren, dass alle Preise in der gleichen Höhe ansteigen.[13] Der Grund: Handeln erfolgt in der Zeit. Alle Handlungen können nicht zur gleichen Zeit getätigt werden, das Erreichen der Ziele, die mit dem Handel angestrebt werden, bedarf der Zeit. Ein Ausweiten der Geldmenge kann daher nicht alle Güterpreise zur gleichen Zeit berühren. Vielmehr steigen erst die Preise der einen Güter, dann steigen die Preise anderer Güter. Der Cantillon-Effekt hat aufgezeigt, dass es bei einer Geldmengenausweitung zu einer Umverteilung von Einkommen und Vermögen kommen muss. Es gibt die »Gewinner« der Geldmengenvermehrung. Das sind diejenigen, die das neue Geld als Erste erhalten. Und es gibt »Verlierer«, das sind diejenigen, deren Geldbesitz erst später steigt oder im Extremfall unverändert

bleibt. Die Erstempfänger werden verstärkt Geld gegen Waren eintauschen und die Güterpreise ansteigen lassen. Allein schon dadurch muss es zu einer Verschiebung der Nachfragestruktur und damit zu einer ungleichmäßigen Steigerung der Preise kommen.

Selbst in dem Fall, in dem (durch ein Wunder) jeder Wirtschaftsakteur (über Nacht) und zur gleichen Zeit eine Verdopplung seiner ihm verfügbaren Geldmenge erfährt, gilt die vorangegangene Schlussfolgerung: Steigt die Geldmenge, so nimmt der Grenznutzen des Geldes ab. Um wie viel er abnimmt, hängt allein von den *Wertskalen* der handelnden Personen ab. Letztere bestimmen, in welcher Höhe der objektive Tauschwert des Geldes betroffen ist. Nun lässt sich aber nicht denken, dass alle Marktakteure gleiche Werteskalen haben. Eine solche Annahme wäre nicht in Einklang zu bringen mit einer Tauschwirtschaft, die ja voraussetzt, dass die Handelnden *gerade nicht* gleiche, sondern vielmehr entgegengerichtete Werteskalen haben. Wenn sich aber die Werteskalen der Handelnden unterscheiden, müssen die Preise verschiedener Güter in unterschiedlicher Höhe betroffen sein.

Eine Geldmengenausweitung muss zu einer Verschiebung der relativen Preise führen – selbst wenn sich ein proportionaler Anstieg des Preisniveaus als Reaktion auf die Geldmengenerhöhung einstellen sollte. Dazu ausführlich Ludwig von Mises:

> »Die Vermehrung des Geldvorrates der Volkswirtschaft bedeutet also stets eine Vermehrung des Geldbesitzes, des Vermögens einer Anzahl von Wirtschaftssubjekten; diese können entweder die Emittenten des Zeichen- oder Kreditgeldes oder die Produzenten des Geldstoffes für das Sachgeld sein. Überdies wird bei diesen Personen das Verhältnis zwischen Geldbedarf und Geldvorrat verschoben; sie haben verhältnismäßig Überfluß an Geld, verhältnismäßig Mangel an anderen wirtschaftlichen Gütern. Die nächste Folge beider Umstände ist die, daß der Grenznutzen der Geldeinheit für die betreffenden Wirtschaftssubjekte sinkt. Das muß ihr Verhalten auf dem Markte beeinflussen. Sie sind ›tauschfähiger‹, ›kaufkräftiger‹ geworden. Sie müssen nun auf dem Markte ihre Nachfrage nach den Gegenständen ihres Bedarfes

stärker zum Ausdruck bringen als bisher; sie können mehr Geld für die Waren bieten, welche sie zu erwerben wünschen. Es wird die selbstverständliche Folge davon sein, daß die betreffenden Güter im Preise steigen werden, daß der objektive Tauschwert des Geldes ihnen gegenüber sinkt. Die Preissteigerung auf dem Markte bleibt aber keineswegs auf jene Güter beschränkt, nach denen sich der Begehr der ersten Besitzer des neuen Geldes richtet. Auch diejenigen, die diese Güter zu Markte gebracht haben, sehen ja ihr Einkommen und ihren verhältnismäßigen Geldvorrat vergrößert und sind ihrerseits wieder in der Lage, nach den Gütern ihres Bedarfes eine stärkere Nachfrage zu entfalten, so daß auch diese Güter im Preise steigen. So setzt sich die Preissteigerung, sich dabei verflachend, solange fort, bis alle Waren, die einen in stärkerem, die anderen in schwächerem Maße, von ihr erfaßt sind.«[14]

Und weiter:

»Da die vermehrte Geldmenge stets einer mehr oder minder beschränkten Anzahl von Wirtschaftssubjekten, nicht allen, zufließt, erfaßt die Preissteigerung zunächst jene Güter, die von diesen Personen nachgefragt werden, und kommt bei diesen Gütern auch am stärksten zum Ausdruck. Wenn die Preissteigerung dann weiterschreitet, werden, wenn die Vermehrung der Geldmenge nur als eine einmalige vorübergehende Erscheinung auftritt, diese Güter ihren in stärkerem Maße erhöhten Preisstand nur zum Teile aufrechterhalten können; es wird bis zu einem gewissen Grade eine Ausgleichung eintreten. Zu einer vollständigen Ausgleichung der Preiserhöhung, so daß alle Güter im gleichen Maße eine Verteuerung erfahren, kann es aber nicht kommen. Die Geldpreise der Waren stehen nach dem Eintritt der Preissteigerung nicht mehr in demselben Verhältnis untereinander wie vor ihrem Beginn, die Verminderung der Kaufkraft des Geldes ist den einzelnen wirtschaftlichen Gütern gegenüber keine gleichmäßige.«[15]

Es lässt sich folglich nicht sinnvollerweise die Auffassung vertreten, eine Ausweitung der Geldmenge in der Volkswirtschaft sei »neutral«

(wie es die Quantitätstheorie vorbringt). Das Vermehren der Geldmenge trifft die Einkommens- und Vermögensverhältnisse unterschiedlicher Menschen in unterschiedlicher Weise. Sie führt zu Gewinnern und Verlierern, wie es der »Cantillon Effekt« illustriert. – An dieser Stelle ist es angebracht, eine Frage aufzuwerfen und sie zu beantworten: *Wie viel Geld braucht eine Volkswirtschaft?*

Es ist eine bedeutsame Erkenntnis, dass Geld nur eine Funktion ausübt, und das ist die Tauschmittelfunktion, wenn es die Frage zu beantworten gilt: *Wie viel Geld braucht eine Volkswirtschaft?* Die Antwort lautet: *Jede gerade vorherrschende Geldmenge ist ausreichend.* Denn die Vermehrung der Geldmenge bringt keinen sozialen Nutzen. Weil Geld nur eine Funktion hat, die Tauschmittelfunktion, bewirkt eine Erhöhung der Geldmenge nur eines: Die Kaufkraft der Geldeinheit nimmt ab (beziehungsweise fällt niedriger aus im Vergleich zu einer Situation, in der die Geldmenge unverändert bleibt). Eine *Geldknappheit* kann es zwar auf individueller Ebene geben, nicht aber für die Wirtschaft insgesamt. Steigt zum Beispiel die Nachfrage nach Geld bei konstanter Geldmenge, so bedeutet das, dass die Marktakteure vermehrt Güter gegen Geld eintauschen. Im neuen Marktgleichgewicht entspricht die Geldhaltung der gewünschten (bei nunmehr niedrigeren Preisen also gestiegenen) Kaufkraft des Geldes.

Eine Volkswirtschaft braucht keine steigende Geldmenge, damit sie wachsen kann. Der Nutzen, den die Geldmenge stiftet, ist unabhängig von ihrer Quantität. Vielmehr ist jede gerade verfügbare Geldmenge ausreichend, die Gelddienste zu erfüllen. Ist die Geldmenge beispielsweise relativ groß (sagen wir 15.000 Mrd. Euro), wird eine gegebene Gütermenge zu relativ hohen Güterpreisen umgesetzt; und ist die Geldmenge vergleichsweise gering (sagen wir 8.000 Mrd. Euro) werden die Güter zu vergleichsweise niedrigen Preisen umgesetzt. Die hohe Geldmenge funktioniert so gut und so schlecht wie die niedrige Geldmenge. Diese Schlussfolgerung folgt aus der Einsicht, dass Geld nur eine Funktion, die Tauschmittelfunktion, hat. Anders als ein Anwachsen der Produktions- und Konsumgütermengen macht ein Ausweiten der Geldmenge das Gemeinwesen nicht *reicher*. Sie führt (lediglich) zu einer Verschmälerung des objektiven Tauschwertes des Geldes (im Vergleich zu einer Situation, in der es keine Erhöhung der Geldmenge gegeben hätte) und auch zu einer Umverteilung von Einkommen und Vermögen – wie es im bereits erwähnten »Cantillon Effekt« zum Ausdruck kommt.

16.3 Theorie des Urzinses

Fast jeder kennt ihn, man hört und liest über ihn allerorten: den Zins. Was aber ist der Zins genau? Die Beantwortung dieser Frage ist schwieriger, als man glauben mag. Die Erklärung des Zinses – die Zinstheorie – ist in der Volkswirtschaftslehre nach wie vor so etwas wie ein Zankapfel.

Es gibt eine ganze Reihe miteinander konkurrierender Zinstheorien. Als da wären: die Produktivitätstheorie des Zinses, die Abstinenztheorie des Zinses, die Ausbeutungstheorie des Zinses, die Liquiditätspräferenztheorie des Zinses und die Zeitpräferenztheorie des Zinses.

Was ist denn nun die »richtige Zinstheorie«, wird man jetzt vermutlich fragen. Der Versuch, eine Antwort zu finden, hat in den letzten Jahren unter den Ökonomen eine lebhafte Diskussion ausgelöst. Diese Diskussion dreht sich dabei jedoch vor allem um die »richtige Zinshöhe«.

Einige Ökonomen vertreten die Ansicht, der »neue natürliche Zins« – damit ist der Zins gemeint, der die Volkswirtschaften ohne Inflation mit normaler Auslastung wachsen lässt – sei negativ geworden. Sie erklären das dadurch, dass weltweit zu viel gespart werde im Vergleich zu den Investitionen, und das drücke den gleichgewichtigen Zins unter die Nulllinie.

Aus dieser Überlegung wird geschlussfolgert: Die Zentralbanken müssen die Zinsen in den Negativbereich drücken, um Wachstum und Beschäftigung zu befördern. Andernfalls drohe Stagnation oder gar Rezession.

Ich werde an dieser Stelle die »reine Zeitpräferenztheorie des Zinses« vorstellen, und ich versuche deutlich zu machen, dass diese Erklärung des Zinses logisch, genauer: handlungslogisch, widerspruchsfrei und damit nicht so ohne weiteres zurückgewiesen werden kann.

Konkret gesprochen versuche ich aufzuzeigen, dass der Zins – ich spreche hier vom Urzins – sich aus der Logik des menschlichen Handelns erklärt; und dass die Zeitpräferenz und ihre Manifestation, der Urzins, immer positiv sind, dass sie nicht auf null, schon gar nicht unter null fallen können.

Die reine Zeitpräferenztheorie des Zinses meldet damit Zweifel an der Richtigkeit von Zinstheorien an, die besagen, der gleichgewichtige Zins könne null oder auch negativ werden. Sie stellt auch die Richtigkeit einer Geldpolitik infrage, die die Marktzinsen auf oder gar unter die Nulllinie befördert.

Betrachten wir zunächst den Zins, den man aus dem Börsenteil der Tageszeitung oder Kreditverträgen kennt. Bei ihm handelt es sich um den *Nominalzins*. Er setzt sich aus einigen Elementen zusammen, im einfachsten Fall wie folgt:

Nominaler Marktzins = »Reine Zeitpräferenzrate« (oder: »Urzins«)
+ Prämie 1: Unternehmerische Unsicherheit
+ Prämie 2: Inflationsrisiko
weitere Prämien lassen sich ergänzen

Der Nominalzins enthält eine »reine Zeitpräferenzrate«, die man auch als »Urzins« bezeichnet; dieser Größe gilt im Folgenden unsere besondere Aufmerksamkeit.

Zusätzlich zum Urzins kommt eine Prämie ins Spiel, die sich aufgrund des »unternehmerischen Risikos« erklärt: Guten Kreditnehmern (die also eine geringe Ausfallwahrscheinlichkeit haben) wird eine niedrige Prämie, und schlechten Kreditnehmern (die eine hohe Ausfallwahrscheinlichkeit haben) wird eine hohe Prämie im Kreditzins in Rechnung gestellt.

Weiterhin gibt es eine Prämie für das Preisinflationsrisiko, das heißt den erwarteten Kaufkraftverlust des Geldes. Diese Prämie ist positiv (und erhöht folglich den Nominalzins), wenn die Marktakteure mit künftig steigenden Güterpreisen rechnen; und sie wird negativ sein (und folglich den Nominalzins verringern), wenn die Erwartung vorliegt, dass die Güterpreise künftig sinken.

Nun zur reinen Zeitpräferenztheorie des Zinses: Eine ganze Reihe von Ökonomen hat sich eingehend mit ihr beschäftigt. Zu nennen sind beispielsweise: Anne Robert Jacques Turgot (1727–1781), Eugen von Böhm-Bawerk (1850–1914), Frank Albert Fetter (1863–1949), Ludwig von Mises (1881–1973), Murray N. Rothbard (1926–1995) und Jeffrey M. Herbener (*1955).

Nach Sichtung der vorhandenen Literatur bin ich zu dem Schluss gekommen, dass das Zinsphänomen nur dann voll und ganz verständlich wird, wenn man auch auf erkenntnistheoretische Einsichten zurückgreift; eine ausschließlich ökonomische Betrachtung reicht nicht aus.

Die Erkenntnistheorie ist ein Teilbereich der Philosophie, und sie beschäftigt sich, kurz gesprochen, mit der Herkunft und den Grenzen unseres Wissens. Immanuel Kant zufolge hängen die Erfahrungen, die wir Menschen machen, von unserem Erkenntnisvermögen ab. Die Gegenstände unserer Erfahrung müssen sich, so Kant, nach unserem Erkenntnisvermögen richten, wenn sie Gegenstände unserer Erfahrung sein sollen.

Wir Menschen schreiben den Gegenständen unserer Erfahrung gewisse Eigenschaften vor. Wir machen Erfahrungen unter den Bedingungen unseres Erkenntnisvermögens. Diejenigen Aussagen, die behaupten, dass die Gegenstände unserer Erfahrung diesen Bedingungen unterworfen sind, nennt Kant *synthetische Urteile a priori*.

Wenn man dieser Interpretation folgt, lässt sich aufzeigen, dass Zeitpräferenz und Urzins als *Bedingungen für die Möglichkeit objektivierbarer Erfahrung* einzustufen sind. Das soll nachfolgend genauer erklärt werden, beginnend mit der uns bereits bekannten, nicht widerlegbaren Aussage, dass der Mensch handelt.

Repetitorium: Die Logik des menschlichen Handelns

Dass der Satz »Der Mensch handelt« trivial klingen mag, aber es in sich hat, weil er mit logischen Mitteln nicht widerlegbar ist, haben wir bereits demonstriert. Zur Erinnerung und für jene Leser, die das entsprechende Kapitel übersprungen haben: Wer sagt, der Mensch handelt *nicht*, der handelt und widerspricht dem Gesagten.

Aus der Logik des menschlichen Handelns lässt sich eine Reihe weiterer logisch widerspruchsfreier Aussagen ableiten. Beispielsweise, dass das Handeln immer zielbezogen ist; auch das lässt sich nicht widerspruchsfrei verneinen. Und weiter: Wer handelt, der muss Mittel einsetzen, um seine Ziele zu erreichen. Mittel sind stets knapp (wären sie nicht knapp, wären sie keine Mittel). Weil Mittel knapp sind, wertet der Handelnde notwendigerweise einen größeren Gütervorrat (also mehr Mittel) höher als einen kleineren Gütervorrat (weniger Mittel).

Zeit ist ein unverzichtbares Mittel, denn zeitloses Handeln lässt sich nicht widerspruchsfrei denken. Und weil Zeit ein knappes Mittel ist, zieht der Handelnde eine frühere Zielerreichung einer späteren Zielerreichung vor.

Genau darin kommt die Zeitpräferenz zum Ausdruck, und ihre Manifestation ist der Urzins. Der Urzins steht für den Wertabschlag, den die spätere Erfüllung der Bedürfnisse gegenüber der früheren Erfüllung der Bedürfnisse (von gleicher Art und Güte und unter sonst gleichen Bedingungen) erleidet.

Zeitpräferenz und Urzins stecken gewissermaßen in jedem handelnden Menschen. Sie und ich, wir alle haben eine positive Zeitpräferenz und folglich auch einen positiven Urzins, und zwar immer und überall. Zeitpräferenz und Urzins stehen für das Wertverhältnis, das der Handelnde Gegenwartsgütern relativ zu Zukunftsgütern (gleicher Art und Güte) zuweist.

Wird zum Beispiel das Gegenwartsgut besonders hoch bewertet relativ zum Zukunftsgut, sind Zeitpräferenz und Urzins hoch; und sind Zeitpräferenz und Urzins sehr niedrig, wird das Gegenwartsgut nur wenig höher als das Zukunftsgut bewertet.

Zeitpräferenz und Urzins sind von Mensch zu Mensch unterschiedlich, und sie können sich auch im Zeitablauf verändern. Beispielsweise haben Kinder in der Regel eine hohe Zeitpräferenz und folglich einen hohen Urzins. Umsorgende Eltern zeichnet hingegen eine tendenziell niedrige Zeitpräferenz aus: Sie sind bereit, in erheblichem Umfang auf Gegenwartskonsum zu verzichten, zu sparen, um dadurch für künftige Bedürfnisse vorzusorgen.

Wie bildet sich der Zins? Sparer verfügen über mehr Mittel, als sie zur Deckung ihres Konsums brauchen. Hingegen benötigen Investoren mehr Mittel, als sie haben. Sparer bieten ihre überschüssigen Mittel an, Investoren fragen sie nach. Durch das Angebot von Ersparnissen und die Nachfrage nach ihnen bildet sich in einem freien Markt ein »markträumender Urzins«.

Der Urzins ist nicht das, was den Handelnden zum Sparen und Konsumieren treibt; er ist nicht die Ursache des Sparens. Vielmehr ist der Urzins Ausdruck der Tatsache, dass der Handelnde der gegenwärtigen und künftigen Bedürfniserfüllung eine unterschiedliche Rangstellung gibt, sie unterschiedlich bewerten.

Nun zu einer weiteren wichtigen Einsicht: Zeitpräferenz und Urzins der Handelnden können nicht null oder negativ werden; sie lassen sich aus dem Werten und Handeln der Menschen aus logischen Gründen nicht wegdenken.

Ein positiver Urzins bedeutet, dass aus dem Einkommen ein Teil konsumiert und ein Teil gespart (also investiert beziehungsweise zur Produktion verwendet) wird.

Die Vorstellung, der Urzins wäre null, ergibt ein groteskes Ergebnis. Denn das hieße, dass für den Handelnden nur noch »Mehr ist besser als weniger« zählt, und dass das Kalkül »früher ist besser als später« keinerlei Bedeutung mehr für ihn hat.

Der Handelnde würde also zwei Äpfel in zehn Jahren einem Apfel heute vorziehen; er würde zwei Äpfel in 100 Jahren einem Apfel heute vorziehen.

Ein Urzins von null bedeutet, dass das gesamte Einkommen gespart wird, dass nichts konsumiert, sondern alles investiert wird; denn weil

Mittel knapp sind, lässt sich nicht in Abrede stellen, dass durch eine weitere Verlängerung der Produktionszeit die erzeugbaren Güter mengenmäßig erhöht und/oder in ihrer Qualität verbessert werden können.

Wenn man also einen Urzins von null annähme, so impliziert das, dass man heute nicht konsumiert, aber auch morgen nicht und auch nicht übermorgen, auch nicht in einem Monat oder zehn Jahren. Das klingt nicht nur grotesk, das ist es auch, weil die Annahme eines Urzinses von null das Handeln (unter Knappheit) verneint, und das ist ein handlungslogischer Fehlschluss.[16]

Die Idee, es gäbe keinen Urzins, ist unvereinbar mit dem logischen Menschenverstand: Sie ist gleichbedeutend mit der Aussage, dass der Mensch nicht handelt. Das aber ist logisch widersprüchlich und damit falsch.

Ein negativer Urzins lässt sich mit logischem Menschenverstand gar nicht sinnvoll verstehen, es wäre die Negation eines a priori Urteils.

Intertemporales Tauschen mit Waren

Die Negativzins-Theoretiker führen Beispiele an, die zeigen sollen, dass Zeitpräferenz und Urzins negativ sein können: »Ich bevorzuge den Verzehr des Apfels morgen und nicht heute, also ist mir der Apfel morgen mehr wert als der Apfel heute, und folglich ist der Urzins negativ!«

Oder: »Die Renditen für 10-jährige Anleihen sind negativ, und das zeigt, dass der soziale Urzins negativ ist!«

Doch diese (und andere) Beispiele können nicht überzeugen, da sie nicht das erklären, was sie vorgeben zu erklären.

Der US-Ökonomen Frank A. Fetter hat in seiner Interpretation der reinen Zeitpräferenztheorie den Marktzins in zwei Komponenten zerlegt: in (1.) den Urzins (also die »reine Zeitpräferenzrate«) und (2.) einen (Bewertungs-)Faktor, der die *besonderen Umstände* zum Zeitpunkt der Verwendung des betreffenden Gutes berücksichtigt.

Warum ist diese »Zerlegung« des Zinses bedeutsam? Sie ist deshalb bedeutsam, weil es einen kategorischen Unterschied macht, ob beim Tausch Gegenwartsgut gegen Zukunftsgut (man spricht hier auch vom intertemporalen Tausch) Sachgüter oder Geld verwendet werden.

Betrachten wir zunächst den intertemporalen Tausch von Sachgütern: Das Gegenwartsgut wird gegen das Zukunftsgut getauscht.

Ein positiver Urzins bedeutet hier, dass der Handelnde bereit ist, eine geringere Menge eines Gegenwartsgutes gegen eine größere Menge des Zukunftsguts zu tauschen: Ich bin bereit, heute auf 95 Äpfel zu verzichten, wenn ich dafür in einem Jahr 100 Äpfel (gleicher Art und Güte) erhalte.

Diesem Fall werden vermutlich fast alle zustimmen; er ist der »plausible Normalfall«, indem der Urzins positiv ist (und sich quasi in fünf Äpfeln manifestiert, die der Handelnde künftig zusätzlich erhält für seinen heutigen Verzicht auf 95 Äpfel).

Wie aber ist der folgende Fall zu behandeln? Er lautet: Ich bin bereit, 110 Äpfel heute gegen 100 Äpfel in einem Jahr einzutauschen. Der Grund: In einem Jahr feiere ich meinen, sagen wir: ungefähr 55. Geburtstag, und an diesem Tag, und nicht heute, bevorzuge ich es, mit Gästen 100 Äpfel zu verspeisen. Sind Zeitpräferenz und Urzins hier negativ? Die Antwort lautet nein.

Neben meinem (immer und überall positiven Urzins) ist diesem Beispiel ein zweites Bewertungselement beigemischt: und zwar die *besonderen Umstände*, unter denen das künftige Handeln im Vergleich zu den gegenwärtig vorherrschenden Umständen stattfindet.

Die *besonderen Umstände*, die in einem Jahr vorherrschen, haben für mich zweifelsohne einen Wert, in diesem Beispiel kommt er in 10 Äpfeln zum Ausdruck – denn ich bin bereit, heute auf 110 Äpfel zu verzichten im Tausch gegen 100 Äpfel in einem Jahr.

Mein positiver Urzins zeigt sich darin, dass ich heute auf 95 Äpfel zu verzichten bereit bin im Tausch gegen 100 Äpfel in 1 Jahr. Er kommt also in den 5 Äpfeln zum Ausdruck, die ich verlange, damit ich heute auf 95 Äpfel verzichte im Tausch gegen 100 Äpfel in einem Jahr.

Zeitpräferenz und Urzins sind also auch in diesem Beispiel positiv. So weit so gut. Ändert sich etwas in einer Geldwirtschaft?

Kapitel 16

Intertemporales Tauschen mit Geld

In einer Geldwirtschaft wird ein allgemein akzeptiertes Tauschmittel verwendet: Waren werden durch Zwischenschaltung des Geldes abgewickelt. Das gilt sowohl für Tauschakte, die in der Gegenwart abgewickelt werden, als auch für Tauschakte, bei denen Gegenwartsgüter gegen Zukunftsgüter getauscht werden – wie zum Beispiel der Tausch von 1 Euro heute gegen 1,05 Euro in einem Jahr.

Frage: Würden Sie 1 Euro heute gegen 0,95 Euro in einem Jahr eintauschen? Würden Sie also 1 Euro, über den Sie heute verfügen, geringer bewerten als 0,95 Euro, die Sie erst in einem Jahr erhalten? Vermutlich nicht, wenn Sie bei Sinnen sind.

Denn Sie würden künftig mehr Geld haben, wenn Sie diesen Tausch nicht machen. Und nicht nur Sie, sondern auch viele andere werden vermutlich einen solchen Tausch ausschlagen – und zwar weil Sie und alle anderen einen positiven Urzins haben.

Das mag zwar plausibel klingen, ist aber vermutlich noch kein überzeugender Beweis. Kann es nicht doch den Fall geben, in dem 1 Euro in einem Jahr höher wertgeschätzt wird als 1 Euro heute? Die Antwort ist nein.

Anders als bei allen anderen Waren – das ist ganz wichtig zu verstehen – spielen beim Geld die besonderen Umstände, die zum Zeitpunkt seiner Verwendung herrschen, keine Rolle für den Wert einer Geldeinheit heute im Vergleich zum Wert einer Geldeinheit in der Zukunft.

Dazu mache man sich klar, dass das Geld nur eine Funktion hat: die Tauschmittelfunktion. Die Tauschmittelfunktion ist die einzige Funktion des Geldes; Recheneinheits- und Wertaufbewahrungsfunktion des Geldes sind keine eigenständigen Funktionen, sie sind nur Ausdruck (oder auch Unterfunktionen) der Tauschmittelfunktion des Geldes. Der Nutzen des Geldes besteht allein darin, heute oder morgen als Tauschmittel zu dienen.

Als Tauschmittel ist Geld die *allgemeine Bezugseinheit* (der numéraire), das heißt, die Tauschrelation der Güter wird in Geldeinheiten ausgedrückt (zum Beispiel kostet eine Birne 0,50 Euro).

Und nur weil jede einzelne Geldeinheit wertgleich ist mit jeder anderen (Frank Fetter spricht von »value-equivalence« also »Wertäquivalenz«), kann Geld überhaupt als allgemeine Bezugseinheit dienen und einen Vergleich zwischen den Werten verschiedener Güter (ausgedrückt in Geldeinheiten) möglich machen. Das gilt für Tauschakte in der Gegenwart wie auch für Tauschakte, die sich von der Gegenwart in die Zukunft erstrecken.

Wenn von »besonderen Umständen« gesprochen wird, dann sind damit die jeweiligen Umstände gemeint, die zu unterschiedlichen Zeitpunkten, an denen gehandelt wird, vorherrschen und die der Wertgleichheit von Sachgütern zu unterschiedlichen Zeitpunkten entgegenstehen können.

Derartige besondere Umstände betreffen aber nicht das Geld, weil jede Geldeinheit heute und morgen in gleicher Weise als Tauschmittel dient und wertgeschätzt wird; der Nutzen einer Geldeinheit, als Tauschmittel zu dienen, ist unabhängig davon, zu welchem Zeitpunkt sie als Tauschmittel dient.

Weil jede Geldeinheit für das Tauschen gleichermaßen dienlich ist, wird 1 Euro heute höher bewertet als 1 Euro, der erst in einem Jahr verfügbar ist: Wegen des immer und überall positiven Urzinses erleidet der 1 Euro in einem Jahr einen Wertabschlag gegenüber 1 Euro heute.

Abschließend ist an dieser Stelle noch Folgendes hervorgehoben: Werden Sachgüter intertemporal getauscht, gibt es viele einzelne Tauschrelationen (wie zum Beispiel eine Birne heute gegen anderthalb Birnen in einem Jahr; oder ein Auto heute gegen zwei Autos in einem Jahr), aber keinen einheitlichen Marktzins. Erst die Verwendung von Geld im intertemporalen Tausch bringt das Phänomen eines einheitlichen Marktzinses überhaupt hervor. Ohne Geld gäbe es das Phänomen des einheitlichen Marktzinses nicht.

Zwischenergebnis

Die reine Zeitpräferenztheorie des Zinses erklärt das Zinsphänomen allein auf Basis der Zeitpräferenz; ihr zufolge sind Zeitpräferenz und ihre Manifestation, der Urzins, stets positiv, sie können nicht auf oder unter die Nulllinie fallen.

Es lässt sich handlungslogisch einsehen, dass, wenn Geld als allgemein akzeptiertes Tauschmittel verwendet wird, der Handelnde einer Geldeinheit heute stets und notwendigerweise einen höheren Wert beimisst als einer Geldeinheit, die erst zu einem späteren Zeitpunkt verfügbar ist; das heißt der Marktzins fällt nicht auf oder unter die Nulllinie.

Wenn dennoch in der Praxis zu beobachten ist, dass der Marktzins null oder negativ ist, dann lässt sich daraus schlussfolgern, dass Unvernunft, so etwas wie eine »Revolte gegen die Vernunft«, im Spiel ist.

Im heutigen ungedeckten Geldsystem kontrollieren die Zentralbanken den Marktzins. Ein Marktzins von null oder darunter muss daher den Verdacht wecken, dass dies geldpolitisch herbeigeführt ist, und dass dadurch Wohlstand zerstört und damit letztlich auch das friedvolle Zusammenleben der Menschen untergraben wird.

Man stelle sich vor, was passieren würde, wenn alle Marktzinsen plötzlich null wären. Ohne die Aussicht, einen positiven Marktzins erwirtschaften zu können, hört das arbeitsteilige Sparen und Investieren auf – denn jeder Konsument, jeder Unternehmer hat schließlich einen positiven Urzins: Konsumenten und Unternehmer verlangen einen positiven Ausgleich für den Konsumverzicht. Die arbeitsteilige Volkswirtschaft käme zum Erliegen. Kapitalverzehr setzt ein, Ersatz- und Erweiterungsinvestitionen bleiben aus. Die Menschen fallen zurück in eine primitive Subsistenzwirtschaft.

Genau das wäre – konsequent zu Ende gedacht – das Ergebnis einer Null- oder gar Negativzinspolitik: Sie zerstört das moderne arbeitsteilige Wirtschaften, das den Menschen materiellen und kulturellen Fortschritt bringt.

Abb. 3. – Erklärung des Urzinses

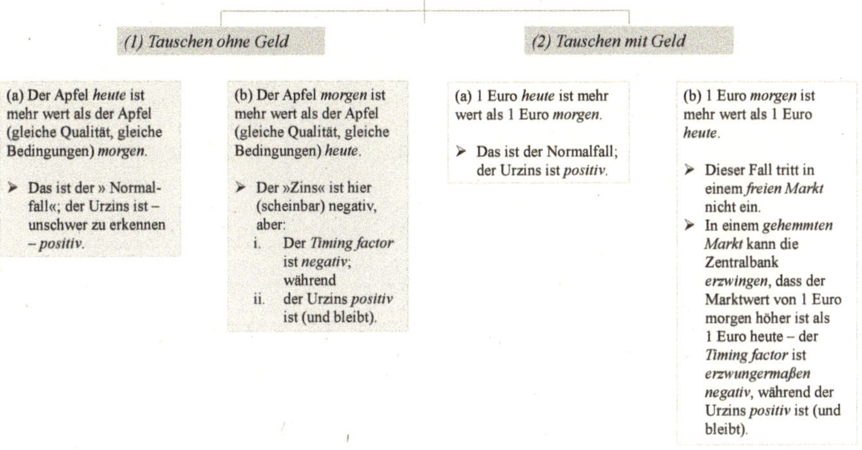

Ein Zahlenbeispiel

Nehmen wir an, der Urzins beträgt 2 Prozent p. a., und es gibt keine Kaufkraftveränderungen des Geldes und auch keine Kreditausfallrisiken. Wer bei Verstand ist, wird seine Euro nur dann verleihen, wenn man mehr als 2 Prozent Rendite geboten bekommt. Der Urzins markiert so gesehen die Zinsuntergrenze für Kreditverträge. Ein Kreditgeschäft kommt erst dann zustande, wenn jemand bereit ist, *mehr* als 2 Prozent zu zahlen (und er wäre bereit das zu zahlen, wenn er erwartet, mit dem geliehenen 1 Euro eine Rendite zu erzielen, die den Kreditzins übersteigt).

Abb. 4. – Kassenhaltung oder Kreditvergabe bei positivem Urzins

Fall 1: 1 Euro in der Kasse halten						**Fall 2: 1 Euro verleihen**			
Urzins in %	**Preisanstieg in %**	**Nominalzins in %**	**Preisniveau nach 1 Jahr**	**Kaufkraft nach 1 Jahr**	**Rendite in %, real**	**Endwert nach 1 Jahr**	**Endwert nach 1 Jahr, real**	**Rendite in %, real**	*Empfehlung*
2,00	4,0	6,0	1,04	0,9615	-3,85	1,06	1,02	2,00	*verleihen*
2,00	3,0	5,0	1,03	0,9709	-2,91	1,05	1,02	2,00	*verleihen*
2,00	2,0	4,0	1,02	0,9804	-1,96	1,04	1,02	2,00	*verleihen*
2,00	1,0	3,0	1,01	0,9901	-0,99	1,03	1,02	2,00	*verleihen*
2,00	0,0	2,0	1,00	1,0000	0,00	1,02	1,02	2,00	*verleihen*
2,00	-1,0	1,0	0,99	1,0101	1,01	1,01	1,02	2,00	*verleihen*
2,00	-2,0	0,0	0,98	1,0204	2,04	1,00	1,02	2,00	*Kasse halten*
2,00	-3,0	-1,0	0,97	1,0309	3,09	0,99	1,02	2,00	*Kasse halten*
2,00	-4,0	-2,0	0,96	1,0417	4,17	0,98	1,02	2,00	*Kasse halten*

Nehmen wir an, Ihr Urzins beträgt 2 Prozent p. a., und Sie erwarten, dass die Güterpreise in den kommenden zwölf Monaten um, sagen wir, 3 Prozent fallen. Das heißt, wenn Sie Geld halten, beträgt Ihr Kaufkraftgewinn am Ende der zwölf Monate 3,09 Prozent (siehe Tabelle). Wenn der Urzins 2 Prozent und der Preisrückgang 3 Prozent sind, stünde rein rechnerisch der Nominalzins bei *minus* 1 Prozent (also Urzins von 2 Prozent minus Preisänderung von *minus* 3 Prozent). Doch würden Sie zu diesem Zins Ihr Geld verleihen? Würden Sie das tun und 1 Euro zu minus 1 Prozent verleihen, erhalten Sie am Ende 0,99 Euro zurück. Da annahmegemäß der Preisrückgang 3 Prozent beträgt, wäre Ihre reale Rendite zwar 2 Prozent. Doch das ist schlechter, als wenn Sie 1 Euro »Kasse halten« (also Bar- und Buchgeldbestände bewahren), damit hätten Sie 3,09 Prozent erzielt. Erst dann, wenn Ihnen eine Anlagemöglichkeit geboten wird, die eine reale Verzinsung von mehr als 2 Prozent verspricht, werden Sie Ihren 1 Euro verleihen – und ansonsten Kasse halten. Weil der Urzins immer und überall positiv ist, fällt der nominale Marktzins in einem freien Markt auch *nicht* auf oder unter die Nulllinie: Ein nominaler Marktzins von null oder unter null kommt in einem freien Markt schlichtweg nicht zustande. Eine gegenwärtig verfügbare Geldeinheit wird höher wertgeschätzt als eine künftig verfügbare Geldeinheit.

Der Weg in die »Nullrenditewelt«

Im Zuge einer Geldpolitik, die die Zinsen auf oder gar unter die Nulllinie zwingt, kommt es zu weitreichenden Veränderungen in der Volkswirtschaft. Beispiel Rohstoffpreise. Sie werden gebildet auf Basis ihres (erwarteten) abdiskontierten *Wertgrenzproduktes*.[17] Hier gilt: Je niedriger (höher) der Zins ist, desto höher (niedriger) fällt auch der Marktpreis der Rohstoffe aus. Dazu eine einfache Illustration.[18] In Abb. 5 repräsentiert die durchgezogene Kurve das Wertgrenzprodukt (*WGP*) eines Produktionsfaktors. Die Kurve fällt von links oben nach rechts unten ab: Mit verstärktem Einsatz des Produktionsfaktors nimmt sein Grenzertrag ab. Wenn zum Beispiel die Menge *oE* eingesetzt wird, beträgt der Grenzertrag *EA*.

Weil die reine Zeitpräferenzrate, der Urzins, immer und überall positiv ist, liegt die Kurve des abgezinsten Wertgrenzproduktes (hier als *D1D1* bezeichnet) unter der Kurve des *WGP*. Der Marktpreis des Produktionsfaktors bei einer Einsatzmenge von *oE* beträgt folglich *EB*. Steigt der Zins, verschiebt sich *D1D1* auf *D2D2*, entsprechend sinkt der Marktpreis des Produktionsfaktors auf *EC*. Es lässt sich leicht einsehen, dass bei einem Absinken des Zinses der Marktpreis für den Produktionsfaktor ansteigt, er der *WGP*-Kurve entgegenstrebt. Wäre der Zins null (würde man also gegenwärtige und künftige Güter nicht unterschiedlich bewerten), dann müsste man für den Produktionsfaktor einen Kaufpreis entrichten, der der Summe aller seiner künftigen Reinerträge entspricht und folglich keinen Raum lässt für ein fortlaufendes Einkommen, das sich aus dem Einsatz des Rohstoffes erzielen ließe.

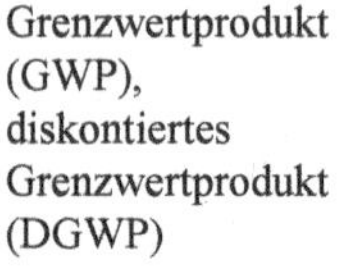

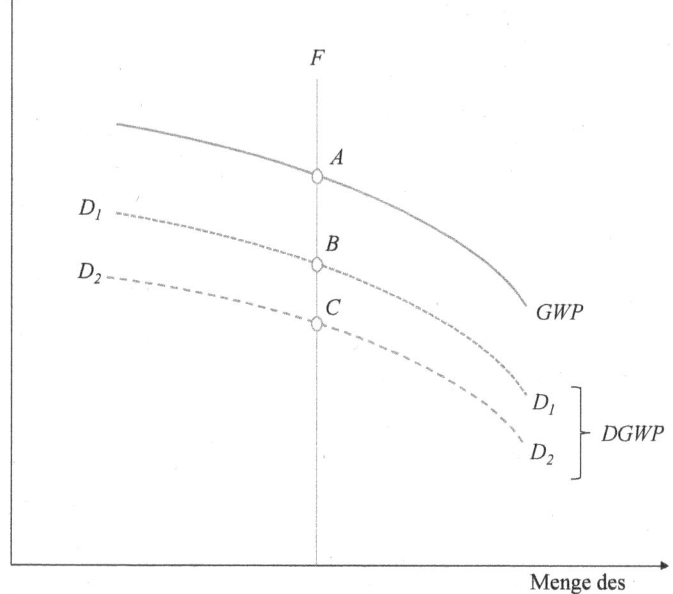

Abb. 5. – Wertgrenzprodukt und abgezinstes Wertgrenzprodukt eines Produktionsfaktors

Was würde auf den Finanzmärkten passieren, wenn die Zentralbank die Marktzinsen auf die Nulllinie treibt und dort dauerhaft hält? Diese Frage soll anhand eines einfachen Beispiels beantwortet werden. Nehmen wir an, eine börsennotierte Firma verfügt über Eigenkapital in Höhe von 100 US$, und die Kapitalrendite ihres Geschäftsbetriebs beträgt 5 Prozent pro Jahr für die nächsten 20 Jahre (siehe Abb. 6). Wenn man die Aktie der Firma für 100 US$ an der Börse kauft, erzielt man eine Investitionsrendite von 5 Prozent p. a. Wer das Unternehmen hingegen für 50 US$ erwerben kann (weil die Aktie aufgrund einer Börsenpanik gerade stark gefallen ist), erzielt eine höhere Investitionsrendite, in diesem Fall 8,7 Prozent p. a. Es gilt: Je niedriger der Kaufpreis der Aktie (der Investition), desto höher die Investitionsrendite.

Angenommen, der Marktzinssatz beträgt 5 Prozent p. a., und die Aktie handelt bei 100 US$. Dann stellt sich plötzlich auf den Finanzmärkten die Erwartung ein, der Marktzinssatz werde fortan auf 3 Prozent p. a. sinken. In diesem Falle würde sich der Aktienkurs der Firma auf 146,91 US$ erhöhen. Die Aktienpreissteigerung beschert dem Aktionär einen (Buch-)Gewinn von fast 47 Prozent. Wie erfreulich für ihn! Wer jedoch die Aktie zu dem nun erhöhten Kurs kauft, wird damit in den kommenden Jahren nur noch 3 Prozent p. a. verdienen.

Was würde passieren, wenn die Marktteilnehmer erwarten, dass der Zins weiter auf zum Beispiel 0,10 Prozent fällt? Der Aktienkurs würde noch weiter ansteigen, schließlich 260,08 US$ erreichen – und das beschert einen weiteren (Buch-)Gewinn von 77,03 Prozent [(260,08 / 146,91 – 1) * 100]. Sobald der Aktienkurs aber auf dieses Niveau gestiegen ist, wird jeder Investor, der dann noch kauft, für die restlichen 20 Jahre eine Rendite von nur 0,10 Prozent p. a. erzielen.

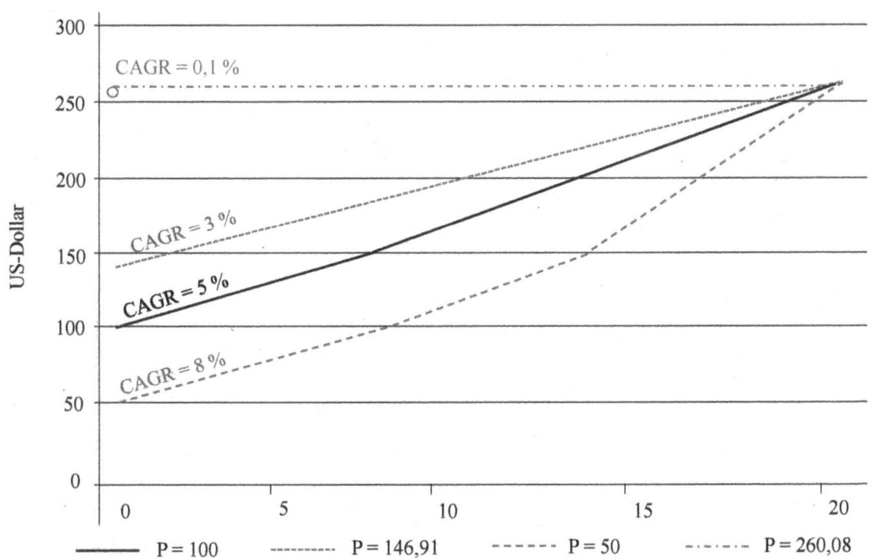

Abb. 6. – Aktienkurse und Anlagerenditen bei unterschiedlichen Marktzinsen Quelle: eigene Darstellung; CAGR = Cumulated annualized growth rate

Vor diesem Hintergrund lässt sich verstehen, wohin die Senkung der Zinssätze der Zentralbanken führt: Es entsteht die Tendenz, alle Renditen in der Wirtschaft in Richtung des von der Zentralbank heruntermanipulierten Marktzinssatzes zu ziehen. Dieser Prozess zeigt sich in Form eines Aufblähens der Vermögenspreise – die Preise also für Aktien, Staats- und Unternehmensanleihen, Immobilien, Grundstücke und auch Rohstoffe (die nach ihrem diskontierten Grenzkostenprodukt bewertet werden). Die Investitionsrenditen ziehen am Anfang dieses Prozesses an, lassen dann nach, fallen schließlich auf den von der Zentralbank heruntergedrückten Zins.

Folgen negativer Marktzinsen

In einem *gehemmten Markt* kann die Zentralbank die nominalen Marktzinsen in den Negativbereich befördern – indem sie die Leitzinsen unter die Nulllinie senkt oder Anleihen zu einem Preis aufkauft, der höher ist als die Summe der Zins- und Tilgungszahlungen der Anleihen. Das heißt aber *nicht*, dass dadurch ein gleichgewichtiger Marktzins hervorgebracht würde. Im Gegenteil: Solch ein Negativzins repräsentiert ein Ungleichgewicht. Wie voranstehend gezeigt, kann der Urzins nicht null oder negativ werden, und in einer Geldwirtschaft, in der Geld als (intertemporales) Tauschmittel eingesetzt wird, kann auch der Nominalzins nicht negativ werden.

Die Schäden, die solch ein Negativzins anrichtet, sind vielfältig: Sparen wird entmutigt, Konsum gefördert, die Zukunft wird gewissermaßen in der Gegenwart verfrühstückt; das Wirtschaften auf Pump wird forciert; Unternehmen werden zu Fehlinvestitionen verleitet; politische Reformen werden gebremst; das Geldvermögen wird entwertet, die Altersvorsorge zerstört. Ein Beispiel: Die Europäische Zentralbank (EZB) leitete im Sommer 2014 eine Negativzinspolitik ein, in deren Folge viele Marktzinsen unter die Nulllinie fielen.[19]

Ist es denkbar, dass auch Konsum-, Hausbau- und Unternehmenskredite mit einem Negativzins angeboten werden? Ja. Um zu verdeutlichen, wie das geschehen kann, nehmen wir an, die Euro-Banken bekommen Kredit bei der Zentralbank für minus 2 Prozent pro Jahr: Sie leihen sich 100 Euro und zahlen nach einem Jahr 98 Euro zurück. So erzielen die Banken mühelos einen Gewinn von 2 Euro. Die Zentralbank wird aber Kredite zu Minuszinsen nur unter einer Bedingung vergeben, etwa der, dass die Banken das Geld weiterverleihen.

Um in unserem Beispiel zu bleiben: Die Bank beschafft sich 100 Euro für ein Jahr zu minus 2 Prozent pro Jahr bei der Zentralbank. Sie verleiht das Geld an Konsumenten zu einem Zins von, sagen wir, minus 1 Prozent (sie verleiht also 100 Euro und erhält nach einem Jahr 99 Euro zurück). Insgesamt gesehen macht die Bank einen Gewinn von 1 Euro: Sie verdient durch die Kreditaufnahme bei der Zentralbank 2 Euro, notgedrungen verliert sie im Kreditgeschäft 1 Euro. Für den Wohlstand der Volkswirtschaften bedeutet das nichts Gutes.

Wenn Banken Kredite mit einem Negativzins anbieten, wird die Kreditnachfrage vermutlich gewaltig ansteigen: Bei einem Zins von, sagen wird, minus 1 Prozent kann man sich 100 Euro leihen, sie im einfachsten Fall auf dem Konto liegen lassen, und nach einem Jahr zahlt man 99 Euro zurück. Wer möchte an diesem *Bereicherungsspiel* nicht gern teilhaben? Damit also die Kredit- und Geldschöpfung nicht aus dem Ruder läuft und den Währungswert unkontrolliert herabsetzt, werden die Zentralbankräte zu einer Kreditrationierung greifen müssen: Sie legen vorab fest, wie groß die Kreditmenge sein soll und teilen sie dann zu.

Nach welchen Kriterien aber sollen die neuen Kredite ausgegeben werden? Sollen alle den gleichen Anteil erhalten? Sollen beschäftigungsintensive Branchen bevorzugt werden? Oder sollen nur Zukunftsbranchen an die neuen Kredite kommen? Soll der Süden Europas mehr als der Norden erhalten? Die Zentralbank ist die Instanz, die verfügt, wer wann wie viel Kredit erhält. Und damit bestimmt sie ganz maßgeblich, welche Industrien gefördert oder zurückgedrängt werden; welche Volkswirtschaften stärker und welche schwächer wachsen dürfen; welche Banken überleben dürfen und welche nicht. Mehr denn je befindet die Zentralbank über die Geschicke der Volkswirtschaften. Willkommen in der Planwirtschaft!

Die EZB steht dabei, wie jede planwirtschaftliche Institution, vor einer unlösbaren Aufgabe: Ohne dass man auf den Markt und die Knappheitspreise, die er hervorbringt, zurückgreift, kann man nicht wissen, wie knappe Mittel am besten einzusetzen sind, um die drängenden Bedürfnisse zu bedienen. Fehlentscheidungen, Verschwendung und Korruption sind die absehbaren Begleiterscheinungen solch einer Zuteilungspolitik. Eine »Zombiewirtschaft« wird befördert, in der unprofitable Unternehmen und Banken nicht mehr durch bessere Anbieter ersetzt, sondern künstlich am Leben gehalten werden. Die Effizienz schwindet, Wachstum und Beschäftigung leiden.

> »Die Prosperität kann eine Zeitlang andauern. Sie dauert so lange, als es möglich ist, die Schaffung zusätzlicher Kaufkraft immer weiter fortzusetzen. Eines Tages muß es sich dann zeigen, daß es mit der Ausdehnung des Notenbankkredits nicht mehr weiter gehen kann, sei es dadurch, daß die Bevölkerung das sich entwertende Geld ablehnt, sei es, daß das Bewußtsein von der übermäßigen Inanspruchnahme von Kredit dem allzu großen Optimismus ein Ende setzt. Was dann nachfolgt, wissen alle. Es ist die Krise mit ihrer Katastrophenstimmung, mit den Verlusten, Schleuderverkäufen, Konkursen und dem Offenbarwerden einer furchtbaren Verarmung.«[20]

Wenn die Zentralbank eine Null- beziehungsweise Negativzinspolitik betreibt, blähen sich die Preise für die Vermögensgüter – hierzu zählen Aktien, Häuser und Grundstücke – auf, beziehungsweise fallen die Vermögensgüterpreise höher aus im Vergleich zu einer Situation, in der die Marktzinsen nicht künstlich abgesenkt worden wären. Denn je niedriger der Zins ist, desto höher sind auch die Barwerte der künftigen Zahlungen und damit auch die Marktpreise der Vermögensgüter. Die Null- und Negativzinsen lassen die Preise von Aktien und Häusern so weit ansteigen, bis sich die erwartete Rendite, die diese Anlageklassen versprechen, dem Niedrig- beziehungsweise Negativzins, den die Zentralbank setzt, angenähert hat. Im Extremfall fallen die erwarteten Marktrenditen auf oder gar unter die Nulllinie. Wenn aber die

Zentralbank alle Renditen auf oder unter die Nulllinie gedrückt hat, ist das, was von der freien Marktwirtschaft noch übrig ist, am Ende.

16.4 Die monetäre Konjunkturtheorie der Österreichischen Schule

Die monetäre Konjunkturtheorie der Österreichischen Schule (ÖS) erklärt die Störungen, die von der Ausgabe ungedeckten Geldes (Fiatgeld), das über die Kreditmärkte in die Volkswirtschaft gelangt, verursacht wird. So gesehen ist sie eine »Krisentheorie«. Sie fußt nicht auf empirischen Beobachtungen, ihr liegen keine Erfahrungswerte zugrunde – obwohl sie sich natürlich auf die Interpretation historischer Ereignisse anwenden und auch zur Abschätzung künftiger Entwicklungen einsetzen lässt. Die monetäre Konjunkturtheorie der ÖS ist vielmehr aus der Logik des menschlichen Handelns abgeleitet.

Jeder Handelnde hat – wie bereits aufgezeigt – immer und überall eine positive Zeitpräferenz. Eine frühere Erfüllung der Bedürfnisse wird einer späteren (von gleicher Art und Güte) vorgezogen. Die Manifestation der Zeitpräferenz ist der Urzins. Das heißt, er wertet ein gegenwärtig verfügbares Gut höher als ein Gut (gleicher Art und Güte), über das er erst in der Zukunft verfügen kann. Der Urzins ist der Wertabschlag, den das Zukunftsgut gegenüber dem Gegenwartsgut erleidet. Zeitpräferenz und Urzins sind immer und überall positiv.

Weil jeder Handelnde quasi einen positiven Urzins in sich trägt, tauscht er ein Gegenwartsgut nur dann gegen ein Zukunftsgut ein, wenn er dafür »mehr« bekommt: Er tauscht beispielsweise 1 Euro heute ein gegen 1,1 Euro in einem Jahr, aber nicht 1 Euro gegen 0,90 Euro in einem Jahr. Das folgt aus der Logik des Handelns: Im Handeln kommt die Wertung des Handelnden zum Ausdruck. Niemand tauscht (freiwillig) etwas ein, das weniger wert ist als das, was er dafür aufgibt. (Es sei hier angemerkt, dass diese Aussagen aus der Logik des Handelns abgeleitet sind. Damit ist nicht gesagt, dass sich im »wahren Leben« nicht vielleicht jemand findet, der 1 Euro heute gegen 0,80 Euro in einem Jahr tauscht. Er verstößt allerdings damit gegen die Logik des

Handelns, und er wird seine Ziele nicht vollumfänglich oder gar nicht erreichen.)

Die Wertbestimmung aller Güter unterliegt dem Gesetz des abnehmenden Grenznutzens. Das heißt, einem größeren Gütervorrat wird ein höherer Wert beigemessen als einem kleineren Gütervorrat; und der Grenznutzen des zusätzlich erhaltenen Gutes (verstanden als Nutzen der zusätzlich erhaltenen Gütereinheit) nimmt mit ab. Das heißt, die erste Gütereinheit, die der Handelnde erhält, stiftet einen höheren Nutzen als die zweite Gütereinheit, denn die erste Gütereinheit wird eingesetzt zur Stillung des dringlichsten Bedürfnisses, die zweite zur Stillung des nächst dringlichen Bedürfnisses, das aber notwendigerweise weniger dringlich ist als das zuvor gestillte Bedürfnis.

Das bedeutet für den Handelnden, der Gegenwartsgüter gegen Zukunftsgüter tauscht, Folgendes: Die erste Gütereinheit, die er gegen das Zukunftsgut tauscht, entzieht er der Verwendung, die das Bedürfnis stillt, das die geringste Dringlichkeit hat. Je mehr Gegenwartsgüter der Handelnde im Tausch gegen Zukunftsgüter hergibt, desto »schmerzlicher« wird der Verzicht in Form des entgangenen Nutzens ausfallen. Das Ergebnis ist: Je mehr er bei gegebenem Gütervorrat auf Gegenwartsgüter verzichtet im Tausch gegen Zukunftsgüter, desto höher fällt sein Urzins aus. Der Urzins des Handelnden ist umso höher, je mehr er aus seinem Einkommen spart (und umgekehrt). Die »Sparfunktion« hat folglich eine positive Beziehung zum Urzins. In ähnlicher Weise lässt sich der Urzins desjenigen erklären, der Gegenwartsgüter nachfragt im Tausch gegen Zukunftsgüter, der sich also als Investor beziehungsweise Unternehmer betätigt.

Zuvor sei jedoch noch darauf hingewiesen, dass die Nachfrage nach Gegenwartsgütern für Investitionszwecke (die Investitionsfunktion) in den Standardlehrbüchern durch das *Gesetz der abnehmenden Grenzerträge* erklärt wird. Ihm zufolge nimmt der Grenzertrag der Produktion mit Zunahme der Produktionsfaktoren ab. Das heißt, die erste Investition, die gemacht wird, ist die mit dem höchsten Grenzertrag (Rendite), die zweite Investition hat einen geringeren Grenzertrag als die erste, die dritte hat einen geringeren als die zweite und so weiter. Folglich ist der Investor bereit, bei der ersten Investition vergleichsweise viele Zukunftsgüter für den Erhalt eines Gegenwartsgutes einzutauschen, sprich: einen hohen Zins zu zahlen. Entsprechend wird die zweite Investition mit einem geringeren Zins verbunden sein als die erste Investition, und die dritte mit einem geringeren Zins als die zweite und so weiter. Das Ergebnis ist: Je höher die Investitionsnachfrage, desto niedriger der Zins (und umgekehrt).

Doch diese Erklärung kann bei genauer Betrachtung nicht überzeugen. Nehmen wir an, die Grenzproduktivität fällt auf null. In dem Fall würde niemand Geld für Investitionszwecke nachfragen, und der Urzins wäre null. Das aber ist nicht widerspruchsfrei denkbar: Wie bereits aufgezeigt, ist der Urzins der Handelnden stets und überall positiv, er kann nicht auf oder unter die Nulllinie fallen. Auch in einem Umfeld, in dem die Grenzproduktivität des Kapitals null ist, weist der Handelnde einer Geldeinheit, die heute verfügbar ist, einen höheren Wert zu als der Geldeinheit, die er erst künftig bekommt. Es gibt allerdings eine überzeugende Erklärung der Investitionsnachfrage: Sie ist, wie bei der Erklärung Sparfunktion, in der Zeitpräferenz zu finden.

Der Handelnde, der als Investor/Unternehmer auftritt, hat natürlich ebenfalls eine Zeitpräferenz. Er fragt – anders als der Sparer – Gegenwartsgüter nach im Tausch gegen Zukunftsgüter. Im einfachsten Fall fragt der Investor heute Geld nach und bietet dafür die Rückzahlung eines größeren Geldbetrages in der Zukunft an. Die erste Geldeinheit setzt er für die aus seiner Sicht wichtigste Verwendung ein: zur Realisierung des Investitionsobjektes mit der höchsten Rendite. Für den Erhalt der ersten Geldeinheit wird er bereit sein, einen relativ hohen künftigen Geldbetrag herzugeben. Sein Urzins ist folglich relativ hoch. Mit der nächsten erhaltenen Geldeinheit wird die nächste Investition realisiert, die aber eine geringere Rendite hat als die erste Investition. Folglich ist sein Urzins, der mit der zweiten Investition korrespondiert, geringer als der Urzins bei der ersten Investition. Man erkennt: Die Nachfrage nach Investitionen und der Urzins sind negativ miteinander verbunden. Je mehr Investitionen, desto geringer der Urzins (und umgekehrt).

Aber spiegelt die Zeitpräferenz des Investors nicht lediglich den physischen Grenzertrag der Produktionsfaktoren wider? Die Antwort ist nein. Die Erklärung des Urzinses des Investors durch die Zeitpräferenz zeigt, dass der Investor selbst bei einer Grenzproduktivität der Produktionsfaktoren von null immer noch eine Geldeinheit heute höher wertschätzt als die Geldeinheit in der Zukunft. Zudem ist es die (erwartete) Investitionsrendite, die die Investitionsnachfrage bestimmt, und die entspricht nicht der technisch bedingten Grenzproduktivität. Die Investitionsrendite ist das Ergebnis von Verkaufserlös und Kosten, ins Verhältnis gesetzt zum eingesetzten Geldbetrag. Nehmen wir an, mit den gegebenen physischen Produktionsfaktoren (Maschinen, Werkzeuge etc.) lassen sich 10 Güter pro Zeiteinheit erzeugen und zum Marktpreis von 2 US$ pro Stück verkaufen. Nun wird eine zusätzliche Investition in der Volkswirtschaft getätigt (Straße vergrößert, Fluss ausgebaggert etc.), die die Ausbringungsmenge der bestehenden physischen Produktionsfaktoren auf 50 Güter pro Zeiteinheit erhöht. Da das Güterangebot steigt, fällt der Marktpreis auf, sagen wir, 1 US$ pro Stück. Das zu Marktpreisen bewertete Grenzprodukt hat sich also verzweieinhalbfacht (von 20 auf 50 US$), während sich das physische Grenzprodukt verfünffacht hat (von 10 auf 50 Güter pro Zeiteinheit).

Hinzu kommt, dass sich in der Ausgangssituation mit der Produktion ein Gewinn von, sagen wir, 18 US$ erzielen ließ. Nach erfolgter Investition erhöht sich der auf, sagen wir, 47 US$. Annahmegemäß ist die Netto-Investitionsrendite angestiegen. In einer freien Marktwirtschaft wird das jedoch dazu führen, dass zusätzliche Anbieter in den Markt drängen, um an den erhöhten Renditemöglichkeiten teilzuhaben. Die Folge: Die erzielbare Netto-Investitionsrendite schrumpft, kehrt auf das Anfangsniveau zurück (das der Netto-Investitionsrendite in allen anderen Produktionszweigen entspricht), denn in einem freien Markt gleichen sich die Netto-Investitionsrenditen in den verschiedenen Produktionsstufen und Wirtschaftszweigen tendenziell an (Risikoprämien und andere Friktionen sollen hier außer Acht bleiben). Das bedeutet letztlich, dass der gestiegene physische Grenzertrag der Produktionsfaktoren sich zwar erhöhen kann, dass daraus aber nicht gleichzeitig auch ein Anstieg der Investitionsrendite folgt. Man erkennt: Es ist die Zeitpräferenz, die sowohl die Ersparnis- als auch Investitionsfunktion erklärt!

Warum sollte der Handelnde überhaupt auf Gegenwartsgüter verzichten im Tausch gegen Zukunftsgüter? Zum einen wird der Handelnde (soweit er bei Sinnen ist) nicht nur seine gegenwärtigen Bedürfnisse decken wollen, sondern auch seine künftigen. Dazu kann er im einfachsten Fall Gegenwartsgüter beiseitelegen, aufsparen für den künftigen Konsum, also horten. Zum anderen kann der Handelnde durch die – stets Zeit beanspruchende – Produktion seine künftigen Konsummöglichkeiten vergrößern. Produktion erfordert – wie jedes Handeln – den Einsatz von Zeit. Zeit ist knapp, und daher wird der Handelnde bei gegebenem Ziel das Produktionsverfahren mit der kürzesten Produktions- beziehungsweise Wartezeit wählen. Zudem kommt eine Verlängerung der Produktionszeit für ihn nur dann in Betracht, wenn er das (erwartete) Produktionsergebnis höher wertschätzt als die Erfüllung all derjenigen Bedürfnisse, auf die er wegen einer verlängerten Wartezeit verzichten muss. Die Güter, die nicht in der Gegenwart konsumiert, sondern gespart und investiert werden, stellen *Kapitalgüter* dar.

Die Bildung von Kapitalgütern erlaubt es, Produktionswege mit längerer Wartezeit nutzen zu können, und das wiederum erlaubt es, die Produktionsleistung zu erhöhen. Und zwar auf folgende Weise: (i) Die Güterproduktion lässt sich erhöhen, indem mehr von den bereits bekannten Produktionswegen eingesetzt werden können. (ii) Bereits bekannte Produktionswege, die eine höhere Output-Input-Relation aufweisen als die bisher verfolgten Produktionswege, deren Durchführung aber bislang nicht möglich war, weil sie eine verlängerte Wartezeit erfordern, lassen sich beschreiten. (iii) Neue Güter lassen sich erzeugen, die sich bislang aufgrund der dazu erforderlichen Ausweitung der Wartezeit nicht erzeugen ließen. Kapitalgüter werden also dann gebildet, wenn der Handelnde die damit erzielbare künftige Güterausstattung beziehungsweise den dadurch erzielbaren Nutzen höher einschätzt als den entgangenen Nutzen, der daraus erwächst, auf den gegenwärtigen Konsum beziehungsweise den daraus erzielbaren Nutzen zu verzichten.

Sparen und Investieren treffen auf dem Kreditmarkt[21] zusammen. Gegenwärtig verfügbares Geld wird angeboten, um Ansprüche auf künftige Geldzahlungen zu erhalten, und gegenwärtig verfügbares Geld wird für Investitionen nachgefragt. Sparen und Investieren werden zum Ausgleich gebracht durch den markträumenden Urzins. Er stellt sicher, dass (soweit Sparer und Investoren keine Fehler gemacht haben) genügend Ersparnisse vorhanden sind, um die geplanten Investitionen fertigstellen zu können; dass die durch Konsumverzicht bereitgestellte Ersparnis ausreicht, um die Investitionen zu vollenden und dabei auch die Güterversorgung der Investoren während der Investitionszeit sicherzustellen.

Der »natürliche« Wachstumsprozess der Volkswirtschaft ist durch eine Abnahme der Zeitpräferenz der Handelnden gekennzeichnet. Das heißt, zu einem gegebenen Urzins wird nunmehr mehr gespart und investiert als zuvor. Die steigende Ersparnis trifft auf eine (annahmegemäß) unverändert gegebene Investitionsnachfrage, so dass der markträumende Urzins sinkt. Die erhöhte Ersparnis, die durch den entsprechenden Konsumverzicht bereitgestellt wird, ermöglicht zusätzliche Investitionen. Erweisen sich diese also erfolgreich, steigen künftige Güterversorgung und Konsummöglichkeiten.

Was passiert, wenn nun die Zentralbank in Kooperation mit den Geschäftsbanken neue Kredite vergibt, denen keine Ersparnisse, kein Konsumverzicht gegenübersteht, wenn sie also »ungedecktes« Geld, das per Kreditvergabe aus dem Nichts geschaffen wird, in Umlauf bringen? Um diese Frage zu beantworten, unterstellen wir, dass die Zeitpräferenz der Menschen und der sich daraus manifestierende Urzins unverändert sind und bleiben. Das neue Geld erhöht – wie im Falle des »natürlichen Wachstumsprozesses« auch – das Ersparnisangebot, so dass bei unveränderter Investitionsnachfrage der markträumende Urzins absinkt. Wichtig ist zu verstehen: Der markträumende Urzins wird hier unter das Niveau gedrückt, das sich ohne die Ausgabe von Krediten, durch die ungedecktes Geld in die Hände der Marktakteure gerät, einstellen würde. Dadurch kommt es zu einer wirtschaftlichen Expansion, einem »Boom«: Die Menschen sparen weniger, konsumieren mehr, und zusätzlich steigt die Güternachfrage für Investitionen. Die Menschen leben sprichwörtlich über ihre Verhältnisse.

Im »natürlichen Wachstumsprozess« ging der gesunkene Urzins einher mit Konsumverzicht und erhöhtem Sparen, durch die die erhöhte Wartezeit während der Investitionen, der Bildung von Kapitalgütern, überbrückt werden konnte. Im kreditfinanzierten Boom stehen die Dinge ganz anders: Hier gibt es keine Ersparnisse, sind keine Kapitalgüter gebildet worden, mit denen sich die neuen Investitionen realisieren ließen. Der Boom erweist sich vielmehr als Überexpansion, die nicht durchhaltbar ist, die in eine Anpassungskrise, einen »Bust« führen muss.

Der künstlich gesenkte Marktzins führt zunächst dazu, dass sich aus Sicht der Unternehmen Investitionen, die bislang nicht attraktiv waren, nunmehr rechnen: Bei einem Absinken der Marktzinsen steigen die Barwerte künftig erzielbarer Gewinne, und folglich beginnen die Unternehmer die sich daraus ergebenden Renditechancen zu nutzen und investieren.

Die in Gang gesetzten Investitionen zeichnen sich durch eine verlängerte Fertigungszeit aus. Die Unternehmen fragen dafür erforderliche Kapitalgüter und Arbeitskraft nach, die von der Produktion von Gütern mit weniger Wartezeit abgezogen und umgelenkt werden zur Produktion von Gütern mit längerer Wartezeit. Dabei übersteigt die gesamte Güternachfrage das Güterangebot, es kommt zu einem entsprechenden Preisanstieg der Produktionsfaktoren. Die Verteuerung der Produktion verringert die (erhofften) Gewinne und damit (erhofften) Renditen der Investitionen. Die Unternehmer beenden die angefangenen Investitionsprojekte, die nicht mehr rentabel sind, und sie reduzieren entsprechend ihre Nachfrage nach Produktionsfaktoren.

Die Arbeitskräfte, die im Boom angestellt wurden, verlieren ihre Anstellung. Das gilt auch für diejenigen, die aus der Produktion von Gütern niedriger Ordnung in die Produktion von Gütern höherer Ordnung gewechselt sind, angelockt durch höhere Löhne. Der damit verbundene Rückgang ihrer Einkommen veranlasst sie, ihre Konsumausgaben wieder einzuschränken. Sie bemerken, dass die Lohn- beziehungsweise Einkommensverbesserung keine dauerhafte Sache ist, sondern dass sie nur vorübergehend war. Angesichts ihres wieder auf das Anfangsniveau gesunkenen Einkommens kehren die Konsumenten wieder zu ihrer ursprünglichen Spar- und Konsum-Relation zurück: Konsum nimmt ab, Ersparnis steigt. Die Unternehmen erhalten das Signal, die Produktion wieder zurückzufahren auf den Stand, der vor der Absenkung des Marktzinses vorherrschte.

Wenn die Ausgabe von ungedecktem Geld, das durch Kreditvergabe in Umlauf gebracht wird, eine einmalige Sache ist, dann folgt auf den durch sie ausgelösten Boom (im Rahmen des handlungslogischen Denkens) *notwendigerweise* der Bust. Während der Boom die Phase ist, in der Überkonsum und Fehlinvestitionen auftreten, ist also der Bust die Phase, in der die vom Boom verursachten Störungen und Verzerrungen korrigiert werden. Zwar ist der Boom mit einer wirtschaftlichen Expansion verbunden. Aber er führt zu einer Verarmung in dem Sinne, dass knappe Güter verschwendet wurden, dass mit ihnen dringlichere Bedürfnisse nicht gestillt werden konnten, was ohne den Boom der Fall gewesen wäre. Es ist unvermeidlich, dass Investitionsruinen entstehen: beispielsweise wurden Energie, Beton und Stahl für die Projekte aufgewendet, die sich nicht vollenden lassen, weil sie sich nicht rechnen. Diese Ressourcen können jetzt nicht mehr oder nur im Zuge aufwendiger Verfahren für andere, dringliche Verwendungen eingesetzt werden.

Warum gibt es so etwas wie Boom-und-Bust-Zyklen, also eine zeitliche Abfolge von Aufschwung und Flaute? Die Antwort ist eine polit-ökonomische. Der Boom findet allseits Zuspruch von Unternehmern, Konsumenten, Gewerkschaften, Regierungen, weil er ihnen hohe Gewinne, höhere Einkommen, mehr Arbeitsplätze, mehr Steuereinnahmen bringt. Der Boom wird als eine »erfreuliche Phase«, die möglichst lange anhalten soll, angesehen. Er wird nicht als das angesehen, was er eigentlich ist: Die Phase, in der es zu Fehlentwicklungen kommt, in der Investitionen angegangen und Arbeitsplätze geschaffen werden, die sich letztlich nicht rechnen, die keinen dauerhaften Bestand haben werden. Wenn ein Boom in den Bust umzuschlagen droht, dann wird in der Öffentlichkeit sogleich nach Gegenmaßen gerufen. Die Zentralbank, so heißt es dann, müsse die Zinsen senken, den Bust »bekämpfen«. Die Zentralbank wird den Aufforderungen nachkommen und die Zinsen absenken. Bust wird verhindert, und ein neuerlicher Boom entsteht – so erklärt sich der Boom-und-Bust-Zyklus.

16.5 Theorie zu Entstehung und Wachstum des Staates

Was ist der Grund, dass sich die Menschen aus dem primitiven Urstadium des Mann-gegen-Mann herausentwickelt und ein friedvolles und produktives Zusammenleben in der Gemeinschaft angestrebt haben? Einige Autoren meinen, die Zivilisierung der Menschheit sei Folge eines biologischen Vergesellschaftungstriebes. Andere sehen die Ursache der menschlichen Zivilisation in einem himmlischen Geschenkakt. Man muss jedoch nicht auf diese (und andere) Erklärungen zurückgreifen. Eine für den menschlichen Geist logisch-verständliche und überzeugende Antwort findet sich in der *Logik des menschlichen Handelns*. Genauer: in den Gesetzmäßigkeiten, die sich *logisch* aus der unbestreitbaren Erkenntnis erschließen, dass der Mensch handelt.[22]

Ein wichtiger Schritt zu dieser Einsicht wurde im Jahr 1817 getan, und zwar von dem britischen Ökonomen David Ricardo (1772–1823). In seinem Hauptwerk *On the Principles of Political Economy and Taxation* (1817) legt er das *Gesetz der komparativen Kosten* dar. Danach ist es sinnvoll für die Menschen, sich arbeitsteilig zu organisieren. Durch die Arbeitsteilung wird die Ergiebigkeit der Arbeit und damit der materielle Wohlstand erhöht. Alle an der Arbeitsteilung Beteiligten gewinnen dabei.

Ricardo formuliert sein Gesetz der komparativen Kosten, um den Außenhandel zwischen verschiedenen Ländern zu erklären. Doch sein Gesetz ist, wie Ludwig von Mises erkannte, von viel größerer Tragweite: Es ist ein *Vergesellschaftungsgesetz*. Es lässt uns begreifen, wie dauerhafte gesellschaftliche Bindungen entstehen – und zwar durch *Arbeitsteilung*. Mises formuliert diese Einsicht so: »Die Kraft, die gesellschaftliche Bindung entstehen lässt und sie fortschreitend verdichtet, ist menschliches Handeln, das der Einsicht in die höhere Ergiebigkeit des Zusammenhandelns und Zusammenwirkens durch Arbeitsteilung entspringt.«[23]

Es ist die Logik des Handelns, mit der sich erklären lässt, dass Menschen sich freiwillig zu arbeitsteiligem Handeln zusammenschließen, wenn zwei Bedingungen gegeben sind: (1) Menschen sind *ungleich* mit Blick auf ihre Eignung zur Verrichtung unterschiedlicher Tätigkeiten, und (2) sie *erkennen* (soweit sie eine Mindestintelligenz haben), dass die Arbeitsteilung die Ergiebigkeit der Arbeit erhöht im Vergleich zum isolierten Handeln. Mises formuliert in diesem Zusammenhang eine wichtige Einsicht: »Wir müssen ... nicht auf die Idee verweisen – ... dass das Leben in der Gemeinschaft erst durch einen förmlichen Vertrag – den Gesellschaftsvertrag – ermöglicht worden sei.«[24] Damit sagt er: Für das zivilisierte Zusammenleben braucht es keinen Staat (wie wir ihn heute kennen).

Wesen und Entstehung des Staates

Dennoch hat sich ein Staat, wie wir ihn heute kennen, herausgebildet. Der US-amerikanische Ökonom und Gesellschaftsphilosoph Murray N. Rothbard (1926–1995) hat eine positive Definition des Staates vorgelegt (also eine Definition, die die tatsächliche Natur des Staates, seines Tuns in der Wirklichkeit, abbildet). Sie lautet: *Der Staat ist der territoriale Zwangsmonopolist der Rechtssetzung und -sprechung, der die Letztentscheidungsmacht über alle Konflikte in seinem Gebiet hat – Konflikte, die zwischen seinen Untergebenen auftreten, und Konflikte, die sich zwischen ihm, dem Staat, und seinen Untergebenen ereignen; zudem beansprucht er das Recht der Besteuerung.*[25] Ein solcher Staat hat in der Praxis das Monopol über Recht (Rechtsetzung und -durchsetzung) und Sicherheit (Polizei und Militär). Der Staat (wie wir ihn heute kennen) finanziert sich durch Steuern, das heißt, er zwingt diejenigen, die Einkommen erzielen, einen Teil davon an den Staat auszuhändigen. Zudem verteilt der Staat die erhaltenen Steuereinnahmen auch um (nachdem er sich davon bedient hat) – nach dem Motto: Paul nehmen und Peter geben.

Niemand, der die menschliche Natur kennt und auch recht bei Sinnen ist, wird bestreiten wollen, dass das friedvolle und produktive Zusammenleben der Menschen Regeln braucht, dass Regelverstöße verhindert beziehungsweise, wenn sie aufgetreten sind, sanktioniert werden müssen. Es gibt immer wieder Personen, die das Eigentum ihrer Mitmenschen nicht achten, die betrügen, stehlen, rauben und morden. Folglich bedarf es einer »Apparatur«, die durch Anwendung von Zwang und Gewalt denjenigen Personen das Handwerk legt, die sich nicht an die notwendigen Regeln halten, die das gesellschaftliche Miteinander gefährden oder unmöglich machen. Diese Aufgabe wird üblicherweise dem Staat (wie wir ihn heute kennen und vorstehend definiert haben) zugewiesen. Doch das wirft sogleich Fragen auf.

Ist es denkbar, dass der Staat (wie wir ihn heute kennen) dadurch entstanden ist, dass die Menschen sich freiwillig per Vertrag bereit erklärt haben, ihn als Zwangsmonopolisten für Recht und Sicherheit zu ermächtigen? Die Antwort muss negativ ausfallen. Zum einen fehlt der materielle Beweis. Es gibt keinen Vertrag, den Sie oder ich oder unsere Vorfahren unterzeichnet hätten. Und gäbe es ihn tatsächlich, er lässt sich nicht auffinden. Niemand kann überzeugend nachweisen, er oder seine Mitmenschen hätten einen solchen Vertrag freiwillig unterschrieben. Zum anderen ist auch gar nicht vorstellbar, dass jemand, der bei Sinnen ist, einen solchen Vertrag jemals freiwillig unterschreiben würde. Denn er würde durch einen solchen Vertrag sich und sein Hab und Gut auf Gedeih und Verderb *freiwillig* den Entscheidungen eines Zwangsmonopolisten ausliefern. Anders gesagt: Er würde sich selbst versklaven!

Auch die Versuche der Ökonomen, die der *Public-Choice*-Schule zugerechnet werden, beispielsweise James M. Buchanan (1919–2013) und Gordon Tullock (1922–2014), können nicht überzeugen.[26] Sie behaupten, der Staat als Zwangsmonopol sei legitimes Ergebnis einer »stillschweigenden Übereinkunft«. Im Grunde wollen sie mit ihrer Argumentation aus einem *Nein* ein *Ja* machen. Vergeblich. Die Theorie des

Staates als freiwillige vertragliche Vereinbarung, die sich auf die Arbeiten von Thomas Hobbes in *De Cive* (*Über den Bürger*, Kapitel 5–7) und *Leviathan* (Kapitel 17–19) zurückführen lässt, ist unhaltbar. Die Existenz des Staates (wie wir ihn heute kennen) ist also das Ergebnis von Gewalt, von Eroberung, Unterdrückung und Plünderung. In diesem Sinne schreibt Franz Oppenheimer (1864–1943)[27]: Der Staat »ist seiner Entstehung nach ganz und seinem Wesen nach ... eine gesellschaftliche Einrichtung, die von einer siegreichen Menschengruppe einer besiegten Menschengruppe aufgezwungen wurde mit dem einzigen Zwecke, die Herrschaft der ersten über die letzten zu regeln und gegen innere Aufstände und äußere Angriffe zu sichern. Und die Herrschaft hatte keinerlei andere Endabsicht als die ökonomische Ausbeutung der Besiegten durch die Sieger.«[28]

Die Logik des menschlichen Handelns erklärt, dass der Staat (wie wir ihn heute kennen) eine Absurdität, eine *praxeologische Unmöglichkeit* ist.[29] Das Eigentum – verstanden als *Selbsteigentum*, das eine Person an ihrem Körper hat, sowie Eigentum an den auf nicht-aggressivem Wege erworbenen Gütern – lässt sich nicht widerspruchsfrei verneinen, es lässt sich nicht wegdenken. Das Eigentum ist ein *a priori*, es ist denknotwendig und allgemeingültig. Man kann das Selbsteigentum argumentativ nicht verneinen, ohne seine Gültigkeit bereits unterstellt zu haben, wenn man es versucht zu verneinen. Die Vorstellung, jemand gäbe sein Selbsteigentum auf, ist folglich unlogisch, widersinnig, absurd – und übrigens auch ethisch inakzeptabel. Dass der Staat der territoriale Zwangsmonopolist für Recht und Sicherheit mit der Macht zur Letztentscheidung aller Konflikte ist, kann folglich *nicht* durch eine freiwillige Entscheidung derjenigen, die dem Staat unterworfen sind, erfolgt sein, und zudem ist es (handlungs-)unlogisch und damit falsch.

Ist der Staat (wie wir ihn heute kennen) nicht vielleicht doch unverzichtbar, weil es ohne ihn kein Recht und keine Sicherheit gibt, das friedvolle Zusammenleben in der Gemeinschaft unmöglich wird? Vermutlich sind viele Menschen geneigt, diese Frage zu bejahen. Aus Erfahrung kennen sie es schließlich nicht anders, als dass der Staat die

Güter Recht und Sicherheit monopolisiert hat. Doch aus dieser Beobachtung lässt sich nicht schlussfolgern, dass nur der Staat Recht und Sicherheit anbieten kann. Das wäre ein logischer Fehlschluss, ein *non sequitur*, wie etwa die Folgerung, dass nur Affen Fahrrad fahren können, weil man gerade im Zirkus Affen Fahrrad fahren sieht. Die grundlegende Idee, es bräuchte einen Staat als Monopolisten für Recht und Sicherheit, ist ein Floh, den Thomas Hobbes (1588–1679) seinen Lesern mit seiner Aussage *Homo homini lupus est* ins Ohr gesetzt hat. Man nehme einmal an, Hobbes hätte recht mit seiner Einschätzung, dass der Mensch des Menschen Wolf ist: *A* und *B* bräuchten, um friedvoll und produktiv miteinander leben zu können, einen Staat *S*.[30] Denn ohne ihn lebten *A* und *B* in Anarchie, sie würden in Streit und Kampf untergehen. Nur von *S* und keinem anderen fragen sie die Güter Recht und Sicherheit nach. Als Monopolist entscheidet *S* allein, was er *A* und *B* für sein Angebot in Rechnung stellt.

In dieser Situation sind *A* und *B* dem *S* unterworfen, ihr Selbsteigentum und ihr Eigentum an externen Gütern – die handlungslogisch und denknotwendig unveräußerlich sind – wären damit aufgehoben. Denn der Monopolist für Recht und Sicherheit *S* entscheidet, was Recht (und Gesetz) ist, und er entscheidet auch über Qualität und Menge des Gutes Sicherheit. Wer kontrolliert *S*, hinter dem sich ja notwendigerweise Menschen vom Typ *A* oder *B* verbergen müssen? Die Menschen, die die Monopolmacht von *S* innehaben, verhalten sich gegenüber *A* und *B* genauso wie *A* und *B* sich untereinander verhalten. Wenn man also *A* und *B* nicht vertraut, dass sie in Frieden miteinander leben können, und dass es daher *S* braucht, und *S* aus Personen *A* und *B* bestehen muss, dann ist das zu lösende Problem nicht gelöst. Man kommt vielmehr zum Schluss: Es braucht eine Instanz, die *S* kontrolliert, damit sie keinen Machtmissbrauch betreibt.

Nehmen wir an, die Instanz, die *S* kontrolliert, ist *S**. Auch *S** ist eine Instanz, die von Personen des Typs *A* und *B* beherrscht wird. Wenn man also zum Schluss gelangt, *S* müsse durch *S** kontrolliert werden, dann muss man auch fordern, dass *S** durch *S*** kontrolliert wird. Und *S*** müsste wiederum von *S**** kontrolliert werden – und so weiter und so fort. Konsequent zu Ende gedacht, müsste folglich ein Weltstaat errichtet werden, dem alle (*A* und *B* sowie *S*, *S**, *S*** und *S**** und so weiter) unterworfen sind. Doch wer kontrolliert dann den Weltstaat? Das können letztlich wiederum nur Personen vom Typ *A* oder *B* sein – allesamt Personen also, denen man nicht traut, friedvoll und produktiv miteinander leben zu können. Die Beweisführung, es bedürfe eines Staates (wie wir ihn kennen), weil es ohne ihn Unrecht und Chaos gäbe, erweist sich als unausgegoren, als widersprüchlich und damit falsch.

Das Wissensproblem des Staates

Was passiert, wenn der Staat (wie wir ihn heute kennen) Recht und Sicherheit monopolisiert, wenn alle, die die Güter Recht und Sicherheit nachfragen, sich an den Staat wenden müssen – weil nur er sie anbietet? Die Antwort fällt nicht schwer: Der Staat wird sich so verhalten wie jeder andere Zwangsmonopolist auch: Er wird seinen Gewinn (also Einnahmen minus Ausgaben) zu maximieren versuchen. Den Preis seiner Leistung (für Recht und Sicherheit) wird er so hoch wie möglich ansetzen, und gleichzeitig wird er versuchen, die Kosten für sein Angebot so gering wie möglich zu halten.[31] Das kann er ungeniert (und quasi ungestraft) tun, weil er keine Konkurrenz zu fürchten hat. Die Folge ist, dass der Preis für die Güter Recht und Sicherheit, die der Staat monopolisiert, ansteigt, und dass gleichzeitig ihre Qualität und Menge abnimmt. Dazu einige Erklärungen.

Der Staat steht vor einem grundsätzlichen Problem: Er hat keine Möglichkeit festzustellen, wie er die ihm zur Verfügung stehenden Ressourcen (die erpressten Steuern) und die ihm zustehende Macht (Gesetze zu erlassen, Urteile zu fällen) sinnvoll, das heißt wirtschaftlich effizient, einsetzen soll. Der Grund: Es gibt keine Marktpreise für Rechts- und Sicherheitsdienste, die dem Staat anzeigen könnten, welche Leistungen gerade knapp sind (und daher ausgeweitet werden sollten) und welche reichlich vorhanden sind (und daher eingeschränkt werden sollten). Der Staat muss vielmehr *willkürlich* entscheiden, wie er die Mittel, die er seinen Untertanen abknöpft, auf die von ihm monopolisierten Leistungsangebote verteilt. In einem freien Markt ist die Sache eindeutig: Angebot und Nachfrage zu den Gütern Recht und Sicherheit stellen Marktpreise bereit. Die Marktpreise signalisieren den Produzenten, welche Produkte in welcher Qualität und Menge wann und wo gewünscht sind, und sie können ihr Angebot entsprechend ausrichten. Wenn Recht und Sicherheit monopolisiert sind, gibt es für diese Güter keine Marktpreise.

Ohne Marktpreise stellt sich ein unlösbares Wissensproblem. Wie viele Anwälte, Staatsanwälte und Richter werden wo und wann benötigt? Im Familienrecht, Wirtschaftsrecht, Steuerrecht, Eherecht, Umweltrecht? Wie viele Polizisten werden gebraucht für Verkehrskontrollen, Festnahmen, Gefangenentransporte, Großveranstaltungen, Demonstrationen? Ohne Marktpreise stochern die staatlichen Planer im Nebel, sie sind ahnungslos. Erfahrungswerte bei zum Beispiel Fußballspiel-Ausschreitungen geben ihnen keinen verlässlichen Hinweis darauf, wie viele Polizisten künftig erforderlich sind, damit die Sicherheit für Spieler und Publikum gewährleistet ist. Auch die Frage, ob zusätzliche Streifenpolizisten eingesetzt oder besser in neue Computer investiert werden sollte, können die staatlichen Planer nicht sinnvoll beantworten. Dass der Staat die Güter Recht und Sicherheit an den Bedürfnissen der Menschen vorbei produziert, dass er Verschwendung und Fehllenkung knapper Mittel verursacht, ist daher programmiert.

Wenn der Staat das Recht monopolisiert, stellen sich auch hier unlösbare Wissensprobleme ein. Es stellt sich – wie in allen planwirtschaftlichen Bereichen – die Frage, welche Rechtsdienste wo, wann, wie und in welcher Menge benötigt werden. Darauf gibt es keine zufriedenstellenden Antworten. Denn es gibt keine Marktpreise für die verschiedenen juristischen und richterlichen Dienste. Wie soll der Staat da knappe Ressourcen in die Verwendungen lenken können, um die Nachfrage nach Recht(sprechung) bestmöglich zu befriedigen? Ein weiteres Problem kommt hinzu: Diejenigen, die der Staat mit der

Rechtspflege betraut – Richter und Staatsanwälte – stehen auf der Gehaltsliste des Staates. Damit sind sie nicht neutral und unabhängig. Die daraus resultierenden Probleme treten bei Streitfällen, die sich zwischen den Regierten abspielen, nicht notwendigerweise zutage. Zum offenen Konflikt kommt es jedoch spätestens dann, wenn es um vitale Interessen des Staates geht, die unvereinbar sind mit den Eigentumsrechten der Bürger.

Das offenkundigste Beispiel an dieser Stelle sind Steuern. Für den Bürger gilt: Niemand darf einem anderen gegen seinen Willen sein Eigentum wegnehmen, darf ihn bestehlen. Das wäre ein Rechtsverstoß und würde bestraft. Doch genau das praktiziert der Staat. Er erhebt Steuern. Er zwingt die Menschen, eine Geldleistung an den Staat zu bezahlen, und zwar ohne dass der Besteuerte einen Anspruch auf eine individuelle Gegenleistung hätte. In einem staatsmonopolisierten Rechtssystem wird die Besteuerung jedoch als rechtmäßig angesehen. Wer dagegen Wiederspruch erhebt und vor ein staatliches Gericht zieht, hat keinerlei Aussicht, dass seiner Klage Erfolg beschieden sein wird – selbst wenn die Besteuerung eine offenkundige Verletzung der Eigentumsnorm darstellt.

Ausdehnung des Staates

Ein Problem des Staates (wie wir ihn heute kennen) verdient ganz besonderes Augenmerk: nämlich dass der Staat sich immer weiter ausdehnt, dass er immer größer und mächtiger wird. Dazu muss man wissen, dass der moderne Staat sich auf die *Demokratie* beruft. Seiner Wortbedeutung nach steht das Wort Demokratie für die Herrschaft des Staatsvolkes. (Das griechische Wort *demos* steht für Staatsvolk, *krátos* für Macht, Herrschaft). Die *moderne* Demokratie sieht im Grundsatz vor, dass ein jeder – egal ob er klug und weise oder dumm und verblendet ist, ob er schreiben und lesen kann oder nicht, ob er unbescholten oder vorbestraft ist – in das Regierungsamt gewählt werden kann.[32] In der (modernen) Demokratie entscheidet die Mehrheitsmeinung, wer die Regierungsgeschäfte ausführt. Wer sich auf demokratische Legitimation berufen kann, gilt als legitimer Herrscher, als jemand, der sein Amt rechtmäßig erhalten hat und ausübt.

In der Demokratie ist das »Recht zu herrschen«, das heißt die staatliche Macht auszuüben, in öffentlicher Hand. Jeder, soweit er nur von seinen Mitmenschen dazu auserkoren wird, kann in den Besitz dieses Rechts, dieser Macht kommen, allerdings nur für eine *gewisse Zeit*. Folglich unterliegen die Regierenden dem Anreiz, ihr *laufendes Einkommen* (im weitesten Sinne), nicht aber den *Kapitalwert* des Gemeinwesens zu maximieren. Folglich steigt in Demokratien die gesellschaftliche Zeitpräferenz an – im Vergleich beispielsweise mit einer Monarchie, in der der Herrscher den Staat als sein persönliches Eigentum ansieht und daher tendenziell bestrebt ist, den Kapitalwert seiner Besitztümer, nicht aber sein laufendes Einkommen zu maximieren. Wenn das staatliche Handeln tendenziell die Zeitpräferenz der Menschen erhöht, wird die Gegenwartsorientierung (die ohnehin vorhanden ist) noch verstärkt. Das heißt, der Konsum steigt, das Sparen wird entmutigt, und folglich wird auch weniger investiert (im Vergleich zu einer Situation, in der die Zeitpräferenz der Menschen nicht aus staats-politischen Gründen erhöht wird). Die erhöhte Zeitpräferenz verringert folglich den materiellen Wohlstandszuwachs.

In Demokratien gelangt derjenige in die Regierung, der ausreichend viele Wählerstimmen gewinnt. Der Zuspruch der Wähler lässt sich am besten erlangen, wenn man ihnen Wohltaten und Privilegien in Aussicht stellt: bessere Schulen, kürzere Arbeitszeiten und Subventionen, Steuervergünstigungen, Arbeitsplätze im öffentlichen Sektor; hinzu kommen ideologische Versprechungen: das Schaffen einer »sozialen Gesellschaft«, die Rettung des »Weltklimas«, das »Ende der Diskriminierung«. Die Wähler lassen sich das nur zu gern gefallen, sie wählen die Politiker, die ihnen am geeignetsten erscheinen, die ihnen den höchsten persönlichen Nutzen zu stiften scheinen. Dabei müssen sie nicht befürchten, dass die Kosten, die sie durch ihre Wahl verursachen, von ihnen getragen werden müssen; beziehungsweise dass sie zur Rechenschaft gezogen werden für die Folgen ihrer Wahlentscheidung.

Beispiel: Ich wähle die Partei *A*, weil sie mir verspricht, die »Reichen« zu besteuern und mit dem »erbeuteten Geld« das Schienennetz auszubauen. Ich unterstütze folglich eine Politik, die die Reichen (teil-) enteignet. Unternehmer – und das sind letztlich »die Reichen« – sind jedoch zu ihrem Reichtum gekommen, indem sie Güter und Dienste anbieten, die die Nachfrager *freiwillig* zu kaufen wünschen. Der Gewinn, den erfolgreiche Unternehmer erzielen, ist die Belohnung dafür, dass sie ihren Mitmenschen dienen. Er erlaubt es ihnen, Kapital aufzubauen: mehr Werkzeuge, Maschinen und Bürohäuser zu erwerben, mehr Personen einzustellen, um damit die Produktionsleistung im Sinne der Kunden auszuweiten. Wenn diese erfolgreichen Unternehmer besteuert werden, nimmt ihre Fähigkeit ab, das Produktangebot gemäß den Wünschen der Kunden fort- und weiterzuentwickeln.

Durch die Besteuerung und Umverteilung profitieren in diesem Beispiel die Produzenten von Schienen, Lokomotiven und Güterwaggons, denen der Staat Subventionen und Privilegien gewährt – bezahlt mit den Steuern, die er zuvor den erfolgreichen Unternehmen abgenommen hat. Der Staat lässt ihnen eine finanzielle Ausstattung zuteilwerden, die diese Unternehmen sich nicht durch gute Leistungen gegenüber ihren Kunden erarbeitet haben. Die Folge ist, dass die volkswirtschaftliche Produktion umgelenkt wird, dass sie nicht mehr auf die Erfüllung der dringlichsten Bedürfnisse der Nachfrager ausgerichtet wird. Es ist folglich nicht mehr der Kunde, der die Produktionsleistung der Unternehmen bestimmt, sondern diese Rolle übernimmt der Staat oder übernehmen diejenigen, die seine Macht vorübergehend, also *auf Zeit*, in ihren Händen halten.

Der demokratische (Wahl-)Prozess sorgt für eine immer weiterführende Ausweitung des Staates. Die Politiker, die auf die Regierungsbank gelangen wollen, erkennen rasch die vielfältigen Wünsche der Wähler: Die eine möchte bessere Schulen, der andere eine »Politik ohne Grenzen«, wieder andere wünschen die Abschaffung der nationalstaatlichen Souveränität, und wieder andere wünschen sich, dass sich alle impfen lassen. Für alle diese Wünsche stellen im demokratischen Prozess Politiker entsprechende Angebote in Aussicht. Gleichzeitig werben Politiker für die von ihnen persönlich bevorzugte Agenda – mit der sie entweder die Wünsche ihrer Wähler bedienen, oder mit der sie die Wünsche der Wähler beeinflussen wollen. Das Ergebnis des demokratischen Prozesses ist, dass der Staat in alle Wirtschafts- und Gesellschaftsbereiche vordringt: weil er die vielfältigen Willküreingriffe der Wähler und/oder die Wunschvorstellungen der Politiker in die Tat umsetzt. Kurzum: Es ist ein Elixier zur Ermächtigung des Staates.

Das Vordringen des Staates in nahezu alle Wirtschafts- und Gesellschaftsbereiche ist also alles andere als zufällig. Ob Bildung (Kindergarten, Schule, Universität), Transport, Energie, Gesundheit, Altersvorsorge, Recht und Sicherheit, Geld und Kredit, Umwelt – in allen diesen Bereichen ist der Staat längst zum wirkungsmächtigsten Spieler aufgestiegen. Der demokratische Prozess erweist sich folglich als eine Ermächtigung für den Staat (wie wir ihn heute kennen). So gesehen ist das Urteil, dass »selbst ein Minimalstaat früher oder später zum Maximalstaat wird«, das von Hans-Hermann Hoppe (*1949) stammt, nicht nur prägnant, sondern es ist vor allem auch handlungslogisch begründet: Der demokratische Prozess (wie er heutzutage verstanden wird) hebt das Prinzip »Das ist mein, und das ist dein« nach und nach auf. Die Folge ist eine zunehmende Relativierung des Privateigentums, die – wenn sie nicht gestoppt wird – zur Abschaffung des Eigentums, in den Sozialismus führt. Der demokratische Staat erweist sich also nicht als Garant für Recht und Sicherheit, sondern vielmehr als deren Zerstörer, und ihm wohnt die Tendenz inne, immer größer und mächtiger zu werden, letztlich in eine sozialistische Tyrannei zu führen.

Gesellschaftsordnung, Eigentum und Zeitpräferenz

Die nachstehende Abbildung 7 illustriert den Zusammenhang zwischen der gesellschaftlichen Ordnung, der Stellung des (Privat-)Eigentums und der Höhe der Zeitpräferenz. Der Ausgangspunkt ist die gesellschaftliche Stellung des Eigentums. Unterschieden wird eine Gesellschaft, in der das Eigentum respektiert ist, und eine Gesellschaft, in der das Eigentum relativiert, möglicherweise auch weitgehend abgeschafft ist. Gilt die Eigentumsnorm unbeschränkt, sprechen wir von einer libertären Gesellschaft. Hier gibt es keinen Staat (wie wir ihn heute kennen). Die libertäre Gesellschaft entspricht der Privatrechtsgesellschaft, in der für alle das gleiche Recht gilt, in der es kein öffentliches Recht über oder neben dem Privatrecht gibt.

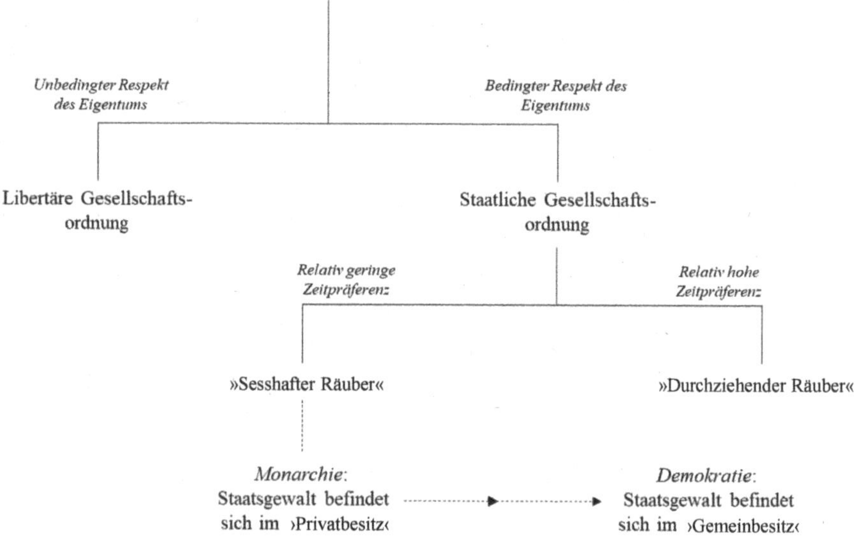

Abb. 7. –Eigentum, soziale Ordnung und Zeitpräferenz

In einer Gesellschaft mit Staat ist die Eigentumsnorm hingegen relativiert oder im Extremfall aufgehoben. Hier lassen sich zwei Herrschaftsformen unterscheiden. Zum einen die des »sesshaften Räubers« (»stationary bandit«), zum anderen die des »durchziehenden Räubers« (»roving bandit«). Erstere entspricht dem Feudalismus, der Monarchie. Beispielsweise sieht der König die Herrschaftsmacht als nur ihm zustehend an; sie befindet sich sozusagen in seinem Privatbesitz. Er unterliegt daher dem Anreiz, den *Kapitalwert* seines Gemeinwesens zu maximieren (insbesondere auch aufgrund der Erbfolge). Der Herrscher wird dem Gemeinwesen zwar Ressourcen entziehen für eigenen

Konsum, die Kriegsführung et cetera. Aber der Monarch hat einen Anreiz, die laufenden Entnahmen nicht so weit auszudehnen, dass der Kapitalwert des Gemeinwesens übermäßig herabgesetzt wird.

Die Zeitpräferenz der Menschen in einer Monarchie wird zwar höher ausfallen als die in einer Privatrechtsgesellschaft. Aber der Monarch wird, weil er dem Anreiz der Kapitalwert-Maximierung unterliegt, die Ertragskraft seines Gemeinwesens keinesfalls ruinieren. Auf einer niedrigen wirtschaftlichen Entwicklungsstufe des Gemeinwesens kann er nur so viele Ressourcen für sich beanspruchen, dass das Überleben seiner Untertanen und dessen Nachkommenschaft möglich bleibt. Um zu einer höheren wirtschaftlichen Entwicklungsstufe zu gelangen, wird der Monarch seinen Untertanen Eigentum an Land und Maschinen gewähren, da auf diese Weise die Ertragskraft und damit der Kapitalwert seines Gemeinwesens zunehmen. Grundsätzlich gilt, dass eine Monarchie eine im Vergleich zur Gesamtbevölkerung kleine Herrschaftsgruppe repräsentiert; allein schon aufgrund des elitären Anspruchs bei Heirat und Nachkommenschaft. Lässt der Monarch Eigentum zu, und übersteigt der Ertrag nach Steuern, den die Untertanen mit ihrem Eigentum erwirtschaften können, das Subsistenzniveau, werden Sparen und Investieren und damit wirtschaftlicher Fortschritt möglich. Die Zeitpräferenz der Menschen nimmt tendenziell ab.

Wie liegen die Dinge in einer modernen, wirtschaftlich entwickelten Demokratie? Beansprucht der demokratische Staat hier nur relativ wenige Ressourcen der Volkswirtschaft, und setzt er die Eigentumsrechte der Menschen verlässlich durch, gibt es einen Anreiz für die Menschen, Konsumverzicht zu leisten, zu sparen und zu investieren. Das heißt, ihre Zeitpräferenz wird relativ niedrig sein, sie werden den Nutzen der gegenwärtigen Bedürfnisbefriedigung nur maßvoll über den Nutzen der künftigen Bedürfnisbefriedigung stellen. Doch die Entwicklungsdynamik, die der Demokratie innewohnt, führt zu einem gänzlich anderen Resultat. Das wird deutlich, wenn man sich vor Augen ruft, dass es in einer Demokratie – wie in einer Monarchie auch – zwei Klassen von Menschen gibt: die Regierenden und die Regierten.

Die Ausübung von Herrschaftsmacht ist für diejenigen möglich, die in die Regierungsämter gewählt werden. Grundsätzlich steht jedem die Wahl offen – guten und schlechten Personen, Personen, die lesen und schreiben, oder die nicht lesen und schreiben können, Menschen, die sich gegenüber ihren Mitmenschen verdient gemacht haben und solche, die ihren Mitmenschen geschadet haben.[33] Wer in die Regierung gewählt werden will, der muss nur genug Wählerstimmen bekommen. Das lässt sich am besten erreichen, wenn derjenige, der gewählt werden will, den Wählern Wohltaten in Aussicht stellt: bessere Schulen, geringere Arbeitszeiten, »soziale Gerechtigkeit«, »Klimarettung« et cetera.

Diejenigen, die in die Regierungsämter drängen, sind auf Zeit gewählt. Sie haben daher den Anreiz, während ihrer Amtszeit ihr laufendes Einkommen zu maximieren. An der Maximierung des gesellschaftlichen Kapitalwertes haben sie kein Interesse – weil sie davon persönlich nicht oder nicht merklich profitieren. Daher werden sich ihre politischen Entscheidungen durch Kurzfristorientierung, nicht durch Langfristorientierung auszeichnen. (Damit ist nicht gesagt, dass Politiker keine Entscheidungen treffen würden, die mit langfristigen Wirkungen verbunden sind. Das ist sehr wohl der Fall! Derartige Entscheidungen werden jedoch nur dann getroffen, wenn sie kurzfristig belohnt werden – also Zuspruch der gegenwärtigen Wählerschaft erfahren.)

Politiker wissen, dass unterschiedliche Wähler unterschiedliche Wünsche haben, und dass man seine Wahlchancen erhöht, wenn man möglichst viele Wählerwünsche zu erfüllen verspricht. Die Wähler erkennen, dass sie ihre Ziele durch die Wahl bestimmter Politiker erreichen, die sie auf anderem Wege nicht erreichen können oder wollen. Sie wählen daher die Politiker, die ihnen Wohltaten und Vorteile in Aussicht stellen, auch wenn die Kosten dafür zu Lasten Dritter gehen. Das führt zu einer Aufspaltung der Gemeinschaft in Netto-Steuerkonsumenten und Netto-Steuerproduzenten: Erstere bereichern sich auf Kosten der Zweiteren. Das demokratische Mehrheitsprinzip ist folglich mit der Eigentumsnorm unvereinbar, und es ist damit auch Quelle gesellschaftlicher Konflikte.

Je mehr Bereiche des Wirtschafts- und Gesellschaftssystems dem demokratischen Mehrheitsprinzip unterworfen werden, desto größer werden auch die Verletzungen der Eigentumsnorm. Das Eigentum wird zur politischen Manövriermasse herabgewürdigt, die je nach politischer Stimmungslage zur Disposition gestellt wird. Unter dieser Bedingung verändert sich auch das Wesen des Staates. Er entwickelt sich von einem »sesshaften Räuber« zu einem »durchziehenden Räuber«. Der durchziehende Räuber hat – anders als der sesshafte Räuber – kein Interesse am langfristigen Wohlergeben des Gemeinwesens. Er maximiert vielmehr sein laufendes Einkommen, die Maximierung des Kapitalwertes des Gemeinwesens ist nicht sein Ziel. Bildlich gesprochen plündert er und zieht, wenn nichts mehr zu holen ist, weiter.

Die Demokratie treibt, je stärker sie das Eigentum relativiert beziehungsweise verletzt, die Zeitpräferenz der Menschen in die Höhe. Beispielsweise wird bei steigender Besteuerung der Konsum zu Lasten der Ersparnis und der Investitionen ansteigen. Der wirtschaftliche Fortschritt wird gebremst, bleibt hinter seinen Möglichkeiten zurück. Für Unternehmer wird das Investieren wenig attraktiv, wenn der Gewinn durch Besteuerung geschmälert wird. Gleichzeitig sinkt die Leistungsbereitschaft der Netto-Steuerkonsumenten: Um ein gegebenes (Transfer-)Einkommen zu erzielen, bedarf es weniger Arbeitsleistung. Die Zeitpräferenz dieser Personen wird tendenziell ansteigen – und auch das schmälert die Leistungsfähigkeit der Volkswirtschaft.

Die Demokratie – wie sie voranstehend charakterisiert wurde – steht im Konflikt mit dem Eigentum beziehungsweise der Eigentumsnorm. Das bedeutet nicht nur, dass der materielle Wohlstand leidet. Es sorgt auch zusehends für zwischenmenschliche Konflikte. Denn wenn sprichwörtlich alles dem demokratischen Mehrheitsprinzip unterworfen wird, wird alles und jedes politisiert, und es wird immer weniger zwischen Mein und Dein unterschieden. Das ist die Einladung für die einen, ihre Vorstellungen, ihre Präferenzen den anderen vorzuschreiben. Das gesellschaftliche Miteinander wird immer weniger durch freiwillige Transaktionen im freien Markt gestaltet, sondern immer stärker durch politische Mittel, durch Zwang und Gewalt.

16.6 Handlungslogik und Verschwörungstheorie

Kaum jemand wäre vermutlich überrascht, wenn er erfahren würde, dass Vertreter von Unternehmensverbänden und Großunternehmen versuchen, staatliche Privilegien zu erheischen. Beispielsweise indem sie Regulierungs- und Gesetzgebungsverfahren zu ihren Gunsten zu beeinflussen suchen, auch wenn dadurch andere benachteiligt werden. In der ökonomischen Theorie ist dieses Phänomen bekannt, es wird als »Rent Seeking« bezeichnet: Marktakteure sichern sich ihr Einkommen (»Rente«) durch nicht-marktkonformes Verhalten. Ebenso wenig wäre vermutlich kaum jemand erstaunt, wenn er davon Kenntnis erlangt, dass das Management einer Aktiengesellschaft nicht immer im Interesse seiner Aktionäre operiert. Beispielsweise indem sich Vorstände besonders großzügige Bürogebäude, einen sehr umfangreichen Fuhrpark und hohe Bonuszahlungen leisten und dafür die Dividendenzahlungen kürzen. Diese Problematik wird in der sogenannten »Principal-Agency«-Theorie abgebildet.[34]

Die wenigsten würden vermutlich von »Verschwörungstheorie« sprechen, wenn sie hören oder lesen, dass Lobbygruppen ihre Partikularinteressen im Politikapparat versuchen durchzusetzen, oder wenn Firmen-Manager gegen die Wünsche der Firmeneigentümer verstoßen. Ganz anders stehen die Dinge jedoch, wenn man die obigen Analyseinstrumente auf den Politikapparat, auf komplexe Politikmaßnahmen anwendet – wie beispielsweise auf die Vergabe von Staatsaufträgen an Unternehmen, die Schaffung eines Zentralbankgeldsystems, den Zusammenschluss von Nationen zu einem Einheitswährungsraum, den Eintritt eines Staates in den Krieg et cetera. Selbst eine vorsichtige Analyse über die Machthaber und ihre Motive, über das Ineinandergreifen von politischen und wirtschaftlichen Interessen generell wird üblicherweise sehr rasch und rigoros – nicht selten von allen politischen Lagern – mit dem Etikett, besser: Kampfbegriff, »Verschwörungstheorie« belegt.[35]

Was ist aber unter einer Verschwörungstheorie zu verstehen? Karl R. Popper spricht von einer »Verschwörungstheorie der Gesellschaft«.

Mit Blick auf soziale Phänomene und historische Ereignisse meint er damit Erklärungsversuche und Beweisführung dafür, »daß gewisse Menschen oder Gruppen an dem Eintreten dieses [Ereignisses] interessiert waren und daß sie konspiriert haben, um es herbeizuführen. (Ihre Interessen sind manchmal verborgen und müssen erst enthüllt werden).«[36] In seinem Buch *America's Secret Establishment* (1983) gibt Antony C. Sutton (1925–2002) drei Eigenschaften einer Verschwörungstheorie:[37] (1) geheime, von der Außenwelt abgeschirmte Treffen der Verschwörungsteilnehmer und Anstrengungen, das gemeinsame Handeln zu verbergen; (2) die Verschwörungsteilnehmer stimmen gemeinsam zu, bestimmte Handlungen zu ergreifen; und (3) diese Handlungen sind illegal.

Demnach kann zum Beispiel das 1921 Council of Foreign Relations keine Konspiration sein: Die Mitglieder sind bekannt, und es gibt auch keine Beweise, dass alle Mitglieder illegale Handlungen begehen. Aus den gleichen Gründen ist auch das World Economic Forum (WEF) unter der offiziellen Leitung von Klaus M. Schwab (*1938) keine Konspiration: Auch hier kennt man die jährlichen Teilnehmer der Treffen (die sich ja auch mehrheitlich inszenieren, sich der Öffentlichkeit redefreudig mitteilen). Und ebenso repräsentieren die Teilnehmer des Jahrestreffens des Internationalen Währungsfonds (IWF) keine Konspiration. Denkbar ist jedoch, dass es in einem ansonsten nicht-konspirativen Zusammenschluss von Menschen durchaus kleine Gruppen geben kann, die vielleicht unter dem Verdacht stehen könnten, eine Verschwörung im oben genannten Sinne zu begehen: Die also heimlich und gemeinsam illegale Handlungen begehen. Dazu gleich mehr.

Zunächst zurück zum rasch erhobenen Vorwurf, derjenige sei ein Verschwörungstheoretiker, der Regierende, Bürokraten und Vertreter von Sonderinteressengruppen verdächtigt, nicht (immer) für die Belange ihrer Auftraggeber, die Wähler, einzutreten, sondern seine Macht- und Einflussposition, verborgen vor der Öffentlichkeit, zum Erreichen eigener Ziele, die von der Öffentlichkeit nicht gewünscht werden oder ihr schaden, einzusetzen. Der Grund, warum solche Verdächtigungen in der Regel empört und dezidiert zurückgewiesen werden, ist der

Folgende: Für seine fortgesetzte und ungestörte Herrschaft muss der Staat in den Augen der Öffentlichkeit als legitim und sogar als unantastbar angesehen werden. Dafür ist es unverzichtbar, dass Politiker und Bürokraten als geradezu »übermenschlich«, als ausschließlich dem »öffentlichen Wohl« verpflichtet angesehen werden. Wer Zweifel daran öffentlich macht, der wird hart vom Staat und seinen Begünstigten – und hierzu zählen vor allem die *Intellektuellen* – bekämpft, als »paranoid« bezeichnet, als »Verschwörungstheoretiker« verunglimpft. Denn wenn bekannt wird, dass die »Übermenschlichen« nur allzu oft von Eigeninteressen geleitet sind, dass sie mehr mit der Durchsetzung ihrer eigenen Ziele und wirtschaftlichen Interessen und nicht mit dem »Gemeinwohl« befasst sind, dann ist allzu schnell der Lack ab, dann beginnt die De-Mystifizierung des Staates und seiner Repräsentanten. Doch was ist eigentlich eine Verschwörungstheorie? Vereinfacht gesprochen stellt der Verschwörungstheoretiker die Frage »cui bono?« – wer profitiert, wem hilft's? Wenn er feststellt, dass Politikmaßnahme *A* den *X* und *Y* zugutekommt, geht er als Nächstes der Hypothese nach: Haben *X* und *Y* Lobbyarbeit betrieben oder Druck ausgeübt, um die Politikmaßnahme *A* auf den Weg zu bringen? Haben also *X* und *Y* erkannt, dass sie davon profitieren würden, und entsprechend gehandelt?

Der Verschwörungsanalytiker steht so gesehen auf dem Boden der Handlungslogik. Er geht davon aus, dass der Mensch zielbezogen handelt, und dass er Mittel einsetzt, um seine Ziele zu erreichen. Wenn also die Regierung einen Importzoll für Autos erlässt, dann wird der Verschwörungsanalytiker sogleich die Vermutung hegen, die heimische Autoindustrie habe sich für den Importzoll stark gemacht, um sich ungewünschte Konkurrenz aus dem Ausland vom Halse zu halten. Oder wenn der Verschwörungsanalytiker davon erfährt, dass die Regierung nur einem einzigen Pharmaunternehmen gestattet, ein bestimmtes Medikament auf den Markt zu bringen, dann wird er vermutlich denken, dass Politiker, Bürokraten und das Pharmaunternehmen gemeinsam dadurch primär ihre wirtschaftlichen Ziele verfolgen. Die Gegner der Verschwörungstheoretiker werden hingegen behaupten, solche »Verdächtigungen« beziehungsweise Hypothesen seien an den Haaren herbeigezogen. Sie müssen entweder behaupten, die Politiker und Bürokraten handelten geradezu übermenschlich, ihre Ziele deckten sich mit dem des Allgemeinwohls. Das ist zwar möglich, aber unwahrscheinlich. Oder sie verfolgten gar keine Ziele, alles was sie tun sei ungeplant, zufällig. Das wäre aus handlungslogischer Sicht jedoch falsch: Man kann nicht widerspruchsfrei argumentieren, dass man keine eigenen Ziele verfolgt.

Wie in jeder (Wissenschafts-)Disziplin gibt es *gute* und *schlechte* Verschwörungsanalytiker. Der schlechte Verschwörungsanalytiker begeht zwei Arten von Fehlern. Der erste Fehler ist, dass er seine Hypothese, die aus seiner Frage »cui bono?« folgt, sogleich als bestätigt ansieht. Wenn er also annimmt, dass Politikmaßnahme *A* den *X* und *Y* zugutegekommen ist, so schlussfolgert er daraus, dass *X* und *Y* die Politikmaßnahme *A* (mit-)herbeigeführt haben. Er macht sich also nicht auf Spurensuche, unternimmt keine Anstrengungen, Beweise für seine Hypothese herbeizubringen. Der zweite Fehler ist: Der schlechte Verschwörungstheoretiker vermutet, dass alle Missstände, die er erblickt, auf eine Ursache, eine große Verschwörung zurückzuführen sind (und die er aber auch nicht weiter zu beweisen sucht). Das führt ihn zur Schlussfolgerung, dass es eine (vergleichsweise kleine) Gruppe ist, die alles kontrolliert und sämtliche Fäden in der Hand hat. Es gerät ihm folglich die Möglichkeit aus dem Blick, dass es vielleicht auch viele (kleine) Gruppen gibt, die miteinander oder auch gegeneinander Einfluss und Kontrolle über Politiker und Bürokraten zu erlangen suchen, um ihre Interessen zu befördern.

Man erkennt: Die grundlegende Idee, auf der die Verschwörungstheorie aufbaut, ist vereinbar mit dem Apriori der menschlichen Handlungslogik. Die konkrete Verschwörungstheorie erfordert zunächst die Bildung von Hypothesen, und es müssen dann detektivähnliche Anstrengungen unternommen werden, um diese Hypothesen zu beweisen oder sie – aufgrund widersprechender Evidenz – zu verwerfen. Ein Graubereich verbleibt da, wo (Verschwörungs-)Hypothesen sich aus Mangel an Beweisen nicht abschließend beweisen, sich aber auch nicht abschließend falsifizieren lassen. Murray N. Rothbard sieht dennoch in Verschwörungstheorien einen Weg der Erkenntnis, den man keinesfalls voreilig verwerfen sollte: »Ich behaupte, dass die Naivlinge, die sich hartnäckig weigern, das Zusammenspiel von politischen und wirtschaftlichen Interessen in der Regierung zu untersuchen, ein wesentliches Instrument zur Analyse der Welt, in der wir leben, wegwerfen.«[38] Wer mit der Logik des menschlichen Handelns vertraut ist, der kann kein grundsätzlicher Gegner der Verschwörungstheorie, wie sie oben definiert wurde, sein. Er/sie wird vielmehr einer ihrer aufgeklärtesten Kritiker(innen) sein.

16.7 Aufsatz 1: Die Anatomie der Freiheit

1. Die Kernaussagen dieses Kapitels sollen gleich vorab mitgeteilt werden:

(1) Die Freiheit des Menschen ist untrennbar mit dem Eigentum verbunden – sie steht und fällt mit ihm.

(2) Der freie Markt ist die logische Entsprechung zu Eigentum und Freiheit der Menschen.

(3) Der Staat, wie wir ihn heute kennen, ist nicht vereinbar mit Eigentum und individueller Freiheit; er relativiert, untergräbt, er zerstört sie.

Diese – wie ich mir durchaus bewusst bin: für viele äußerst kontroversen – Aussagen will ich im Folgenden näher begründen. Und vor diesem Hintergrund werde ich mich auch an eine Interpretation der aktuellen weltweiten Geschehnisse – Stichwort »Großer Neustart«, »Große Transformation« – wagen.

Wie Sie registrieren werden, gibt meine Interpretation Anlass zur Besorgnis um die Freiheit des Menschen in der westlichen Welt.

Abschließend formuliere ich Gedanken, wie wir alle die Dinge zum Besseren wenden, die Freiheit verteidigen können.

2. Das Wort »Anatomie« stammt aus dem Griechischen: aná steht für »auf« und tome für »Schnitt«. Anatomie bedeutet damit so etwas wie Zergliederung, die dem Erkenntnisgewinn dienen soll.

Über das Wort »Freiheit« ist schon viel Tinte vergossen worden. Ich möchte in diesem Kapitel aufzeigen, dass die Freiheit des Menschen und das Eigentum auf das Engste miteinander verbunden sind, dass sich Freiheit ohne Bezug auf das Eigentum gar nicht sinnvoll denken lässt.

Um das zu erklären, erinnere ich an die vorherigen Kapitel, in denen ich aufgezeigt habe, dass sich die Aussage »Der Mensch handelt« nicht widerspruchsfrei bestreiten lässt – und dass darum diese Aussage eine wahre ist. Denn wer sagt, »Der Mensch kann nicht handeln«, handelt zweifellos und widerlegt damit das Gesagte. Die Aussage »Der Mensch handelt« gilt a priori.

Das Wort »a priori« bezeichnet eine Aussage, die erfahrungsunabhängig als wahr einsehbar ist, und die Allgemeingültigkeit beanspruchen kann. Anders gesagt: Ein a priori lässt sich nicht verneinen, ohne dabei seine Gültigkeit bereits vorauszusetzen.

Der Wahrheitsgehalt von Aussagen wird im Zuge des Argumentierens ergründet; Argumentieren heißt, eine Aussage, eine Behauptung machen. Argumentieren ist eine spezielle, eine besondere Ausprägung des menschlichen Handelns, und es erweist sich als a priori; die Philosophen Karl Otto Apel und Jürgen Habermas sprechen in ihrer Diskursethik vom a priori des Argumentierens. Denn: Man kann nicht *nicht* argumentieren. Zu sagen, man könne nicht argumentieren, ist ein performativer Widerspruch und damit falsch.

Wir haben auch schon herausgearbeitet, dass Argumentieren an Körperlichkeit gebunden ist. Um ein Argument machen zu können, muss jeder von uns zum Beispiel seine Stimmbänder und sein Hirn einsetzen. Dazu müssen wir Eigentümer unseres Körpers sein.

Wenn argumentiert wird (und es lässt sich nicht widerspruchsfrei verneinen, dass man argumentieren kann), dann setzt das voraus, dass der Argumentierende Eigentum an seinem Körper hat; und mit diesem Argumentieren setzt er voraus, dass auch ich Eigentum an meinem Körper habe – dass ich also mein Hirn, meine Augen und Ohren einsetzen kann, um sein Argument aufzunehmen und zu verstehen.

Wir alle sind jeweils Eigentümer unserer Körper, haben Selbsteigentum, das lässt sich widerspruchsfrei nicht verneinen. Und weil der Erhalt unserer körperlichen Existenz die Aneignung und Verwendung externer Güter verlangt, lässt sich auch das Eigentum an externen Gütern nicht widerspruchsfrei verneinen.

Wie aber lässt sich das Eigentum an externen Gütern erzielen, ohne das Eigentum der anderen zu verletzen? Es lässt sich auf drei nicht-aggressiven Wegen (also auf Wegen, die das Eigentum der anderen beziehungsweise deren physische Integrität nicht verletzen) aneignen: (1) Erstinbesitznahme, (2) Produktion und (3) Tauschen und Schenken.

Damit kommen wir zu einem ersten Ergebnis: Du hast Selbsteigentum an deinem Körper und den Gütern, die du auf nicht aggressivem Wege erworben hast; und auch ich bin der Eigentümer meines Körpers und der Güter, die ich mir auf nicht aggressivem Wege angeeignet habe. Das lässt sich widerspruchsfrei nicht verneinen.

Du kannst mit deinem Eigentum machen, was du willst, und ich darf mit meinem Eigentum machen, was ich will – und dabei darfst du die physische Integrität meines Eigentums nicht unerlaubterweise verletzen. Gleiches gilt für mich.

Damit haben wir nicht nur das Eigentum als denknotwendig, als etwas, das man nicht aus der Welt schaffen kann, erkannt, sondern wir haben auch eine »Norm« gefunden, deren Befolgen Konflikte zwischen uns vermeidet, oder die, wenn es zu Konflikten kommt, es uns erlaubt, sie zu lösen.

Wenn wir den Grundsatz »Mein und Dein« beachten, können wir Konflikte vermeiden. Und wenn dennoch Konflikte entstehen, dann lassen sie sich prinzipiell durch uns oder durch einen Schiedsrichter lösen.

Das Eigentum ist also nicht etwas willkürlich Herbeigedichtetes. Das wir Selbsteigentum haben, das wir die Freiheit haben, über unseren Körper zu befinden, dass wir die Freiheit haben, auf nicht-aggressivem Wege Güter zu erwerben, lässt sich nicht verneinen. Wer das verneint, begeht einen logischen Fehler und sagt damit etwas Falsches.

Die Eigentumsnorm korrespondiert mit der Idee der Freiheit, wie sie Immanuel Kant formulierte. Er schrieb: »Eine jede Handlung ist recht, die oder nach deren Maxime (also nach deren oberster Lebensregel, *A. d. V.)* die Freiheit der Willkür eines jeden mit jedermanns Freiheit nach einem allgemeinen Gesetze zusammen bestehen kann.«

Bevor ich nun zum kritischen Punkt komme, nämlich zum Staat, sei zuvor noch etwas über den menschlichen Zivilisationsprozess und den freien Markt ergänzt.

3. Die Menschheitsgeschichte zeigt: Die meisten Menschen suchen die Kooperation, das Zusammenleben mit anderen Menschen. Weil sie mit einer Mindestintelligenz ausgestattet sind, erkennen sie, dass sie sich durch Arbeitsteilung mit anderen besserstellen (im Vergleich zu einer Situation, in der es keine Arbeitsteilung gibt).

Du erzeugst das, was du am besten kannst, und ich erzeuge das, was ich am besten kann. Wir produzieren also nicht oder nicht ausschließlich für den Eigenbedarf, sondern für oder auch für den Bedarf der anderen. Die von uns erzeugten Güter tauschen wir nachfolgend ein gegen Güter, die wir zu haben wünschen.

Durch die Arbeitsteilung erhöhen wir unsere Güterausstattung, erhöhen die Ergiebigkeit der Arbeit. Wir produzieren nicht nur mehr, sondern erzeugen auch Güter, die wir allein, ohne Arbeitsteilung, gar nicht erzeugen könnten.

Damit ist eine ganz wichtige Einsicht verbunden: Die Arbeitsteilung im freien Markt fördert die friedvolle und produktive Kooperation zwischen den Menschen, national wie international. Menschen, die sich in Arbeitsteilung begeben, erkennen sich gegenseitig als nützlich, als hilfreich in der Bewältigung ihrer Lebensherausforderungen. Die Arbeitsteilung und der freie Markt, auf dem die arbeitsteilig erzeugten Güter gehandelt werden, sind so gesehen ein Friedensprogramm für die Welt.

4. Wenn die Menschen mit einer Mindestintelligenz ausgestattet sind und auch die Freiheit haben, sich zu organisieren, dann werden sie sich (die meisten von ihnen) für eine Arbeitsteilung entscheiden, und dann brauchen sie auch freie Märkte, um die arbeitsteilig erzeugten Güter kaufen und verkaufen zu können.

Der freie Markt ermöglicht den Austausch zum Nutzen aller am Austausch Beteiligten. Beispiel: Im Obstladen kaufe ich einen Apfel für

1 €. Was ist mir der Apfel wert? Er ist mir mehr wert als 1 €, sonst würde ich den Tausch nicht machen. Beim Obsthändler ist es genau umgekehrt: Er wertet den 1 € höher als den Apfel. Man erkennt: Durch den Tausch stellen sich wir beide, der Obsthändler und ich, besser.

Der Obsthändler und ich machen den Tausch nicht etwa, weil wir gleiche Interessen, sondern im Gegenteil: weil wir genau entgegengerichtete Interessen haben. Ich will den Apfel, der Obsthändler will den 1 €. Der freie Markt ermöglicht eine friedvolle Lösung des Interessengegensatzes.

In einem freien Markt herrscht Wettbewerb. Jeder darf in den Markt eintreten und austreten. Der Unternehmer kauft Arbeitskraft und Rohstoffe ein, um daraus marktfähige Produkte zu erzeugen. Kaufen die Konsumenten die Produkte bereitwillig, und werden die Produkte zu Preisen verkauft, die die Kosten übersteigen, macht der Unternehmer Gewinn. Der Gewinn ist die Belohnung, die Wünsche der Kunden befriedigt zu haben.

Wenn der Unternehmer hingegen Produkte erzeugt, die keiner haben will, oder wenn er nicht zu kostendeckenden Preisen verkauft, dann erleidet er Verluste. In diesem Falle wandert sein Kapital sprichwörtlich zum besseren Wirt – also zu den Unternehmen, die aus Sicht der Kunden bessere und/oder günstigere Güter anbieten.

In einem freien Markt muss jeder Unternehmer sich täglich neu beweisen. Ein einmal errungener Erfolg muss immer wieder aufs Neue erarbeitet werden. Nicht alle Unternehmen, die erfolgreich waren und sind, werden es auch in der Zukunft sein. Wenn sie die künftigen Kundenwünsche, die technologischen Neuerungen nicht richtig einschätzen, dann sind sie schnell weg vom Fenster. Die Konkurrenten sind nicht zögerlich, ihnen ihre Erfolgsposition abzujagen.

Ein freies Marktsystem zeichnet sich durch etwas sehr Wichtiges aus, was aber häufig übersehen wird. Und zwar setzt der Eigentümer der Produktionsmittel sein Eigentum ein, um damit die Bedürfnisse seiner Mitmenschen zu befriedigen.

Beispiel: Der Bäckermeister backt mit seinem Ofen Brötchen, die nicht ihm, sondern den Kunden schmecken sollen. Er stellt sein Eigentum nicht in den eigenen Dienst, sondern in den Dienst seiner Kunden. Der Wert seiner Produktionsmittel hängt so gesehen von den Kundenwünschen ab. In einem freien Markt ist der Kunde im wahrsten Sinne des Wortes König.

Und noch etwas verdient Erwähnung: Die Erhöhung der Löhne hängt im freien Markt nicht von der Produktivität des individuellen Arbeiters ab. Sie hängt vielmehr von der Grenzproduktivität der Arbeit insgesamt ab. Das ist dann der Fall, wenn der Zuwachs des Kapitals den Zuwachs der Bevölkerung übertrifft. Steigt zum Beispiel die Grenzproduktivität der Fabrikarbeiter, werden diejenigen Arbeitgeber, deren Arbeiter keine Produktivitätsgewinne verzeichnen (z. B. im Dienstleistungssektor), ebenfalls höhere Löhne zahlen müssen, damit ihre Arbeitskräfte nicht abwandern. Alle Arbeiter profitieren vom Produktivitätszuwachs.

5. Kommen wir nun zu einigen Einwänden, die immer wieder gegen die Begriffe Eigentum, individuelle Freiheit und freier Markt vorgebracht werden. Was passiert, wenn man das Eigentum und individuelle Freiheit verabsolutiert, den freien Markt schrankenlos wirken lässt? Wenn der Markt frei, sich selbst überlassen ist, kommt es da nicht zu einer Kartellbildung? Ein Kartell ist ein Zusammenschluss von eigenständigen Unternehmen, die untereinander Absprachen treffen, um ihre Gewinnsituation zu verbessern – und zwar gegenüber einer Situation, in der sie keine Absprachen treffen.

Gegenstand der Absprache können Preise oder Verkaufsmengen sein. Beispielsweise vereinbaren die Firmen, dass sie alle zu einem einheitlichen Preis verkaufen.

Kartelle sind in der Mikroökonomik eingehend analysiert worden. Das Ergebnis ist, dass ein Kartell nicht stabil ist. Beispiel: Das Kartell verabredet, einen bestimmten Verkaufspreis zu setzen. Jedes Kartellmitglied bekommt vom geschätzten Gesamtumsatz (also der Verkaufsmenge, die zum Kartellpreis abgesetzt wird) einen entsprechenden Anteil (Quote).

Für jeden Anbieter ist es nun vorteilhaft, die »Außenseiterposition« einzunehmen: Das heißt, zum vereinbarten Kartellpreis mehr als die zugeteilte Quote zu verkaufen. Dadurch wird früher oder später der Kartellpreis unterboten, und das Kartell bricht auseinander.

In einem freien Markt ist ein Kartellphänomen kein Problem. Der freie Markt hebt es auf, beziehungsweise er lässt es gar nicht erst entstehen. Wer meint, ein Kartell wäre ein Problem, der hat zudem in einem freien Markt die Möglichkeit, tätig zu werden: Er/sie kann ein Unternehmen gründen und die Güter billiger (und besser) anbieten, von denen er/sie meint, sie würden vom Kartell zu teuer und in unzureichender Menge angeboten.[39]

6. Was ist mit Monopolen? Nehmen wir das Beispiel Angebotsmonopol: Das betreffende Gut wird nur von einem Anbieter bereitgestellt, die Nachfrager können nur bei ihm kaufen.

Gemäß der Lehrbuchanalyse führt das dazu, dass der Angebotsmonopolist sein Gut zu einem Preis verkauft, der höher ist, als wenn freie Konkurrenz herrscht.

Doch das ist ein ganz und gar theoretisches Ergebnis, das im Grunde keine Praxisrelevanz hat, und das sich auch nicht verallgemeinern lässt. Es schürt vielmehr nur unnötige »Angst vor Monopolen« und damit eine unnötige »Angst vor freien Märkten«.

Denn was heißt »Angebotsmonopol«? Es heißt, jemand bietet ein Gut an, für das es keinen Ersatz gibt; und dass das Gut nur vom Angebotsmonopolisten angeboten wird. Dafür gibt es im freien Markt aber im Grunde kein Beispiel!

Es sind nicht die objektiven Eigenschaften eines Gutes, die entscheidend sind, ob es ein Monopolgut ist oder nicht. Entscheidend ist die Sichtweise der Nachfrager. Beispiel: Nur Mercedes produziert die Autos mit dem Stern auf der Kühlerhaube. Aber wohl kaum ein Nachfrager wird ernsthaft behaupten, Mercedes hätte ein Monopol. Denn es gibt Ersatzprodukte für den Mercedes wie zum Beispiel BMW, VW, Toyota, Tesla et cetera.

In einem freien Markt bilden sich Substitute heraus. Selbst wenn ein Anbieter ein einzigartiges Gut anbietet, lockt sein Erfolg neue Anbieter an, die das Gut nachahmen, verbessern, durch ein neues und besseres Produkt ersetzen. Genau das hat Joseph Schumpeter »schöpferische Zerstörung« genannt: Der »Pionier«, der anfänglich eine Art Monopolist ist (und auch sein muss!), wird nachfolgend von der Konkurrenz überholt.

Denkbar wäre ein Monopol nur, wenn es lediglich einen Anbieter für bestimmte Rohstoffe (Urproduktion) gäbe – also wenn es nur noch einen Wasseranbieter gibt. Mit Blick auf die Ressourcen-Verteilung auf der Erdkugel ist dieser Fall jedoch irrelevant; und es ist nahezu ausgeschlossen, dass er jemals relevant wird.

Die einzigen wirklichen Monopole sind staatlich gemacht. Bestes Beispiel ist der Staat selbst. Er hat sich zum Monopolisten für Recht und Sicherheit und für das Geld erhoben – zumindest bis zum Aufkommen von Krypto-Währungen.

Was aber ist mit einem »Weltmonopolunternehmen«? Manche fürchten, dass es vielleicht irgendwann einmal eine solche Konzentration geben wird, dass ein Unternehmen alles produziert (»Amazon-Super-XXL«).

Doch auch das ist unbegründet. Selbst wenn die durchschnittliche Kostenkurve eines Unternehmens mit steigender Produktion immer weiter fallen sollte, wäre ein Weltmonopolunternehmen (das alles produziert) nicht möglich: Es gäbe dann nämlich keinen Markt mehr und keine Preise. Es wäre eine Art Sozialismus, in dem man nicht kalkulieren kann, und er würde zusammenbrechen.

7. Versagt der freie Markt denn nicht beim Schutz der Umwelt, der Ressourcen, beim Klima? Auch hier ist die Antwort: nein.

Längst haben Fachleute nachgewiesen, dass die Umweltzerstörung nirgendwo größer als in den ehemaligen sozialistischen Ländern war. Die DDR beispielsweise stieß zuletzt über fünfmal so viel Schwefeldioxid aus wie die Bundesrepublik.

Dass Gewässer, Luft und Landflächen mit umweltschädlichen Stoffen belastet werden, liegt daran, dass sie sich nicht im Eigentum befinden. Es handelt sich um sogenannte »freie Güter«, die, das weiß man, übernutzt und verschwendet werden.

Der konsequente Schritt wäre also, alles in Privateigentum zu überführen: Land, Straßen, Flüsse, Meere, Ozeane. Die Eigentümer dieser

Ressourcen haben dann den Anreiz, den Kapitalwert zu maximieren, also mit ihren Ressourcen vorausschauend zu wirtschaften. Verletzungen ihres Eigentums (Einleitung von giftigen Stoffen, Abladen von Müll) können sie gerichtlich einklagen.

Und was ist mit Treibhausgasen? Auch hier können die Eigentümer (von Inseln, landwirtschaftlichen Nutzflächen etc.), die sich geschädigt fühlen, vor Gericht ziehen und Beweise dafür vorlegen, dass das Treibhausgas diesen oder jenen Schaden verursacht.

Die Entscheidungen, wer Recht hat, liegen bei unabhängigen Richtern, nicht bei Politikern. Ist der Beweis der Schädigung erbracht, wird beispielsweise nach der Regel der kombinierten Wirkung jeder Emittent haftbar gemacht (und infolge des einstweiligen Rechtsschutzes zur Einstellung seiner Aktivität gezwungen), weil seine Emissionen zum Klimawandel beitragen (auch wenn sie für sich betrachtet keine Auswirkungen auf das Klima haben).

Die Notwendigkeit, seine Klage hieb- und stichfest zu machen, befördert die forensische Forschung – deren Fortentwicklung bislang durch die staatliche Rechtsprechung über Umweltprobleme gehemmt beziehungsweise entmutigt wird.

8. Sind nicht die Big Tech-Firmen eine Gefahr, eine Ausgeburt der freien Märkte? Sie zensieren und »framen« die öffentliche Meinung, wird beanstandet. Sollte da der Staat nicht Big Tech regulieren oder gar aufspalten (z. B. Google von Google Maps trennen, oder WhatsApp von Facebook etc.)?

Einiges spricht dagegen. Ein solcher Staatseingriff wäre nämlich mit Nachteilen verbunden: Die Nutzung von Daten wird suboptimal, und innovativer Fortschritt wird gebremst. Zudem sind politische Entscheidungen nicht frei von Korruption und der Einflussnahme durch Big Tech selbst.

Zudem ist zu berücksichtigen, dass sich der Markterfolg der Big-Tech-Firmen aus der Zufriedenheit der Kunden erklärt, die (man mag das nun gut finden oder nicht) freiwillig, nicht erzwungenermaßen die Dienste dieser Firmen in Anspruch nehmen.

Um die Problematik besser erfassen zu können, ist es sinnvoll, gedanklich zwischen zwei Kritiken zu differenzieren:

1) Big-Tech-Firmen sind so erfolgreich (in Bezug auf Netzwerkeffekte) und finanzstark geworden, dass sie Konkurrenten das Wasser abgraben, sie aufkaufen, und das ist inakzeptabel.

2) Big Tech betätigen sich politisch (Stichwort: Zensur, Ausschluss von Nutzung etc.), und das ist nicht hinnehmbar.

Zu 1): Die Konsumenten bestimmen, ob Big Tech groß ist oder nicht. Es mag naiv klingen, aber niemand ist gezwungen, auf Facebook oder Twitter zu sein, bei Amazon zu kaufen oder mit Google zu suchen. Natürlich hat es Kosten, auf die Dienste dieser Firmen zu verzichten (erhöhter Suchaufwand, höhere Transaktionskosten etc.). Das ändert aber nichts daran, dass man nicht gezwungen ist, diese Anbieter in Anspruch zu nehmen.

Die Konsumenten haben es letztlich in der Hand: Sie können anstelle von Google andere Suchmaschinen verwenden (DuckDuckGo, Brave oder Opera), die weniger Daten sammeln und die Privatsphäre besser achten; oder iPhone und Laptops verstärkt im Sekundärmarkt kaufen (damit Apple weniger verdient) beziehungsweise auf Smartphones anderer Anbieter zurückgreifen; oder von Twittter auf Gettr oder von WhatsApp auf Telegram wechseln.

Zu 2): Mit ihren Algorithmen schaffen Google & Co eine »alternative Realität«, so wird vielfach beklagt, sie bevorzugen politisch linksorientierte Meldungen und unterdrücken anderslautende Meinungen. Das mag so sein.

Aber in der Aussage »Big Tech ist der verlängerte Arm der US-Regierung« sehe ich das zentrale Problem: die unheilvolle Symbiose zwischen Big Tech und dem Staat. Der Staat hat ein Interesse daran, dass Big Tech groß bleibt und dass er Zugang zu den Daten dieser Firmen hat. So gesehen ist das Problem mit Big Tech letztlich ein Problem mit dem Staat. Big Tech wird unter diesen Bedingungen ein scharfes Instrument im »politischen Wettbewerb der Gauner«.

Man muss ernste Zweifel anmelden, ob Google, Facebook & Co überhaupt private Unternehmen im herkömmlichen Verständnis sind. Ihre Aktien werden zwar von Privaten gehalten. Aber: Die geschäftspolitische Ausrichtung dieser Firmen ist nicht nur »privat«.

1999 hat der US-amerikanische Geheimdienst CIA die Venture Capital Firma »In-Q-Tel« gegründet. Google und Facebook erhielten aus diesem Kanal ihre Anschubfinanzierung. Die CIA war und ist an User-Daten interessiert, die Google und Facebook einsammeln.

Es sind viele vom US-Staat beauftragte Digital-Firmen im Bereich »Interactive Internet Activities« (IIA) tätig (wie zum Beispiel Dynology Corporation, Global Strategies Group, Canadian Global Information). Diese Firmen bedienen sich der Daten von Google, Facebook & Co.

Google, Facebook & Co als verlängerter Arm des »deep state«, des tiefen Staates – das hat durchaus System. Der französische Philosoph Michel Foucault (1926–1984) hat in den 1970er Jahren den Begriff »Gouvernementalité« (englisch »Governmentality«, also die Kombination aus »Regieren« und »Geisteshaltung«, oder: »Geisteshaltung regieren«) geprägt. Darunter lässt sich verstehen: die Verbreitung der Denkhaltung, der Ideen, die der Staat befürwortet. Der Staat (wer auch immer ihn für seine Zwecke einspannt) bringt auf diese Weise seine Vorstellung in die Köpfe der Menschen.

Diese Aufgabe übernimmt Big Tech: Beeinflussung der öffentlichen Meinung im Sinne des Staates; kritische Stimmen werden leiser gedreht oder ganz abgeschaltet; Ereignisse unausgewogen oder sogar falsch dargestellt.

Ich stelle die Hypothese auf, dass ohne den Staat, wie wir ihn heute kennen, in einem wirklich freien Markt Big Tech kein Problem darstellen würde.

9. Um zu verdeutlichen, dass Kartelle, Monopole und vor allem das Big-Tech-Problem keine Phänomene des freien Marktes sind, komme ich nun zum kritischen Punkt: dem Staat. Stellen wir die Frage: Was ist der Staat?

Vermutlich werden die meisten den Staat als etwas Wichtiges, Unverzichtbares ansehen, etwas, das für Recht und Sicherheit, für sozialen Ausgleich sorgt, das Autobahnen, Schulen und Universitäten bereitstellt, als etwas, das die Menschen einer Nation miteinander verbindet.

Doch eine anatomische Zergliederung des Staates bringt ein anderes Bild hervor. Der Staat ist (und ich verwende hier eine positive Definition) ein territorialer Zwangsmonopolist mit der Letztentscheidungsmacht über alle Konflikte auf seinem Gebiet, und der sich das Recht nimmt, Steuern zu erheben.

Wie kann denn ein Staat in dieser Form entstehen? Die Frage ist berechtigt: Denn solch ein Staat kollidiert ganz offensichtlich mit Eigentum und Freiheit des Individuums. Wenn der Staat so ist, wie wir ihn soeben definiert haben, dann ist das Individuum schlichtweg nicht mehr Eigentümer seiner selbst, ist nicht mehr frei, sondern sein Eigentum und seine Freiheit werden zu »Fiat«: sind von Staates Gnaden, hängen an seiner Willkür.

Ist der Staat (wie wir ihn heute kennen) aufgrund von freiwilligen Vereinbarungen entstanden? Nein. Einen Vertrag, den Sie oder ich oder unsere Vorfahren unterschrieben hätten, gibt es nicht.

Ist es denkbar, dass der Staat auf einer stillschweigenden Vereinbarung beruht? Nein, auch das ist nicht denkbar. Niemand, der bei Sinnen ist, würde sich und sein Eigentum für immer einem Monopolisten ausliefern, der auch noch die Preise für Recht und Sicherheit festlegt. Ein solcher Vertrag, in der eine Person sein unveräußerliches Selbsteigentum de facto aufgibt, wäre zudem null und nichtig.

Wie man es drehen und wenden mag, der Staat, wie wir ihn heute kennen, ist nicht entstanden durch freiwillige Vereinbarung, sondern durch Zwang und Gewalt.

So schreibt beispielsweise der deutsche Ökonom, Soziologe und Arzt Franz Oppenheimer (1864–1943): Der Staat »ist seiner Entstehung nach ganz und seinem Wesen nach ... eine gesellschaftliche Einrichtung, die von einer siegreichen Menschengruppe einer besiegten Menschengruppe aufgezwungen wurde mit dem einzigen Zwecke, die Herrschaft der ersten über die letzte zu regeln und gegen innere Aufstände und äußere Angriffe zu sichern. Und die Herrschaft hatte keinerlei andere Endabsicht als die ökonomische Ausbeutung der Besiegten durch die Sieger.«

10. Das zentrale Problem ist nun, dass der moderne Staat, wie wir ihn heute kennen, die Neigung hat, immer größer und mächtiger zu werden. Hans-Hermann Hoppe drückt das prägnant so aus: »Jeder Mi-

nimalstaat trägt die Tendenz in sich, ein Maximalstaat zu werden.« Anders gesagt: Jeder Staat wird früher oder später totalitär. Dafür gibt es drei Erklärungen.

Die erste Erklärung: Die Wähler »beauftragen« den Staat, ihnen Wohltaten zuzuschanzen, die sie selber nicht erwirtschaften wollen oder können. Die Politiker bedienen diese Wünsche. Sie nutzen die Staatsgewalt, um Steuern zu erheben. Dabei nimmt der Staat X etwas weg und reicht es – nachdem er, der Staat, sich selbst davon bedient hat – an Y weiter.

Doch die laufenden Steuereinnahmen reichen schon bald nicht mehr aus, um die anschwellenden Wünsche zu finanzieren, und der Staat beginnt, sich zu verschulden. Und damit die Kreditaufnahme leichter fällt, beschafft sich der Staat das Geldmonopol und ersetzt das Warengeld durch sein eigenes, beliebig vermehrbares Fiatgeld. Spätestens jetzt sind der Ausdehnung des Staates im Grunde keine Grenzen mehr gesetzt; er wird allmächtig, der Bürger ohnmächtig.

Die zweite Erklärung: Für demokratische Sozialisten ist der demokratische Staat, wie wir ihn heute kennen, ein geeignetes Instrument, um den Sozialismus durch die Hintertür einzuführen. Sie machen sich daran, politische Mehrheiten zu formieren, mit denen sich dann sozialistische Politiken beziehungsweise solche, die in den Sozialismus führen, umsetzen lassen. Und dass der Sozialismus totalitär ist, bedarf vermutlich hier keiner weiteren Erklärung.

Nun die dritte Erklärung, die nicht so sehr die Ausdehnung des Staates erhellt, sondern vielmehr die Machtkonzentration innerhalb des demokratischen Staates, wie wir ihn heute kennen, beschreibt.

Demokratisch verfasste moderne Staaten haben die Tendenz, sich in eine Parteienoligarchie zu verwandeln. »Demokratisch« hier nicht im Sinne von Selbstbestimmung verstanden, sondern im Sinne von nach einem Mehrheitsprinzip organisiert. Der Soziologe Robert Michels (1876–1936) sprach vom »ehernen Gesetz« der Oligarchie.

In Demokratien bilden sich, so Michels, Parteien heraus. Parteien sind Organisationen, die hierarchisch geführt werden. Dabei setzen sich die Machthungrigsten durch. Sie steigen zur Parteielite auf.

Die Parteieliten können sich vom Willen der Parteimitglieder lösen und eigene Ziele verfolgen. Sie koalieren beispielsweise mit den Eliten anderer Parteien, bilden Kartelle.

Es kommt zu einer Oligarchisierung der Demokratie, in der letztlich die die Abstimmungen durchführenden Politiker – die Parteieliten beziehungsweise das Kartell der Parteieliten – die Politik bestimmen. Nicht die Abstimmenden haben das Sagen, sondern diejenigen, die die Abstimmungen organisieren.

Die Oligarchisierung der Demokratie erfasst nicht nur einzelne Staaten, sie zeigt sich auch zwischen ihnen. Regierungsparteien aus unterschiedlichen Staaten verbinden sich miteinander, vor allem durch Schaffung supra-nationaler Institutionen.

Unter der Zentralisierung der politischen Macht werden das Privateigentum, die individuelle Freiheit und das System der freien Märkte absehbar zur Disponiermasse einer oligarchisierten Elite, die sich dem Wählerwillen de facto entzieht.

11. Seit Jahrzehnten schwindet in der westlichen Welt der Respekt vor dem Eigentum, die individuelle Freiheit wird zusehends eingeschränkt, das System der freien Märkte (beziehungsweise das, was davon noch übrig ist) wird immer weiter unterspült und zerstört.

Im Gegenzug werden die Staaten immer größer und mächtiger – abzulesen an den Staatsausgaben oder den Staatsschulden relativ zur Wirtschaftsleistung, mittlerweile auch den Zentralbankbilanzen in Relation zur Wirtschaftsleistung, an der steigenden Zahl von Gesetzen und Regularien und anderem mehr.

Hinter all dem steht der Wiederaufstieg kollektivistisch-sozialistischer Ideen. In jüngster Zeit hat sich die Dynamik sogar noch verschärft. Sie wird durch eine – wie ich sie bezeichne – Neuauflage der marxistischen »Verelendungstheorie« beschleunigt.

Die Verelendungstheorie der Marxisten lautet in Kurzform wie folgt: Die freien Märkte, der Kapitalismus, verarmen die breite Bevölkerung. Wer dieses Unheil verhindern will, der muss den Kapitalismus abschaffen und ihn durch den Sozialismus ersetzen.

Mit der Verelendungstheorie wollten die Marxisten die Angst der Menschen vor dem Kapitalismus schüren, ihn in den Augen der breiten Öffentlichkeit diskreditieren, um dem Sozialismus als heilbringende Lösung den Weg zu ebnen.

Die Marxisten wissen: Das Erzeugen von Angst – vor allem diffuser, irrationaler Angst – ist ein Mittel, um Macht und Herrschaft über Menschen zu gewinnen. Menschen, die Angst haben, suchen Schutz beim Stärkeren, unterwerfen sich seiner Autorität, sind sogar zu fundamentalen Verhaltensänderungen bereit. Und der Stärkere, dessen Weisungen sie sich unterwerfen, ist heutzutage der Staat. Politisch Angst zu schüren und/oder zu instrumentalisieren, ist so gesehen eine Strategie zur Ermächtigung des Staates.

Das Ganze hat sich zu einem (wie ich es bezeichne) »politischen Globalismus« ausgewachsen: Der Idee, dass die Menschen ihre Geschicke nicht selbstbestimmt in einem System der freien Märkte gestalten dürfen, sondern dass sie von zentraler Stelle gelenkt werden sollen.

Wer alle Sinne beisammen hat, der kann nicht übersehen, dass die beiden Themenkomplexe Krankheitswellen und Klimaveränderungen von politischen Kreisen für eine Neuauflage der marxistischen Verelendungstheorie genutzt werden.

Der Klimawandel bedroht, so ist zu hören, die Menschheit und mache, wenn sich nichts Grundlegendes ändert, unser Leben auf dem Planeten unmöglich. Dürren und Hungersnöte drohen; Verteilungskämpfe verschärfen sich, der Migrationsdruck steigt, Kriege werden die Folgen sein. Den meisten Menschen ist mittlerweile vermutlich angst und bange, wenn sie das Wort »Klimawandel« nur hören.

Ganz ähnlich stellt sich die Problemlage bei Corona-Maßnahmen dar. Wer nicht an den Folgen des Corona-Virus zugrunde gehen, wer nicht Schuld auf sich laden will, das Leben anderer zu gefährden, der hält sich an das, was der Staat »von oben« verordnet – Einschränkung der Grundfreiheiten, Maskenzwang, Verabreichung von Impfstoffen.

Dass nur noch der Staat uns »retten« kann, denken mittlerweile sehr viele Menschen. Die Angst vor Klimaveränderungen und die

Angst vor den Krankheitswellen führen im Ergebnis zu einer in Friedenszeiten noch nicht dagewesenen Ermächtigung des Staates, für die die Menschen teilweise freiwillig durch ihre angsterfüllte Unterwerfung sorgen; die andernteils der Staat aber auch selbst, ohne ausdrückliche Zustimmung der Menschen, herbeiführt – indem er sprichwörtlich seine Ketten sprengt, Grundrechte, die er nach seiner Verfassung einst gewährte, beiseiteschiebt.

12. Die Regierungen vieler Staaten – und die Sonderinteressengruppen, die sie für ihre Zwecke einspannen möchten – wollen einen »Großen Neustart«, eine »Große Transformation« von Wirtschaft und Gesellschaft herbeiführen. Man kann diese Geisteshaltung vielleicht recht treffend als »politischen Globalismus« bezeichnen. Die politischen Globalisten zielen darauf ab, dass Wirtschaft und Gesellschaft sich global nicht »evolutorisch frei«, sondern von zentraler staatlicher Stelle »dirigistisch-gelenkt-und-geplant« entwickeln sollen.

Wer aber soll diese »zentrale Stelle« besetzen? Geht es nach den politischen Globalisten, soll diese Macht einem Kartell der Staaten, am besten einer Art Weltregierung, in die Hände gelegt werden; vielleicht auch einer Interessengemeinschaft von ranghohen Politikern und Bürokraten, Zentralbankräten, Vertretern von Großunternehmen – also denen, die landläufig als die »Elite von Davos« oder das »Establishment« bezeichnet werden.

Der Weg, den der politische Globalismus beschreitet, läuft auf das Errichten einer quasi Befehls- und Lenkungswirtschaft auf diesem Planeten hinaus, einer Welt-Kommandowirtschaft.

In ihr würde von oben maßgeblich diktiert, was wann in welcher Menge und unter welchen Bedingungen zu produzieren ist, und wer was wann und in welcher Menge verzehren darf. Das würde eine strenge Überwachung des Wirtschafts- und Gesellschaftslebens seitens des Staates erforderlich machen – beispielsweise durch Etablierung eines »Social Credit Systems«, durch Ausgabe digitaler Gesundheitszertifikate oder durch Abschaffung des Bargeldes und Emission von digitalem Zentralbankgeld (CBDC).

Dass ein solches sozialistisches Großprojekt eine Dystopie wäre, dass es die Menschen in Not und Elend stürzen, den Hungertod von Millionen von Menschen bedeuten könnte, muss nicht gesondert betont werden.

13. Glücklicherweise ist die Zukunft der Menschen nicht vorherbestimmt, wie es Karl Marx mit seinen gesellschaftlichen Entwicklungsgesetzen uns weismachen wollte. Die Zukunft der Menschen ist – soweit sie von ihnen beeinflusst werden kann – das Ergebnis von Ideen. Wenn die Menschen die Idee des Eigentums, der individuellen Freiheit, der freien Märkte als gut und richtig erkennen und akzeptieren, werden sie ein Leben in Frieden und Wohlstand führen können.

Wenn sie aber von den Ideen erfasst werden, Eigentum, individuelle Freiheit und die freien Märkte zurückzudrängen und zu zerstören (und dahinter verbergen sich die Ideen des Marxismus-Sozialismus), werden die Menschen alles daransetzen, diese Ideen in die Tat umzusetzen – was absehbar in eine Katastrophe führen würde; so viel lässt sich mit ökonomischer Theorie zweifelsfrei sagen.

Was Sie also tun können, damit es nicht dazu kommt, ist, erstens, Ihre Mitmenschen aufklären über die Gefahren, die der Sozialismus bringt. Und Sie könnten Ihren Mitmenschen auch erklären, dass das, was als »Grüne Politik« oder als »Großer Neustart« angepriesen wird, geradewegs aus der sozialistischen Hexenküche stammt, eine Neuauflage altbekannter sozialistischer Ideen ist. Klären Sie Ihre Mitmenschen auf, wann immer es Ihnen möglich ist. Versenden Sie Artikel, Podcasts, Videos liberal-libertärer Denker, und verschenken Sie deren Bücher – an Familienangehörige, Freunde, Arbeitskollegen.

Und zeigen Sie, zweitens, vor allem dabei auch stets die positive Alternative auf, die Eigentum, individuelle Freiheit und freie Märkte bereithalten – und dass ihre Akzeptanz ein dauerhaft friedvolles und produktives Zusammenleben der Menschen auf dieser Welt möglich macht.

Jeder von Ihnen kann einen Beitrag leisten. Und selbst wenn Sie sich nicht vorstellen können, dass der sozialistische-marxistische Transformationsprozess, der sich vor Ihren Augen abspielt, zurückgedrängt werden kann, sollten Sie nicht verzagen.

Ein konkreter Lösungsweg, um dem Neo-Sozialismus, dem politischen Sozialismus noch von der Schippe springen zu können, besteht beispielsweise darin, große politische Einheiten in viele kleine politische Einheiten aufzuspalten.

Kleine politische Einheiten müssen freundlicher zu ihren Bürgern und Unternehmern sein, können sie nur mit geringen Steuern belasten, sonst wandern sie aus beziehungsweise es gibt keinen Zuzug.

Kleine politische Einheiten müssen weltoffen sein, sie stehen im internationalen Standortwettbewerb, haben ein existentielles Interesse daran, in die internationale Arbeitsteilung eingebunden zu sein.

Kurzum: Die Sezession könnte eine mögliche Lösung des Problems sein. Die sprichwörtliche Entmachtung supra-nationaler Institutionen, in föderalen Gebilden die Entmachtung des Bundes gegenüber den Ländern, die Möglichkeit von Regionen und Städten, in die Eigenständigkeit auszuweichen.

Der logische Endpunkt einer solchen Entwicklung ist die Privatrechtsgesellschaft, in der es kein Nebeneinander und Übereinander von öffentlichem und privatem Recht gibt, sondern in der es nur noch ein Privatrecht gibt, in der das gleiche Recht für alle gilt.

Das ist ebenfalls ein Erkenntnisgewinn, die uns »Die Anatomie der Freiheit« offengelegt hat. Wir sollten ihn beherzigen, ihn in die Tat umsetzen, weil der Staat, wie wir ihn heute kennen, die wohl größte denkbare Bedrohung für die Freiheit der Menschen, für ihr friedvolles und produktives Zusammenleben auf diesem Planeten ist.

16.8 Aufsatz 2: Absolute Eigentumsrechte als ökologischer Imperativ

»The only effective solution to the problem of conflict is the institution of private property.«
Hans-Hermann Hoppe (*1949)

In diesem Kapitel argumentiere ich, dass (1) Eigentum und Umwelt- beziehungsweise Ressourcenschutz keine Gegensätze sind; dass (2) man vielmehr auf das Eigentum setzen muss, wenn Umwelt und Ressourcen wirksam geschützt und ein tyrannischer Weltstaat verhindert werden sollen; und dass (3) der Staat (wie wir ihn heute kennen) der Grund für Umwelt- und Ressourcenschäden ist – ein weiterer Grund also, dem Staat (wie wir ihn heute kennen) das Handwerk zu legen. Damit spreche ich mich gegen die herrschende Meinung aus, der Staat müsse Klimapolitik betreiben, indem er CO2-Emissionen begrenzt und/oder besteuert. Diese Außenseiterpositionen muss ich selbstverständlich erklären. Meine Argumentation beginne ich mit einer rationalen Begründung des Eigentums.

Das Eigentum

Gäbe es keine Knappheit, wäre also von allen Gütern stets genügend vorhanden, gäbe es keine zwischenmenschlichen Konflikte. Wenn ich in einer Welt ohne Knappheit beispielsweise eine Banane verspeise, dann verringere ich damit nicht meinen künftigen Bananenkonsum; und ich verringere auch nicht deinen heutigen und nicht deinen künftigen Bananenkonsum.

Doch unsere Welt ist anders. Die Güter, die wir einsetzen, um Ziele zu erreichen, sind knapp. Und zwar denknotwendig. Und weil es Knappheit gibt, stellen sich auch Konflikte ein. Und zwar dann, wenn du und ich ein und dasselbe Gut zur gleichen Zeit für verschiedene Zwecke einsetzen wollen.

Wenn wir da nicht in heillosen Streitereien untergehen wollen, brauchen wir eine Norm (eine anerkannte Regel), die Konflikte verhindert, die Konflikte löst. Eine solche Norm setzt beim Eigentum an – dem Eigentum am eigenen Körper (Selbsteigentum) und dem Eigentum an den Gütern, die du und ich auf nicht-aggressivem Wege erworben haben.

Die Norm lautet: Respektiere das Eigentum. Oder: Akzeptiere den Unterschied zwischen Mein und Dein. Oder noch anders – wie es das siebte Gebot Gottes sagt –: »Du sollst nicht stehlen.« Die Norm, den

Respekt vor dem Eigentum zum Maßstab unseres Handelns zu machen, erweist sich als eine vernünftige und ethisch-akzeptable Norm.

Sie erfüllt die Anforderungen des »Kategorischen Imperativ«, wie ihn Immanuel Kant formuliert hat: »Handle nur nach derjenigen Maxime, durch die du zugleich wollen kannst, dass sie ein allgemeines Gesetz werde.«

Die Eigentums-Norm ist universell anwendbar – für dich und mich, heute, morgen und zu allen Zeiten. Und sie ermöglicht auch das Überleben all derjenigen, die sich die Eigentums-Norm zum Maßstab ihres Handelns machen.

Angemerkt sei hier: Das Eigentum ist nicht willkürlich »herbeigeredet«. Es ist vielmehr eine nicht wegzudenkende Kategorie (Grundbegriff) des menschlichen Handelns: Man kann das Eigentum nicht verneinen, ohne seine Gültigkeit bereits vorauszusetzen! Es ist – in Kants Worten – eine Bedingung der Möglichkeit objektiver Erfahrung. Das Eigentum ist ein Apriori.

Der freie Markt

Dass das Eigentum vor allem eine ethisch-akzeptable Norm ist, ist eine erfreuliche Erkenntnis! Denn das Eigentum ist das, was den Kern des freien Marktes ausmacht. Und der freie Markt ist es, der das Knappheitsproblem der Menschen bestmöglich löst.

Beispiel: Die Nachfrage nach Öl steigt an. Das Ölangebot bleibt unverändert. Öl wird knapp, sein Preis steigt. Der steigende Ölpreis hält die Menschen dazu an, sparsamer mit Öl umzugehen. Gleichzeitig gibt der steigende Ölpreis den Ölproduzenten das Signal, das Angebot zu erhöhen.

Der Marktmechanismus kommt den Konsumenten zugute (die Ölknappheit wird gelindert, der Ölpreisanstieg gebremst). Und er nützt auch den Ölproduzenten (die mehr verdienen).

Ich vermute, dass viele Menschen es befürworten, dass es freie Märkte für Schuhe, Hosen, Kinofilme, Flugreisen, Häuser, Autos und

Computer gibt. Wenn es um Umwelt und Ressourcen geht, stößt man hingegen auf eine ganz andere Meinung.

Sollen überlebenswichtige Güter wie Umwelt und Ressourcen den freien Märkten überlassen werden, sollen sie etwa privatisiert werden? Meine Antwort auf diese Frage lautet: Ja, genau! In der Privatisierung von allem liegt der Schlüssel für einen wirksamen Schutz von Umwelt und Ressourcen. Das will ich näher erläutern.

Und zwar mit einem einfachen Beispiel: Herr Schulze besitzt eine Kupfermine. Wird er sie nicht gnadenlos und in kürzester Zeit ausbeuten? Um diese Frage zu beantworten, müssen wir das wirtschaftliche Kalkül kennen, das die Handlungen von Herrn Schulze leitet.

Herr Schulze hat als Eigentümer den Anreiz, seine Mine effizient zu bewirtschaften. Und das heißt, er wird den Kapitalwert seiner Mine maximieren wollen. Der Kapitalwert ist der Barwert aller Gewinne, die Herr Schulze aus dem Verkauf der Kupfermenge seiner Mine erwartet.

Herr Schulze wägt ab zwischen dem Einkommen heute (das er durch Verkauf des Kupfers erzielt) und dem dadurch verringerten Kapitalwert der Mine (denn das Kupfer, das er heute verkauft, kann er künftig nicht mehr verkaufen).

Jetzt nehmen wir an, es wird erwartet, dass Kupfer künftig nicht mehr nachgefragt wird (weil ein Ersatzstoff auf den Markt kommt). In diesem Falle wird Herr Schulze die Förderung ausweiten, um Kupfer zu dem gegenwärtig noch hohen Preis verkaufen zu können – denn künftig wird er weniger erlösen. Das ist zum Wohle der Verbraucher: Das Kupferangebot wird zu einer Zeit erhöht, in der Kupfer von den Nachfragern vergleichsweise hoch bewertet wird, und das trägt dazu bei, dem Kupferpreisauftrieb entgegenzuwirken.

Wenn hingegen erwartet wird, dass das Kupfer künftig knapp wird, wird die Kupferförderung in der Gegenwart eingeschränkt – weil Herr Schulze künftig mehr für das verkaufte Kupfer bekommt. Das treibt den heutigen Kupferpreis in die Höhe (veranlasst die Verbraucher zu einem sparsamen Kupferverbrauch), gleichzeitig wirkt die künftige Angebotserhöhung dem künftigen Kupferpreisanstieg entgegen. Und auch das ist zum Wohl der Verbraucher.

Der freie Markt arbeitet in beiden Fällen im Sinne der heutigen und künftigen Nachfrager. Diese Einsicht gilt für alle Arten und Formen der Nutzung von Umwelt und Ressourcen, soweit sie sich im Privateigentum befinden: Forstwirtschaft, Ackerbau und Wasserwirtschaft et cetera.

Das Problem des Gemeineigentums

Sie werden jetzt sagen: Ja, wenn der freie Markt doch so gut funktioniert, warum gibt es übernutzte und verschmutze Landflächen, Waldabholzungen, Ölverschmutzungen in den Meeren, Raubbau an Fischbeständen, Luftverschmutzung und unerwünschte Lärmbelastung?

Die Antwort auf diese Fragen lautet: Umwelt und Ressourcen, für die das zutrifft, befinden sich nicht im Privateigentum, oder Verstöße gegen die Eigentumsrechte werden nicht sanktioniert. Die genannten Güter sind entweder »freie Güter«, also »Güter ohne Eigentümer«, oder der Staat ist der Eigentümer. Beides ist ökonomisch problematisch.

Wenn Güter keinen Eigentümer haben, stellt sich die Tragödie der Allmende ein: Frei verfügbare, aber begrenzte Güter werden übernutzt und verschwendet. Beispiel: Im Dorf gibt es eine Gemeinschaftswiese. Alle Bauern haben Nutzungsrechte. Dem einzelnen Bauern ist es dann egal, welche Folgen ein weiteres Tier seiner Herde, das er auf die Gemeinschaftswiese führt, für andere Bauern (oder zukünftige Bauern) verursacht. Es kommt zur Überweidung, vielleicht zur irreversiblen Zerstörung der Weidewiese.

Wenn der Staat (wie wir ihn heute kennen: als territorialen Zwangsmonopolisten mit Letztentscheidungsmacht über alle Konflikte auf seinem Gebiet) Eigentümer einer Ressource ist, stellt sich Misswirtschaft ein. Denn der Staat ist kein guter Wirt, arbeitet unwirtschaftlich. Er muss sich nicht im Markt bewähren. Defizitäre Tätigkeiten werden ungeniert mit dem Griff in die Kassen der Netto-Steuerproduzenten gestopft. Der Staat verschwendet und übernutzt knappe Ressourcen, über die er verfügen kann. Er folgt nicht (wie der Privateigentümer) dem Kapitalwert-Kalkül.

Die »externen Effekte«

Sie werden entgegnen: Das ist alles schön und gut (mit der privaten Kupfermine im freien Markt und dem Kapitalwertkalkül des Eigentümers). Was aber ist mit »externen Effekten«? Unter einem externen Effekt versteht man die Auswirkung einer Handlung auf Unbeteiligte, ohne dass jemand dafür bezahlt beziehungsweise entschädigt wird.

Der externe Effekt kann positiv sein. Beispiel: Ich bepflanze meinen Garten mit Rosen – und der Anblick entzückt die Spaziergänger. Hier haben wir es mit einer positiven Externalität zu tun.

Der externe Effekt kann aber auch negativ sei. Beispiel: Ich grille auf meinem Balkon, und der Grillrauch bringt meine Nachbarn zum Husten. Was ist bei negativen externen Effekten zu tun? Die herrschende Lehre der Ökonomen besagt, dass man sie »internalisieren« muss. Auf Deutsch heißt das: Es muss dafür gesorgt werden, dass der Handelnde die Kosten seiner Handlung vollumfänglich trägt; dann werde das Wohlfahrtsoptimum erreicht.

Doch wie schafft man es, dass der Handelnde alle heutigen und künftigen Kosten, die er verursacht, in seinen gegenwärtigen Handlungen berücksichtigt? Die Meinung vieler Ökonomen ist: Der Staat müsse aktiv werden! Beispiel Klimapolitik: Der Staat muss eine CO_2-Steuer auf Benzin, Heizöl und Erdgas erheben, die der Verursacher zu tragen hat. Das Benzin verteuert sich dadurch, die Energienachfrage nimmt ab, und der Ausstoß von CO_2 sinkt.

Oder: Der Staat soll vorgeben, wie viel CO_2 in die Luft geblasen werden darf. Beispielsweise gibt es in der EU eine Obergrenze (einen »Cap«) für den CO_2-Ausstoß. Unternehmen erhalten Zertifikate, die sie zur Emission einer bestimmten CO_2-Menge berechtigen. Die Zertifikate werden an der Börse gehandelt, es bildet sich ein Preis für die staatlich erlaubte CO_2-Emission heraus. Doch ist das eine zufriedenstellende, eine »marktkonforme« Lösung?

Ein »Trojanisches Pferd«

Die Hauptstrom-Ökonomen sagen einhellig ja. Ich möchte die CO_2-Besteuerungslösung an dieser Stelle keiner Kritik unterziehen. Vielmehr will ich einer persönlichen Befürchtung Ausdruck geben, die mich antreibt, eine andere, nicht-staatliche Lösung zu suchen und für sie zu werben. Meine Befürchtung ist, dass klimapolitische Staatseingriffe eine besonders unheilvolle Dynamik in Gang setzen, die Freiheit und Wohlstand zerstören.

Diese Dynamik beginnt mit der folgenden Einsicht: Wenn nur ein Land den CO_2-Ausstoß besteuert, wandert die Produktion in die Länder ab, die den CO_2-Ausstoß nicht besteuern. Das Ergebnis ist, dass der weltweite CO_2-Ausstoß nicht sinkt, und dass die Länder, die den CO_2-Ausstoß besteuern, wirtschaftlich geschwächt werden zugunsten der Länder, die den CO_2-Ausstoß nicht besteuern.

Ein hervorragender Grund, um nach einer globalen Lösung zu rufen, eine Art Weltregierung einzufordern, die mit großer Weisheit und Wirksamkeit Klimapolitik betreibt und den Globus vor dem Überhitzungstod rettet. Der ideologische Geist, der eine solche staatliche Klimapolitik umschwebt, ist ein kollektivistischer-sozialistischer – getarnt hinter der Maske »marktkonformer« Politiken.

Kollektivistische-sozialistische Kräfte wissen, wie man Panik und Hysterie in den Bevölkerungen schürt. Etwa indem sie für eine Neuauflage der marxistischen Verelendungstheorie sorgen. Zur Erinnerung: Die Marxisten sagen, der Kapitalismus werde die Mehrheit der Menschen in die Armut treiben, und der Kapitalismus sei auch die Quelle von Kriegen. Wer also nicht des Hungers oder im Kugelhagel sterben wolle, der müsse dafür eintreten, den Kapitalismus abzuschaffen.

Die staatliche Klimapolitik lässt sich hervorragend »verelendungstheoretisch« missbrauchen: als ein Trojanisches Pferd, um das Wenige, das vom System freier Märkte übrig ist, auch noch zu zertrümmern. Die Gefahr ist groß, dass sie den Weg bereitet in eine totalitäre Befehls- und Lenkungswirtschaft – in der der Staat bestimmt, wer was wann wie zu produzieren hat, und wer was wann konsumieren darf.

Der Staat

Damit sind wir zu einer unangenehmen Einsicht vorgedrungen. Der Staat (wie wir ihn heute kennen) ist kein wohlmeinender Patron, für den ihn immer noch viele halten; er ist nicht die schützende Hand, die viele in ihm sehen.

Der Staat (wie wir ihn heute kennen) ist ein territorialer Zwangsmonopolist mit der Letztentscheidungsmacht über alle Konflikte auf seinem Gebiet, ausgestattet mit der Macht zur Besteuerung seiner Untergebenen.

Ein solcher Staat ist – ob nun in der Form der Monarchie oder der modernen Demokratie – nicht auf natürlichem Wege entstanden, sondern durch Zwang und Gewalt.

Alle Güter, die der Staat sein Eigen nennt, hat er zuvor seinen Bürgern abgeknöpft – vor allem durch Besteuerung und Enteignung. Schon allein vor diesem Hintergrund ist aus »Rechtsgründen« eine Wiedergutmachung, eine Rückübertragung der Güter in die Hände der Besteuerten und Enteigneten zu fordern. Aber auch aus dem Grund, Umwelt und Ressourcen wirksam schützen zu wollen, empfiehlt sie dieser Schritt.

Die Empfehlung, alles zu privatisieren

Nimmt man die Missbrauchsgefahr ernst, die mit dem Staat einhergeht, stellt sich die Frage: Wie kann man es denn anders und besser machen, wie gehen wir am besten mit endlichen Ressourcen, mit unserer Umwelt um? Meine Antwort lautet: durch die Privatisierung von allem, von Land und Wasser und die konsequente Durchsetzung von Eigentumsrechten.

Das ist erklärungsbedürftig. Doch bei genauem Nachdenken werden Sie sehen, liebe Leserin, lieber Leser, dass die Privatisierung von allem Umwelt und Ressourcen schützen und die freie Gesellschaft bewahren kann.

(1) Privatisierung der Meere

Beginnen wir mit den Meeren. Die Meere sind derzeit teilverstaatlicht. Nach dem Seerechtsübereinkommen aus dem Jahr 1982 verfügt jeder Küstenstaat über das ausschließliche Recht, die Fischbestände in der sogenannten Ausschließlichen Wirtschaftszone zu bewirtschaften, die sich bis zu einer Breite von 200 Seemeilen vor seiner Küste erstreckt.

Die Staaten bewirtschaften ihre Meeresressource, geben Fangquoten aus an Fischereibetriebe, bestimmen die Regeln (legen z. B. Größe von Netzmaschen und Fangzeiten fest), und organisieren die Förderung von Öl und Gas.

Doch es geht besser. Der Staat ist – wie bereits gesagt – notorisch unwirtschaftlich. Mit der Privatisierung der Meere könnten gewaltige Potentiale gehoben werden, die die Ernährungslage der Menschen (zum Beispiel durch die Weiterentwicklung von Aquakulturen) und ihre Rohstoffversorgung gewaltig verbessern.

Doch wie überführt man die Ressource Meer in private Hände? Die Bürger des Küstenstaates (vielleicht auch nur seine Netto-Steuerproduzenten) bekommen handelbare Anteilsscheine an einer Firma ausgehändigt, die die Meeresressource bewirtschaftet.

Wie im Beispiel der Kupfermine oder eines Forstgebietes werden auch die Eigner der Ressource Meer bestrebt sein, deren Kapitalwert zu maximieren. Eine andere Möglichkeit wäre, einzelne, hinreichend große Meeresparzellen in der 200-Seemeilenzone vor der Küste an private Investoren zu verkaufen. Auch die »Hohe See« ließe sich privatisieren – beispielsweise indem jeder Erdenbürger handelbare Anteilsscheine an einer zu gründenden Firma erhält, die das Eigentum an der Ressource Hohe See hat.

(2) Privatisierung von Straßen

Die Privatisierung von staatseigenem Land, von Straßen, Autobahnen, Parks, Wäldern, Naturreservaten kann in gleicher Weise vonstatten gehen. Auch für diese Güter lassen sich Firmen finden, die die Ressource bewirtschaften. Die Bürger erhalten handelbare Anteilscheine an den Firmen.

Im Falle von Straßen bleiben Wegerechte für eine gewisse Zeit nach der Privatisierung bestehen. Die Betreiberfirmen finanzieren sich durch Gebühren (»Maut«). Mit privatisierten Verkehrswegen ist eine eindeutige Verantwortlichkeit für Schadstoffemissionen und Lärmverursachung geschaffen.

Anwohner, die nahe der Straße wohnen und unter Abgasen leiden, können vor Gericht auf Unterlassung und/oder Schadensersatz klagen. Gibt der Richter den Klägern Recht, muss der Straßenbetreiber den Autofahrern, die auf seinen Straßen fahren, Auflagen zur Eindämmung von Schadstoff- und Lärmemissionen machen.

Ein Recht auf Nullemission hat allerdings niemand. Warum, das soll bei den nun folgenden Überlegungen zur Luftverschmutzung verdeutlicht werden.

(3) Recht der Luftnutzung

Atemluft lässt sich nicht privatisieren. Sehr wohl aber lassen sich Luftnutzungsrechte identifizieren und einklagbar machen. Erinnern wir uns: Sie und ich, wir alle haben ein Recht auf Eigentum an unserem Körper, einschließlich des Rechts auf Atemluft, die wir zum Erhalt unseres Körpers und seiner Gesundheit benötigen.

Allerdings haben wir kein Recht auf »absolut saubere Luft«, weil die Atemluft naturbedingt Schadstoffe enthält (Schwefeldioxid aufgrund von Vulkanausbrüchen, Stickoxide aufgrund von Feuersbrünsten). Worauf wir ein Recht haben, ist, dass unsere Atemluft nicht nachweislich und zu unserem Schaden von anderen verschlechtert wird.

Was passiert, wenn Herr A Herrn B beschuldigt, ihn mit Abgasen zu schädigen? Herr A wird vor Gericht ziehen. Ein zentrales Prinzip, das zur Anwendung kommt, um Streitfälle zu entscheiden, ist der unbedingte Respekt vor dem Eigentum.

Herr A muss daher eine direkte Kausalität nachweisen: Er muss objektiv belegen, dass die Schadstoffmengen nachweislich von B stammen, und dass eine Schädigung vorliegt. Die Beweislast, die der Kläger zu tragen hat, will ich mit Blick auf die klimapolitische Debatte erläutern.

(4) Klima

Im Mittelpunkt steht das Treibhausgas CO_2, soweit es menschengemacht ist. Um die Erwärmung der Erdatmosphäre aufzuhalten, sei die Emission von CO_2 zu reduzieren, so die herrschende Meinung.

Und um das zu erreichen, sollen die Staaten dafür sorgen, dass der Ausstoß von CO_2 sinkt; indem die Staaten Höchstmengen von CO_2-Emissionen vorgeben. Die Beweisführung, die dieser Klimapolitik zugrunde liegt, will ich kritisieren mit zwei erkenntnistheoretischen Überlegungen.

(1) Die Klimawissenschaft ist keine exakte Wissenschaft. Die klimapolitischen Staatseingriffe berufen sich auf wissenschaftliche Aussagen, die alles andere als eindeutig und unstrittig sind.

Dazu muss man wissen, dass die Klimawissenschaften eine Querschnittsdisziplin sind (die zum Beispiel die Erkenntnisse der Physik, Geologie, Biologie, Meteorologie, Ozeanographie etc. nutzen).

Die Klimawissenschaften stützen sich auf Erkenntnisse, die aus naturwissenschaftlichen Laborversuchen gewonnen wurden – und damit als hinreichend verlässlich einzustufen sind.

Die Klimawissenschaft untersucht jedoch komplexe Zusammenhänge über lange Zeiträume. Sie begibt sich damit in das Feld der geschichtswissenschaftlichen Untersuchungen. Daraus ergeben sich erkenntnistheoretische Probleme.

Die reale Welt ist kein Labor. Beispielsweise unterliegt die Erdtemperatur vielen Einflussfaktoren, deren Bedeutung im Zeitablauf variiert, und die sich auch gegenseitig beeinflussen können.

Jeder historische Datenpunkt ist ein Unikat. Es lassen sich daher auch keine homogenen, miteinander vergleichbaren Beobachtungssätze gewinnen (die man aber benötigt, um Zeitreihenanalysen sinnvoll betreiben zu können).

Die Klimawissenschaften sind daher keine Naturwissenschaft in dem Sinne, dass sie ihre Erkenntnisse mittels naturwissenschaftlicher Laborversuche gewinnen könnten.

Vielmehr müssen sich die Klimawissenschaftler notgedrungen der Methode des Verstehens – wie Ludwig von Mises sie bezeichnet – bedienen. Die Methode des Verstehens bedeutet, dass man alle verfügbaren geistigen Hilfsmittel verwendet: Logik, Handlungslogik, Mathematik, aber auch naturwissenschaftliche und geschichtswissenschaftliche Erkenntnisse.

Das Verstehen bedeutet nicht, etwas mit wissenschaftlicher Gewissheit zu wissen. Ludwig von Mises sagte dazu: »Der logische Raum des Verstehens liegt allein dort, wohin praxeologisches Begreifen und naturwissenschaftliches Erklären nicht zu dringen vermögen.«

Verstehen liefert lediglich Einsichten, die nicht in Widerspruch zu gewonnenen Wissenschaftserkenntnissen stehen. Das sollte deutlich machen, warum die Aussagen, die die Klimawissenschaften vorbringen, nicht die erkenntnistheoretische Qualität haben können, wie man es von der Naturwissenschaft gewohnt ist.

Die Klimawissenschaften können nicht sagen, dass in 95 Prozent aller beobachteten Fälle sich eine ganz bestimmte Ursache-Wirkungs-Beziehung gezeigt habe (beispielsweise zwischen CO_2 und der Erderwärmung). Sie kann auch nicht wissenschaftlich begründet sagen, dass der Zusammenhang, der in der Vergangenheit beobachtbar war, auch künftig Bestand haben wird.

Und selbst wenn die Klimawissenschaften zum Schluss kämen, CO_2 sei nicht für die globale Erwärmung maßgeblich verantwortlich, dann hätte auch diese Aussage keine wissenschaftliche Gewissheit. Kurzum: Die Klimawissenschaften können das, was die Menschen von ihnen erhoffen – verlässliche Prognosen über die Zukunft – aus erkenntnistheoretischen Gründen nicht liefern.

(2) Die Klimapolitik verfügt über keine belastbare Kosten- und Ertragskalkulation, mit der die Sinnhaftigkeit klimapolitischer Maßnah-

men beurteilt werden könnte. Alarmistische Zukunftsszenarien werden an die Wand gemalt, um Staatseingriffe zu rechtfertigen, aber deren Kosten bleiben weitgehend im Dunklen.

Eine politisch erzwungene Abkehr von fossilen Brennstoffen hat aber Kosten: Sie verunmöglicht Industrien und Arbeitsplätze; sie bedroht möglicherweise Leben und Gesundheit von Millionen, von Milliarden Menschen.

Der Lösungsvorschlag

Was ist die Alternative? Sie liegt auf der Hand: Man überlässt die Problemlösung den freien Märkten, der Durchsetzung der Eigentumsrechte der Menschen. Derjenige, der sich geschädigt fühlt, zieht vor Gericht, allein oder in der Gruppe (Stichwort: »Sammelklage«) – und verklagt den Schädiger auf Unterlassung beziehungsweise Schadenersatz.

Streitigkeiten werden im Zuge des Deliktsrechts (das Teil des Zivilrechts ist) auf gerichtlichem Wege entschieden. Gefährdungshaftung ist hier das Stichwort. Nehmen wir an, die Richter, denen die Streitfrage vorgelegt wurde, kommen zum Urteil: Ja, der CO_2-Ausstoss muss verringert werden. Wie könnte dann die Verantwortlichkeit eines einzelnen CO_2-Emittenten ermittelt werden?

Kohlenstoffemissionen eines einzelnen Emittenten können einen Klimawandel nur in Verbindung mit den Emissionen vieler anderer Emittenten verursachen. Nach der Regel der kombinierten Wirkung wird ein einzelner Emittent allein deshalb haftbar gemacht (und infolge des einstweiligen Rechtsschutzes zur Einstellung seiner Aktivität gezwungen), weil seine Emissionen zum Klimawandel beitragen (auch wenn sie für sich betrachtet keine Auswirkungen auf das Klima haben).

Ein solcher eigentumsbasierter Umwelt- und Ressourcenschutz befördert den Fortschritt in den Klimawissenschaften. Denn die Gefahr, verklagt zu werden, ist für Unternehmen ein wirksamer Anreiz, in die Klimawissenschaft zu investieren.

Dadurch wird ein produktiver Wissenschaftswettbewerb befördert, und das faktische Meinungsmonopol des IPCC (Intergovernmental Panel on Climate Change, das staatlich finanziert wird), wird aufgebrochen. Der technologische Fortschritt wird angefacht – im Bestreben, die Kosten zu senken, wird die weniger schadstoffintensive Produktion befördert.

Wie es funktionieren würde

Jetzt sagen Sie: Schön und gut, aber braucht man dazu nicht einen einheitlichen Weltgesetzesrahmen? Und wie soll die Strafe bei Schuldspruch wirksam durchgesetzt werden? Doch erfreulicherweise hat sich bereits so etwas wie ein zwischenstaatliches Umweltvölkerrecht (deren Rechtsquellen Gewohnheitsrechte und völkerrechtliche Verträge sind) herausgebildet.

Das zeigt zumindest, dass die Menschen verstanden haben, dass der Einzelstaat offensichtlich nicht geeignet ist, die Probleme, die im Zuge der Nutzung von Umwelt und Ressourcen entstehen, zu lösen. Doch leider zieht man daraus den Fehlschluss, dass die Staaten – die territorialen Zwangsmonopolisten – kooperieren, ein Kartell formen müssten, um zum Ziel zu gelangen.

Ein Kartell jedoch ist bekanntlich instabil. Einzelne Kartellmitglieder haben einen Anreiz auszuscheren. Und deshalb, so die Folgerung, muss eine übergeordnete Instanz her, eine Regierung über den Regierungen, ein Staat über den Staaten, ein Weltstaat.

Ein Weltstaat, der das Rechts- und Gewaltmonopol innehat, werde als gerechter Richter, als wohlmeinender Diktator die drängenden Probleme einer zusehends globalisierten Welt lösen. Die UN drängt seit Ende der 1980er Jahre auf die Schaffung einer solchen globalen Machtinstitution.

Ich muss nicht erklären, dass die Umsetzung eines Weltstaates in eine Welttyrannei führen würde, die vermutlich alles in den Schatten stellt, was das 20. Jahrhundert an Grausamkeiten durchleben musste.

Wenn man aber mit Staaten (wie wir sie heute kennen, allein oder in Kooperation) Umwelt und Ressourcen nicht wirkungsvoll schützen und dabei auch die Freiheit des Individuums nicht bewahren kann, was dann?

Die Privatrechtsgesellschaft

Vermutlich werden Sie nicht überrascht sein, wenn ich antworte: Die freien Märkte haben die Lösung. Rechtsprechung und Rechtdurchsetzung lassen sich im freien Markt organisieren; ein Staat (wie wir ihn heute kennen) ist dafür nicht erforderlich.

In einem freien Markt fragen Menschen Recht und Sicherheit nach. Man will sich und sein Eigentum schützen. Die Anbieter von Recht und Sicherheit sind zum Beispiel Versicherungsunternehmen. Sie bieten Versicherungen an gegen Einbruch, Diebstahl und Körperverletzung und vieles mehr.

In den Versicherungsverträgen wird genau festgelegt, welche Schiedsstelle oder welcher Richter anzurufen ist, wenn ein Konflikt entsteht i) zwischen dem Versicherungsnachfrager und der Versicherung oder ii) zwischen Versicherungsnachfragern verschiedener Versicherungen.

Schiedsstellen und Richter stehen im Wettbewerb. Um erfolgreich zu sein, müssen sie sich als anerkannte Unparteiische beweisen. Sonst scheiden sie aus dem Markt. Beispiel: Herr A ist bei Versicherung X versichert. Nun meldet Herr A seiner Versicherung, dass er von Frau B, die bei Versicherung Y versichert ist, durch Abgase gesundheitlich geschädigt werde.

Die Versicherung X setzt sich mit Versicherung Y in Verbindung. Gibt es keine Meinungsverschiedenheit (kommen die Versicherungen also zum Schluss, die Klage sei berechtigt oder abzuweisen), ist der Fall geklärt (eventuell muss noch ein Schadensanspruch ausgehandelt werden). Gibt es kein Einvernehmen, wird ein Schiedsgericht angerufen. Vertraglich lassen sich mehrere Instanzen festlegen, aber es wird einen Letztentscheider geben.

Dessen Entscheidung ist bindend. Die Versicherungsunternehmen haben einen Anreiz, sie zu akzeptieren – denn ohne sie wird ihr Geschäftsmodell nicht funktionieren. Zur Durchsetzung des Richterspruches haben die Versicherungsunternehmen entweder spezialisierte Personen (»Sheriffs« und »Kopfgeldjäger«), oder sie lagern diese Aufgabe an Dritte aus.

Sind die Märkte frei – ist also der Staat, wie wir ihn heute kennen, ausgeschaltet –, wird sich ein internationaler Markt für Versicherungs- und Schiedsgerichte etablieren, ein internationales Regel- und Gesetzeswerk herausbilden, das eine effektive Durchsetzung der Eigentumsrechte in Aussicht stellt.

Streitfälle, die sich um Erderwärmung drehen, landen dann auf den Tischen von unabhängigen Richtern, nicht in den Händen ideologisierter Politiker. Ein positiver Wissenszuwachs wäre zu erwarten. Denn die Klimawissenschaft erhielte einen großen zusätzlichen Anreiz, intensiv und redlich der Wahrheit auf die Spur zu kommen. Und das wiederum verbessert die Möglichkeit, die Eigentumsrechte der Menschen durchzusetzen – nicht nur in einigen wenigen Regionen, sondern letztlich auf der ganzen Erde.

Zum Schluss

Meine Überlegungen fasse ich wie folgt zusammenfassen: (1) Der freie Markt ist in der Lage, Umwelt und Ressourcen wirksam zu schützen, wenn man ihn denn lässt. (2) Die Idee, dem Staat den Schutz von Umwelt und Ressourcen zuzusprechen, wird nicht zum Ziel führen, und Freiheit und Wohlstand der Menschen bleiben auf der Strecke.

Der große Gorilla, den ich damit in den Raum gestellt habe, heißt Überwindung, Auflösung des Staates wie wir ihn heute kennen – ihn überführen in eine Privatrechtsgesellschaft, in der für alle das gleiche Recht gilt, in der es kein öffentliches Recht über und neben dem Privatrecht gibt.

Das ist, aus meiner Sicht, der einzig ökonomisch richtige Weg, um Umwelt und Ressourcen zu schützen und Freiheit und Wohlstand der Menschen zu wahren. Das rigorose Durchsetzen des Freiheitsgedankens, der damit eingefordert wird, sollte uns nicht verschrecken. Dazu abschließend Friedrich Schiller (1759–1805):

»Der Mensch ist frei geschaffen, ist frei,
Und würd er in Ketten geboren,
Laßt euch nicht irren des Pöbels Geschrei,
Nicht den Mißbrauch rasender Toren.
Vor dem Sklaven, wenn er die Kette bricht,
Vor dem freien Menschen erzittert nicht.«

16.9 Aufsatz 3: Warum und wie der Sozialismus die Welt erobern will

»Der Staat ist eine Maschine in den Händen der herrschenden Klasse zur Unterdrückung des Widerstands ihrer Klassengegner.«
Josef W. Stalin (1878-1953)

1. Der Sozialismus und seine Spielarten sind verantwortlich für die schlimmsten Verbrechen des 20. Jahrhunderts. Sie brachten Millionen Menschen Armut, Elend, Gewalt und den frühen Tod. Dennoch erfahren heute marxistisch-sozialistische Ideen, eingehüllt in neue Gewänder, eine fulminante Renaissance – und zwar weltweit.

Die Öffentlichkeit, so ist mein Eindruck, bemerkt das größtenteils aber gar nicht, übersieht die Gefahr für die Zivilisation, die damit verbunden ist; oder aber sie billigt die sozialistische Renaissance insgeheim, dann aber wohl nur in Unkenntnis der bitteren Folgen, die ihre Billigung haben wird.

In diesem Kapitel will ich versuchen, einige dringliche Befürchtungen näher auszuleuchten, warum der Sozialismus die ganze Welt sozialistisch machen will, sich also auszuweiten versucht; und ich will auch aufzeigen, wie die Sozialisten vorgehen. Ich werde dabei vor allem die folgenden drei Aussagen begründen:

(1) Die Idee des Sozialismus ist nicht tot, sie ist vielmehr quicklebendig, sie kommt neu verkleidet und mit neuen Verheißungen daher.

(2) Der moderne Sozialismus, ich nenne ihn: Neo-Sozialismus, zielt nicht unmittelbar auf die Verstaatlichung der Produktionsmittel ab, er will vielmehr so etwas wie eine globale Kommandowirtschaft aus der Taufe heben.

(3) Die Kommunistische Partei Chinas spielt für den weltweiten Aufstieg des Neo-Sozialismus eine höchst bedeutsame Rolle; man kann vielleicht sogar treffend von einer »Chinarisierung des Westens« sprechen.

Abschließend werde ich einige Handlungsempfehlungen vorstellen, mit denen sich eine wirksame Verteidigung und Zurückdrängung des Neo-Sozialismus erreichen lässt.

2. Lassen Sie uns beginnen mit ein paar ganz grundlegenden Überlegungen: Die Beschaffenheit der Welt, in die wir Menschen hineingestellt sind, ist nicht überall gleich, sondern von Ort zu Ort mitunter sehr unterschiedlich. Es gibt Regionen, die für das menschliche Dasein günstige oder weniger günstige Bedingungen aufweisen – was Klima, Topographie und Ressourcenreichtum anbelangt.

Auch die Menschen selber sind verschieden: Jeder Einzelne von ihnen ist einmalig. Was sie auf das Engste miteinander verbindet, ist das Menschsein. Gleichwohl gleicht keiner in all seinen vielfältigen Eigenschaften und Eigenheiten (seinen Zielen, Fähigkeiten und Vorlieben) den anderen.

Wenn man nun diese Ausgangsbedingungen akzeptiert: Was würde passieren, wenn die Menschen sich frei und ungehindert auf der ganzen Welt hin und her bewegen könnten? Wir wissen aus der Logik des menschlichen Handelns, dass der handelnde Mensch eine höhere Güterversorgung gegenüber einer geringeren bevorzugt; denn das erlaubt ihm, mehr seiner Ziele zu erreichen.

Es ist ebenfalls handlungslogisch begründbar, dass der Handelnde danach strebt, seine Ziele mit dem geringsten Mittelaufwand, mit den geringsten Kosten zu realisieren. Die Urproduktion (wie zum Beispiel Land-, Forst- und Wasserwirtschaft) würde folglich dort stattfinden, wo sich unter sonst gleichen Umständen der höchste Ertrag erzielen lässt.

Die verarbeitende Industrie würde ihren Standort dort wählen, wo zur Erzeugung einer Gütereinheit (bis zur vollen Fertigung, einschließlich des Transportes zum Konsumtionsort) die höchsten Gewinne anfallen. Die Arbeiter werden sich daher nahe den Stätten der Urproduktion und den Orten der Industriefertigung ansiedeln. Die Produktionsfaktoren Arbeit und Kapital werden so lange in Bewegung sein, werden von einem Ort zum anderen wandern, bis sie in allen Verwendungen die gleiche Grenzproduktivität aufweisen.

Nehmen wir an, auf der Nordhalbkugel der Welt sind die Grenzproduktivität und damit die Löhne für Arbeit höher als auf der Südhalbkugel. Daraufhin wird eine Wanderungsbewegung ausgelöst. Die zuströmenden Arbeitskräfte senken die Grenzproduktivität der Arbeit auf der Nordhalbkugel, und entsprechend gehen hier die Löhne zurück.

Auf der Südhalbkugel führt der Rückgang der Arbeitskräfte zu einem Anstieg der Grenzproduktivität und der Löhne. Wanderungen des Kapitals führen zu ähnlichen Ergebnissen. Dort, wo das Kapital hinwandert, trägt es dazu bei, die Grenzproduktivität des Kapitals zu senken, und dort, von wo es abgezogen wird, steigt seine Grenzproduktivität – und die Kapitalwanderung dauert so lange an, bis die Grenzproduktivität des Kapitals überall auf der Welt gleich ist.

Die Konsequenz ist, (1) dass es dichtbesiedelte und weniger dicht besiedelte Regionen auf der Welt gibt; dass es Regionen gibt, die mit mehr Kapital ausgestattet sind als andere;

(2) dass überall auf der Welt sich die Löhne für gleiche Arbeit einander angleichen; und dass sich weltweit die Renditen auf das eingesetzte Kapital angleichen.

Wenn die Welt ein freier Markt ist, dann gibt es im wahrsten Sinne des Wortes fortwährend viel Bewegung: Arbeit und Kapital wandern nicht nur einmalig, sondern fortlaufend. Denn in einem freien Markt entstehen immer wieder neue Produktionstechniken und Konsumwünsche, und auch die Verfügbarkeit von Arbeitskraft und Kapital verändert sich im Zeitablauf.

Erdteile, die bis dato nicht attraktiv zur Bewirtschaftung waren, können plötzlich attraktiv werden; und ebenso können Produktionsstandorte, die rentabel waren, mit einem Mal unprofitabel werden.

In der heutigen Welt ist zwar die Mobilität von Arbeit und Kapital nicht völlig frei, sie ist vielmehr ein- oder beschränkt: durch Zuwanderungsgesetze, Arbeitsrecht, Zölle, Regulierung et cetera. Aber die Gesetzmäßigkeit der Wanderung von Arbeit und Kapital, wie ich sie soeben beschrieben habe, bleibt davon grundsätzlich unberührt.

3. Was würde geschehen, wenn nun ein Land auf seinem Territorium den Sozialismus einführt (also alle Produktionsmittel verstaatlicht), während die übrigen Länder kapitalistisch bleiben (die Produktionsmittel also im Privatbesitzt sind)?

Wir wissen, dass der Sozialismus nicht funktionieren kann. In seinem berühmten Aufsatz »Die Wirtschaftsrechnung im sozialistischen Gemeinwesen«, veröffentlicht 1920, legt Ludwig von Mises die Erklärung dafür vor. Im Sozialismus gibt es, so Mises, kein Privateigentum an den Produktionsmitteln (wie Arbeitskraft, Grund und Boden, Maschinen, Werkzeuge, Rohstoffe etc.). Man kann die Produktionsmittel daher auch nicht am freien Markt handeln. Und folglich gibt es für sie auch keine Marktpreise.

Ohne Marktpreise für die Produktionsmittel aber lässt sich keine Wirtschaftsrechnung durchführen. Man kann daher nicht beurteilen, ob eine Investition rentabel und durchführbar ist oder nicht. Man kann nicht wissen, welche Produkte sich erzeugen lassen, und welche Produktionsmethode sinnvoll ist und welche nicht. Man weiß nicht, ob die verfügbaren Mittel (Energie, Nahrungsmittel etc.) überhaupt ausreichen, um die geplante Produktion durchzuführen.

Zudem sind im Sozialismus Willkür, Machtmissbrauch und Gewalt unweigerliche Begleiterscheinungen. Denn die Entscheidungen, was wann wie und wo produziert werden soll, und wer was wann bekommt, müssen von zentraler Stelle – von einem Zentralbüro, einem Diktator – getroffen werden. Mises erkennt, dass der Sozialismus scheitern, dass das Gemeinwesen, das ihn einführt, in Chaos und Verarmung enden muss.

An dieser Stelle ist anzumerken, dass nicht nur die Menschen in einem sozialistischen Land Wohlstandseinbußen erleiden, sondern dass es auch den Menschen in allen anderen (nicht-sozialistischen) Ländern schlechter gehen wird. Denn wenn ein Land sozialistisch wird, fällt seine wirtschaftliche Leistungsfähigkeit ab. Bestimmte Güter lassen sich dann entweder nicht mehr, oder wenn doch, nur noch mit einem erhöhten Aufwand erzeugen. Die materielle Wohlfahrt aller verschlechtert sich dadurch.

In dieser Einsicht kommt die kooperations- und friedensfördernde Kraft des freien Marktsystems zum Ausdruck: Menschen stellen sich durch Arbeitsteilung besser, national wie auch international, und das lässt friedvolle Verbindungen zwischen ihnen entstehen.

Menschen erkennen sich als gegenseitig hilfreich in der Bewältigung ihrer Lebensherausforderungen. Der Mensch entwickelt ein Interesse am Wohlergeben seiner Mitmenschen. Der freie Markt ist so gesehen ein Friedensprogramm.

Der Sozialismus hingegen verursacht Probleme, er schürt Konflikte – innerhalb eines Landes und auch zwischen Ländern.

4. Wenn wir den Argumenten von Mises folgen, dann ist absehbar, dass die Versorgungslage der Menschen im Sozialismus schlechter sein wird als die der Menschen in Ländern, die dem Kapitalismus folgen.

Die Menschen im Sozialismus erkennen das früher oder später – und wollen weg, ihrem Leid entfliehen, aus dem sozialistischen Land auswandern und in kapitalistische(re) Länder einwandern, dorthin also, wo ihre Arbeitskraft höher entlohnt wird.

Um die Menschenflucht und damit den raschen Zusammenbruch des Sozialismus zu verhindern, muss der sozialistische Diktator seine Bevölkerung einsperren, einmauern – wie es etwa die DDR und andere Ostblockstaaten praktiziert haben.

Niemand aus den kapitalistischen Ländern (der bei Sinnen ist) wird – selbst wenn es ihm erlaubt ist – zur Erzielung seines Lebenseinkommens in das sozialistische Land wandern – weil man dort ja um die Früchte seiner Arbeit gebracht wird und auch kein Eigentum bilden kann.

In der Praxis verfügt das sozialistische Land über Möglichkeiten, seinen Niedergang hinauszuzögern. Beispielsweise kann es sich die relativen Güterpreise in den kapitalistischen Ländern abgucken und für die eigenen Planrechnungen einsetzen. Dadurch lässt sich der Kollaps zeitlich verschieben.

Das sozialistische Land kann auch Handel mit dem kapitalistischen Ausland betreiben. Es verkauft beispielsweise Bodenschätze oder gefertigte Produkte, um mit den Erlösen Güter aus dem Ausland zu erwerben. Auf diese Weise kann das sozialistische Land seine Güterausstattung verbessern im Vergleich zur autarken Produktion, und auch das kann dazu beitragen, dass der Sozialismus länger durchhält, als er ohne Außenhandel durchhalten könnte.

Doch leider: Der Sozialismus kann ein Neben- und Miteinander mit dem Kapitalismus dauerhaft nicht dulden, er muss vielmehr die ganze Welt sozialistisch machen. »Diese Welt muss unser sein«, heißt es schon in dem sozialistischen Kampflied »Die Internationale«. Für diesen Anspruch gibt es zwei Gründe.

5. Der erste Grund: Das sozialistische Ziel, Gleichheit für die Mitglieder in einer Region der Welt herzustellen, heißt noch nicht, dass damit die Gleichheit zwischen den Mitgliedern verschiedener Regionen auf der Welt insgesamt erreicht wäre.

Bleibt der Sozialist seinem Ziel treu, muss er danach streben, Gleichheit rund um die Welt herzustellen. Er muss sich also daran machen, den Sozialismus überall auf der Welt durchzusetzen, den Weltsozialismus zu errichten.

Der zweite Grund: Die Lebensbedingungen der Menschen in einem sozialistischen Land fallen, wie bereits gesagt, viel schlechter aus als für Menschen in kapitalistischen Ländern.

Für die Armut und sonstigen Missstände im Sozialismus müssen seine Befürworter, wollen sie das Scheitern des Sozialismus nicht eingestehen, andere verantwortlich machen. Sie behaupten, angeblich feindliche Kräfte im Inneren, aber vor allem im Ausland, in den kapitalistischen Ländern, würden den Sozialismus sabotieren, würden verhindern, dass der Sozialismus seine Heilsversprechen realisieren kann. Darum könne der Sozialismus nur verwirklicht werden, wenn die feindlich gesinnten kapitalistischen Länder, letztlich die ganze Welt, sozialistisch würden.

Die Sozialisten kommen folglich nicht umhin, sich für die Ausbreitung des Sozialismus nicht nur im eigenen Land, sondern auch im ganzen Rest der Welt stark zu machen. Anders als der Internationalismus des Kommunistischen Manifestes ist der Sozialismus nicht defensiv, sondern offensiv gedacht.

Für die Sozialisten ist der Angriff auf kapitalistische Länder, auf das Konzept des Kapitalismus, so etwas wie eine Überlebensnotwendigkeit. Der Drang nach weltweiter Geltung ist dem Marxismus-Sozialismus nachweislich eigen.

Schon Karl Marx (1818-1883) rief am Ende des Kommunistischen Manifestes die »Proletarier aller Länder« dazu auf, sich zu vereinigen, und stellte ihnen in Aussicht, der Kapitalismus werde notwendigerweise durch den Sozialismus ersetzt, und zwar weltweit. Dem »proletarischen Internationalismus« verpflichtet, gründete Marx 1864 die »Internationale Arbeiterassoziation«, die »Erste Internationale«, auf die, angeregt von Friedrich Engels (1820-1895), 1889 die »Zweite Internationale« folgte.

Wladimir Iljitsch Uljanow, genannt Lenin (1870-1924), gründete 1919 die »Dritte Internationale« (die »Komintern«). Er sah den »Sieg des Weltsozialismus« als verbürgt an: »Der Sieg der proletarischen Revolution in der ganzen Welt ist sicher. Die Gründung der internationalen Räterepublik wird kommen.«

Josef Stalin (1878-1953) strebte ebenfalls den Weltsozialismus an. Er wollte jedoch zunächst die Diktatur des Proletariats in der Sowjetunion errichten (»Sozialismus in einem Lande«), und dies als Basis nutzen, um den Imperialismus aller Länder niederzuringen und dann die sozialistische Weltrevolution zu verbreiten.

Stalins späterer Gegenspieler, Leo Trotzki (1879-1940), strebte die große Lösung an: eine weltweite »permanente Revolution« mit dem

Ziel, eine »Diktatur des Proletariats«, getragen von einer »proletarischen Internationalen« zu errichten, eben den Weltsozialismus.

Vor diesem Hintergrund kann man daher von einem »imperialistischen Sozialismus« sprechen. Seine Heilsverkündung treibt ihn zu »grundsätzlicher Grenzenlosigkeit«. Der Sozialismus kann erst zur Ruhe kommen, wenn er alle Formen des freien Wirtschafts- und Gesellschaftslebens zerstört und beseitigt hat.

6. Ein Weltsozialismus, der alle Regionen des Planeten umfasst, würde natürlich besonders schwerwiegende Probleme verursachen. Nicht nur würde die bereits dargelegte Problematik, dass der Sozialismus undurchführbar ist, hier in allergrößter Unerbittlichkeit in Erscheinung treten.

In der Welt, die wir heute vorfinden, würde dadurch beispielsweise ein Wanderungsproblem heraufbeschworen, das die schwerwiegendsten Folgen für die betroffenen Menschen hätte. Denn wie in einer kapitalistischen Wirtschaft wäre auch im Weltsozialismus die Entscheidung zu treffen, was wann wo produziert wird, und wo wann und wie viele Arbeitskräfte anzusiedeln sind.

In einem Weltsozialismus trifft diese Entscheidung das Zentralbüro, der sozialistische Diktator. Sie schicken (nach welchen Willkürerwägungen auch immer) Menschen aus Nationen, deren Gebiet weniger günstig ist für die angestrebte Produktion, in das Gebiet von Nationen, in denen die Produktionsbedingungen günstiger sind.

Per Diktat von oben werden Menschen einander räumlich aufgezwungen, Menschen, die sich durch Sprache, Tradition, Kultur, Religion et cetera unterscheiden. Das würde mitunter schwere Konflikte zwischen den Mitgliedern unterschiedlicher Nationen heraufbeschwören.

Vor allem eine Minderheit zu sein in einem weltsozialistischen Regime wird für die Betroffenen vielfältige und gravierende Nachteile mit sich bringen. Schließlich hängen sie in allen Lebensbelangen von der einen zentralen Obrigkeit ab, sind völlig ohnmächtig ihr gegenüber.

Ein erbitterter Kampf würde beispielsweise darüber entbrennen, wer in den von der Natur reichlicher beschenkten Regionen auf dieser Erde leben darf, und wer sein Auskommen in unwirtlicheren Gegenden fristen muss. Vertreibung, Umsiedlung, Zwangsassimilierung, gewaltsame Umerziehung und andere Grausamkeiten wären die zu befürchtenden Folgen.

Man denke nur einmal daran, die Führungsclique oder der Führer des Weltsozialismus kommt zu dem Schluss, es lebten zu viele Menschen auf der Welt, ihre Zahl müsse durch Geburtenkontrolle gesteuert oder noch schlimmer: Ihre Zahl müsse verringert werden. Es dürfte offenkundig sein, dass es für die Opfer solcher Entmenschlichungs-Programme in einem Weltsozialismus keine Fluchtorte mehr gibt.

7. Man fragt sich: Warum hat der Sozialismus, obwohl seine ökonomische Unmöglichkeit seit langem bekannt und mit wissenschaftlichen Mitteln bewiesen ist, seine Faszination, seine Verführungskraft noch immer nicht eingebüßt?

Zu sagen, die Menschen würden aus den schlechten Erfahrungen, die sie mit dem Sozialismus gemacht haben, nicht lernen, kann nicht überzeugen. Die Erklärung ist vielmehr auf der emotionalen-psychologischen Ebene zu suchen. Dazu einige Gedanken.

Der Sozialismus verspricht den Menschen eine bessere, gerechtere, friedvollere Welt. Das öffnet ihm die Herzen vieler Menschen. Der Sozialismus appelliert zudem an die niedrigen Instinkte der Menschen, vor allem an Neid und Missgunst. Und auch das fällt auf fruchtbaren Boden.

Der Sozialismus stellt nämlich den weniger Erfolgreichen und weniger Fleißigen in Aussicht, an das Geld der Erfolgreicheren und Tüchtigeren zu gelangen. Denen, die meinen, sie seien zu kurz gekommen, eröffnet der Sozialismus die Möglichkeit, jene, die aus ihrer Sicht besser weggekommen sind, zu erniedrigen und sich dadurch Genugtuung zu verschaffen.

Den Sozialismus begrüßen vor allem auch die, die ihren Mitmenschen die eigene Denk- und Lebensweise vorschreiben, sie knechten wollen, die durch die Herabwürdigung ihrer Mitmenschen einen Zuwachs eigener Größe erfahren.

Insbesondere Psychopathen und Soziopathen (also Menschen, denen es an Empathie mangelt) finden reichlich Möglichkeiten im Sozialismus, in seiner Kommando-, Zwangs- und Gewaltkultur, ihre Persönlichkeitsstörungen auszuleben.

Diejenigen, die den Sozialismus errichten und den Kapitalismus (oder was davon heute noch übrig ist) umstoßen wollen, bedienen sich zudem häufig wirkungsvoller Sozialtechniken. Sie nutzen dafür vor allem den Staat. In Kindergarten, Schule und Universität soll er sozialistische Lehren verbreiten, sie kultivieren, und gleichzeitig die Lehren der freien Gesellschaft, des freien Marktes, in Verruf bringen.

Auch Bürokratie, Medien, die Rechtsprechung stehen im Fadenkreuz der sozialistischen Umstürzler. Hier gilt es, den sozialistischen Geist zu verankern; etwa indem ein »Marsch durch die Institutionen« angestrebt wird.

Ebenfalls versuchen Sozialisten (in der kulturmarxistischen Ausprägung) die Gesellschaft zu spalten, Konflikte herbeizureden – zwischen Arm und Reich, Alt und Jung, Mann und Frau, Eltern und Kindern, Geimpften und Ungeimpften – mit dem Ziel, den gesellschaftlichen Zusammenhalt aufzulösen, den Menschen Halt und Orientierung zu nehmen, den Einzelnen zu atomisieren und ihn empfänglich für die sozialistische Heilsvision zu machen.

Selbst Angst und Schrecken kommen zum Einsatz. Das Erzeugen von Angst – vor allem diffuser, irrationaler Angst – ist bekanntlich ein Mittel, um Macht und Herrschaft über Menschen zu gewinnen. Menschen, die Angst haben, suchen Schutz beim Stärkeren, unterwerfen sich seiner Autorität und sind zu fundamentalen Verhaltensänderungen bereit.

Der Stärkere, dessen Weisungen sie sich beugen, ist heutzutage der Staat. Politisch Angst zu schüren und/oder zu instrumentalisieren, ist so gesehen eine Strategie zur Ermächtigung des Staates.

Zu dieser Strategie gehört auch die Anwendung der marxistischen Verelendungstheorie. Sie besagt, kurz gesprochen, dass der Kapitalismus zur Verarmung der breiten Bevölkerung führe. Und um das zu verhindern, müsse der Kapitalismus abgeschafft und durch den Sozialismus ersetzt werden.

Quasi als Neuauflage der Verelendungstheorie werden heute alle erdenklichen Übelstände – Finanz- und Wirtschaftskrisen, Arbeitslosigkeit, Altersarmut, Umweltbelastungen et cetera – dem Kapitalismus zur Last gelegt, und sozialistische Politiken werden als Lösungen proklamiert.

Vor allem die Themen wie Klimawandel und Coronavirus werden von den Sozialisten für ihre Zwecke eingespannt. Wenn die Welt nicht den Hitzetod sterben und unbewohnbar werden soll, so sagt man den Menschen, müsse der Staat fortan den Preis für Energie bestimmen – und dadurch maßgeblich Produktions- und Konsummöglichkeiten beeinflussen. Und wenn die Weltbevölkerung nicht von Viren dahingerafft werden soll, müsse der Staat auch dafür sorgen, dass alle geimpft werden; und er müsse sich fortan auch verantwortlich zeigen für die Gesundheit der Menschen.

8. Die Sozialisten tarnen ihr Vorhaben. In der westlichen Welt setzen sie schon seit Jahrzehnten auf die Durchschlagskraft demokratischer Mehrheiten. Nicht mit blutiger Revolution, sondern mittels Wählermehrheiten sollen sozialistische Politiken eingeführt und abgesichert werden.

Die Sozialisten benutzen dazu vor allem den Staat. Sie sorgen dafür, dass er unter dem Banner der Wohlfahrtsvorsorge in nahezu alle Bereiche des Wirtschafts- und Gesellschaftslebens vordringt: Bildung (Kindergarten, Schule, Universität), Altersvorsorge, Gesundheit, Recht und Sicherheit, Geld und Kredit, Transport, Umwelt – überall wird der Staat zum mächtigsten Spieler aufgebaut.

Das System der freien Märkte wird dadurch nach und nach, Schritt für Schritt zurückgedrängt, ausgehöhlt, abgeschafft, bis eine sogenannte Befehls- und Lenkungswirtschaft errichtet ist. In ihr bleibt das Eigentum zwar (zunächst noch) formal bestehen. Doch der Staat bestimmt maßgeblich – durch Ge- und Verbote, Gesetze und Steuern –, was die Eigentümer mit ihrem Eigentum tun sollen und dürfen und was nicht; wer was wann wo und unter welchen Bedingungen herstellt, und wer was wann und in welcher Menge verzehrt.

Genau darauf laufen die Entwicklungen hinaus, die mit den Schlagwörtern »Großer Neustart« (englisch: »Great Reset«), »Große Transformation« und »Neue Weltordnung« übertitelt sind.

Sie sind Ausdruck der Überzeugung, dass die Menschen ihr Leben nicht selbstbestimmt in einer Welt der freien Märkte führen sollen, sondern dass sie vielmehr gesteuert werden müssen von zentraler Stelle – ein Programm, das ich als »politischen Globalismus« bezeichne.

Wer aber soll diese »zentrale Stelle« besetzen? Geht es nach den politischen Globalisten, soll diese Macht einem Kartell der Staaten, am besten einer Art Weltregierung, in die Hände gelegt werden; einer Interessengemeinschaft von ranghohen Politikern und Bürokraten, Zentralbankräten, Vertretern von Großunternehmen – also denen, die landläufig als die »Elite von Davos« oder das »Establishment« bezeichnet werden.

Der Weg, den der politische Globalismus beschreitet, läuft auf das Errichten einer Befehls- und Lenkungswirtschaft auf diesem Planeten hinaus, einer Welt-Kommandowirtschaft.

9. In diesem Zusammenhang mag es vielleicht sogar treffend sein, von einer »Chinarisierung des Westens« oder gar einer »Chinarisierung der Welt« zu sprechen.

Die Kommunistische Partei Chinas hat spätestens mit der Kurswende von Deng Xiaoping (1904–1997) in den 1980er Jahren ein Befehls- und Lenkungswirtschaftsmodell etabliert, das häufig auch (wie ich aber meine: zu unrecht) als »sozialistische Marktwirtschaft« bezeichnet wird. Mit ihm ist das Land binnen weniger Jahrzehnte zur zweitgrößten Volkswirtschaft der Welt aufgestiegen.

Spätestens seit es zu einer wirtschaftlichen Supermacht geworden ist, wird erkennbar, dass China einen ganz besonderen »Exportschlager« hat, der nur allzu leicht übersehen werden könnte: China exportiert die Idee des autoritären Staates.

Die Außenwelt erhält den Eindruck, die kommunistische Partei steuere Chinas Wirtschaft höchst erfolgreich, befreie Millionen aus der Armut, und dabei würden Märkte zugelassen, die sich aber nicht selbst überlassen sind, sondern gelenkt werden.

Die Kommunistische Partei Chinas bewirtschaftet das chinesische Volk, gewährt oder entzieht ihm Freiheiten, ganz so wie es die kommunistische Partei für gut und richtig befindet. Die Freiheit des Einzelnen bleibt dabei auf der Strecke. Ich will hier nur erwähnen, dass beim Weltpressefreiheitsindex (World Press Freedom Index) 2021 China Platz 177 belegt – von insgesamt 180 Ländern, nur zwei Plätze vor Nordkorea.

Die chinesischen Parteikommunisten unternehmen große Anstrengungen, um ihr Image und das ihres Landes in der Welt aufzupolieren, betreiben internationale Pressearbeit, um negative Schlagzeilen zu verhindern beziehungsweise zu entkräften. Und so erstrahlt China im Rest der Welt als ein Land, das Kapitalismus und Sozialismus irgendwie erfolgreich miteinander zu verbinden scheint; nicht aber als das, was es ist: eine die Menschen unterdrückende, ausbeutende Einpartei-Diktatur, ein Sklaven-Plantagen-Modell.

Nicht wenige Politiker im Westen blicken vermutlich verzückt nach China. Der Wirtschaftserfolg, die Macht des lenkenden, kontrollierenden, überwachenden autoritären Staates beflügelt ihre kollektivistisch-sozialistischen Allmachtphantasien.

Produktion und Konsum nach politischen Erwägungen zu bestimmen, das Weltklima zu retten – China zeigt, wie es gehen kann – durch Rückgriff auf einen »Social Credit Score« in Form eines digitalen Impfpasses oder durch die Verwendung digitalen Zentralbankgeldes.

Wie die Themen Klimawandel und Coronavirus in der westlichen Welt behandelt werden, zeigt, wie weit man hier bereits an das chinesische autoritäre Modell herangerückt ist – und weiter heranrücken wird, wenn die Gefolgschaft gegenüber der sozialistischen Idee nicht aus den Köpfen der Menschen vertrieben wird.

10. An dieser Stelle weise ich darauf hin, dass der Neo-Sozialismus, der jetzt weltweit aufsteigt, sich in einem zentralen Aspekt vom Sozialismus alter Prägung unterscheidet.

Die Alt-Sozialisten sahen in der Verstaatlichung der Produktionsmittel den Weg, eine gerechtere, bessere, friedvollere Welt zu schaffen. Es ging ihnen um die Überwindung sozialer Gegensätze in Wirtschaft und Gesellschaft und (zumindest wurde das bekundet) um eine Verbesserung des materiellen Lebensstandards für die arbeitenden Menschen.

Die Mittel, derer sie sich bedienten, um das Ziel einer verbesserten Güterversorgung zu erreichen, waren natürlich völlig falsch, sie führten zur Verarmung, verursachten zuweilen sogar menschliche Katastrophen.

Ganz anders sind jedoch die Ziele derjenigen, die dem Neo-Sozialismus anhängen. Sie sehen im Menschen kein gottgewolltes Geschöpf auf dieser Welt, sondern so etwas wie eine evolutorische Fehlentwicklung, die die Grundlagen des Lebens auf dem Planeten zerstört. Dieser angebliche Erdenzerstörer müsse vor sich selbst geschützt, seinem Drang nach mehr und besser Einhalt geboten werden. Es geht den Neo-Sozialisten nicht darum, Knappheit durch Mehrproduktion zu überwinden. Im Gegenteil.

Sie wollen die Güter- und Ressourcennachfrage der Menschen zurückdrängen, indem sie die Güter verteuern, ihre Verfügbarkeit verringern. Dass das in schwere zwischenmenschliche Konflikte führen muss, national wie international, ist absehbar. Knappheit und Mangel in der Daseinsvorsorge bringen die Menschen gegeneinander auf.

So gesehen ist der Neo-Sozialismus, der sich unter dem Banner des »Großen Neustarts«, der »Großen Transformation« versammelt, viel finsterer und inhumaner als der ohnehin schon düstere Alt-Sozialismus. Das unterstreicht vielleicht noch einmal, warum es so wichtig ist, dass die Geschicke der Menschen auf dieser Welt nicht in die Hände marxistisch-sozialistisch gefärbter Alt- und Neu-Ideologen und Fanatiker gelangen beziehungsweise dort bleiben dürfen.

11. Abschließend möchte ich einige Handlungsempfehlungen formulieren, mit denen man dem Neo-Sozialismus die Stirn bieten kann. Eines lässt sich dabei mit Gewissheit sagen: Die Idee des Sozialismus lässt sich nur durch andere Ideen, die von den Menschen als besser, als vorteilhafter ein- und angesehen werden, besiegen.

Der Sozialismus (wie alle Ideologien) ist letztlich nur eine Idee, der die Menschen erliegen. Wenden sie sich von dieser Idee ab und den

Ideen der Freiheit, des Kapitalismus zu, ist es um den Sozialismus geschehen. Dann löst sich seine Gefolgschaft in nichts auf. In diesem Kampf der Ideen, der dem Neo-Sozialismus den Boden entzieht, kann jeder von uns mitwirken.

Ökonomisch gesehen haben der Sozialismus und alle seine Spielarten ohnehin bereits verloren. Mises' Argumente sind heute so gültig wie vor fast 100 Jahren. Jeder von Ihnen kann Mises' Einsichten weitertragen – innerhalb der Familie, im Freundeskreis, Sportclub, in der Firma. Dazu können Sie Aufsätze, Bücher, Videos und Podcasts von freiheitlichen Denkern empfehlen und weiterleiten, die den Sozialismus und seine Spielarten als Irrtum entlarven.

Wichtig ist: Erklären sie ihren Gesprächspartnern klipp und klar, dass die Politiken, die heute hofiert werden – sei es Klima oder Coronavirus – aus der marxistisch-sozialistischen Hexenküche stammen: Dass sie den allmächtigen Staat herbeisehnen, der die Menschen von oben durch Zwang und Gewalt steuert, und der dadurch die Gesellschaft in Unfreiheit und Elend stoßen wird.

Wann immer Sie können: Melden Sie sich auf Twitter, Facebook, LinkedIn, Gettr, Telegram et cetera zu Wort, wenn sie sozialistische Argumente vernehmen, und kritisieren und widerlegen Sie sie.

Seien Sie dabei stets ein Vorbild für ihre Mitmenschen. Bleiben Sie höflich, sachlich, und verlieren Sie weder Contenance noch Humor. Die Menschen spüren Ihre Überzeugung und Entschiedenheit. Sie ermutigen sie damit, sich mit Ihren Ideen zu beschäftigen.

Beschweren Sie sich nicht mit dem Gedanken, Sie müssten alle Menschen erreichen, damit sich die Dinge zum Besseren wenden. Es gibt Menschen, die Sie nicht erreichen werden, aus welchen Gründen auch immer – weil sie sich mit dem Sozialismus verschwistert haben, weil sie aus psychologischen Gründen, aus persönlicher Unreife, nicht von ihm lassen wollen oder was auch immer. An diesen Personen sollten Sie sich nicht abarbeiten, das ist vergebene Liebesmüh.

Widmen Sie Ihre Energien den Menschen, die aufgeklärt werden können und aufgeklärt werden wollen; und das sind viel mehr Menschen, als Sie vielleicht glauben. Und es werden immer mehr. Denn die Erkenntnis greift zusehends um sich, dass etwas nicht stimmt. Das ungedeckte Papiergeldsystem, mit dem der neo-sozialistische Umsturzversuch finanziert wird, schwankt bereits gewaltig.

Um es vor dem Kollaps zu bewahren, reicht es nicht mehr aus, die Zinsen auf die Nulllinie oder in den Negativbereich zu drücken, nun muss auch noch das Geld vor allen Augen durch Inflation entwertet werden.

Der politisch diktierte Lockdown hat die Produktionsleistung der Weltwirtschaft schwer beschädigt, Kapital zerstört. Zusammen mit der »grünen Politik« resultiert jetzt ein gewaltiger Energiepreisschock, der vielleicht sogar das Zeug hat, eine neuerliche Weltwirtschaftskrise auszulösen.

Der Niedergang, das Scheitern des neo-sozialistischen Projektes, ist für die, die ihren gesunden Menschenverstand nicht abgeschaltet haben, nicht mehr übersehbar. Es kommt jetzt darauf an, den Menschen zu erklären, dass nicht der Kapitalismus der Übeltäter ist, sondern dass der Neo-Sozialismus der Schuldige ist. Die Deutungshoheit über die Ursache der Krise darf man keinesfalls den Neo-Sozialisten überlassen.

Fazit: Wer den Sozialismus nicht will, der kommt nicht umhin, in den Kampf der Ideen einzusteigen. Wegducken ist keine Lösung mehr.

Mit seinem Weltgeltungsdrang ist der Sozialismus hinter allen seinen Gegnern her, egal wo sie sich gerade befinden. Also werden Sie entweder selbst aktiv, bringen sich ein, fahren dem sozialistischen Irrsinn über dem Mund, wann immer Sie ihn lesen, hören oder sehen.

Oder Sie delegieren die Aufklärungs- und Widerstandsarbeit an andere, die für Sie in den Kampf der Ideen ziehen – etwa dadurch, dass Sie die Arbeit von Think-Tanks finanziell unterstützen, die die Freiheit rationalisieren und verteidigen, die Position beziehen – wie beispielsweise das Ludwig von Mises Institut Deutschland und andere liberale-libertäre Institutionen.

16.10 Aufsatz 4: »Ein Ring sie zu knechten« – eine staatliche Weltwährung[40]

1. Die Menschheitsgeschichte lässt sich aus vielen Blickwinkeln betrachten. Eine davon ist, sie als Kampf um Macht und Herrschaft zu sehen; als Kampf für Freiheit und gegen Unterdrückung; als Kampf des Guten gegen das Böse.

So sah es Karl Marx (1818–1883), und ähnlich urteilte auch Ludwig von Mises (1881–1973). Letzterer schrieb: »Die Geschichte des Westens, vom Zeitalter der griechischen Polis an bis zum heutigen Widerstand gegen den Sozialismus, ist im Wesentlichen die Geschichte des Kampfes um Freiheit gegen die Übergriffe der Amtsinhaber.«[41]

Aber anders als Marx erkannte Mises hellsichtig, dass die menschliche Geschichte nicht etwa vorgegebenen Entwicklungsgesetzen folgt, sondern dass sie letztlich von den Ideen abhängt, die das menschliche Handeln antreiben.

Aus Mises' Sicht lässt sich daher die menschliche Geschichte als ein Kampf guter Ideen gegen schlechte Ideen auffassen. Ideen sind gut, wenn sie den Handelnden zum gewünschten Ziel führen; und wenn sie gleichzeitig auch ethisch akzeptabel sind: wenn sie für alle und jeden gelten, jederzeit und überall, und ihr Befolgen das Überleben der Menschen ermöglicht.

Schlechte Ideen sind solche, die den Handelnden nicht zu seinem Ziel führen, und die unethisch sind. Eine gute Idee ist beispielsweise, dass Menschen zwischen Mein und Dein unterscheiden, miteinander freiwillig in Tauschbeziehungen treten. Schlechte Ideen sind zu betrügen, zu stehlen.

Ganz besonders schlechte Ideen sind böse Ideen: Ideen, durch die derjenige, der sie verbreitet, anderen bewusst schadet. Böse Ideen sind, zum Beispiel dazu anzuleiten, Körperverletzung, Mord, Tyrannei zur Erreichung seiner Ziele einzusetzen.

2. Dem epischen Kampf zwischen Gut und Böse hat J. J. R. Tolkien (1892–1973) in *Der Herr der Ringe* ein literarisches Monument errichtet. Sein Fantasy-Roman, 1953/1954 veröffentlicht, wurde ein Welterfolg,

nicht zuletzt durch die Kinofilm-Triologie, die von 2001 bis 2003 ausgestrahlt wurde.

Um was geht es in *Herr der Ringe*? Im Ersten Zeitalter ließ der tiefböse Sauron – der Dämon, der abscheuliche Schrecken, der Nekromant – von den Elbenschmieden Ringe der Macht herstellen:

»Drei Ringe den Elbenkönigen hoch im Licht,
Sieben den Zwergenherrschern in ihren Hallen aus Stein,
Den Sterblichen, ewig dem Tode verfallen, neun,
Einer dem Dunklen Herrn auf dunklem Thron
Im Lande Mordor, wo die Schatten drohn.
Ein Ring, sie zu knechten, sie alle zu finden,
Ins Dunkel zu treiben und ewig zu binden
Im Lande Mordor, wo die Schatten drohn.«

Sauron aber schmiedet heimlich einen zusätzlichen Ring, in den er alle seine Dunkelheit und Grausamkeit hineingibt, und der alle Ringe beherrscht. Steckt Sauron sich den Meisterring an, kann der die Gedanken aller lesen, die einen der anderen Ringe tragen, und ihre Geschicke lenken.

Die Elben erkennen den dunklen Plan und verstecken ihre drei Ringe. Die sieben Ringe der Zwerge verfehlen ebenfalls ihr Ziel, ihre Träger zu unterwerfen. Aber die neun Ringe der Menschen zeigen Wirkung: Sauron versklavt neun menschliche Könige, die ihm fortan dienen.

Dann jedoch, im Dritten Zeitalter, in der Schlacht vor dem Schicksalsberg, trennt Isildur, ältester Sohn des Königs Elendils, Sauron mit einem Schwertschlag den Ringfinger ab. Sauron ist besiegt, kann aber fortbestehen, wenn auch nur ohne körperliche Gestalt.

Nun hält Isildur den Ring der Macht. Doch der Ring ergreift Besitz von ihm. Als er die Gelegenheit dazu hat, vernichtet Isildur den Meisterring nicht, und das kostet ihm das Leben. Mit Isildurs Tod versinkt der Ring für 2500 Jahre auf dem Grund eines Flusslaufs. Dann wird er gefunden. Und der, der ihn erhält, wird sogleich von ihm beherrscht.

Der Meisterring bleibt für über 400 Jahre bei seinem Finder, Smeagol, verborgen vor aller Welt.

Währenddessen wiedererstarkt Saurons Macht, und er will den einen Ring der Macht zurückhaben. Der Ring lässt sich finden. Er gelangt für 60 Jahre in die Hände des Hobbits Bilbo Baggins, einem freundlichen, gutmeinenden Wesen, den die Macht des Ringes nicht verführt.

Jahre später findet der Zauberer Gandalf der Graue heraus, dass Saurons Wiederaufstieg begonnen hat, und er weiß um die böse Macht des einen Ringes, der sich im Besitz von Bilbo Baggins befindet. Gandalf weiß, dass es nur einen Weg gibt, das Böse zu besiegen: Der Ring muss zerstört werden, und zwar dort, wo er herstammt, er muss in der Lava im inneren des Schicksalsberges in Mordor versenkt werden.

Bilbo Baggins Neffe, Frodo Baggins, fällt die Aufgabe zu, den Ring zu vernichten. Dazu begeben er und seine Gefährten – insgesamt vier Hobbits, zwei Menschen, ein Zwerg und ein Elb – sich auf eine gefährliche Reise.

Sie bestehen alle Widrigkeiten, Kämpfe und Schlachten gegen die dunklen Mächte, und zuletzt gelingt das, was unmöglich erschien: den einen Ring in der Glut des Schicksalsberges zu zerstören. Das Gute siegt, das Böse geht unter.

3. Der Ring in Tolkiens *Herr der Ringe* ist nicht nur ein Stück geschmiedetes Gold. Er verkörpert und gehorcht Saurons Bösartigkeit.

Der eine Ring der Macht korrumpiert jeden, dem er in die Hände fällt, raubt ihm das Gewissen, vergiftet seine Seele, macht ihn zum willigen Helfer des Bösen. Niemand kann die grausame Macht des einen Ringes bezwingen, kein Mensch, kein Elb und kein Zwerg kann sie für Gutes nutzen.

Lässt sich im Hier und Jetzt eine Entsprechung für Tolkiens literarisches Bildnis des bösen Ringes auffinden? Ich denke ja, und ich möchte Ihnen im Folgenden eine Interpretation anbieten.

Tolkiens Ringe der Macht verkörpern böse Ideen. Die neunzehn Ringe stehen für die finstere Idee, dass die einen, die Ringträger, über die anderen herrschen sollen; dass die Herren der Ringe alle anderen zu Untertanen machen, sie unterwerfen sollen. Und der eine Ring, dem alle anderen Ringe unterworfen sind, verkörpert eine noch weitaus dunklere, eine bösere Idee: Dass nämlich dem einen Träger des Ringes die Macht über alle anderen Ringträger und die von ihnen Unterjochten zukommt; dass er der einzige und unbegrenzte Herrscher aller ist.

Die neunzehn Ringe stehen sinnbildlich für die Idee, einen Staat zu errichten und zu erhalten, einen Staat verstanden als territorialen Zwangsmonopolisten mit der Letztentscheidungsmacht über alle Konflikte auf seinem Gebiet.

Der eine Ring der Macht aber steht für die besonders dunkle Idee, einen Staat der Staaten, eine Weltregierung, einen Weltstaat aus der Taufe zu heben; und mit einem solchen Weltstaat ist unweigerlich auch die Schaffung eines weltstaatlichen Geldmonopols verbunden.

4. Um das zu erklären, beginnen wir mit dem Staat (wie wir ihn heute kennen). Er ist die weltlich gewordene Idee der Herrschaft der einen über die anderen.

So sieht es beispielsweise der deutsche Ökonom, Soziologe und Arzt Franz Oppenheimer (1864–1943). Der Staat »ist seiner Entstehung nach ganz und seinem Wesen nach ... eine gesellschaftliche Einrichtung, die von einer siegreichen Menschengruppe einer besiegten Menschengruppe aufgezwungen wurde mit dem einzigen Zwecke, die Herrschaft der ersten über die letzte zu regeln und gegen innere Aufstände und äußere Angriffe zu sichern. Und die Herrschaft hatte keinerlei andere Endabsicht als die ökonomische Ausbeutung der Besiegten durch die Sieger.«[42]

In ähnlicher Weise definierte auch Josef Stalin (1878–1953) den Staat: »Der Staat ist eine Maschine in den Händen der herrschenden Klasse zur Unterdrückung des Widerstandes ihrer Klassengegner.«[43]

Der moderne Staat (wie wir ihn heute kennen) in der westlichen Welt greift zwar nicht mehr ganz so augenscheinlich auf Zwang und Gewalt zurück wie viele seiner zeitlichen Vorgängerformate. Aber auch er ist auf Zwang und Gewalt gebaut, behauptet sich durch sie, spaltet die Gesellschaft in Herrscher und Beherrschte.[44]

Wie gelingt dem Staat eine solche Zweiklassengesellschaft von Herrschenden und Beherrschten zu erzeugen und zu bewahren? In Tolkiens *Der Herr der Ringe* wollten neun Männer, alles von ihnen Könige, Macht über andere, und so wurden sie Träger der Ringe, und dadurch wurden sie unausweichlich an Saurons Ring der Macht gebunden.

Ganz ähnlich sind die Folgen der Idee des Staates. Um Macht zu erlangen und auszuweiten, verführt die Idee des Staates seine Gefolgsleute, alle Register zu ziehen: Propaganda, Zuckerbrot und Peitsche, Angst und Schrecken.

Der Staat ist, so wird den Menschen ins Ohr geflüstert, gut, notwendig, unverzichtbar. Ohne ihn sei es nicht möglich, dass die Menschen zivilisiert zusammenleben.

Die meisten Menschen erliegen dieser Einflüsterung, und der Staat hat freie Bahn, um in alle Wirtschafts- und Gesellschaftsbereiche vorzudringen: Erziehung (Kindergarten, Schule, Universität), Transport, Medien, Gesundheit, Rente, Recht, Sicherheit, Geld und Kredit, Umwelt – und kann so seine Macht ausbauen.

Der Staat belohnt seine Gefolgschaft mit Arbeitsplätzen, Aufträgen und Transferzahlungen. Diejenigen, die sich ihm widersetzen, landen im Gefängnis oder verlieren ihre Existenz, ihr Leben. Der Staat verbreitet Angst und Schrecken, um die Menschen gefügig zu machen. Denn Menschen, die sich fürchten, lassen sich kontrollieren – vor allem wenn man sie in den Glauben versetzt hat, er, der Staat, werde sie beschützen.

Seine aktuellen Angstmacher sind Mutmaßungen, die Klimaveränderungen und den Verlauf von Krankheitswellen betreffen. Der Staat weiß sie geschickt für sein Allmachtstreben zu nutzen: Er zerstört die Wirtschaft, kassiert bürgerliche und unternehmerische Freiheiten.

Von größter Bedeutung ist es für den Staat, den Kampf der Ideen für sich zu entscheiden, die Deutungshoheit darüber zu erlangen, was gute Ideen und was schlechte Ideen sind.[45]

Die Aufgabe, die breite Öffentlichkeit für den Staat einzunehmen, fällt traditionellerweise den sogenannten Intellektuellen zu, also Personen, deren Meinung weithin Gehör findet. Dazu zählen zum Beispiel Lehrer, Universitätsprofessoren, Forscher, Schauspieler, Komödianten, Musiker, Literaten, Journalisten, Medienmacher und andere.

Der Staat verhilft ihnen auf unterschiedlichsten Wegen zu Einkommen, Einfluss, Prestige und Status, die sie ohne ihn nicht erzielen würden. Als Dank dafür verbreiten die Intellektuellen die Botschaft, der Staat sei gut und richtig und unverzichtbar.

Sicherlich nicht alle, doch immerhin eine kritische Zahl von Intellektuellen ist fasziniert von den Ringen der Macht. Diese Intellektuellen wollen – bewusst oder unbewusst – ihre Mitmenschen für die Ringe der Macht begeistern, dabei helfen, sie den Ringträgern zu unterwerfen.

5. Wer meint, der Staat (wie wir ihn heute kennen) sei akzeptabel, eine vertretbare Lösung, solange er gewisse Machtgrenzen nicht überschreitet, man also Sorge trägt, dass er nicht ausufert, unterliegt einem schwerwiegenden Irrtum.

Wie der eine Ring der Macht zu seinem Herrn und Meister zurückfinden will, so strebt auch ein anfänglich begrenzter Staat unweigerlich seinem logischen Endpunkt zu, der Allmacht. Der Staat (wie wir ihn heute kennen) drängt nach innen wie nach außen nach Ausdehnung. George Orwell (1903–1950) schrieb: »The object of power is power.«[46] Hans-Hermann Hoppe (*1949) formuliert diese Einsicht so: »Jeder Minimalstaat trägt die Tendenz in sich, ein Maximalstaat zu werden.«[47]

Nach innen weitet sich der Staat durch steigende Besteuerung, durch alle Arten von Eingriffen in das Wirtschafts- und Gesellschaftsleben, durch immer mehr Ge- und Verbote, Gesetze, Regulierungen aus.

Nach außen wird vor allem der in wirtschaftlich-militärischer Hinsicht stärkste Staat seine Einflusssphäre zu erweitern suchen. In der primitivsten Form erfolgt das durch aggressive Eroberungsfeldzüge, in ausgefeilter Form durch politisch-ideologische Dominanz.

In den letzten Jahrzehnten hat Letztere in der westlichen Welt die Form des demokratischen Sozialismus angenommen. Salopp gesagt, läuft der demokratische Sozialismus darauf hinaus, dass das erlaubt und gemacht wird, was die Mehrheit sich wünscht.

Unter dem demokratischen Sozialismus streben die Menschen nicht mehr nach Freiheit von Herrschaft, sondern nach Beteiligung an der Herrschaft. Nicht Abwehr und Zurückdrängen des Staates (wie wir ihn heute kennen) sind die Folge, sondern Arrangieren und Kooperieren mit ihm.

Alle Staaten ziehen mittlerweile an einem Strang. Was sie eint, ist die Abscheu vor Systemwettbewerb. Denn er setzt der staatlichen Machtausdehnung unerwünschte Grenzen. Deshalb neigen Staaten dazu, Kartelle zu bilden (ein Beispiel ist die Europäische Union, ein anderes die Vereinten Nationen); vor allem kleinere, weniger mächtige Staaten werden in das Kartell hineinkomplimentiert – und bei Weigerung erleiden sie politische und wirtschaftliche Nachteile.

Doch die Kartellbildung der Staaten ist nur ein Zwischenschritt. Der logische Endpunkt, auf den der demokratische Sozialismus hinstrebt, ist die Schaffung einer zentralen Machtinstanz, einer Weltregierung, eines Weltstaates.

In Tolkiens Werk verkörpert der Ring der Macht genau diese finstere, böse Idee: Die Allmacht über die Menschheit zu gewinnen. Um zum Ziel zu gelangen, erweist sich die Demokratie, wie sie heute verstanden wird, als ein idealer Wegbereiter für die demokratischen Sozialisten; und deshalb wird sie von ihnen auch in höchsten Tönen gepriesen.

Denn es ist ein »ehernes Gesetz«, dass Demokratien früher oder später zu Oligarchien werden, so der deutsch-italienische Soziologe Robert Michels (1876–1936).

In Demokratien bilden sich, so Michels, Parteien heraus. Parteien sind Organisationen, die hierarchisch geführt werden. Dabei setzen sich die Machthungrigsten, die Verschlagensten durch. Sie steigen zur Parteielite auf.

Und die Parteieliten können sich vom Willen der Parteimitglieder lösen und eigene Ziele verfolgen. Sie koalieren beispielsweise mit den Eliten anderer Parteien, bilden Kartelle. Es kommt zu einer Oligarchisierung der Demokratie, in der letztlich die Gewählten – die Parteieliten beziehungsweise das Kartell der Parteieliten – die Politik bestimmen. Nicht die Abstimmenden haben das Sagen, sondern die Gewählten.

Die Oligarchisierung der Demokratie erfasst nicht nur einzelne Staaten, sie zeigt sich auch zwischen ihnen. Regierungsparteien aus unterschiedlichen Staaten verbinden sich miteinander, vor allem durch Schaffung supra-nationaler Institutionen.

Der demokratische Sozialismus wächst sich zu einem (wie ich es bezeichne) »politischen Globalismus« aus: der Idee, dass die Menschen ihre Geschicke nicht selbstbestimmt in einem System der freien Märkte gestalten dürfen, sondern dass sie von zentraler Stelle gelenkt werden sollen.

Die Ringe der Macht leisten ganze Arbeit: Sie treiben ihre Träger – Politiker, Bürokraten, Hof-Intellektuelle, Vertreter von Big Banking, Big Business, Big Pharma und Big Tech – an, sich über den Rest der Menschheit zu erheben; denn sie sind es, die nach der Macht der Ringe greifen und ihr unterliegen.

Ob es um die Bekämpfung von Finanz- und Wirtschaftskrisen, Klimawandel oder Viruserkrankungen geht – die Ringe der Macht sorgen dafür, dass supranationale, staatlich orchestrierte Lösungen propagiert werden, Zentralisierung über Dezentralisierung gestellt wird.

Ganz ungeniert wird mittlerweile an der weltweiten »Großen Transformation«, dem »Großen Neustart« gearbeitet. Landesgrenzen werden in Frage gestellt, das Eigentum relativiert oder als verzichtbar erklärt, sogar eine Verschmelzung der physischen, digitalen und biologischen Identität des Menschen – ein Transhumanismus – wird zum Ziel erklärt.

Wie jede Form des Kollektivismus-Sozialismus, so setzt auch das Programm des politischen Globalismus auf den Staat, auf seinen Zwang, seine Gewalt. Die politischen Globalisten wollen bestimmen, was alle anderen tun dürfen und was nicht; möglichst gestützt durch einen breiten Konsens, den sie herzustellen versuchen, indem sie kollektivistisch-sozialistische Ideen verbreiten und Kritik daran zurückdrängen oder mundtot machen.

Doch wie lässt sich dieser politische Globalismus vorantreiben in einer Zeit, in der es (noch) Nationalstaaten gibt, die die Menschen durch Sprache, Kultur, Werte und Religion trennen? Wie lassen sich da die

Weltherrschaftsidee, die Idee eines Weltstaates in die Tat umsetzen, wie es die politischen Globalisten anstreben? Tolkiens *Der Herr der Ringe* hilft uns, die Frage zu beantworten.

6. Sauron ist der unbestrittene Tyrann und Diktator in seinem Reich der Dunkelheit. Er betreibt dort so etwas wie eine Kommandowirtschaft, zwingt seine Untertanen, Wälder zu roden, militärische Ausrüstung zu bauen und Orks zu züchten.

Es gibt weder Märkte noch Geld in Saurons finsterem Königreich. Sauron nimmt, was er will; Sauron hat sozusagen den Tauschverkehr und das Geld als Tauschmittel überwunden.

Die heutigen Staaten sind (noch) nicht ganz so mächtig (wie Sauron). Sie finden Volkswirtschaften vor, in denen es Eigentum, Arbeitsteilung und Geldrechnung gibt. Für sie ist es daher ganz besonders verlockend, die Hoheit über das Geld zu erlangen – denn ein Monopol über das Geld ist eines der sichersten Wege, um allmächtig zu werden.

So ist es wenig überraschend, dass der Staat (wie wir ihn heute kennen) mittlerweile die Geldproduktion an sich gerissen und dass er vor allem auch das Warengeld durch sein eigenes Fiatgeld ersetzt hat.

Denn es ist das Fiatgeld, das die freie Wirtschaft, die freie Gesellschaft, die Arbeitsteilung, das Eigentum zerstört, wie es Ludwig von Mises schon im Jahr 1912 scharfsinnig feststellte: »Es wäre ein Irrtum, wollte man annehmen, daß der Bestand der modernen Organisation des Tauschverkehres für die Zukunft gesichert sei. Sie trägt in ihrem Innern bereits den Keim der Zerstörung. Die Entwicklung des Umlaufsmittels (gemeint: Fiatgeld, *A. d. V.*) muß notwendigerweise zu ihrem Zusammenbruche führen.«[48]

Das Fiatgeld sorgt nicht nur für Inflation, Wirtschaftskrisen und eine sprichwörtlich unsoziale Verteilung von Einkommen und Vermögen. Es erweist sich vor allem auch als Wachstumselexier für den Staat, lässt ihn immer größer und mächtiger werden auf Kosten der Freiheit von Bürgern und Unternehmern. Verständlich daher, dass die politischen Globalisten in der Schaffung eines einheitlichen Weltgeldes einen entscheidenden, einen im Grunde unverzichtbaren Schritt zur Ergreifung der Macht über die Welt erblicken.

In Europa ist »im Kleinen« bereits das gelungen, was aus Sicht der politischen Globalisten »im Großen« noch aussteht: die Vereinheitlichung des Geldes. 1999 gaben elf europäische Nationalstaaten ihre Währungen auf, verschmolzen sie in eine Einheitswährung, die produziert wird von einer supra-nationalen Instanz, der Europäischen Zentralbank (EZB).

In ganz ähnlicher Weise lassen sich technisch gesehen die großen Währungen der Welt – US-Dollar, Euro, chinesischer Renminbi, japanischer Yen – in eine einheitliche Weltwährung überführen. So sieht es beispielsweise der Vorschlag des kanadischen Wirtschaftsnobelpreisträgers aus dem Jahr 1999, Robert Mundell (1932–2021), vor. Er empfahl, die Wechselkurse zwischen US-Dollar, Euro, chinesischem Renminbi, japanischem Yen und britischen Pfund gegeneinander zu fixieren und sie gegenüber einer neuen Recheneinheit, dem INTOR, festzulegen. Und Hokus Pokus: Fertig ist die Weltwährung, gesteuert von einem Kartell der Zentralbanken oder einer Weltzentralbank.

7. Zugegeben, auf den ersten Blick scheint die Erschaffung eines Weltgeldes wenig Aussicht auf Erfolg zu haben. Doch nicht auf den zweiten Blick.

Zunächst einmal gibt es einen handfesten ökonomischen Grund, der für ein einheitliches Weltgeld spricht: Wenn alle Menschen mit demselben Geld wirtschaften, wird die produktive Kraft des Geldes bestmöglich ausgeschöpft. Die optimale Anzahl der Geldarten auf der Welt ist daher eins.

Die Staaten verfügen über das Geldmonopol auf ihrem Gebiet, und da sie alle dem demokratischen Sozialismus anhängen, haben sie auch ein Interesse daran, dass es keinen Währungswettbewerb gibt – auch nicht zwischen verschiedenen staatlichen Fiatwährungen. Das macht sie für eine Reduktion der Vielzahl der Währungen empfänglich.

Weiterhin sollte man die sogenannte Rivalität zwischen den großen Staaten wie den USA und China sowie zwischen China und Europa, die in den Medien immer wieder thematisiert wird, nicht fehldeuten. Zweifelsohne gibt es die Rivalität zwischen den Regierenden der Staaten, ihren Bürokraten, ihren Sonderinteressengruppen: Sie alle wollen ihre in ihrem Territorium errungene Machtstellung nicht hergeben, wollen noch mächtiger werden. Doch diese Rivalität ist in den oligarchisierten Demokratien des Westens bereits stark abgeschwächt, beziehungsweise es gibt hier große Anreize für die Partei- und Regierungsoligarchen, grenzüberschreitend miteinander zu kooperieren.

Im Grunde läuft der Westen mit seinem demokratischen Sozialismus seit Jahr und Tag auf ein kommunistisches Regime zu; man könnte auch sagen: die Chinarisierung der westlichen Welt ist in vollem Gange.

Der Umgang der westlichen Welt mit dem Coronavirus – Lockdowns, Entzug von Grund- und Freiheitsrechten, der Plan für einen digitalen Impfpass et cetera – zeigt unmissverständlich, wohin die Reise geht: zum selbstermächtigten Staat, der de facto der Kontrolle durch die Wähler entzogen ist – so wie es seit jeher in China der Fall ist.

So gesehen ist es nicht eine Frage des Ob, sondern des Wann, bis die westliche Welt mit dem kommunistischen China nicht nur in der Gesundheitsfrage, sondern auch in der Währungsfrage gemeinsame Sache macht.

Es ist wohl kein Zufall, dass China darauf gedrängt hat, dass der chinesische Renminbi in die Sonderziehungsrechte des Internationalen Währungsfonds (IWF) aufgenommen wird; und dem hat der IWF bereits im November 2015 stattgegeben.

8. Um die Allmachtphantasien des modernen Staates in die Tat umzusetzen, arbeiten ihre Zentralbanken an der Ausgabe von digitalem Zentralbankgeld, das sich vermutlich als ein Katalysator erweisen wird für die Schaffung eines Weltgeldes.

Mit der Ausgabe von digitalem Zentralbankgeld wird nicht nur das Ende des Bargeldes – und damit anonymer Zahlungsmöglichkeiten für Bürger und Unternehmer – eingeläutet.

Der Staat weiß dann nicht nur, wer was wann, wo und wofür bezahlt. Er kann auch den Zugang zu den Konten bestimmen: Wer ihn bekommt und wer nicht.

China macht es vor mit dem »Social Credit Score«: Systemkonformes Verhalten wird belohnt, systeminkonformes Verhalten bestraft.

Digitales Zentralbankgeld ist daher besonders effektiv, um unerwünschte politische Opposition zu ersticken. Es wird aber nicht nur das Bargeld weiter zurückdrängen, sondern auch dem Geschäftsbankengeld Konkurrenz machen.

Denn warum soll man sein Geld bei Banken halten, die einem Zahlungsausfallrisiko unterliegen, wenn man es auch sicher bei der Zentralbank, die niemals pleite geht, verwahren kann? Ist das Geschäftsbankengeld erst einmal eins zu eins in digitales Zentralbankgeld eintauschbar – und darauf läuft es hinaus –, ist das Geldsystem de facto vollverstaatlicht. Die Zentralbank überträgt dadurch nämlich endgültig ihre unbeschränkte Zahlungsfähigkeit auf die Geschäftsbanken. Kreditrisiken werden sprichwörtlich verstaatlicht. Das beraubt die Finanzmärkte vollends ihrer Funktion, die Kapitalkosten bestimmen zu können, und die staatliche Planbewirtschaftung des Kapitals wird Realität.

So etwas wie eine Befehls- und Lenkungswirtschaft entsteht. Der Staat belässt zwar formal das Eigentum an den Produktionsmitteln. Aber durch Ge- und Verbote, Auflagen, Gesetze und Steuern bestimmt er maßgeblich, wer was wann unter welchen Bedingungen produzieren, und wer was wann und wie viel konsumieren darf.

In einem solchen Regime ist es denkbar, dass sich auch die Form der Geldproduktion ändert: weg von der Geldschaffung durch Kreditvergabe, hin zur Ausgabe von Helikoptergeld. Das heißt: Die Zentralbank beziehungsweise die Politik bestimmt, wer wann wie viel neues Geld bekommt. Nicht mehr der wirtschaftliche Erfolg spiegelt sich im Kontostand der Akteure wider, sondern die Verteilungswillkür der Politik. Spätestens dann ist man in der Vorhölle des Sozialismus angelangt.

Die Aussicht, vom Staat und seiner Zentralbank mit neuem Geld versorgt zu werden – also eine Art leistungsloses Grundeinkommen zu erhalten –, wird vermutlich dem Staat Heerscharen von Menschen in die Arme treiben und ihren Widerstand gegen sein Ausufern zum Erliegen bringen. Dann ist es ein Leichtes, die nationalen digitalen Zentralbankgelder zu einem einheitlichen Weltgeld zusammenzuschmieden.

9. Doch werden die Menschen das mitmachen?

Systemtreue Ökonomen werden der Öffentlichkeit die Vorzüge erklären, wenn man die weltweite Geldpolitik vereinheitlicht; wenn man die Wechselkurse zwischen den nationalen Währungen festzurrt; und wenn man eine supra-nationale Reservewährung – mit Namen INTOR oder GLOBAL – schafft, die vom Kartell der Zentralbanken und letztlich einer Weltzentralbank gesteuert wird.

Die Geldkreatur, die dadurch entsteht, wird selbstverständlich ein Welt-Fiatgeld sein, kein Welt-Warengeld. Einem Welt-Fiatgeld werden nicht nur alle ökonomischen und ethischen Defekte anhaften, unter denen auch die nationalen Fiatgelder leiden. Nein, es potenziert auch die Übelstände, die das nationale Fiatgeld provoziert. Dem Missbrauch mit der Inflation ist Tür und Tor geöffnet – schließlich kann niemand mehr auf eine andere Währung ausweichen.

Vor allem die Staaten profitieren: Sie gelangen jederzeit an Kredite zu Vorzugskonditionen, wenn sie sich an die Regeln halten, die die Weltzentralbank und die Sonderinteressen, die sie lenken, aufstellen.

Daraus entsteht der Anreiz für nationale Staaten beziehungsweise deren Partei- und Regierungseliten, Souveränitätsrechte abzutreten und sich supranationalen Regeln – beispielsweise bei der Steuersetzung und Finanzmarktregulierung – zu unterwerfen.

Und genau das ist der Weg in die Weltregierung, in den Weltstaat, den ein Weltfiatgeld ebnet. Im Kleinen läuft das übrigens bereits im Euroraum ab: Nicht der Einheitsstaat stand am Anfang, auf den die Euro-Einführung folgte. Es war genau umgekehrt: Erst kam der Euro, der den Eurosuperstaat durchsetzen sollte.

Gerade die Ausgabe von digitalem Zentralbankgeld dürfte ein entscheidender Schritt sein, um eine düstere Dystopie aus der Taufe zu heben: den allmächtigen Weltstaat mit seiner eigenen Fiatwährung.

Die Idee eines Welt-Fiatgeldes – auf die der eine Ring, der Ring der Ringe, unbarmherzig drängt –, führt in den Totalitarismus, der die Kontroll- und Beherrschungsmöglichkeiten, die Josef Stalin, Adolf Hitler, Mao Zedong, Pol Pot und andere Menschenschinder hatten, in den Schatten stellen wird.

10. In Tolkiens *Herr der Ringe* wird das Böse besiegt. Die Geschichte hat also ein Happy End. Ganz so einfach wird es in unserer Welt leider wohl nicht werden.

Die Ideen, einen Staat (wie wir ihn heute kennen) zu haben, zu dulden, mit ihm zu kooperieren, dem Staat die Hoheit über das Geld zu geben, sein Fiatgeld zu akzeptieren, sind mittlerweile tief verankert in den Köpfen der meisten Menschen.

Lassen sich diese aus der Welt schaffen, wie es den Gefährten gelungen ist, den einen Ring zu zerstören? Die Widrigkeiten sind groß, man könnte pessimistisch werden. Denn woher sollen die Kräfte kommen, die die Menschen aufklären über das Übel, dass die Idee des Staates (wie wir ihn heute kennen) der Menschheit bringt? Wenn in Kindergarten, Schule und Universität – die sich weitestgehend in der Hand des Staates befinden – die Lehren des Kollektivismus-Sozialismus-Marxismus systematisch in die Köpfe der Menschen befördert werden? Wenn die Lehren der Freiheit, des freien Marktes und der freien Gesellschaft, des Kapitalismus, kaum mehr oder gar nicht mehr vermittelt werden? Wer erklärt den Menschen, dass selbst aus einem Minimalstaat ein Maximalstaat wird, dass Zentralbanken, die staatliche Geldmonopolisierung, das Fiatgeld in die Tyrannei eines Weltstaates mit eigenem Weltgeld führen?

Doch es gibt gute Gründe, um nicht in Pessimismus zu verfallen. Diejenigen, die an Jesus Christus glauben, können darauf hoffen, dass Gott uns nicht im Stich lässt. Auch wenn sie die Lösung nicht sehen, so können sie Gott vertrauen: Auch in der dunkelsten Nacht kommt von irgendwo her ein helles Licht.

Oder: Man erinnere sich an die Phase der Aufklärung im 18. Jahrhundert. Der Königsberger Philosoph Immanuel Kant (1724–1804) erklärte den Menschen, dass sie eine »autonome Vernunft« besitzen. Dass ihnen zusteht, ihr Leben eigenverantwortlich zu führen; und dass sie es nach selbstgesetzten Regeln, die sie mit vernünftigen Gründen bestimmen, führen können. Und die Menschen verstanden Kants Botschaft. Warum sollte sich so ein Lichtblick – in Form der Schriften und Worte eines Freidenkers – künftig nicht wiederholen?

Oder: Dass die Menschen nicht notwendigerweise aus bösen Erfahrungen lernen, heißt nicht, dass sie nicht doch irgendwann die richtigen Schlüsse ziehen. Man sollte also nicht – ungeachtet der zweifellos finsteren Lage, in der wir uns befinden – die Möglichkeit vorschnell kleinreden, dass die Menschen ihre Freiheit zurückgewinnen wollen und werden – auch wenn wir das aktuell mit unserem beschränkten Vorstellungsvermögen nicht erblicken.

Der Herr der Ringe lehrt uns, dass man die Hoffnung auf eine bessere Welt nicht aufgeben muss – so dunkel und aussichtslos die Lage auch erscheinen mag; dass das Böse letztlich doch besiegt werden kann und wird; und zwar nicht von der Masse der Menschen, sondern von Individuen, von einzelnen Personen.

Übertragen auf die Zustände in der heutigen Welt, gehören zu den Denkern, die das Böse besiegen und dem Guten zum Durchbruch verhelfen können, Ludwig von Mises, Murray Rothbard und Hans-Hermann Hoppe – und alle die, die ihren Lehren folgen und sie unerschrocken verbreiten.

Um in Tolkiens *Herr-der-Ringe*-Bildern zu sprechen: Sie alle sind die Gefährten, die uns die intellektuelle Kraft und den Mut geben, die falschen Lehren, die bösen Ideen zu besiegen.

Ich weiß nicht, ob Ludwig von Mises Tolkiens *Der Herr der Ringe* kannte. Aber Mises wusste sehr wohl um den Kampf zwischen Gut und Böse, der die Menschheitsgeschichte begleitet. Das Wissen um diesen Kampf prägte sogar Mises' Lebensmaxime, die er dem Vers des römischen Dichters und Epikers Vergil entnommen hat: »Tu ne cede malis, sed contra audentior ito«, also: »Weiche nicht vor dem Bösen, sondern begegne ihm noch kühner.«

Schließen möchte ich mein Referat mit einem Zitat von Samweis Gamdschie, dem treuen Freund und Begleiter von Frodo Baggins in *Herr der Ringe*. Als die Lage aussichtslos erscheint, sagt Sam zu Frodo: »Es gibt etwas Gutes in dieser Welt, Herr Frodo. Und dafür lohnt es sich zu kämpfen.«

Wenn wir für das Gute in dieser Welt kämpfen wollen, wissen wir, was wir tun müssen: für Eigentum und Freiheit kämpfen und gegen die Dunkelheit, die der Staat (wie wir ihn heute kennen) über uns bringen will, vor allem auch mit seinem Geld.

Kapitel 17
Politische Macht, die Intellektuellen und die Wahrheit

»Macht ist ein Vermögen, welches großen Hindernissen überlegen ist.«
Immanuel Kant

Wenn Menschen Macht über andere Menschen gewinnen, ausüben und erhalten wollen, dann stehen ihnen dazu zwei Wege zur Verfügung. *Erstens*: Die gewaltsame Unterdrückung – der Stärkere unterwirft den Schwächeren mit dem Schwert. Doch das ist für die nach Beherrschungsmacht Strebenden eine durchaus riskante Strategie. Sie laufen Gefahr, von Konkurrenten, die noch gerissener, rücksichtsloser und brutaler sind als sie selbst, früher oder später vom Thron gestürzt zu werden. *Zweitens*: Die Herrschenden sorgen dafür, dass sie die Zustimmung der Beherrschten erlangen und erhalten. Doch wie lässt sich das erreichen? Es lässt sich auf zwei Wegen erreichen. Der *erste Weg* ist: Diejenigen, die herrschen wollen, machen die Beherrschten gefügig, überzeugen sie mit »warmen Worten«, mit Propaganda davon, dass die Herrscher gut und wichtig, dass sie unverzichtbar sind, damit sie, die Beherrschten, ein gutes, ein friedliches Leben in Wohlstand führen können. Der *zweite Weg* ist: Die Herrscher *korrumpieren* die Beherrschten, damit sie ihnen *freiwillig* Gefolgschaft leisten. Wie aber kann das gelingen?

Der Ausgangspunkt zur Beantwortung dieser Frage ist die (empirische) Erkenntnis, dass einige Menschen leistungsfähiger sind als andere, dass einige ein höheres Einkommen erwirtschaften können als andere. Die Erfahrung zeigt unumwunden, dass Menschen nicht alle »gleich« sind in Bezug auf Durchhaltevermögen, Fleiß, Intelligenz, Erfindungsreichtum, Risikobereitschaft, Gesundheit und anderen Eigenschaften, die erforderlich sind, um in der physischen Welt, wie wir sie vorfinden, erfolgreich zu sein – das heißt zu überleben, Wohlstand zu mehren, Nachkommenschaft zu erhalten. Das ist übrigens keinesfalls ein »Problem«. Im Gegenteil! Die Ungleichheit der Menschen in Bezug auf Ziele und Fähigkeiten ist vielmehr ein wahrlich großes Geschenk: Sie ist nämlich die Grundvoraussetzung dafür, dass die Menschen miteinander friedvoll und produktiv kooperieren.

Diese Erkenntnis arbeitete Ludwig von Mises heraus, indem er die Bedeutung des *Gesetzes der komparativen Kostenvorteile*, das David Ricardo (1772–1823) formuliert hatte, in seiner ganzen Bedeutung erkannte und es als *Vergesellschaftungsgesetz* bezeichnete.[1] Dem Vergesellschaftungsgesetz zufolge ist es vorteilhaft für alle Beteiligten, wenn sich jeder der Erzeugung desjenigen Gutes widmet, das er vergleichsweise am kostengünstigsten herstellen kann. Auf diese Weise wird die Ergiebigkeit der Arbeit erhöht gegenüber einer Situation, in der alle die von ihnen benötigten Güter selbst erzeugen. Folglich sind die Menschen, die mit einer Mindestvernunft ausgestattet sind, bereit, sich in eine Arbeitsteilung mit anderen zu begeben. Übrigens kommt es auch dann zur Arbeitsteilung, wenn eine Person *alles* besser (kostengünstiger) erzeugen könnte als andere. Auch in diesem Fall wäre es für ihn sinnvoll, sich auf die Produktion der Güter zu konzentrieren, die er persönlich am kostengünstigsten herstellen kann, und eine Arbeitsteilung mit anderen einzugehen. Das arbeitsteilige Wirtschaften stellt alle besser – im Vergleich zu einer Situation, in der keine Arbeitsteilung stattfindet, in der *Subsistenzwirtschaft* herrscht.

Die Arbeitsteilung in einer *freien Marktwirtschaft* erhöht den materiellen Wohlstand für alle, sie sorgt dabei jedoch nicht auch für Ergebnisgleichheit. Vielmehr werden in einer freien Marktwirtschaft einige höhere Einkommen erzielen als andere. In einer Lebensrealität, in der *einige* besser abschneiden als *viele andere*, ist es relativ einfach für diejenigen, die Herrschaftsmacht erlangen wollen, an primitive (Ur-)Instinkte der Menschen zu appellieren: und zwar an *Neid* und *Missgunst*.

In einer freien Wirtschaft wird unumwunden deutlich, wer erfolgreich ist, und wer weniger erfolgreich ist. Hier wird derjenige mit hohem Gewinn und Einkommen belohnt, der seinen Mitmenschen besonders gut dienlich ist; und derjenige, der dabei weniger erfolgreich ist, muss sich mit geringem Gewinn und Einkommen zufriedengeben. Dass das nicht für alle Menschen einfach erträglich ist, dass sie dagegen aufbegehren, liegt auf der Hand. Ludwig von Mises hat das in seinem Buch *The Anticapitalist Mentality* (1958) eindrücklich illustriert. In einer freien Marktwirtschaft verhält es sich, laut Mises, wie folgt:

> »Jedermann, dessen ehrgeizige Pläne sich nicht erfüllt haben, weiß recht gut, daß er seine Chancen verpaßt hat, daß er von seinen Mitmenschen geprüft, aber als mangelhaft befunden worden ist. Wenn seine Frau ihm vorwirft: ›Warum verdienst du nur 80 Dollars in der Woche? Wenn du so tüchtig wärest wie dein früherer Kamerad Paul, so könntest du jetzt Werkmeister sein, und ich hätte ein schöneres Leben‹, so würde er sich seiner eigenen Minderwertigkeit bewußt werden und sich gedemütigt fühlen.
>
> Die viel diskutierte Strenge des Kapitalismus besteht in der Tatsache, daß jedermann nach dem Beitrag, den er zu dem Wohlergehen seiner Mitmenschen leistet, behandelt wird. Die Herrschaft des Prinzips »Jedem nach seinem Talent« läßt keinen Raum für persönliche Unzulänglichkeiten. Jedermann weiß nur zu gut, daß andere Menschen erfolgreich waren, wo er selbst versagt hat. Jedermann weiß, daß viele von denen, die er beneidet, sich von demselben Punkt heraufgearbeitet haben, an dem er selbst angefangen hat. Was die Sache schlimmer macht, ist, daß alle anderen Menschen es auch wissen. Er liest in den Augen seiner Frau und seiner Kinder den schweigenden Vorwurf: ›Warum warst du nicht tüchtiger?‹ Er sieht, wie man jene bewundert, die mehr Erfolg hatten, und wie man auf sein Versagen mit Verachtung oder mit Mitleid herabschaut.«[2]

Der sogenannte *Intellektuelle* ist besonders anfällig für Neid und Missgunst gegenüber denjenigen, die sich in der freien Marktwirtschaft bewähren, die erfolgreich sind und mitunter dafür mit hohen Einkommen belohnt werden. Es stellt sich zunächst die Frage: Wer sind die Intellektuellen?[3] Georges E. Sorel (1847–1922) gab folgende Antwort: »Die Intellektuellen sind durchaus nicht, wie man so oft sagt, die Menschen, die denken; es sind vielmehr die Leute, die sich einen Beruf daraus machen, zu denken, und die auf Grund der Vornehmheit dieses Berufes dafür ein aristokratisches Gehalt beanspruchen.«[4] In Anlehnung an diesen Erklärungsversuch lassen sich zur Gruppe der Intellektuellen Personen zählen, die meist eine höhere Ausbildung genossen haben, die ihre Mitmenschen, die öffentliche Meinung maßgeblich beeinflussen (können) durch Schrift, Bild und Ton. Einige von ihnen erdenken neue Theorien, andere verbreiten sie (Hayek bezeichnete sie als »professional secondhand dealers in ideas«[5]), und wieder andere interpretieren das Zeitgeschehen, legen moralische Maßstäbe fest, bestimmen, welche Ideen vom breiten Publikum als gut und richtig angesehen werden und welche nicht. Es sei hier nur darauf hingewiesen, dass schon vielfach versucht worden ist, eine trennscharfe, zufriedenstellende Definition derjenigen (Personen, Berufe), die zu der Gruppe der Intellektuellen zu zählen sind, vorzulegen. Die meisten Versuche waren und sind wenig zufriedenstellend.[6]

Warum die Abneigung vieler Intellektueller gegenüber dem freien Marktsystem? Der typische Intellektuelle versteht sich meist als »wichtig«, als moralisch hochstehend gegenüber dem Arbeiter, dem »gemeinen Kaufmann«, dem Unternehmer. Er blickt auf deren »Treiben« mit Argwohn, Herablassung, schließlich geht es ihm, dem Intellektuellen, ja nicht um den schnöden Mammon, sondern vielmehr um »höhere Ziele« – Vorträge halten, Aufsätze publizieren, Bücher zu schreiben, Reden zu schwingen. Dass diejenigen, die sich in der freien Marktwirtschaft zu bewähren suchen, voll und ganz in den Dienst ihrer Kunden stellen, ist dem Intellektuellen suspekt, erfüllt ihn mitunter auch mit Ressentiment. Das mag vor allem für die Intellektuellen gelten, die direkt oder indirekt vom Staat beziehungsweise von staatlicher Bezahlung leben (und damit also auf Kosten genau derjenigen, der Netto-Steuerzahler, auf die sie eigentlich herabblicken).

Joseph Alois Schumpeter (1883–1950) hat in seinem Buch *Capitalism, Socialism, and Democracy* (1942) versucht, die Ursprünge der tiefsitzenden Marktfeindlichkeit der Intellektuellen auf die Spur zu kommen. Schumpeter argumentiert, dass das Phänomen des Intellektuellen letztlich das Ergebnis des Wohlstandes ist, das der Kapitalismus erzeugt. Die reichhaltige Güterausstattung, für die der Kapitalismus sorgt, ermöglicht nicht nur die Ausweitung des materiellen Güterangebots, sondern auch des Bildungsangebotes. Doch die Erwartungen der Intellektuellen, die in den Markt für Bildung eintreten, werden vielfach enttäuscht: Die zahlungswillige Nachfrage nach ihren Diensten fällt vergleichsweise gering aus, geringer zumindest als sie als angemessen ansehen und erwartet haben. Die Reaktion darauf ist, dass sich die Intellektuellen gegen den Kapitalismus wenden, ihn als ungerecht, hartherzig und kalt in den Augen der Öffentlichkeit diskreditieren.

Dem Intellektuellen als Nicht-Ökonom ist das System der freien Märkte – der Kapitalismus – in der Regel also nicht geheuer. Er hat zumeist wenig oder gar keine ökonomische Bildung genossen. Er weiß nicht, dass der Gewinn in einer freien Marktwirtschaft die Belohnung für den Unternehmer dafür ist, seinen Kunden dienlich zu sein; und auch nicht, dass der Verlust des Unternehmers dafür sorgt, dass das knappe Kapital stets zum besten Wirt gelenkt wird, damit die Kundenbedürfnisse bestmöglich bedient werden können. Ihm ist das freie Marktsystem ein Dorn im Auge. Er schreibt die Ursachen von Finanz- und Wirtschaftskrisen dem System der freien Märkte zu: Spekulation, die »Gier der Kapitalisten«, das »Chaos der Produktion«, Einkommens- und Vermögensungleichheit müssten beseitigt werden, das sei die unzweifelhafte Aufgabe des Staates, der dazu lenkend in das Marktsystem eingreifen müsse.

Die (eher) kapitalismusfeindlichen Ressentiments der Intellektuellen wissen diejenigen, die über andere herrschen wollen, sehr wohl für ihre Zwecke einzuspannen. Herrschaftsmacht kann man bekanntlich auf zwei Wegen erlangen: Gewaltanwendung und freiwillige Unterwerfung. Für Zweiteres sind die Intellektuellen für den Staat von großer Nützlichkeit: Ihr besonderer Wert für die nach Herrschaft Trachtenden rührt daher, dass die meisten Menschen nicht eigene Ideen entwickeln, sondern vielmehr den Urteilen und Empfehlungen von »Experten« folgen, und als Experten bringen sich die Intellektuellen in Stellung. Wer also auf die Unterstützung der Intellektuellen setzen kann, der hat gute Chancen, Zuspruch von der breiten Öffentlichkeit zu erhalten. Und da die Intellektuellen empfänglich sind für die Privilegien, die ihnen der Staat (finanziert mit Steuergeld) in Aussicht stellt – Arbeit, Einkommen, Status, Prestige und Sicherheit –, ergibt sich eine geradezu natürliche Symbiose zwischen den Intellektuellen und denjenigen, die nach Herrschaftsmacht streben oder sie bereits innehaben.

Vor diesem Hintergrund lässt sich auch die Frage beantworten, wie der Staat (wie wir ihn heute kennen) entstehen und erhalten werden konnte? Die Antwort von Murray N. Rothbard »lautet, dass seit den frühesten Anfängen des Staates seine Herrschenden als notwendige Unterstützung ihrer Herrschaft ein Bündnis mit der gesellschaftlichen Klasse der Intellektuellen anstrebten. Die Massen erzeugen nicht ihre eigenen abstrakten Ideen oder denken über diese Ideen unabhängig nach; sie folgen passiv den Ideen, die von den Intellektuellenkreisen, den wirkungsvollen Meinungsmachern in der Gesellschaft, angenommen und verbreitet werden. Und weil es genau dieses Erzeugen von Meinungen im Sinne der Herrschenden ist, das der Staat dringend benötigt, formiert dies das uralte Bündnis zwischen den Intellektuellen und den herrschenden Klassen des Staates. Das Bündnis gründet auf einem Quidproquo. Auf der einen Seite verbreiten die Intellektuellen unter den Massen, dass der Staat und seine Herrschenden weise, gut, manchmal göttlich und vor allem unverzichtbar und besser als jede denkbare Alternative seien. Als Gegenleistung für die Verkündigung seiner Ideologie macht der Staat die Intellektuellen zu einem Teil der herrschenden Elite, er gibt ihnen Macht, sozialen Status, Ansehen und materielle Sicherheit.«[7]

Dass der Staat die Unterstützung der (prinzipiell staatsfreundlich gesinnten) Intellektuellen sucht und absichert, erklärt sich dadurch, dass das Handeln der Menschen von *Ideen* bestimmt wird.[8] Diese Aussage lässt sich nicht widerspruchsfrei verneinen. Verneint man sie, muss man eine andere Erklärung für die (Letzt-)Ursache des menschlichen Handelns anführen. Welche aber könnte das sein? Nun, man müsste behaupten, dass das menschliche Handeln von objektiven, externen Faktoren (physikalischer, chemischer oder biologischer Art) bestimmt wird. Doch das müsste man beweisen – etwa in der Form, dass der externe Faktor *X* immer und überall eine bestimmte menschliche Handlung *Y* erzeugt. Ein solcher Beweis konnte bisher jedoch noch nicht erbracht werden. Die Erfahrung zeigt, dass unterschiedliche Menschen zu unterschiedlichen Zeitpunkten auf gleiche äußerliche Einflüsse *in der Regel* unterschiedlich reagieren. Der Beweis jedoch, dass sich menschliches Handeln nicht mit externen Faktoren erklären und prognostizieren lässt, kann auch nicht erbracht werden. Der Grund ist, dass der handelnde Mensch *lernfähig* ist – und das ist eine a priori gültige, eine nicht mit logischen Mitteln bestreitbare Aussage. Die Aussage, dass das menschliche Handeln durch Ideen bestimmt wird, ist keiner *Letztbegründung* mehr zugänglich. Sie ist das *ultimativ Gegebene*.

Wenn es also die *Ideen* sind, die die Menschen zum Handeln bewegen, die ihr Handeln bestimmen; und wenn es die Intellektuellen sind, die maßgeblich bestimmen, welche Ideen die Menschen als gut und richtig und als schlecht und falsch ansehen, dann liegt natürlich auf der Hand, dass der Staat die Hoheit über die Ideen hat, wenn er sich der Unterstützung der Intellektuellen sicher sein kann; und das kann er, wenn er die Intellektuellen auf seine Lohnliste setzt. Das gilt *vor allem* für die Intellektuellen, die sich mit sozial- und wirtschafts*wissenschaftlichen* Fragestellungen beschäftigen. Die Perspektive von Soziologen und Ökonomen übersteigt üblicherweise (und sprichwörtlich) die des »gewöhnlichen Menschen«. So weiß vermutlich zum Beispiel ein jeder Kaufmann sofort und unmittelbar, was eine Erhöhung der Geldmenge in seiner Kasse für ihn bedeutet – dass er mehr Vorräte bezahlen, neue Maschinen kaufen, seinen Kredit zurückzahlen kann et cetera. Was aber eine Erhöhung der Geldmenge für die Volkswirtschaft insgesamt bedeutet, das kann der Kaufmann aus eigener Erfahrung nicht so ohne weiteres wissen. Will er die Folge der Geldmengenausweitung in der Volkswirtschaft in Erfahrung bringen, muss er Ökonomen befragen, ihren Rat einholen.

Wenn Soziologen und Ökonomen zudem reklamieren, *wissenschaftlich* zu arbeiten, wenn sie ihre Aussagen über das Gesamte mit wissenschaftlichen Mitteln gewinnen und begründen, wird ihre *Überzeugungsmacht* quasi unangreifbar. Wer Wissenschaftlichkeit beanspruchen kann, dem ist (wie die Dinge heute stehen) große Glaubwürdigkeit, mitunter blinder Gehorsam so gut wie sicher. Was also liegt da näher, als dass der Staat nicht nur die Intellektuellen auf seine Lohnliste zu bekommen, sondern dass er vor allem auch versuchen wird, die Gunst der Ökonomen zu erlangen. Schließlich sind ihre Ideen besonders wirkungsmächtig. Mit ihren Theorien und politischen Empfehlungen lässt sich eine öffentlichkeitswirksame wissenschaftliche Rückendeckung für parteiideologische Vorhaben zusammenzimmern. Aber auch die Ökonomen selbst werden die Nähe zum Staat suchen.

Der Staat stellt den Ökonomen Einkommen, Sicherheit, Status und Prestige in Aussicht – Dinge, die sehr viele von ihnen nicht im freien Markt erlangen würden. Warum? In einem System der freien Märkte ist die Nachfrage nach den Diensten von Ökonomen sehr begrenzt. Hier gibt es nämlich keinen politischen Wettbewerb, kein Buhlen und Schachern um politische Macht, keine politischen Parteien, die einen Anreiz haben könnten, Ökonomen zum Zwecke der öffentlichen Meinungsbildung einzuspannen. In einem freien Markt würden auch die Forschungs- und Prognosedienste der Ökonomen kaum nachgefragt (im Vergleich zum heutigen Status quo). In einem freien Markt würde recht schnell deutlich werden, dass zum Beispiel Inflations-, Konjunktur-, Zins- und Aktienmarktprognosen der Ökonomen das Papier nicht wert sind, auf dem sie geschrieben sind[9] – und entsprechend gäbe es nur eine geringe oder gar keine Zahlungsbereitschaft für die Zukunftseinschätzungen der Ökonomen.

In einem freien Markt gäbe es jedoch durchaus Nachfrage nach Ökonomen – und zwar für die Lehre. Allerdings wäre dieser Markt für Ökonomen relativ klein. Vieles von dem, was heute in volkswirtschaftlichen Studiengängen angeboten wird (empirische Methoden und

Wirtschaftsforschung sowie Dogmenschulen wie Keynesianismus, Monetarismus etc.), würde nicht im Lehrplan stehen.[10] Das Studium der Volkswirtschaftslehre wäre für viele keine attraktive Ausbildung, mit der man auf karriereträchtige Positionen in zum Beispiel Ministerien, Banken und Zentralbanken, Forschungsinstituten und Bürokratieapparaten hoffen könnte – ganz einfach deshalb, weil es diese und andere Institutionen, in denen Volkswirte beschäftigt werden können, in einem System freier Märkte nicht oder nicht in der heutigen Anzahl gäbe. Kurzum: Die Qualifikation, die mit dem Studium der Volkswirtschaftslehre erlangt werden kann, wäre für relativ wenige Studenten und Arbeitgeber interessant.

Damit sie für den Staat attraktiv sind, bedarf es einer kategorialen Richtungsentscheidung der Ökonomen. Wenn die Volkswirtschaftslehre als apriorische Handlungswissenschaft konzeptualisiert wird, dann wird keine für Staat und Ökonomen vorteilhafte Symbiose entstehen können. Der Ökonom, der apriorisch handlungslogisch denkt, kann beispielsweise den Staat (wie wir ihn heute kennen) aus ökonomischer und ethischer Sicht nicht unwidersprochen lassen, sondern kommt nicht umhin, seine Defekte aufzuzeigen und die Privatrechtsgesellschaft als (denk-)notwendige Alternative aufzuzeigen. Er kann auch dem staatlichen ungedeckten Geldsystem keinen Passierschein aussprechen, kommt nicht umhin, seine volkswirtschaftlichen Schäden (Inflation, markt-inkonforme Verteilung von Einkommen und Vermögen, Boom-und-Bust-Zyklen etc.) hervorzuheben und als die richtige Lösung einen freien Markt für Geld auszuweisen.

Als apriorischer Handlungswissenschaftlicher wird sich der Ökonom auch zum Beispiel gegen das Projekt der Europäischen Union (EU) aussprechen müssen. Er wird dieser Idee keine ökonomische und ethische Unbedenklichkeit ausstellen können, sondern ganz im Gegenteil: Er wird vor diesem Projekt warnen und zur Abkehr raten müssen. Auch Vorhaben wie eine staatlich gesteuerte Umweltpolitik oder die Ideen des »Großen Neustarts« (des »Great Reset«) und der »Großen Transformation« werden von ihm sicherlich kein Gütesiegel erhalten können. Er wird diese und andere Politikvorhaben, für die heutzutage als gut und richtig, als alternativlos geworben wird, als unvereinbar mit der individuellen Freiheit der Menschen zurückweisen, wird die mit ihnen verbundenen volkswirtschaftlichen Probleme herausstellen müssen.

Während zwischen Staat (wie wir ihn heute kennen) und Ökonomen, die die Volkswirtschaftslehre als apriorische Handlungswissenschaft verstehen und praktizieren, keine enge Kooperationsfähigkeit erwachsen kann, stehen die Dinge ganz anders, wenn die Ökonomen ihre Disziplin als *Erfahrungswissenschaft*, wenn sie sie nicht als apriorische Theorie ansehen und praktizieren. In diesem Falle kann sogar so etwas wie eine unzertrennliche *Waffenbruderschaft* zwischen Staat und Ökonomen entstehen. Wenn die Volkswirtschaftslehre als Erfahrungswissenschaft betrieben wird, und die Theorien der Ökonomen verheißungsvoll klingen, dann sind dem Vordringen des Staates im Grunde keine Grenzen gesetzt. Man betrachte folgende Beispiele: »Das Ausweiten der Geldmenge erhöht den Wohlstand«; oder: »Staatliches ungedecktes Fiatgeld ist besser als Gold-, Silber oder Bitcoin-Geld«; oder: »Der freie Markt sorgt für Finanz- und Wirtschaftskrisen, der Staat kann sie verhindern«; oder: »Der Negativzins bringt die Volkswirtschaft ins Gleichgewicht«; oder: »Steuern sorgen für mehr Gerechtigkeit«; oder: »Defizitfinanzierte Staatsausgaben erhöhen den Wohlstand der Volkswirtschaft«; oder: »Eine staatlich erlassene Mietpreisbremse verbessert die Lage auf dem Wohnungsmarkt«; oder: »Der Interventionismus ist ein dauerhaft durchführbares Wirtschafts- und Gesellschaftssystem«.

Diese und viele andere Aussagen kann der Ökonom, der sich als Erfahrungswissenschaftler versteht, nicht per se und vorab als unrichtig, als falsch zurückweisen. Er wird vielmehr sagen müssen: »Ob diese Aussagen richtig oder falsch sind, das lässt sich vorab nicht sagen. Vielmehr müssen wir das, was theoretisch behauptet wird, in der Praxis ausprobieren, es testen, und dann erst sehen wir, ob diese Aussagen richtig oder falsch sind.« Wenn allseits akzeptiert ist, dass die Volkswirtschaftslehre eine Erfahrungswissenschaft ist, dann kann sich im Grunde kein Ökonom, der noch etwas werden will, der nicht als *unwissenschaftlich* diskreditiert, als hinterbänklerisch gebrandmarkt werden will, dem Aufruf verschließen, die als verheißungsvoll angepriesenen Theorien in der Praxis, durch Versuch und Irrtum auszuprobieren. Klingen die volkswirtschaftlichen Theorien und die mit ihnen verbundenen Politikversprechen erfolgversprechend genug, dann wird man sie in der Praxis ausprobieren, sie in die Tat umsetzen *wollen*.

Selbst wenn die Theorie in der Praxis scheitert (wenn also die Ausgabe von ungedecktem Geld Wachstum und Beschäftigung nicht fördert, sondern Finanz- und Wirtschaftskrisen verursacht), wird der erfahrungswissenschaftlich ausgerichtete Ökonom sich herausreden können: Nein, die Theorie ist nicht falsch, es sind lediglich Faktoren aufgetaucht, auf die politisch nicht richtig und entschieden genug reagiert wurde. Wenn man diese Faktoren künftig angemessen berücksichtigt, dann wird sich zeigen, dass die Theorie richtig ist! Oder er wird sagen können: Schön und gut, in der Vergangenheit ist die Theorie gescheitert. Aber heute und morgen ist alles anders, und unter diesen Bedingungen wird sie daher künftig sehr wohl funktionieren! Auf diese Weise halten also Relativismus und Skeptizismus Eingang in die Volkswirtschaftslehre. *Die Volkswirtschaft wird zu einer Art Experimentierfeld* der vom Staat ermunterten und bezahlten Erfahrungswissenschaftler. Diese Art von Volkswirtschaftslehre wird aber nicht zu Aussagen gelangen, die verlässliche Zusammenhänge, Regelmäßigkeiten im Bereich des menschlichen Handelns ausweisen, die dem Anspruch von Wissenschaftlichkeit gerecht werden.

Ist die erfahrungswissenschaftliche Methode erst einmal allgemein im Wissenschaftsbetrieb als Konsens akzeptiert, haben es abweichende Meinungen recht schwer, noch Gehör zu finden, geschweige denn sich durchzusetzen. Der Ökonom, der bei Fragen der Erkenntnisgewinnung und -begründung eine Außenseiterposition einnimmt, gilt als »Sonderling«, seine Argumente werden nicht weiter beachtet, er wird verunglimpft. Und wenn Wirtschaftswissenschaftler ihre wissenschaftliche Reputation erst einmal mühevoll (durch Lehre, Publikationen, Vorträge etc.) über die Jahre erlangt haben, dann ist ihre Bereitschaft, die erkenntnistheoretische Grundlage all dessen in Frage zu stellen oder gar als falsch zu erklären, verständlicherweise ziemlich gering, wenn alle anderen Fachkollegen eine diametral entgegensetzte Auffassung vertreten.

Dass sich Ökonomen für den Gedanken erwärmen können, die Volkswirtschaftslehre als Erfahrungswissenschaft und nicht als apriorische Handlungswissenschaft anzusehen, hat zudem einen weiteren, naheliegenden Grund: Auf diese Weise eröffnet sich eine enorme Vielzahl von Betätigungsfeldern. Gerade die empirische Wirtschaftsforschung bietet schier unbegrenzte Möglichkeiten, Untersuchungsprojekte durchzuführen. Man untersucht beispielsweise den Zusammenhang zwischen Geldmenge und Preisniveau in den Vereinigten Staaten von Amerika, Deutschland, in Brasilien und noch vielen anderen Ländern der Welt. Jedes Mal fällt eine Publikation ab, die sich in einer Fachzeitschrift (»Peer reviewed Journal«) veröffentlichen lässt. Das Ganze lässt sich zudem für unterschiedliche Zeiträume betreiben: von 1900 bis 2022, von 1970 bis 2000, von 2000 bis 2022 und so weiter und so fort. Dann lässt sich die Untersuchung verfeinern, indem weitere Erklärungsvariablen eingeführt werden: Zinsen, Aktienkurse, Energiepreise et cetera. Und wenn die Forschungsprojekte auch noch auf besonderes staatliches Interesse stoßen, dann lassen sich auch finanzielle Mittel der öffentlichen Hand (Steuergeld) recht problemlos eintreiben, um Mitarbeiter, Reisen, Übernachtungen und Kongresse zu bezahlen. Dass der wirtschaftswissenschaftliche Betrieb unter dieser Bedingung seine wissenschaftliche Unvoreingenommenheit und Unabhängigkeit kompromittiert oder sogar verliert, ist nicht von der Hand zu weisen; und auch nicht, dass dabei der wissenschaftliche Wahrheitsanspruch unter die Räder gerät.

Paul Feyerabend (1924–1994) erkannte das zugrunde liegende Problem: »Es gibt ... keinen klar formulierbaren Unterschied zwischen Mythen und wissenschaftlichen Theorien. Die Wissenschaft ist eine der vielen Lebensformen, die die Menschen entwickelt haben, und nicht unbedingt die beste. Sie ist laut, frech, teuer und fällt auf. Grundsätzlich überlegen ist sie aber nur in den Augen derer, die bereits eine gewisse Position bezogen haben, oder die die Wissenschaften akzeptieren, ohne jemals ihre Vorzüge und Schwächen geprüft zu haben.

Und da das Annehmen und Ablehnen von Positionen dem einzelnen oder, in einer Demokratie, demokratischen Ausschüssen überlassen werden sollte, so folgt, daß die Trennung von Staat und Kirche durch die Trennung von Staat und Wissenschaft zu ergänzen ist.«[11] In den Wirtschafts- und Sozialwissenschaften ist jedoch die von Feyerabend geforderte Trennung vom Staat, soll sie gelingen, geradezu abhängig von der Wahl der wissenschaftlichen Methode. Mit ihr kann eine »natürliche«, eine scheinbar erkenntnistheoretisch begründete Kooperationsfähigkeit und -notwendigkeit erzeugt werden, die es in Wahrheit gar nicht gibt.

Kein Zweifel: Die Wahl der wissenschaftlichen Methode – also das Vorgehen zur Ermittlung und Überprüfung von ökonomischen Erkenntnissen – ist eine ganz zentrale Weichenstellung für die Volkswirtschaftslehre. Wie in diesem Buch versucht wurde zu zeigen, lässt sich die Volkswirtschaftslehre überzeugend als apriorische Handlungswissenschaft konzeptualisieren, nicht aber als Erfahrungswissenschaft. *Eine erfahrungswissenschaftlich betriebene Volkswirtschaftslehre kann keine wahren Aussagen bereitstellen, wissenschaftlich begründen.* Sie läuft vor allem auch Gefahr, für politische Vorhaben vor den Karren gespannt, zum willigen Diener staatlicher Großprojekte zu werden, ihren Anspruch, der wissenschaftlichen Wahrheit verpflichtet zu sein, zu relativieren, aufzugeben. Sie leistet, weil sie die Forderungen nach dem methodologischen Dualismus und methodologischen Individualismus übergeht, nicht nur fragwürdigen und mitunter falschen Theorien Vorschub, sondern letztlich auch freiheitsfeindlichen Gedankenbildern.

So wird in der modernen Volkswirtschaftslehre vorzugsweise in »Aggregaten« gedacht – Konsum, Investitionen, Ex- und Importen, dem Unternehmenssektor, dem Arbeitsmarkt –, und das handelnde Individuum gerät aus dem Blick. Die Volkswirtschaft wird als eine beherrschbare Mechanik oder Maschine angesehen, die es nach politischen Wunschvorstellungen »von oben« zu steuern gilt. Der Philosoph Rolf W. Puster (*1957) schreibt dazu: »Wenn in wissenschaftlichen Theorien das Wesen des Handelns außer Blick gerät, werden sie zu einer Gefahr für die Freiheit; denn sie munitionieren — ob mit oder ohne Absicht ihrer Urheber – diejenigen, die Gründe oder Vorwände suchen, das individuelle Wollen zu beugen.«[12]

Abschließend soll noch ein theoretischer Gedanke ausgebreitet werden, der die Beziehung zwischen dem Staat und den Intellektuellen zu erklären versucht. Bisher wurde gesagt, dass der Staat sich die Ökonomen dienstbar macht, sie für seine Zwecke einzuspannen versucht. Kann es sich aber auch genau andersherum verhalten? Dass die Intellektuellen, die Ökonomen den Staat (mit-)gestalten – den *territorialen Zwangsmonopolisten, dem die Letztentscheidung über alle Konflikte auf seinem Gebiet beansprucht und der sich zudem das Recht zur Steuererhebung zuschreibt* – gemäß ihren eigenen (Herrschafts-)Zielen? Eine solche Erklärung lässt sich etwa durch Rückgriff auf die Arbeiten von Helmut Schelsky (1912–1984) durchdenken.

In seinem 1975 erschienen Buch *Die Arbeit tun die anderen. Klassenkampf und Priesterherrschaft der Intellektuellen* wartete Schelsky mit folgender These auf: In den modernen, technisch-wissenschaftsorientierten Gesellschaften bildet sich ein Klassenkampf eigener Art heraus. Die Frontlinie verläuft dabei zwischen den Intellektuellen und der arbeitenden Bevölkerung. Es handelt sich um den Kampf um Herrschaft, der nicht mit physischem, sondern mit psychischem Zwang geführt wird, in dem es um »Machtausübung durch Sinngebung«[13] geht. In Anlehnung an die Religionssoziologie Max Webers (1864–1920) ist Schelskys Ausgangspunkt, dass die Menschen grundsätzlich in ihrem weltlichen Dasein nach einer Sinnstiftung suchen, nach einem Heilsversprechen. Das gilt vor allem in den hoch entwickelten säkularisierten Gesellschaften, in denen eine Nachfrage nach einer sozialen Religion entsteht: »Die sich ständig erhöhende Kompliziertheit, Verflochtenheit und Abstraktion der Sozialbeziehungen in modernen großräumigen Gesellschaften mit ihrer Informationsüberflutung, ihrer unbeschränkten Kritikfreiheit und dem Vordrängen jeglicher Subjektivität ohne Verantwortungszurechnung für die realen Folgen bereiten den Boden für die Sozialreligiösität.«[14]

Sie bildet das Fundament für die Berufsgruppe der »Sinnvermittler«, die »Reflexionselite«, kurzum: den Intellektuellen (im weitesten

Sinne), und ihre Mitglieder betätigen sich in den wachsenden Funktionsbereichen der Vermittlung von Informationen, Wissenschaftserkenntnissen und »Orientierungswissen«, sie entwickeln sich, so Schelsky, zu einer »Priesterkaste«, ähnlich dem Klerus in früheren Jahrhunderten. Ihr selbsteigennütziges Ziel ist es, ein (in den Worten von Friedrich Schleiermacher [1768–1834]) »Bewusstsein schlechthinniger Abhängigkeit« in der breiten Bevölkerung zu erzeugen, das wiederum »Schutz- und Vormundschaftsbedürfnisse« der »Sozialheilsgläubigen« hervorbringt und sie auf diese Weise empfänglich macht für die Verheißungen einer besseren Welt, nach einem Leben in Harmonie und Ordnung und Gerechtigkeit, eines »himmlischen Sozialismus« auf Erden.

Die Verkünder des Heils haben zur Durchsetzung ihrer Herrschaftsmacht ein Interesse daran, »daß die Gegenwart, der Alltag, als ›Elend‹, als Notsituation und als unerträglich empfunden wird, denn davon hängt ihre Wirkungsmöglichkeit ab. *Sie verkünden daher niemals nur das Heil, sondern sie predigen und fördern zugleich das Bewußtsein des Elends; sie sind nicht nur der Nothelfer, sondern zugleich Notpropagandisten.* Denn wie ihr ›Heil‹ ein Gut in der Vorstellung von Menschen ist, so besteht auch die Bedürfnisgrundlage dieser ›Heilsherrschaft‹ in der *Aufrechterhaltung eines Not- und Elendsbewusstseins* unabhängig von seinen realen Bedingungen und Umständen.«[15] Das Mittel, das die Sinnvermittler sich zu eigen machen, ist nicht die Gewaltanwendung, sondern die entlastende und erlösende Sinngebung, die »Machtausübung durch Sinngebung«[16].

Die Sinnvermittler und Sozialheilsspender stellen sich gegen die produktive Bevölkerung, leben aber sprichwörtlich von ihr, also von den Menschen, »die sich der Bewältigung der praktischen Aufgaben in einer Gesellschaft annehmen.«[17] Sie betreiben jedoch so etwas wie »Priesterbetrug«: Sie halten das Bild vom »alten Klassenkampf« aufrecht, tun also etwas, was den Interessen der arbeitenden Schichten in keiner Weise (mehr) entspricht: »Das Image des Linksextremismus oder ›konsequenten‹ Marxismus bietet einen Vorhang, hinter dem ein ›autonomer‹ Herrschaftsanspruch aufgebaut und ein neues Klasseninteresse zum Zuge kommen kann, das sich wenigstens vorläufig Beifall und Zulauf der Arbeiterseite der alten Klassenfront sichern zu können glaubt.«[18]

In Schelskys Worten: »Die außerordentlich gewachsene Bedeutung der Vermittlung von Information, von Nachrichten, wissenschaftlichen Erkenntnissen, Ausbildungs- und Orientierungswissen in einer komplexen und großorganisatorischen Gesellschaft ermöglicht es dieser Gruppe, sofern sie diese neuen Formen des Produktionswissens und der Herrschaftsmittel mit einer eigenen sozialen und politischen Zielsetzung verbindet, einen neuen Herrschaftsanspruch durchzusetzen und sich in der Monopolisierung dieser Produktions- und Herrschaftsmittel neuer Art als Klasse zu begründen. Auf der Grundlage der Beherrschung und Monopolisierung dieser polit-ökonomischen Wirkungsmöglichkeiten und in Verbindung mit einer neuen ›Heilslehre‹ bildet sich eine neue Klasse der politisch und ökonomisch sich durchsetzenden ›Sinn-Vermittler‹ und ›Heilslehrer‹ heraus, die sich im interessenhaften Klassengegensatz zu allen denen befinden, die der Produktion von Gütern im Sinne der Lebensbefriedigung, des Wohlstandes und des Funktionierens eines gesellschaftlichen Systems dienen. Es ist ein Klassengegensatz, den wir vorläufig auf die Formel der *Auseinandersetzung zwischen der Klasse der ›Sinn- und Heilsvermittler‹ mit den ›Produzenten von lebenswichtigen Gütern‹* bringen wollen.«[19]

Schelsky betont nun aber etwas ganz wichtiges: »Es geht darum, ob die ›Sinn-Vermittler‹ ihre eigenen Herrschaftsziele durchzusetzen vermögen oder ob sie sich mit der dienenden Stellung einer Sinnausdeutung der gesellschaftlich Arbeitenden begnügen. Es geht also um das herrschaftliche oder das dienende Selbstverständnis der ›Sinnvermittler‹.«[20] Wie passen die Ökonomen in dieses Gedankenbild, welche Stellung nehmen sie ein, wie lautet ihr Eigeninteresse?

Wie bereits deutlich geworden ist, wäre das Berufsbild des Ökonomen in einem freien Marktsystem relativ unbedeutend, die Verdienstmöglichkeiten vergleichsweise gering – im Vergleich zu einer Situation, in der der Staat dazu gebracht werden kann, die ökonomische Lehre und Forschung aktiv zu finanzieren und zu fördern. Dazu ist es natürlich für die Ökonomen erforderlich, eine grundsätzlich staatszugewandte und -befürwortende (Lehr-)Haltung einzunehmen. Dazu gehört zunächst, die wissenschaftliche Legitimation des Staates (wie wir ihn heute kennen) bereitzustellen. Zudem bedarf es auch einer ökonomischen Legitimierung, die dem Staat bestimmte Aufgaben zuweist, und die nur er zufriedenstellend erfüllen kann. Dazu zählt zum Beispiel, dass der Staat das Geldmonopol innehaben soll; und dass besser nicht ein Warengeld, sondern staatliches ungedecktes Geld verwendet wird; und dass es erlaubt ist, dass Geschäftsbanken mit einer Teilreserve operieren; und dass der Staat Straßen und Schulen und Universitäten bereitzustellen hat; und dass er die Altersvorsorge regeln soll; und so weiter und so fort. Und je mehr Aufgaben der Staat übernimmt, desto größer wird der Einflussbereich der Ökonomen.

Die Ökonomen müssen dabei vor allem eines überzeugend erklären: Dass das System der freien Märkte nicht alles leisten kann, dass es vielmehr Dinge gibt, für deren Regelung der Staat unverzichtbar ist, die er regeln muss, wenn ein friedvolles und produktives Zusammenleben der Menschen in der Gemeinschaft möglich sein, wenn es nicht in Chaos und Gewalt versinken soll. Dazu führen sie zum Beispiel »Marktversagen«, »Monopole«, »externe Effekten«, »Marktmacht«, »öffentliche Güter« und anderes mehr ins Feld, die die Existenz beziehungsweise den Einsatz des Staates angeblich unausweichlich machen. Damit ist ausgeschlossen, dass die Ökonomen unerschrockene Befürworter des Systems der freien Märkte sein können, sie müssen sich zumindest als Interventionisten positionieren: also befürworten, dass der Staat fallweise in das Wirtschafts- und Gesellschaftsleben eingreift, um bestimmte Ziele zu erreichen. Diese Grundposition wird ihre Lehre in Schule und Hochschule und auch ihr Sendungsbewusstsein in ihren üblichen Berufswegen (in Verwaltung, Stabsabteilungen, Medien etc.) prägen.

Es ist sicherlich nicht allzu weit hergeholt zu vermuten, dass (auch) die Ökonomen der Versuchung unterliegen, nicht nur *lehrende und forschende Intelligenz* zu sein, sondern auch zur *heilsverkündenden Intelligenz* aufzusteigen. Gerade das zusehends *wissenschaftshörige Diskurskli-*

ma bietet dazu ja auch mannigfaltige Gelegenheiten. Denn hier gehört es quasi zum guten Ton, jedwede Streitfrage – ob in Wirtschaft, Gesellschaft, Gesundheit oder Umwelt – unter Berufung auf *überlegene und damit wissenschaftlich begründete Erkenntnisse* lösen zu wollen. Eine solche »Hochstilisierung zu Wissensfragen« führt dazu, dass derjenige, dessen Argumente am engsten mit den etablierten Wissenschaftserkenntnissen, dem Konsens, verbunden sind, auch die überlegene Lösung zu haben scheint. Doch überzeugen kann das so ohne weiteres nicht. Schließlich wird dadurch nur die Entscheidung, wer Recht hat und wer nicht, auf eine erkenntnistheoretische Ebene verschoben (und bleibt zunächst ungeklärt).

Auf zwei Wegen kann es dem Ökonomen gelingen, tatsächlich zur heilsverkündenden Intelligenz aufzusteigen. *Erstens*: Die Ökonomen problematisieren die vorherrschenden Verhältnisse, ob nun gerechtfertigt oder nicht, engagieren sich als *Elendpropagandisten*. Sie sagen beispielsweise, alles ließe zu wünschen übrig: Die Wirtschaft ist zu krisenanfällig, die Einkommen der Arbeitnehmer sind zu gering, die Unterschiede zwischen Arm und Reich zu groß, die Gesundheitsversorgung ist unzureichend, die Umwelt wird zu stark belastet et cetera. Das macht selbstverständlich diejenigen, die diese Botschaften vernehmen und ihnen Glauben schenken, empfänglich für Lösungsvorschläge, insbesondere für *Heilslehren* der Ökonomen, mit denen sie versprechen, dass mit diesen oder jenen Politikmaßnahmen des Staates künftig alles besser werde. Die Ökonomen müssen also per se *interventionistisch gesinnt* sein.

Zweitens: Die Ökonomen *missinterpretieren gezielt* die Ursachen der beklagten Missstände. Beispielsweise werden Finanz- und Wirtschaftskrisen erklärt als Folge der ungezügelten freien Märkte, des Kapitalismus, der Gier der Finanzinvestoren, der ungeregelten kapitalistischen Globalisierung et cetera. Verschwiegen wird geflissentlich, dass für die unbestreitbar bestehenden Übel der Staat, der staatliche Interventionismus verantwortlich ist und nicht das System der freien Märkte. In der westlichen Welt gibt es schlichtweg kein System der freien Märkte, keinen Kapitalismus, es herrscht vielmehr Interventionismus. Und folglich können auch alle zu beobachtenden Missstände nicht dem Kapitalismus angelastet werden, sondern die Ursache der Probleme ist im staatlichen Intervenieren zu suchen (und zu finden). Wenn die Ökonomen mit ihrer *gezielten Missinterpretation* in der Öffentlichkeit jedoch durchdringen, dann ist ihnen der Zuspruch des Staates (wie wir ihn heute kennen), seiner Repräsentanten und der Sonderinteressengruppen, die den Staat für ihre Zwecke einspannen (wollen), ganz sicher.

Nicht nur Lob und Belohnung wird solcherart orientierten Ökonomen zuteil (wie Sitze in Beratungsgremien der Regierung, neue Forschungsaufträge etc.). Sie steigen auch zu *Heilverkündern* auf: Man spricht ihnen aufgrund ihrer (vermeintlichen) Kompetenz als Ursachenerklärer der Probleme nun auch die Um- und Weitsichtigkeit zu, die richtigen Problemlösungen vorzuschlagen. Diejenigen, die Positionen im Staat bekleiden (sei es als Regierungs- oder Oppositionspolitiker, Bürokrat), die vom Staat leben (wie öffentliche Angestellte, Betriebe, die staatliche Aufträge erhalten) oder die ihn für ihre Zwecke einspannen wollen (Stichworte: Lobbygruppen oder Big Business, Big Banking, Big Tech, Big Pharma), werden Beifall klatschen. Alle diese Sondergruppen profitieren davon, wenn die *Heilsverkündung* der Ökonomenzunft tatsächlich lautet: *Der Staat muss beauftragt und befähigt werden, für Gutes zu sorgen, die Missstände im Wirtschafts- und Gesellschaftsleben aus der Welt zu schaffen – denn das System der freien Märkte sei das Problem, und der Staat und sein Eingreifen sind die Lösung.*

Wohin das führt, hat Ludwig von Mises unmissverständlich mit seiner *Kritik des Interventionismus* im Jahr 1929 formuliert: Wenn der Staat eingreift, um Probleme zu lösen, um bestimmte wünschenswerte Ziele zu erreichen, wird er diese Ziele entweder nicht erreichen; oder er wird sie erreichen, aber nur indem er Probleme schafft, die vorher nicht da waren, oder die da waren, aber durch den staatlichen Eingriff vergrößert und verschlimmert werden. Das wiederum löst weitere Interventionen aus – auf Intervention folgt Intervention –, und eine *Interventionismusspirale* kommt in Gang. Wenn man diese *Interventionismusspirale* nicht zum Stillstand bringt, sie zurückschraubt, ist der Weg der Wirtschaft und Gesellschaft in den Sozialismus geebnet. Genauer gesagt: Wenn Intervention auf Intervention folgt, dann wird das Wirtschafts- und Gesellschaftssystem früher oder später vollumfänglich gelenkt und gesteuert sein, werden die Reste des freien Marktsystems, die heute noch vorhanden sind, auch noch zerstört werden; eine staatliche Lenkungswirtschaft tritt an ihre Stelle – und der Kollektivismus-Sozialismus hat gesiegt.

Zum Status des Heilverkünders steigen die Ökonomen jedoch nicht auf, wenn sie die Volkswirtschaftslehre als apriorische Handlungswissenschaft konzeptualisieren. Dafür müssen sie sie vielmehr als Erfahrungswissenschaft einordnen und betreiben. Dann können im Grunde alle Arten von staatsdienlichen, gut und verheißungsvoll klingenden Vorschlägen zur Umsetzung empfohlen werden wie zum Beispiel: Die Zentralbank muss den Zins in den Negativbereich drücken, das unterstützt Produktion und Beschäftigung; oder: Die Ausweitung der ungedeckten Geldmenge macht die Volkswirtschaft reicher. Zudem lassen sich Erfahrungstatbestände nach politischem Gusto recht einfach uminterpretieren: Nicht die staatliche Zentralbank sorgte für Inflation, sondern steigende Energiepreise; oder: Der Kapitalismus verursachte Finanz- und Wirtschaftskrisen, nicht der Interventionismus; oder: Ohne staatliche Defizitpolitik wäre die Volkswirtschaft der Rezession nicht entkommen; und so weiter.

Als Teil der Reflexionselite, der heilsverkündenden Intelligenz haben sie kein dienendes Selbstverständnis, sondern ein herrschaftliches. Und in diesem Sinne wird die Volkswirtschaftslehre zu einem scharfen Instrument, um bestehende Herrschaftsverhältnisse zu begründen oder neue zu legitimieren. Helmut Schelsky benannte die Problematik der Intellektuellen in der Rolle der Heilsverkünder: *»Die Wirkungsmacht dieser Träger einer neuen sozialen Heilsverkündung beruht darauf, daß sie zugleich sozial unaufgebbare gesellschaftliche Leistungen erfüllen und diese ihren subjektiven meinungs- oder glaubenshaften Letztwerten unterordnen und von daher gesellschaftsgegnerisch praktizieren können. Die »Intellektuellen« sind von den Selbstbehauptungsinteressen der Gesellschaft her gesehen funktional ebenso unentbehrlich wie gefährlich.«*[21]

Vor diesem Hintergrund wird ersichtlich, dass die ökonomische Wahrheit einen schweren Stand hat, dass sie nicht ohne weiteres ihren Siegeszug feiern wird. Und das wiederum ist mehr als nur eine Bedrohung der freien Wirtschaft und Gesellschaft. Schließlich muss der Handelnde, will er zum Erfolg gelangen, sich den natürlich gegebenen Bedingungen seines Daseins anpassen. Er kann daher gar nicht auf die handlungslogischen Einsichten verzichten, kann sie nicht schadlos ignorieren. Ludwig von Mises hob die existentielle Bedeutung der Handlungslogik und ihrer Wissensbeiträge eindrücklich wie folgt hervor: »Es hängt von den Menschen ab, ob sie von dem Geistesgut, das sie in der Nationalökonomie besitzen, den zweckmässigsten Gebrauch machen wollen, oder ob sie es unbeachtet und ungenutzt brachliegen lassen werden. Wenn sie aber darauf verzichten sollten, in ihrem Handeln den Ergebnissen des wissenschaftlichen Denkens Rechnung zu tragen, werden sie nicht die Nationalökonomie zertrümmern, sondern die Gesellschaft, die Kultur und das Menschentum.«[22]

Den Irrtümern, der Falschheit zu entkommen, ist möglich: Der Siegeszug der Wahrheit ist möglich, und er liegt sogar viel näher als viele meinen. Es geht »nur« darum, die erkenntnistheoretischen Grundlagen der Volkswirtschaftslehre ohne Wenn und Aber auf den Prüfstand zu stellen, sie einer rigorosen Kritik zu unterziehen – etwas, was in Fachkreisen kaum mehr betrieben wird. Erforderlich ist so gesehen ein »neuer Methodenstreit«, in den auch die Kritik alternativer Ansätze – allen voran die apriorische Handlungslogik – mit einzubeziehen ist. Gebraucht wird ein neuer Methodenstreit, der nicht auf die Volkswirtschaftslehre beschränkt ist, sondern der auch die Philosophen, und hier vor allem die Wissenschafts- und Erkenntnistheoretiker, zur Teilnahme einlädt.[23] Der Erkenntnisbeitrag, den dieses Buch dazu erbringen will, ist hoffentlich klar genug formuliert (und liefert damit auch genug Angriffsfläche, um die Diskussion zu ermuntern): Die Volkswirtschaftslehre lässt sich widerspruchsfrei als eine *a priori* Handlungswissenschaft konzeptualisieren. Sie kann wahre Aussagen über das menschliche Handeln, wie es sich in der realen Welt vollzieht, bereitstellen. Wenn die Volkswirtschaftslehre als apriorische Handlungswissenschaft verstanden und betrieben wird, dann wird der Weg zur Wahrheit unweigerlich und wie von selbst eingeschlagen.

Literatur

Apel, K.-O. (1973), Das Apriori der Kommunikationsgemeinschaft und die Grundlagen der Ethik: Zum Problem einer rationalen Begründung der Ethik im Zeitalter der Wissenschaft, in: Ders., Transformation der Philosophie, Bd. 2, Frankfurt a. M. (Orig.: 1972), S. 358-435.

Apel, K.-O. (1976), Das Problem der philosophischen Letztbegründung im Lichte einer transzendentalen Sprachpragmatik (Versuch einer Metakritik des ›Kritischen Rationalismus‹), in: Kanitschneider, B. (Hrsg.), Sprache und Erkenntnis, Insbruck, S. 55–82.

Apel, K.-O. (1988), Diskurs und Verantwortung: Das Problem des Übergangs zur postkonventionellen Moral, Frankfurt a. M.

Apel, K.-O. (1998), Auseinandersetzungen in Erprobung des transzendentalpragmatischen Ansatzes, Frankfurt a. M.

Apel, K.-O., Kettner, M. (1992), Zur Anwendung der Diskursethik in Politik, Recht und Wissenschaft, Hrsg. Karl-Otto Apel, Matthias Kettner, Frankfurt a. M.

Aristoteles (1890), Metaphysik, übersetzt von Hermann Bonitz, herausgegeben von Eduard Wellmann, Berlin, Druck und Verlag von Georg Reimer.

Aristoteles (2013), Organon, 2. Aufl., Holzinger Verlag.

Arnold, L., Hübler, O., Oberender, P. Karmann, A., Bühn, A. (2009), Krise der Wirtschaftswissenschaften: Braucht die VWL eine Neuausrichtung?, in: Ifo Schnelldienst, 62. Jg., 14, 29–31. KW, 30. Juli, S. 3–15.

Block, W. (2009), The Privatization of Roads & Highways. Human and Economic Factors, Ludwig von Mises Institute, Auburn, US Alabama.

Bogner, A. (2021), Die Epistemisierung des Politischen. Wie die Macht des Wissens die Demokratie gefährdet, Philipp Reclam jun. GmbH & Co. KG, Stuttgart.

Brentano, L. (1913), Mein Leben im Kampf um die soziale Entwicklung Deutschlands, Jena.

Bryan, M. (2013), The Great Inflation, Federal Reserve History, Federal Reserve Bank of Atlanta (https://www.federalreservehistory.org/essays/great-inflation).

Cohen, M. R., Nagel, E. (2002), An Introduction to Logic and Scientific Method, Simon Publications.

Conant, C. A. (1904), What determines the Value of Money?, in: Quarterly Journal of Economics, Vol. XVIII, S. 551–569.

Detel, W. (2020), Grundkurs Philosophie, Band 4: Erkenntnis- und Wissenschaftstheorie, Philipp Reclam jun. Verlag GmbH, Ditzingen.

Heinzmann, R. (1991), Thomas von Aquin und die Autonomie der Vernunft, in: Hrsg. Norbert Kutschki, Der Streit um den rechten Glauben, Benziger Verlag, Zürich.

Eigentum und Umweltschutz. Über die institutionellen Voraussetzungen der Nachhaltigkeit (2011), Argumente der Freiheit, Hrsg. von Hentrich, liberal Verlag, Berlin.

Esfeld, M. (2019), Wissenschaft und Freiheit. Das naturwissenschaftliche Weltbild und der Status von Personen, Suhrkamp Taschenbuch, Berlin.

Ferguson, N. (2018), The Square and the Tower. Networks, Hierarchies and the Struggle for Global Power, Penguin Random House, UK.

Feyerabend, P. (1993), Wider den Methodenzwang, Suhrkamp Taschenbuch, Frankfurt a. M.

Grabmann, M. (1920), Thomas von Aquin. Eine Einführung in seine Persönlichkeit und Gedankenwelt, Verlag Jos. Kösel'schen Buchhandlung, Kempten und München.

Grundmann, T. (2019), Philosophische Wahrheitstheorien, Philipp Reclam jun. Verlag GmbH, Ditzingen.

Habermas, J. (1981), Theorie des kommunikativen Handelns, 2 Bde., Frankfurt a. M.

Habermas, J. (1983), Moralbewußtsein und kommunikatives Handeln, Frankfurt a. M.

Habermas, J. (1991), Erläuterungen zur Diskursethik, Frankfurt a. M.

Habermas, J. (1992), Faktizität und Geltung: Beiträge zur Diskurstheorie des Rechts und des demokratischen Rechtsstaats, Frankfurt a. M.

Hartwig, K.-H. (1976), Kritisch-rationale Methodologie und ökonomische Forschungspraxis. Zum Gesetzesbegriff in der Nationalökonomie, Peter Lang, Frankfurt a. M., Bern, Las Vegas.

Hayek, F. A. v. (1960), The Intellectuals and Socialism, Reprinted from The University of Chicago Law Review (Spring 1949), S. 417-420, 421-423, 425-433, by permission of the author and the publisher, The University of Chicago Press; George B. de Huszar ed., The Intellectuals: A Controversial Portrait (Glencoe, Illinois: The Free Press, 1960) S. 371-84. The pagination of this edition corresponds to the Huszar edited volume.

Helfferich, K. (1923), Das Geld, 6. Aufl., Leipzig.

Hoppe, H.-H. (2020), Über den demokratischen Untergang und die Wege aus der Ausweglosigkeit. Reden, Aufsätze und Interviews wider den linksgrünen Zeitgeist. Holzinger Verlag, Berlin.

Hoppe, H.-H. (2012), The Private Production of Defense, in: The Great Fiction. Property, Economy, Society, and the Politics of Decline, S. 173–198.

Hoppe, H.-H. (2012), Der Wettbewerb der Gauner: Über das Unwesen der Demokratie und den Ausweg in die Privatrechtsgesellschaft, Holzinger Verlag, Berlin.

Hoppe, H.-H. (2006), On Government and the Private Production of Defence, in: Democracy. The God that Failed, Transaction Publisher, New Brunswick, New Jersey, S. 239–265.

Hoyningen-Huene, P. (1998), Formale Logik. Eine philosophische Einführung, Philipp Reclam jun. GmbH & Co. KG, Stuttgart.

Höffe, O. (2007), Immanuel Kant, Verlag C. H. Beck, München.

Husserl, D. (1901), Logische Untersuchungen, Zweiter Theil, Untersuchungen zur Phänomenologie und Theorie der Erkenntnis, Halle a. S., Max Niemeyer.

Janich, P. (2015), Handwerk und Mundwerk. Über das Herstellen von Wissen, C. H. Beck, München.

Jensen, M. C., Meckling, W. H. (1976), Theory of the Firm: Managerial Behavior, Agency Costs and Ownership Structure, in: Journal of Financial Economics, October, Vol. 3, No. 4, S. 305–360.

Jevons, W. S. (1888), Elementary Lessons in Logic: Deductive and Inductive, MacMillan and Co. London, New York.

Jevons, W. S. (1879), The Theory of Political Economy, 2. Aufl., MacMillan and Co., London.

Knapp, G. F. (1921), Staatliche Theorie des Geldes, 3. Aufl., Duncker & Humblot, München, Leipzig.

Keynes, J. M. (1914), A Treatise On Money, Volume 1, MacMillan and Co., London.

Knies, K. (1853), Die politische Oekonomie vom Standpunkte der geschichtlichen Methode, Braunschweig.

Kraft, V. (1960), Erkenntnislehre, Springer Verlag, Wien.

Lachmann, L. M. (1976), From Mises to Shackle. An essay on Austrian economics and the kaleidic society, in: Hrsg. Lavoie, D.,Expectations and the Meaning of Institutions. Essays in economics by Ludwig Lachmann, Routledge, London, New York, S. 223 – 233.

Lerner, A. P. (1947), Money as a Creature of the State, in: The American Economic Review, Vol. 37, No. 2, Papers and Proceedings of the Fifty-ninth Annual Meeting of the American Economic Association, Mai, S. 312–317.

Machlup, F. (1937), Can We Control The Boom?, A conference at the University of Minnesota, May 11., S. 11–18.

Menger, C. (1883), Untersuchungen über die Methode der Sozialwissenschaften und der Politischen Oekonomie insbesondere, Duncker & Humblot, Leipzig.

Mises, L. v. (1962), The Ultimate Foundation of Economic Science. An Essay on Method, D. Van Nostrand Company, Inc., Princeton, New Jersey et al.

Mises, L. v. (1957), Theory and History. An Interpretation of Social and Economic Evolution, Ludwig von Mises Institute, Auburn, US Alabama.

Mises, L. v. (1940), Nationalökonomie. Theorie des Handelns und Wirtschaftens, Editions Union Genf.

Mises, L. v. (1953), Bemerkungen über die mathematische Behandlung nationalökonomischer Probleme, in: Studium Generale. Berlin-Goettingen-Heidelberg: Springer Verlag (Dezember 1953) S. 662–665.

Mises, L. v. (1932), Die Gemeinwirtschaft. Untersuchungen über den Sozialismus, 2. Auflage, Verlag Gustav Fischer, Jena.

Mises, R. v. (1990), Einführung in die empiristische Wissenschaftsauffassung, Hrsg. Friedrich Stadler, Suhrkamp Taschenbuch, Frankfurt a. M.

Mitnick, B. M. (2019), Origin of the Theory of Agency: An Account By One of the Theory's Originators (file:///C:/Users/user/Downloads/SSRN-id1020378%20(1).pdf).

Oliva Córdoba, M. (2017), Uneasiness and Scarcity: An Analytic Approach Towards Ludwig von Mises's Praxeology, in: Axiomathes 27, S. 521–529.

Painlevé, P. (1969), The Place of Mathematical Reasoning In Economics, in: Essays in European Economic Thought, übers. von Louise Sommer, D. Van Nostrand Company, Inc., Princeton, New Jersey, S. 120–132.

Pieper, J. (2014), Thomas von Aquin. Leben und Werk, Verlagsgemeinschaft topos plus, Kevelaer.

Polleit, T. (2020), Der Antikapitalist. Ein Weltverbesserer, der keiner ist, FinanzBuch Verlag, München.

Polleit, T. (2020), Mit Geld zur Weltherrschaft. Warum unser Geld uns in einen dystopischen Weltstaat führt – und wie wir mit besserem Geld eine bessere Welt schaffen können, FinanzBuch Verlag, München.

Polleit, T. (2022), Ludwig von Mises. Der kompromisslose Liberale, Finanzbuch Verlag, München.

Poller, H. (2016), Utopie und Wirklichkeit. Eine kleine Kulturgeschichte der Zukunftsbetrachtung, Horst Poller Verlag.

Poser, H. (2001), Wissenschaftstheorie. Eine philosophische Einführung, Philipp Reclam jun. GmbH & Co. KG, Stuttgart..

Raschke, H. (1949), Der innere Logos im antiken und deutschen Idealismus, Schriften der Wittheit zu Bremen, Band 18, Heft 3, Friedrich Trüjen Verlag, Bremen.

Ratzinger, J., Benedikt XVI. (2007), Auf Christus schauen. Einübung in Glaube, Hoffnung, Liebe, Herder, Freiburg, Basel, Wien.

Rectenwald, M. (2020), What Is the Great Reset? Part I: Reduced Expectations and Bio-techno-feudalism, Mises Wire, December 16, https://mises.org/wire/what-great-reset-part-i-reduced-expectations-and-bio-techno-feudalism

Rectenwald, M. (2020), The Great Reset, Part II: Corporate Socialism, Mises Wire, December 26, https://mises.org/library/great-reset-part-ii-corporate-socialism

Rectenwald, M. (2020), The Great Reset, Part III: Capitalism with Chinese Characteristics, Mises Wire, January 1, https://mises.org/wire/great-reset-part-iii-capitalism-chinese-characteristics

Rectenwald, M. (2021), The Great Reset, Part IV: ›stakeholder Capitalism‹ vs. ›Neoliberalism‹, Mises Wire, February 1, https://mises.org/wire/great-reset-part-iv-stakeholder-capitalism-vs-neoliberalism

Rectenwald, M. (2021), The Great Reset, Part V: Woke Ideology, Mises Wire, February 27, https://mises.org/wire/great-reset-part-v-woke-ideology

Rectenwald, M. (2021), The Great Reset, Part VI: Plans of a Technocratic Elite, Mises Wire, 11. Februar, https://mises.org/wire/great-reset-part-vi-plans-technocratic-elite

Rothbard, M. N. (2011), The Hermeneutical Invasion of Philosophy and Economics, in: Economic Controversies, Ludwig von Mises Institute, Auburn, US Alabama, S. 119–136.

Rothbard, M. N. (2011), What is the Proper Way to Study Man?, in: Economic Controversies, Ludwig von Mises Institute, Auburn, US Alabama, S. 25–28.

Rothbard, M. N. (2009), Man, Economy, and State (with Power and Market), the Scholar's Edition, Ludwig von Mises Institute, Auburn, US Alabama.

Rothbard, M. N. (1982), Law, Property Rights, and Air Pollution, in: Cato Journal, 2, No. 1, Spring, S. 55–99.

Rothbard, M. N. (1982), The Ethics of Liberty, New York University Press, New York and London.

Rothbard, M. N. (1977), The Conspiracy Theory of History Revisited, in: Reason, April, S. 39–40.

Rothbard, M. N. (1973), For A New Liberty: The Libertarian Manifesto, Ludwig von Mises Institute, Auburn, US Alabama.

Roscher, W. (1843), Grundriß zu Vorlesungen über die Staatswirthschaft nach geschichtlicher Methode, Verlag der Dieterichschen Buchhandlung, Göttingen.

Salerno, J. T. (2005), Introduction, in: Murray N. Rothbard, A History of Money and Banking in the United States. The Colonial Era To World War II, Ludwig von Mises Institute, Auburn, US Alabama, S. 7–43.

Salin, E. (1951), Geschichte der Volkswirtschaftslehre, A. Francke AG, Bern, J. C. B. Mohr (Paul Siebeck), Tübingen.

Schelsky, H. (1975), Die Arbeit tun die anderen. Klassenkampf und Priesterherrschaft der Intellektuellen, Deutscher Taschenbuch Verlag, München.

Schmoller, G. v. (1908), Grundriß der Allgemeinen Volkswirtschaftslehre, Erster Teil, Duncker & Humblot, Berlin.

Schmoller, G. v. (1884), Jahrbuch für Gesetzgebung, Verwaltung und Volkswirthschaft im Deutschen Reich, 8. Jahrg., Heft 2.

Schneider, E. (1965), Einführung in die Wirtschaftstheorie, IV Teil, Ausgewählte Kapitel der Geschichte der Wirtschaftstheorie, 1. Band, 2. Aufl., C. C. B. Mohr (Paul Siebeck), Tübringen.

Schumpeter, J. A. (1942), Capitalism, Socialism, and Democracy, 2. Aufl., Harper & Brothers Publishers, New York und London.

Schütz, A. (1974), Der sinnhafte Aufbau der sozialen Welt. Eine Einleitung in die verstehende Soziologie, Frankfurt a. M.

Smith, A. (2007), An Inquiry Into The Nature And Causes Of The Wealth Of Nations, Books I, II, III and IV, MetaLibri (https://www.ibiblio.org/ml/libri/s/SmithA_WealthNations_p.pdf).

Störig, H. J. (2004), Kleine Weltgeschichte der Philosophie, Fischer Taschenbuch Verlag, Frankfurt am Main.

Tetens, H. (2006), Kants »Kritik der reinen Vernunft«. Ein systematischer Kommentar, Philipp Reclam jun. GmbH & Co. KG, Stuttgart.

Tetens, H. (2013), Der Naturalismus: Das metaphysische Vorurteil unserer Zeit?, in: Information Philosophie, Heft 3, S. 8 – 17; gekürzte Internetversion: https://www.information-philosophie.de/?a=1&t=7251&n=2

Thomas von Aquin (1986), Von der Wahrheit. De veritate (Quaestio I), ausgewählt, übersetzt und herausgegeben von Albert Zimmermann, Felix Meiner Verlag Hamburg.

Thomas von Aquin (2006), Kommentar zum Trinitätstraktat des Boethius I, Lateinisch-Deutsch, übersetzt und eingeleitet von Peter Hoffnung und Hermann Schröter, Herder, Freiburg, Basel, Wien.

Tiedtke, A. (2021), Der Kompass zum lebendigen Leben, FinanzBuch Verlag, München.

Walsh, C. M. (1903), The Fundamental Problem in Monetary Science, The Macmillan Company, London.

Wandschneider, D. (1994), Letztbegründung und Logik, in: Letztbegründung als System, Hrsg. Klein, H.-D., Sonderdruck, Bouvier Verlag, Bonn, S. 84–103.

Weber, M. (1922), Grundriss der Sozialökonomik, III. Abteilung, Wirtschaft und Gesellschaft, Verlag von J. C. Mohr (Paul Siebeck), Tübingen.

Weber, M. (1922), Roscher und Knies und die logischen Probleme der historischen Nationalökonomie, in: Gesammelte Aufsätze zur Wissenschaftslehre, Verlag von J. C. B. Mohr (Paul Siebeck), Tübingen, S. 1–145.

Whitehead, R., Gould, G., Block, W. (2004), The Value of Private Water Rights: From a Legal and Economic Perspective, Albany Law Environmental Outlook Journal, Vol. 9, No. 2, S. 313–343.

Anmerkungen

Einleitung

1 Diese Formulierung ist Bogner (2021), Die Epistemisierung des Politischen, S. 40, entliehen.

2 Zu den Grenzen (natur-)wissenschaftlicher Erklärungen siehe Esfeld (2019), Wissenschaft und Freiheit, insb. S. 81–130.

3 Für eine kritische Bewertung siehe Rothbard (2011), The Hermeneutical Invasion of Philosophy and Economics; auch Feyerabend (1993), Wider den Methodenzwang.

4 Menger (1891), Die Social-Theorien der classischen National-Oekonomie und die moderne Wirthschaftspolitik, S. 222.

5 Der Begriff stammt von Detel (2014), Erkenntnis- und Wissenschaftstheorie, S. 53.

Kapitel 1: Erkenntnis der Wahrheit

1 Kant (1968), Kritik der reinen Vernunft, S. 829.

2 Aristoteles (1890), Metaphysik, S. 79.

3 Grundmann (2019), Philosophische Wahrheitstheorien, S. 29.

4 Siehe hierzu Detel (2020), Band 4: Erkenntnis- und Wissenschaftstheorie, S. 53–54.

5 Siehe hierzu Poser (2001), Wissenschaftstheorie, S. 104 ff.

6 Die Erkenntnis ist der Gegenstand, ist das Untersuchungsobjekt der Erkenntnistheorie, die auch als *Epistemologie* bezeichnet wird. Als Teilgebiet der Philosophie befasst sie sich, kurz gesprochen, mit der Gewinnung und Überprüfung von Erkenntnis, mit der Herkunft und den Grenzen der Erkenntnis.

7 Siehe Kraft (1960), Erkenntnislehre, S. 154–155.

8 Husserl (1901), Logische Untersuchungen, S. 9.

9 Siehe hierzu Kraft (1960), Erkenntnislehre, S. 21.

10 Mill, Logik, I. Buch, Kap. 1 § 1.

11 Siehe hierzu Mises (1953), Bemerkungen über die mathematische Behandlung nationalökonomischer Probleme. Painlevé (1969), The Place of Mathematical Reasoning In Economics; auch Polleit (2022), Ludwig von Mises, S. 147 ff.

12 Man nehme nur einmal eine (in heutigen Lehrbüchern zu findende) *Preisabsatzfunktion* wie zum Beispiel $x = a - b$. p. Sie besagt, dass die nachgefragte Menge eines Gutes x eine Funktion ist von a (einer Konstanten) sowie dem Preis des Gutes p, wobei ein steigender (fallender) Preis p die Nachfrage nach x senkt (erhöht), und zwar in Höhe von b.

13 Zitiert bei Mises (1953), Bemerkungen über die mathematische Behandlung nationalökonomischer Probleme.

Kapitel 2: Wissensfortschritt, Wissensrückschritt

1 Neumark (1975), Zyklen in der Geschichte ökonomischer Ideen, S. 258, Fußnote 3. Das arbeitet tendenziell natürlich dem substitutiven Wissenschaftsfortschritt in die Hände.

Kapitel 3: Exkurs: Logik

1 Siehe zum Beispiel Cohen, Nagel (2002), An Introduction to Logic and Scientific Method; auch Jevons (1888), Elementary Lessons in Logic: Deductive and Inductive. *Formale Logik* bezeichnet dabei die Notation von Schlüssen in formalisierter Form, einer (speziellen) Symbolsprache. In dieser Arbeit wird gewissermaßen auf die *informale Logik* zurückgegriffen, einer Logik also, die den Wahrheitsgehalt der in *gewöhnlicher* Sprache dargelegten *Argumente* untersucht. Hoyningen-Huene informiert uns, dass der Begriff *formale Logik* von Kant stammt. Siehe hierzu Hoyningen-Huene (1998), Formale Logik, S. 27.

2 Mit Alfred Schütz (1899–1959) sei hier angemerkt, dass das eigene Verstehen des Fremden (das *Fremdverstehen*) auf Akten der Selbstauslegung fußt. Siehe hierzu Schütz (1974), Der sinnhafte Aufbau der sozialen Welt. Eine Einleitung in die verstehende Soziologie, S. 156.

3 Zum Beispiel war der britische Ökonom William Stanley Jevons (1835–1882) gleichzeitig auch noch Logiker. Er veröffentlichte 1870 *Elementary Lessons on Logic*, das damals bedeutendste Lehrbuch für Logik in englischer Sprache.

4 Siehe hierzu zum Beispiel Rothbard (2011), What is the Proper Way to Study Man?, S. 27 f.

5 Aristoteles (2013), Organon, S. 180.

Kapitel 4: Glauben und Erkennen: Thomas von Aquin

1 Pieper (2014), Thomas von Aquin, S. 121.

2 Siehe hierzu Tetens (2013), Der Naturalismus: Das metaphysische Vorurteil unserer Zeit?

3 Thomas von Aquin (1986), Über die Wahrheit, S. 4.

4 Thomas von Aquin (1986), Über die Wahrheit, Art. 1.

5 Thomas von Aquin (2006), Kommentar zum Trinitätstraktat des Boethius I, S. 47.

6 Thomas von Aquin (2006), Kommentar zum Trinitätstraktat des Boethius I, S. 71.

Kapitel 5: Kritik der reinen Vernunft: Immanuel Kant

1 Kant, Beantwortung der Frage: Was ist Aufklärung, A. 481.

2 Tetens (2006), Kants »Kritik der reinen Vernunft«, S. 18.

3 Vgl. Tetens (2006), Kants »Kritik der reinen Vernunft«, S. 19.

4 Kant, B 1.

5 Kant (1968), Kritik der reinen Vernunft, S. 68.

6 Ich folge hier nicht genau dem Faden der Geschichte der Experimentalmethode, deren erste Anfänge auch nicht wohl bekannt sind.

7 Kant (1968), Kritik der reinen Vernunft, B XII – XIV.

8 Kant (1968), Kritik der reinen Vernunft, B XVI – XVIII.

9 Kant (1968), Kritik der reinen Vernunft, 74 [B 25–B 26].

10 Kant (1968), Kritik der reinen Vernunft, S. 232 [B 196–B 197].

11 Tetens (2006), Kants »Kritik der reinen Vernunft«, S. 35–36.

12 Kant (1968), Kritik der reinen Vernunft, S. 52 [B 3–B 4].

13 Tetens (2006), Kants »Kritik der reinen Vernunft«, Beispiel S. 136.

14 An dieser Stelle sei auf Raschke (1949), Der innere Logos im antiken und deutschen Idealismus, verwiesen, der dem Wesensgrund des Kantschen a priori, seinem »hohen Postamente des ewigen Ursprungs« (S. 78) nachspürt.

15 Apel, in seinem 1967 in Göteborg gehaltenen Vortrag mit dem Titel »Das Apriori der Kommunikationsgemeinschaft und die Grundlagen der Ethik« (der 1972 als Aufsatz veröffentlicht wurde), vertrat die These, dass eine »rationale Argumentation die Geltung universaler ethischer Normen voraussetzt«. Siehe hierzu die Hauptwerke Apel (1973), Das Apriori der Kommunikationsgemeinschaft und die Grundlagen der Ethik: Zum Problem einer rationalen Begründung der Ethik im Zeitalter der Wissenschaft; ders. (1988), Diskurs und Verantwortung: Das Problem des Übergangs zur postkonventionellen Moral; Apel, Kettner (1992), Zur Anwendung der Diskursethik in Politik, Recht und Wissenschaft; sowie Apel (1998), Auseinandersetzungen in Erprobung des transzendentalpragmatischen Ansatzes. Sowie Habermas, (1981), Theorie des kommunikativen Handelns; ders. (1983), Moralbewußtsein und kommunikatives Handeln; ders. (1991), Erläuterungen zur Diskursethik; sowie ders. (1992), Faktizität und Geltung: Beiträge zur Diskurstheorie des Rechts und des demokratischen Rechtsstaats.

16 John Langshaw Austin (1911 – 1960) war britischer Philosoph und Begründer der Sprechakttheorie. John Rogers Searle (geb. 1932) gilt, neben William Payne Alston (1921 – 2009), Kent Bach (geb. 1943) und Robert M. Harnish (1941 – 2011) als der wichtigste Vertreter der Sprechakttheorie. Die Sprechakttheorie (auch Sprachhandlungstheorie) ordnet sprachwissenschaftlich das Sprechen und das Kommunizieren als Handeln ein. Das Sprechen kommt meist aus nichtsprachlichem Handeln zustande und lässt sich auch wieder auf das Handeln zurückführen.

17 Zu den Letztbegründungsgegnern gehört zum Beispiel Hans Albert (geb. 1921), der die Lehren von Karl R. Popper in Deutschland vertreten und ausgebaut hat. Der Fallibilismus (der Begriff stammt vom lateinischen *fallibilis*, was »verpflichtet zu irren« heißt) ist eine erkenntnistheoretische Position. Sie vertritt die Auffassung, dass es keine absolute Gewissheit gibt, und dass sich Irrtümer niemals ausschließen lassen. Der Weg der

Erkenntnis(-gewinnung) führt, so die Theorie des Fallibilismus, zum Falsifikationismus: Meinungen, Überzeugungen und Hypothesen müssen immer wieder auf Irrtümer hin geprüft werden.

18 Apel (1976), Das Problem der philosophischen Letztbegründung im Lichte einer transzendentalen Sprachpragmatik, S. 71.

Kapitel 6: Ältere Historische Schule

1 Max Weber (1864 – 1920) schließt Bruno Hildebrand als Begründer der Historischen Schule aus: »Sein in der ›Nationalökonomie der Gegenwart und Zukunft‹ niedergelegter Relativismus verwertet in den Punkten, auf die es hier ankommt, nur Gedanken, welche schon vor ihm, teils von Röscher, teils von anderen, entwickelt waren.« Weber (1922), Roscher und Knies und die logischen Probleme der historischen Nationalökonomie, S. 3.

2 »Man sieht, diese Methode will für die Staatswirtschaft etwas Ähnliches erreichen, was die Savigny-Eichhornsche Methode für die Jurisprudenz erreicht hat.« Roscher (1843), Grundriss zu Vorlesungen über die Staatswirtschaft nach geschichtlicher Methode, S. V.

3 Roscher (1843), Grundriß zu Vorlesungen über die Staatswirtschaft nach geschichtlicher Methode, S. 38.

4 Roscher (1843), Grundriß zu Vorlesungen über die Staatswirtschaft nach geschichtlicher Methode, Vorrede, S. IV.

5 Roscher (1843), Grundriß zu Vorlesungen über die Staatswirtschaft nach geschichtlicher Methode, S. 2.

6 Salin (1951), Geschichte der Volkswirtschaftslehre, S. 139.

7 Roscher (1843), Grundriß zu Vorlesungen über die Staatswirtschaft nach geschichtlicher Methode, Grundlagen, S. 48.

8 Hildebrand (1922), Die Nationalökonomie der Gegenwart und Zukunft und andere gesammelte Schriften, S. 309.

9 Ebenda.

10 Hildebrand (1922), Die Nationalökonomie der Gegenwart und Zukunft und andere gesammelte Schriften, S. 27.

11 Hildebrand (1922), Die Nationalökonomie der Gegenwart und Zukunft und andere gesammelte Schriften, S. 21 – 23; eigene Hervorhebung.

12 Knies, S. 18.

13 Knies, S. 19.

Kapitel 7: Jüngere Historische Schule

1 Schmoller (1908), Grundriß der Allgemeinen Volkswirtschaftslehre, S. 119.

2 Schmoller (1908), Grundriß der Allgemeinen Volkswirtschaftslehre, Teil 1, S. 101.

3 Schmoller (1908), Grundriß, Teil 1, S. 199.

4 Schmoller (1908), Grundriß, Teil 1, S. 111.

5 Schmoller (1908), Grundriß, Teil 1, S. 111.

6 Schmoller (1904), Grundriß, Teil 2, S. VI – VII.

7 Schmoller (1908), Grundriß, Teil 1, S. 109 – 101.

Kapitel 8: Methodenstreit

1 Menger (1883), Untersuchungen über die Methode der Sozialwissenschaften und der Politischen Oekonomie insbesondere, S. XII–XIII.

2 Mengers Kritik umschließt damit auch das allseits bekannte »Induktionsproblem«, das nachfolgend noch zur Sprache kommen wird. Siehe hierzu auch Menger (1883), Untersuchungen über die Methode der Sozialwissenschaften und der Politischen Oekonomie insbesondere, S. 35–36.

3 Menger (1883), Untersuchungen über die Methode der Sozialwissenschaften und der Politischen Oekonomie insbesondere, S. 12–13.

4 Menger (1883), Untersuchungen über die Methode der Sozialwissenschaften und der Politischen Oekonomie insbesondere, S. 37–38.

5 Menger (1883), Untersuchungen ..., S. 38.

6 Menger (1883), Untersuchungen ..., S. 39–40.

7 Menger (1883), Untersuchungen ..., S. 47.

8 Auch heute noch ist Schmollers Antwort lesenswert: »Die Redaktion des Jahrbuches ist nicht in der Lage, über dieses Buch zu berichten, da sie es

dem Herrn Verfasser sofort mit folgenden Zeilen zurückgesandt hat. »Geehrter Herr! Ich habe unter Kreuzband Ihre Schrift erhalten ›Die Irrthümer des Historismus in der deutschen Nationalökonomie‹. Sie trägt den Druckvermerk ›vom Verfasser‹, so dass ich also die Zusendung Ihnen persönlich zu danken habe. Es war mir schon seit einiger Zeit von verschiedenen Seiten mitgetheilt worden, dieselbe werde wesentlich einen Angriff auch mich enthalten, und der erste Blick auf die erste Seite bestätigt mir das. So sehr ich nun Ihren guten Willen, sich mit mur zu beschäftigen und mich aufzuklären, anerkenne, so sehr glaube ich doch meinen Grundsätzen über derartige literarische Waffengänge treu bleiben zu sollen. Ich muss sie Ihnen also verrathen, empfehle sie Ihnen auch zur Nachahmung; sie ersparen einem viel Zeit und Ärger. Ich werfe solche persönlichen Angriffe, zumal wenn ich von dem betreffenden Autor keine neue Förderung weiter für mich erwarte, ungelesen in den Ofen oder in den Papierkorb. Ich komme so nie in die Versuchung, in der Klopffechterweise mancher deutscher Professoren das Publikum mit der Fortsetzung literarischer Fehden zu langweilen. Ich will Ihnen gegenüber nicht so unhöflich sein, ein so schön ausgestattetes Büchlein von Ihrer Hand zu vernichten; ich sende es Ihnen daher mit verbindlichem Dank und der Bitte, einen anderweitigen besseren Gebrauch davon zu machen, anbei zurück. Für weitere Angriffe werde ich Ihnen übrigens immer dankbar bleibe. Denn: ›viel Feind, viel Ehr‹. Genehmigen Sie die Versicherung meiner ec.« Schmoller, Jahrbuch für Gesetzgebung, Verwaltung und Volkswirthschaft im Deutschen Reich, S. 333.

9 Schneider (1965), Einführung in die Wirtschaftstheorie, S. 323.

10 Schneider (1965), Einführung in die Wirtschaftstheorie, S. 323.

Kapitel 9: Positivismus und Empirismus

1 Siehe hierzu zum Beispiel Mises (1990), Einführung in die empiristische Wissenschaftsauffassung.

2 Hier ist vor allem zu nennen die »Entdeckung« der Möglichkeit einer nichteuklidischen Geometrie durch N. J. Lobatschewski und J. Bolyai zwischen 1826 und 1833 – eine Entdeckung, die bereits C. F. Gauß gemacht, aber nicht veröffentlicht hatte. Das nichteuklidische System wurde dann von Bernhard Riemann ausgebaut und von David Hilbert allgemeingültig

formuliert. Es führt nachfolgend zu einem intensiven Nachdenken über bis dahin akzeptierte, grundlegende Positionen der Mathematik.

3 In der Physik zeigte sich eine zusehends weniger ambitionierte Haltung, wenn es galt, Prinzipien und Gesetze zu formulieren. So lehnte Hermann von Helmholtz (1821 – 1894) mit Blick auf die nichteuklidische Geometrie a priori Grundsätze ab. Robert Mayer (1814 – 1878) beschränkte die wissenschaftliche Erkenntnis auf Feststellungen konstanter Größenbeziehungen zwischen einzelnen Tatsachen.

4 Siehe hierzu Ayer (1936), Language, Truth and Logic. Emotive Aussagen (»Emotive Utterances«) »are pure expressions of feeling and as such they do not come under the category of truth and falsehood. They are unverifiable for the same reason as a cry of pain or a word of command is unverifiable – because they do not express genuine propositions.« (S. 108 f.). Weiterentwickelt wurde der Ansatz von Stevenson (1937), The Emotive Meaning of Ethical Terms; ders. (1944), Ethics and Language.

5 »[I]f one accepts the terminology of logical positivism and especially also that of Popper, a theory or hypothesis is ›unscientific‹ if in principle it cannot be refuted by experience. Consequently, all *a priori* theories, including mathematics and praxeology, are ›unscientific‹. This is merely a verbal quibble. No serious man wastes his time in discussing such a terminological question.« Mises, The Ultimate Foundation of Economic Science, S. 70.

6 Friedman (1953): The Methodology of Positive Economics, S. 3–43.

7 Ebenda, S. 8 und 9.

8 Friedman (1953), S. 14.

9 Siehe hierzu und im Folgenden Hoppe (1983), Kritik der kausalwissenschaftlichen Sozialforschung. Er zeigt darin, dass die Kausalforschung in der Handlungswissenschaft logisch unvereinbar ist mit der allgemein als gültig anerkannten und argumentativ nicht widerlegbaren Aussage, dass der Mensch lernen kann.

10 Hoppe (1983), Kritik der kausalwissenschaftlichen Sozialforschung, S. 14.

Kapitel 10: Poppers Falsifikationismus

1 Poppers vier Hauptschriften sind: »Logik der Forschung« (1935, erschienen in englischer Sprache 1959 unter »The Logic of Scientific Discovery«), »The Open Society and its Enemies« (1945, zwei Bände; 1957 in deutscher Sprache »Die offene Gesellschaft und ihre Feinde«), »The Poverty of Historizism« (1957; deutsch 1944: »Das Elend des Historizismus«) sowie Objective Knowledge. An Evolutionary Approach (1972, in deutsch 1973 als »Objektive Erkenntnis« erschienen).

2 Es hier angemerkt: Der kritische Rationalismus ist als Erkenntnistheorie natürlich unzugänglich; aber er erfasst einen ganz wesentlichen Punkt der naturwissenschaftlichen Methode: Kritik durch Suche nach Gegenbeispielen statt Induktion. Eine Hypothese wird dadurch zu einer bestätigten Erkenntnis, dass sie harter Kritik ausgesetzt wird und standhält (methodischer Skeptizismus). Das kann man im gegenwärtigen Kontext gar nicht genug betonen. Popper ist sich ferner darüber im Klaren, dass die Methode der Naturwissenschaften nicht auf die Sozialwissenschaften übertragen werden kann und erfasst auch die Gründe dafür richtig. Er sieht dann nur nicht, dass diese Nicht-Übertragbarkeit auch für das Kriterium der Falisifikation selbst gilt, wie es in den Naturwissenschaften angewendet wird.

3 Popper (2002), The Logic of Scientific Discovery, S. 56, *eigene Übersetzung.*

4 Popper (2002), The Logic of Scientific Discovery, S. 15, *eigene Übersetzung.*

5 Popper lehnt die Möglichkeit von Kants *synthetischen Urteilen a priori* ab: »... I do not think that his [Kant's, *A. d. V.*] ingenious attempt to provide an a priori justification for synthetic statements was successful.« Popper (2002), The Logic of Scientific Discovery, S. 5–6. Aber auch die Möglichkeit des analytischen a priori weist Popper zurück: »Kant, dachte ich, hatte recht, als er sagte, es sei unmöglich, daß die Erkenntnis gleichsam eine Kopie oder ein Abdruck der Wirklichkeit sei. (...) Aber er war im Unrecht, wenn er glaubte, daß Erkenntnisse a priori *gültig* sein können.« Popper (2004), Ausgangspunkte, S. 80. Hoppe rechnet Popper daher auch dem Lager der Positivisten-Empiristen zu: »For in fact, Popper is in complete agreement with the fundamental assumptions of empiricism (...) and explicitly rejects the traditional claims of rationalism, i.e., of being able to

provide us with a priori true empirical knowledge in general (...).« Hoppe (2012), In Defence of Extreme Rationalism, S. 285, Fußnote 30.

6 Popper (2002), Logic of Scientific Discovery, S. 72; *eigene Übersetzung.*

7 Siehe hierzu Hartwig (1976), Kritisch-rationale Methodologie und ökonomische Forschungspraxis, S. 98.

8 Siehe Spinner (1974), Pluralismus als Erkenntnismodell, S. 43.

9 Ders., Pluralismus als Erkenntnismodell, S. 43 – 44; *kursiv im Original.*

Kapitel 11: Logik des menschlichen Handelns

1 Mises (1940), Nationalökonomie, S. 17, Fußnote 1. An dieser Stelle sei jedoch noch einmal darauf verwiesen, dass nicht alles (jede Aussage) bezweifelt und bestritten werden kann. Denn um zweifeln und bestreiten zu können, sind in jedem Falle sinnvolle Begriffe, Argumentieren und damit auch Logik vorauszusetzen. Letzteres bestreiten zu wollen, wäre pragmatisch selbstwidersprüchlich. Folglich lässt sich die Aussage, dass es absolutes, letztbegründetes Wissen nicht geben kann, nicht konsistent vertreten. Mit dem Geltendmachen letzter Gründe (dem Letztbegründungsargument) tritt ein Absolutheitsanspruch in Erscheinung: Absolutes Wissen muss prinzipiell möglich sein, und eben diese Aussage selbst ist bereits als ein Beispiel solchen absoluten Wissens zu verstehen. Die Aussage »Wahrheit ist unmöglich« ist selbstwidersprüchlich.

2 An dieser Stelle sind Namen zu nennen wie zum Beispiel Bernard de Mandeville (1670–1733), Adam Smith (1723–90), Jeremy Bentham (1748–1832) und John Stuart Mill (1773–1826).

3 Mises (1940),

4 Mises (1940), Nationalökonomie, S. 75.

5 Mises (1940), Nationalökonomie, S. 89–90.

6 Mises (1940), Nationalökonomie, S. 76.

7 Mises (1940), Nationalökonomie, S. 77.

8 Mises bezieht sich hier auf den »Urzins«, der in der Regel abweicht vom am Markt beobachtbaren Zins, der neben dem Urzins auch noch weitere Prämien wie Kreditausfall- und Liquiditätsprämien beinhaltet.

9 Mises (1996), Human Action, S. 524.

10 Vgl. Lachmann (1976), From Mises to Shackle, S. 224. Er schreibt: »[T]he future is to all of us unknowable … .«

11 Siehe hierzu Hoppe (2012), On Certainty and Uncertainty, S. 219.

12 Beispiel Urlaub im Hotel. Der Ehemann fragt: »Möchtest du im Doppelbett links oder rechts schlafen?« Links ist näher zum Balkon mit Aussicht auf den Pool, rechts ist näher zum Badezimmer. Beides gleichermaßen positiv. Antwort der Ehefrau: »Ist mir wirklich egal. Such du aus.« Ist das Ausdruck der Indifferenz der Ehefrau? Die Antwort ist nein. Sie verhält sich nicht indifferent in dieser Situation. Sie zieht vielmehr die Handlung »Entscheidung nicht treffen« der Handlung »Entscheidung treffen« vor.

13 Mises (2014), Theorie und Geschichte, S. 62–63.

14 Mises (2014), Theorie und Geschichte, S. 136–137.

15 Mises (1940), Nationalökonomie, S. 55.

16 Mises (1940), Nationalökonomie, S. 51.

17 Mises (1940), Nationalökonomie, S. 52.

18 Weber (1922), Grundriss der Sozialökonomik, III. Abteilung, Wirtschaft und Gesellschaft, S. 1.

19 Mises (1940), Nationalökonomie, S. 55–56.

20 Siehe Bryan (2013), The Great Inflation.

Kapitel 12: Methodologischer Dualismus

1 Mises (2014), Theorie und Geschichte, S. 61.

2 Mises (1957), Theory and History, S. 3. Im Vorwort zu »Theory and History. An Interpretation of Social and Economic Evolution« (1957) begründete Murray N. Rothbard in gleicher Weise die Notwendigkeit für einen methodologischen Dualismus, indem er hervorhebt, dass der Erkenntnisgegenstand in der Nationalökonomie ein gänzlich anderer sei als in der Naturwissenschaft. In Ersterer geht es um menschliches Handeln, das zielbezogen ist, im Zweiteren um *unbelebte Materie* und deren Reaktionen auf zum Beispiel externe Einflüsse: »[I]t is the essence of human beings that they act, that they have goals and purposes, and that they try to achieve those goals. Stones, atoms, planets, have no goals or preferences; hence, they do not choose among alternative courses of action. Atoms and

planets move, or are moved; they cannot choose, select paths of action, or change their minds. Men and women can and do. Therefore, atoms and stones can be investigated, their courses charted, and their paths plotted and predicted, at least in principle, to the minutest quantitative detail. People cannot; every day, people learn, adopt new values and goals, and change their minds; people cannot be slotted and predicted as can objects without minds or without the capacity to learn and choose.« Rothbards Vorwort zu Mises' Theory & History, S. xiii.

3 Mises (1957), Theory & History, S. 1.

4 Mises (1957), Theory & History, S. 307.

5 Mises (1940), Nationalökonomie, S. 313.

6 Das Konstanz-Prinzip besagt, dass es eine Ursache-Wirkungs-Beziehung, also Kausalität, gibt. Dabei ist es unerheblich, ob die Kausalität konstant ist in dem Sinne, dass es einen konstanten (zeitinvarianten) »Reaktionskoeffizienten« gibt, oder aber in dem Sinne, dass der Reaktionskoeffizient nicht konstant ist (also zeitvariant ist), dieser zeitvariante Koeffizient aber seinerseits durch einen konstanten Reaktionskoeffizienten beschrieben wird. Keine Kausalität liegt hingegen vor, wenn zum Beispiel auf *A* nicht stets *B* folgt, und wenn auch das Muster, nach dem *B* manchmal auf *A* folgt und manchmal nicht, keine konstante Ursache hat.

7 Hoppe (1983), Kritik der der kausalwissenschaftlichen Sozialforschung, S. 26.

8 Hoppe (1983), Kritik der der kausalwissenschaftlichen Sozialforschung, S. 15.

9 Hoppe (1983), Kritik der der kausalwissenschaftlichen Sozialforschung, S. 34–36.

Kapitel 13: Erkenntnistheoretische Stellung der Handlungslogik

1 Mises (1962), The Ultimate Foundation of Economic Science, S. 44.

2 Siehe hierzu zum Beispiel Mises (1940), Nationalökonomie, S. 19–20.

3 Mises (1940), Nationalökonomie, S. 19.

4 Siehe hierzu Gordon (1993), The Philosophical Origins of Austrian Economics, S. 16. Gordon schreibt den aristotelischen Einfluss den »Grün-

dungsvätern« der Österreichischen Schule zu, insbesondere Franz Clemens Brentano (1863–1917).

5 Wandschneider (1994), Letztbegründung und Logik, S. 85; *kursiv im Original.*

6 Rothbard (1997), Praxeology: The Methodology of Austrian Economics, S. 63–64.

7 Rothbard (1997), In Defense of »Extreme Apriorism«, S. 314–320.

8 Siehe zum Beispiel Hoppe (2007), Praxeology and Economics Science, in: Economic Science and the Austrian Method, insb. S. 17–21. Rothbard allerdings umgeht eine abschließende Festlegung, wenn er schreibt: »Now the crucial question arises: how have we obtained the truth of this axiom? Is our knowledge a priori or empirical, ›synthetic‹ or ›analytic‹? In a sense, such questions are a waste of time, because the all-important fact is that the axiom is self-evidently true, self-evident to a far greater and broader extent than the other postulates. For this Axiom is true for all human beings, everywhere, at any time, and could not even conceivably be violated. In short, we may conceive of a world where resources are not varied, but not of one where human beings exist but do not act. We have seen that the other postulates, while ›empirical‹, are so obvious and acceptable that they can hardly be called ›falsifiable‹ in the usual empiricist sense. How much more is this true of the Axiom, which is not even conceivably falsifiable!« Rothbard (2002), In Defense of »Extreme Apriorism«, S. 3.

9 Siehe Puster (2014), Dualismen und ihre Hintergründe, S. 22–23.

10 Puster (2014), Dualismen und ihre Hintergründe, S. 23; *kursiv im Original.*

11 Siehe Puster, S. 21.

12 Siehe Puster (2014), Dualismen und ihre Hintergründe, S. 23.

13 Ein mathematischer Beweis ist nichts anderes als ein analytischer Satz. Ginge es nach dem Vorurteil der logischen Positivisten, hätte die Mathematik keinen Beitrag zum menschlichen Erkenntnisfortschritt geleistet. Diese Auffassung kann man nicht ernsthaft vertreten!

14 Siehe hierzu und im Folgenden Hoppe (1983), Kritik der kausalwissenschaftlichen Sozialforschung. Er zeigt darin, dass die Kausalforschung in der Handlungswissenschaft logisch unvereinbar ist mit der allgemein als

gültig anerkannten und argumentativ nicht widerlegbaren Aussage, dass der Mensch lernen kann.

Kapitel 14: Realitätscheck für die Logik des Handelns

1 Siehe hierzu zum Beispiel Poser (2001), Wissenschaftstheorie, S. 81 – 83.

2 Poser (2001), Wissenschaftstheorie, S. 82 – 83. »[D]as Netz der Mathematik zur Strukturierung des Objektbereiches [wird] in die Erfahrungswirklichkeit über unsere Begriffsstrukturen hineingetragen. Das bedeutet nicht, daß damit die Nature eigentlich mathematisch ist, sondern daß diese Mathematisierung eine Form des erkennenden Zugriffs und Umgang mit ihr ist. Aussagen wie »2 Äpfel plus 2 Äpfel ergeben 4 Äpfel« sind darum – anders als »2 + 2 = 4« – gerade keine mathematischen, sondern empirische Aussagen, in denen die mathematischen Größen eine empirische Deutung durch Zuordnung erfahren haben.«

3 Mises (1940), Nationalökonomie, S. 17.

4 Mises (1940), Nationalökonomie, S. 42.

5 Mises (1940), Nationalökonomie, S. 63.

6 Mises (1940), Nationalökonomie, S. 20–21.

Kapitel 15: Weiterführende Einsichten

1 Hoppe (2007), Economic Science and the Austrian Method, S. 9.

2 Natürlich gab es schon vor der Hochphase des Positivismus Befürworter einer mathematisierten Nationalökonomie. Dazu zählt zum Beispiel William Stanley Jevons. Er schrieb: »It is clear that Economics, if it is to be a science at all, must be a mathematical science. There exists much prejudice against attempts to introduce the methods and language of mathematics into any branch of moral sciences. Many persons seem to think that the physical sciences form the proper sphere of mathematical method, and that the moral sciences demand some other method – I know not what. My theory of Economics, however, is purely mathematical in character.« William Stanley Jevons (1879), The Theory of Political Economy, 2nd edition, MacMillan and Co., London, S. 3.

3 Dingler (1931), Der Zusammenbruch der Wissenschaft, S. 64.

4 Mises (1953), Bemerkungen über die mathematische Behandlung nationalökonomischer Probleme.

5 Dingler (1931), Der Zusammenbruch der Wissenschaft, S. 65.

6 Es lässt sich nicht ohne Widerspruch argumentieren, dass der Mensch nicht lernen kann; der Satz »Der Mensch lernt« ist a priori wahr. Aus diesem Grunde lässt sich logisch nicht argumentieren, dass der Mensch, auf Basis eines gegebenen Wissenszustands, mittels aufgefundener Gesetzmäßigkeiten, seinen künftigen Wissenszustand prognostizieren könnte. Wäre das nämlich der Fall, so könnte er nicht aus Irrtümern lernen (also keine falsifizierbaren Erfahrungen machen). Daraus folgt: Für den Handelnden gibt es den Gegenstandsbereich der äußeren Erfahrung, der der kausalen, gesetzesmäßigen Erklärung unterliegt. Für das menschliche Handeln selbst gibt es genau das hingegen nicht. Hier kann es logischerweise keine Gesetzmäßigkeit (im Sinne einer Konstanz) zwischen dem menschlichen Handeln und seinen auslösenden Faktoren (was immer diese auch sein mögen) geben.

7 Mises (1953), Bemerkungen über die mathematische Behandlung nationalökonomischer Probleme.

8 Mises (1953), Bemerkungen über die mathematische Behandlung nationalökonomischer Probleme, Studium Generale. Berlin-Goettingen-Heidelberg: Springer Verlag. 6:11 (Dezember 1953) S. 662-65.

9 Mises (2014), Grundprobleme der Nationalökonomie, S. 115.

10 Zur Erklärung siehe Hoppe (1983), Kritik der kausalwissenschaftlichen Sozialforschung. Untersuchungen zur Grundlegung von Soziologie und Ökonomie, Kapitel 2, S. 19 – 38, insb. S. 25 – 26.

11 Menger (1883), Untersuchungen über die Methode der Sozialwissenschaften und der Politischen Oekonomie, S. 13.

12 Multikollinearität liegt vor, wenn zwei oder mehr erklärende Variablen in einer Regressionsanalyse eine (starke) Korrelation miteinander aufweisen. Multikollinearität wird aufgedeckt durch zum Beispiel die Analyse der Korrelationskoeffizienten der Regressoren. Die partielle Regressionsrechnung hat die Aufgabe, den Zusammenhang zwischen zwei interessierenden Variablen X und Y um den eventuellen Einfluss einer dritten Variablen Z (oder weiterer Variablen) zu »bereinigen«. Wenn beispielsweise X mit Y korreliert, aber sowohl X als auch Y mit Z korrelieren, dann

ist die hohe Korrelation zwischen X und Y eine mathematisch notwendige Folge des gemeinsamen Einflusses von Z. Das »Heraus-Partialisieren« von Z zeigt dann den Zusammenhang zwischen X und Y, der übrig bleibt, wenn der gemeinsame Einfluss von Z eliminiert wird. Hierzu wird der partielle Determinationskoeffizient ermittelt.

13 Mises (1940), Nationalökonomie, S. 21.

14 Mises (1940), Nationalökonomie, S. 18.

15 Mises (1940), Nationalökonomie, S. 18.

16 Salin (1951), Geschichte der Volkswirtschaftslehre, S. 7.

17 Mises (2014), Theorie und Geschichte, S. 279.

18 Mises (1927), Liberalismus, S. 17.

19 Mises (1927), S. 29.

20 Siehe hierzu Hoppe (2006), The Economics and Ethics of Private Property, S. 339–345 (*On the Ultimate Justification of the Ethics of Private Property*).

Kapitel 16: Handlungslogische Anwendungsfälle

1 Knapp (1921), Staatliche Theorie des Geldes, S. 1.

2 Ebenda.

3 Ebenda, S. IX.

4 Siehe Keynes (1914), A Treatise On Money, S. 26, S. 33 und S. 34.

5 Smith (2007), An Inquiry Into The Nature And Causes Of The Wealth Of Nations, S. 255.

6 Lerner (1947), Money as a Creature of the Statee, S. 313.

7 Menger (1871), Grundzüge der Volkswirtschaftslehre, S. 259.

8 Weber (1922), Grundriss der Sozialökonomik, S. 11.

9 Siehe Mises (1940), Nationalökonomie, S. 365–368.

10 Siehe Menger (1883), Untersuchungen, S. 178.

11 Mengers Buch wird übrigens in Knapps mehr als 450 Seiten starker Abhandlung nicht einmal erwähnt. Immerhin, Knapp warnt gleich zu Beginn der Staatlichen Theorie seine Leser vor dem Papiergeld (1921, S. 1): »Nichts liegt uns ferner, als das wahre Papiergeld zu empfehlen, wie es

beispielsweise in den österreichischen Staatsnoten von 1866 aufgetreten ist. Wohl dem Staate, der beim baren Gelde bleiben will – und kann!«

12 Es sei betont, dass die Argumentation streng kontrafaktisch zu verstehen ist. In der Realität mag zu beobachten sein, dass bei einer steigenden Geldmenge (mit Zeitverzögerung) die Preise nicht steigen oder sogar fallen. Das aber beeinträchtigt die obige Aussage nicht. Vielmehr kann es im wirklichen Handeln der Marktakteure zu einem Rückgang der Geldnachfrage gekommen sein, die die Wirkung der Geldmengenausweitung überdeckt hat.

13 Siehe hierzu auch Charles A. Conant (1904), What determines the Value of Money?, S. 553–554: »The true principle of the value of money is that, being but one among many commodities, changes in its quantity operate upon its relation to other commodities only under the law of the marginal utility of each. If money, by becoming more plentiful than before, should suffer a decline in marginal utility, then its relation to some commodities would change, but not necessarily its relation to all commodities. It would seem to be obvious that the first effect of an increase in the monetary stock would be felt upon those particular commodities whose prices were most sensitive to changes in the money market, and that, if the effect were ever felt upon all commodities, it must be long subsequently; yet in nearly all discussions of the subject this obvious operation of monetary principles is inverted, and it is assumed, as an initial hypothesis at least, the first effect must be general instead of particular.«

14 Mises (1912), Theorie des Geldes und der Umlaufsmittel, S. 151–152.

15 Mises (1912), Theorie des Geldes und der Umlaufsmittel, S. 153.

16 Hier die Erklärung: Dass die Güter knapp sind, bedeutet doch nichts anderes als das, dass man noch immer Pläne zu fassen vermag, deren – im Hinblick auf den Stand der verfügbaren Mittel undurchführbare – Verwirklichung eine weitere Verbesserung des Standes der Bedürfnisbefriedigung bringen würde. Darin, dass solche wünschbare Verbesserung nicht ausführbar ist, besteht die Knappheit der Mittel. Wenn man Knappheit der Güter verneint, so bedeutet das, dass man nicht mehr imstande wäre, auch bei unverändertem Stande des technologischen Wissens und Könnens, Pläne zu fassen, die durch eine andere Verwendung der verfügbaren Güter uns zu Befriedigungen führen würden, auf die wir nur darum verzichtet haben, weil der Weg, der zu ihnen führt, zu weit ist und

dringendere Ziele vorerst befriedigt werden sollen. Wenn die Mittel knapp sind, gibt es unbefriedigte Wünsche sowohl in Bezug auf die gegenwärtige als auch in Bezug auf die spätere Versorgung. Dass für die Zukunft nicht reichlicher vorgesorgt wird, ist das Ergebnis des Vergleichs zwischen der Dringlichkeit der Befriedigung in Gegenwart und Zukunft, ist mithin Urzinsgestaltung.« Mises (1940), Nationalökonomie, S. 479–480.

17 Das Wertgrenzprodukt ist der Ertrag, den der Einsatz einer zusätzlichen Gütereinheit erzielt, multipliziert mit dem Marktpreis der Gütereinheit.

18 Siehe hierzu Rothbard (1962), Man, Economy, and State, S. 465–466.

19 Am 11. Juni 2014 senkte die EZB den Zins ihrer Einlagefazilität auf -0,10 Prozent. Dieser Zins wurde zum 18. September 2019 auf -0,50 Prozentpunkte verringert.

20 Machlup (1934), Führer durch die Krisenpolitik, S. 6.

21 Zur Vereinfachung soll hier nur der Kreditmarkt betrachtet werden. Genau genommen wären jedoch alle »Zeitmärkte«, auf denen Gegenwartsgüter gegen Zukunftsgüter getauscht werden, zu berücksichtigen – wie beispielsweise auch der Aktienmarkt, der Markt für Mietwohnungen et cetera.

22 Dass der Mensch handelt, lässt sich nicht vereinen, ohne einen logischen Widerspruch zu verursachen. Der Satz »Der Mensch handelt« ist ein *a priori*: Er ist denknotwendig und allgemeingültig. Unter anderem zu Beginn dieses Kapitels haben wir die Begründung dafür ausgeführt

23 Mises (1940), Nationalökonomie, S. 128.

24 Ebenda, S. 128.

25 So zum Beispiel Hoppe (2006), Democracy. The God that Failed, S. 45; Rothbard (1982), Ethics of Liberty, S. 161 ff.; ders. (2020), Über den demokratischen Untergang und die Wege aus der Ausweglosigkeit, S. 157 ff.

26 Siehe Buchanan und Tullock (1962), The Calculus of Consent: Logical Foundations of Constitutional Democracy; Buchanan (1975), The Limits of Liberty: Between Anarchy and Leviathan. Buchanan und Tullock geben zu, dass kein Staat und keine Staatsverfassung auf einer ausdrücklichen Zustimmung aller Mitglieder oder einem expliziten Vertrag ruhen. Den endgültigen Beweis ihrer These, dass der Staat dennoch durch eine »allgemeine Übereinkunft« legitimiert sei, bleiben sie jedoch schuldig.

27 Franz Oppenheimer war der Doktorvater von Ludwig Erhard (1897–1977), der ihn sehr verehrt hat.

28 Oppenheimer (1929), Der Staat, S. 15.

29 Der Begriff *Praxeologie* steht für die Logik des menschlichen Handelns. Praxeologisch meint eine Erkenntnis, die logisch aus dem Satz folgt, dass der Mensch handelt.

30 Die Argumentation folgt Hoppe (2012), The Private Production of Defense, S. 175–176.

31 Diese Tendenz ist in modernen Demokratien besonders ausgeprägt. Ein Grund ist die zunehmende Kurzfristorientierung der Politik, die vor allem gegenwärtige Erfolge im Auge hat und die künftigen Kosten der Politikmaßnahmen aus den Augen verliert.

32 Das war nicht immer so. In der attischen Demokratie etwa waren Sklaven, Metöken und Frauen ausgeschlossen vom demokratischen Prozess. Also konnte nicht »jeder« in die Regierung berufen werden beziehungsweise auch nur die Regierung mitwählen.

33 Immerhin, in Deutschland besagt § 45 Abs. 1 Strafgesetzbuch (StGB): »Wer wegen eines Verbrechens zu Freiheitsstrafe von mindestens einem Jahr verurteilt wird, verliert für die Dauer von fünf Jahren die Fähigkeit, öffentliche Ämter zu bekleiden und Rechte aus öffentlichen Wahlen zu erlangen.« Danach ist für ihn aber der Weg in die Politik wieder offen.

34 Siehe hierzu Jensen, Meckling (1976), Theory of the Firm: Managerial Behavior; vor allem auch Mitnick (2019), Origin of the Theory of Agency: An Account By One of the Theory's Originators.

35 Siehe hierzu und im Folgenden Rothbard (1977), The Conspiracy Theory of History Revisited; auch Salerno, J. T. (2005), Introduction.

36 Karl R. Popper: Die offene Gesellschaft und ihre Feinde. Band II: Falsche Propheten. Hegel, Marx und die Folgen. 7. Auflage. J.C.B. Mohr (Paul Siebeck), Tübingen 1992, S. 119. Siehe hierzu auch Ferguson, N. (2018), The Square and the Tower. Networks, Hierarchies and the Struggle for Global Power, Penguin Random House, UK.

37 Siehe hierzu Sutton (1883), America's Secret Establishment, S. 3.

38 Rothbard (1977), The Conspiracy Theory of History Revisited.

39 Man mag hier vielleicht einwenden: Ist das nicht ein Scheinargument? Wäre ich unzufrieden mit allen angebotenen Hautpflegemitteln oder allen angebotenen externen Computerfestplatten, könnte ich mangels jeder Expertise weder das eine noch das andere billiger und besser anbieten. Wenn das aber so ist, dann erweisen sich die für mich vom Kartell angebotenen Produkte ganz offensichtlich doch als das relativ Beste, was am Markt für mich erhältlich ist; oder aber ich verzichte auf den Kauf dieser Produkte.

40 Dieser Aufsatz ist die deutsche Version des Vortrages, den Thorsten Polleit auf der Jahreskonferenz der Property and Freedom Society, 16.–21. September 2021, in Bodrum, Türkei, gehalten hat. Das Original finden Sie hier: https://mises.org/wire/global-fiat-currency-one-ring-rule-them-all.

41 Ludwig von Mises, The Ultimate Foundation of Economic Science: An Essay on Method, Princeton, NJ: D. Van Nostrand, 1962, S. 98.

42 Oppenheimer, F. (1929), Der Staat, S. 15.

43 Joseph Stalin, The Foundations of Leninism, Moscow: Pravda, 1924.

44 Der Staat schafft Nettosteuerkonsumenten und Nettosteuerproduzenten. Er und die von ihm begünstigten Gruppen sind die Nettosteuerkonsumenten, die von den Produktiven, den Nettosteuerproduzenten, leben.

45 Denn es sind – wie einleitend bereits angeführt – Ideen, die das Handeln der Menschen bestimmen; diese Einsicht bedarf keiner weiteren Letztbegründung, sie lässt sich widerspruchsfrei nichtverneinen, ist wahr.

46 George Orwell, Nineteen Eighty-Four, London: Secker and Warburg, 1949, S. 353.

47 Hans-Hermann Hoppe, Democracy: The God That Failed, New Brunswick, NJ: Transaction Publishers, 2001, S. 229, *eigene Übersetzung*.

48 Ludwig von Mises, The Theory of Money and Credit, trans. J.E. Batson, Auburn, AL: Ludwig von Mises Institute, 2009, S. 409, *eigene Übersetzung*.

Kapitel 17: Politische Macht, die Intellektuellen und die Wahrheit

1 Siehe Mises (1940), Nationalökonomie, S. 126 ff.

2 Mises (1958), Antikapitalistische Mentalität, S. 19–20.

3 Zu den Intellektuellen siehe zum Beispiel Hayek (1960), The Intellectuals and Socialism; Schumpeter (1942), Capitalism, Socialism, and Democracy, S. 145–155.

4 Sorel, G. (1928), Réflections sur al violence, 1906, in deutsch: Über die Gewalt, Hrsg. G. Salomon, Innsbruck, S. 191.

5 Hayek (1960), The Intellectuals and Socialism, S. 371.

6 Siehe hierzu zum Beispiel Schelsky (1977), Die Arbeit machen die anderen, S. 131–142.

7 Rothbard (2006), For A New Liberty, S.67, *eigene Übersetzung.*

8 »Gedanken und Ideen sind keine Phantome. Sie sind wirkliche Dinge. Obwohl unberührbar und immateriell, sind sie Faktoren, die Änderungen im Bereich berührbarer und materieller Dinge bewirken. Sie werden von irgendeinem unbekannten Prozesse, der im Körper eines menschlichen Wesens abläuft, erzeugt und können nur durch die gleiche Art von Prozess, der im Körper des Schriftstellers oder eines anderen menschlichen Wesens abläuft, wahrgenommen werden. Sie können insoweit kreativ und originell genannt werden, als der Impuls, den sie aussenden, und die Veränderungen, die sie bewirken, von ihrem Auftreten abhängen. Wir können über das Leben einer Idee und die Auswirkungen ihrer Existenz ermitteln, was wir wollen. Über ihre Geburt wissen wir nur, dass sie durch ein Individuum erzeugt wurde. Ihre Geschichte können wir nicht weiter zurückverfolgen. Das Auftreten einer Idee ist eine Erneuerung, eine neue Tatsache, die der Welt hinzugefügt wird. Es ist für den menschlichen Verstand wegen der Lückenhaftigkeit unseres Wissens der Ursprung von etwas Neuem, das vorher nicht existierte.« Mises (2014), Theorie und Geschichte, S. 136–137.

9 Es sei hier betont: Der Grund dafür ist, dass die Ökonomik keine Prognosewissenschaft ist in dem Sinne, dass sie mit wissenschaftlichen Mitteln quantitative Aussagen machen kann. Sie kann lediglich sagen, welche qualitativen Ergebnisse menschliches Handeln unter bestimmten Bedingungen zeitigen wird.

10 Diese Themen hätten, wenn die Volkswirtschaftslehre als apriorische Handlungswissenschaft verstanden und praktiziert würde, lediglich dogmenhistorischen Wert: Mit ihnen würde verdeutlicht, was in der Vergangenheit (*fehler*hafterweise) gedacht worden ist.

11 Feyerabend (1993), Wider den Methodenzwang, S. 385; *kursiv im Original.*

12 Puster (2014), S. 41–42.

13 Schelsky (1975), Die Arbeit tun die anderen, S. 52.

14 Ibid, S. 116.

15 Ibid, S. 56–57.

16 Ibid, S. 52.

17 Ibid, S. 143.

18 Ibid, S. 16.

19 Ibid, S. 15–16.

20 Ibid, S. 143–144.

21 Schelsky (1977), Die Arbeit machen die anderen, S. 131–142.

22 Mises (1940), Nationalökonomie.

23 Dazu gab und gibt es Initiativen. Siehe beispielsweise Arnold, Hübler, Oberender, Karmann und Bühn (2009), Krise der Wirtschaftswissenschaften: Braucht die VWL eine Neuausrichtung?

Mit Geld zur Weltherrschaft

Thorsten Polleit

Geld regiert die Welt. Das war schon immer so, und das ist heute nicht anders. In unserer Neuzeit ist allerdings die Möglichkeit, mit Geld zur Weltherrschaft zu gelangen, größer denn je. Denn die heute international vorherrschende Politikideologie des demokratischen Sozialismus treibt die Staatengemeinschaft einem zentralen Weltstaat entgegen. Und das Schaffen einer staatlich kontrollierten Weltwährung ist der entscheidende Schritt auf diesem Weg. Ein Weltstaat mit Weltwährung ist jedoch eine Dystopie, die Freiheit und Wohlstand auf der Welt zerstören würde. Dieses Buch zeigt, wie wir das verhindern können.

224 Seiten | Hardcover | 17,99 € (D) | 18,50 € (A) | ISBN 978-3-95972-304-6